Walter F. Otto · Die Götter Griechenlands

Walter F. Otto

Die Götter Griechenlands

**Das Bild des Göttlichen im
Spiegel des griechischen Geistes**

KlostermannRoteReihe

Das Werk erschien in erster Auflage 1929 im Verlag Friedrich Cohen in Bonn, seit 1933 im Verlag Gerhard Schulte-Bulmke, Frankfurt am Main. Die zweite Auflage erschien 1934 mit geringen Änderungen und Zusätzen, ergänzt um ein Register. Die dritte Auflage 1947 und alle folgenden bis zur 7. Auflage 1983 waren unveränderte Nachdrucke, ebenfalls im Verlag Gerhard Schulte-Bulmke, Frankfurt am Main. Seit der 8., unveränderten Auflage 1987 erscheint das Werk im Verlag Vittorio Klostermann.

Bibliographische Information der Deutschen Nationalbibliothek

Die Deutsche Nationalbibliothek verzeichnet diese Publikation in der Deutschen Nationalbibliographie; detaillierte bibliographische Daten sind im Internet über *http://dnb.dnb.de* abrufbar.

10. Auflage · 2013

© Vittorio Klostermann GmbH · Frankfurt am Main · 1987
Gedruckt auf Alster Werkdruck der Firma Geese, Hamburg,
alterungsbeständig ∞ ISO 9706 und PEFC-zertifiziert.

Druck und Bindung: Hubert & Co., Göttingen
Printed in Germany
ISSN 1865-7095
ISBN 978-3-465-04184-9

VORWORT ZUR ZWEITEN AUFLAGE

„Die Götter Griechenlands" erscheinen hier zum zweitenmal mit nur geringen Änderungen und Zusätzen, da ich zu wesentlicher Umarbeitung des Ganzen oder einzelner Teile keine Veranlassung gefunden habe. Das neu hinzukommende Register wird die Benützung des Buches erleichtern.

Über die Grundsätze der religionsgeschichtlichen Betrachtung habe ich mich in meinem inzwischen erschienenen Buche „Dionysos, Mythos und Kultus" geäußert, das eine Art Ergänzung zu dem gegenwärtigen bildet.

Geschrieben am Bodensee, im Frühjahr 1934.

W. F. Otto.

VORWORT ZUR DRITTEN AUFLAGE

Wenn seit dem ersten Erscheinen eines Buches mehr als ein Jahrzehnt vergangen ist, versteht es sich, daß der Verfasser manches hinzuzufügen oder zu berichtigen hätte. Trotzdem erscheint dieses Buch auch diesmal ohne Veränderung, damit die Einheit des Ganzen durch nachträgliche Eingriffe im einzelnen nicht gestört wird. Der Grundgedanke, der ihm sein Daseinsrecht gibt, und auf den alles ankommt, hat sich bewährt, nicht nur dem Verfasser selbst, sondern dem Urteil vieler großdenkender Leser, denen die griechische Welt mehr ist als ein Feld für gelehrte Untersuchungen. Daß den Erscheinungsformen der griechischen Religion eine Idee von bisher unerkannter, wenn auch oft geahnter Bedeutung zugrunde liegt, die den erhabensten religiösen Ideen der Menschheit gleichgeachtet werden darf, diese Erkenntnis beginnt sich allmählich durchzusetzen. Wie alles Griechische, so ist auch die griechische Gottesidee uns zugleich nahe und fast unerreichbar ferne. Die Vorurteile, die ihrem Verständnis entgegenstehen, zu überwinden und ihre echten Zeugen in gebührender Weise zur Sprache kommen zu lassen, das war und ist die Aufgabe dieses Buches.

Tübingen, im Frühjahr 1947.

W. F. Otto

INHALT

Vorwort V

I.
Einführung 1
   Vorbemerkung 15

II.
Religion und Mythos der Vorzeit 17

III.
Olympische Göttergestalten
   Vorbemerkung 53
   Athene 55
   Apollon und Artemis 78
   Aphrodite 116
   Hermes 132

IV.
Das Wesen der Götter
   Geist und Gestalt 161

V.
Sein und Geschehen im Lichte der Götteroffenbarung . . 215

VI.
Gott und Mensch 295

VII.
Das Schicksal 337
Schlußbemerkung 371

I. EINFÜHRUNG

I.

Dem modernen Menschen ist es nicht leicht gemacht, das richtige Verständnis für die altgriechische Religion zu gewinnen. Er steht voller Bewunderung vor den Götterbildern der großen Zeit und fühlt, daß die Herrlichkeit dieser Gestalten ihresgleichen nicht hat und nicht haben wird. Er kann wohl bei ihrem Anblick einen Schauer des Ewigen empfinden. Was er aber von diesen Göttern und von den Beziehungen zwischen ihnen und den Menschen hört, findet keinen Widerhall in seiner Seele. Der ernste religiöse Klang scheint hier zu fehlen, jene Melodie unaussprechlicher Erhebung und Weihe, wie sie uns von Kindheit auf vertraut und ehrwürdig ist. Und wenn wir diesem Eindruck nachgehn, wird uns klar, was wir vermissen. Diese Religion ist so natürlich, daß die Heiligkeit keinen Raum in ihr zu haben scheint. Ein Erbeben der Seele, ja der Welt, wie die Worte: „Heilig, heilig, heilig ist der Herr Zebaoth!" oder „Sanctus Dominus Deus Sabaoth!" es künden, ruft kein griechischer Gott durch sein Nahen hervor. Auch den sittlichen Ernst, der uns ein steter Begleiter aller echten Religion ist, vermissen wir bei diesen Göttern sowohl wie in der Gesinnung ihrer Verehrer: man darf sie nicht unmoralisch nennen, aber sie sind viel zu natürlich und naturfroh, um dem Moralischen den höchsten Wert zuzuerkennen. Und müssen wir schließlich nicht kalt bleiben, wenn wir erkennen, wie sehr zwischen dem Menschen und seinen Göttern die wahre Herzensinnigkeit fehlt? Er liebt und ehrt sie, das ist nicht zu bestreiten. Aber wo begegnet man der seelenvollen Hingabe, dem Aufopfern des Teuersten, ja der eignen Person, der Zwiesprache von Herzen zu Herzen, und der Seligkeit des Einsseins? Immer bleibt ein Abstand zwischen dem Menschen und der Gottheit, auch wenn sie ihn liebt und bevorzugt. Ja, die Grenzen werden geflissentlich eingeschärft. Die Götter haben ihr Dasein für sich, von dem der Mensch durch sein Wesen für ewig geschieden ist. Beinahe grausam klingt es, wenn der Dichter die Musen beim himmlischen Götterfest zum Ergötzen der Unsterblichen von ihrer Herrlichkeit und den Mühsalen und Leiden der Menschen singen läßt (Homer. Hymn. Apoll. 189ff.). Es wäre ein Unrecht, hier etwas von Schadenfreude oder selbstbewußter Gleichgültigkeit herauszuhören. Aber daran kann kein Zweifel sein: solche Götter sind weit davon entfernt, den Menschen aus der Welt zu erlösen und zu sich hinaufzuziehen. Was wäre uns aber die Religion, wenn sie das nicht verspräche?

Freilich trifft das nicht auf alle Perioden der griechischen Kultur gleichmäßig zu. Das Mysterienwesen und besonders die Orphik sind unserer Empfindung in manchen Punkten näher gekommen. Und wenn wir in die nachklassischen Jahrhunderte heruntergehn, mehren sich die Züge, die uns vertraut anmuten. Daher widmet denn auch die Religionsforschung gerade diesen Kreisen und Zeiten ihr vornehmstes Interesse. Und doch muß man zugeben, daß der Eindruck der Fremdheit im Hauptsächlichsten immer bestehen bleibt. Am zwingendsten aber ist er für den, der seine Aufmerksamkeit nicht auf die Jahrhunderte der sinkenden Schöpferkraft richtet, sondern auf die geniale Frühzeit, deren erstes und größtes Zeugnis die Homerischen Gedichte sind. Das ist die Zeit, deren Götterglaube noch von der lebendigsten Zuversicht getragen wird; und gerade hier haben die Vorstellungen so wenig von dem, was dem heutigen Menschen unmittelbar zu Herzen geht, daß schon mancher Beurteiler ihnen den religiösen Gehalt überhaupt abgesprochen hat.

Das ist begreiflich und doch zugleich im höchsten Maße sonderbar. Denken wir an Homer, auf den ja der Vorwurf in erster Linie gerichtet ist. Wir bewundern an seinen Gedichten nicht bloß die Kunst, sondern auch den Reichtum, die Tiefe, die Größe der Gedanken. Wem sollte es einfallen, einem Werke, das nach bald dreitausend Jahren die Gemüter erschüttert, oberflächliche

Ansichten vom Weltgeschehen zuzutrauen? Und doch hat man für seinen Götterglauben im besten Fall ein nachsichtiges Lächeln, oder man erklärt ihn für primitiv — als ob ein primitiver Glaube in einer so geistesreifen Welt nicht das Paradoxeste von allem wäre. Sollte da die Schuld nicht in der Voreingenommenheit der Urteilenden selbst zu suchen sein? Wahrhaftig, man muß sich wundern, mit welcher Sicherheit über das, was so bedeutende Geschlechter von den höchsten Dingen gedacht haben, abgeurteilt wird, ohne daß man prüft, ob denn der eingenommene Standpunkt eine Einsicht in die andere Gedankenwelt überhaupt möglich macht.

2.

Die Eigenschaften, die wir an dem altgriechischen Gottesglauben vermissen, sind spezifische Vorzüge der christlichen Religion und ihrer Verwandten, die ihre Heimat in Asien haben. An ihnen hat man bisher regelmäßig die griechische gemessen, zwar meistens unbewußt, aber mit einer desto größeren Zuversicht. Wo immer Religion im höheren Sinne definiert wurde, haben sie — und sie allein — das Muster abgegeben. Und so suchte man denn in der griechischen Glaubenswelt unwillkürlich nach orientalischer Religiosität, in der Meinung, nach Religiosität überhaupt zu suchen. Da man aber erstaunlich wenig davon zu entdecken vermochte, zumal in den lebens- und geistesfrischesten Jahrhunderten der griechischen Kultur, so schien der Schluß unausweichlich, daß ein wahrhaft religiöser Gehalt hier überhaupt nicht vorhanden sei. Man konnte doch nicht mehr mit den alten Christen erklären, daß der heidnische Glaube eitel Teufelswerk gewesen sei. Und doch waren diese die besseren Kenner. Denn sie nahmen ihn nicht leicht, als ob er etwas Kindliches oder nur Oberflächliches wäre, sondern erkannten in ihm mit Schaudern die Gegenposition des christlichen Standpunktes. Nicht wachsen und reifen, sondern von Grund aus erneuert werden sollte die Seele, wenn sie den christlichen Glauben annahm. Und dieser Eindruck wurde durch die Religion der Spätzeit hervorgerufen. Um wieviel mächtiger wäre er angesichts der in ihrer Echtheit noch unberührten altgriechischen gewesen! Wenn sie nun aber auf der Gegenseite derjenigen Religion steht, die bisher der Maßstab für das Religiöse überhaupt gewesen ist, so begreifen wir wohl, daß das Verständnis immer versagen mußte. Wo sollen wir nun einen neuen und besseren Standpunkt finden?

Wo anders als im Griechentum selbst? Die Religion ist ja doch kein Gut, das zu den übrigen Besitztümern eines Volkes noch hinzukommt und auch fehlen oder anders geartet sein könnte. In ihr kommt zum Ausdruck, was dem Menschen das Verehrungswürdigste ist. Lieben und Sein wurzeln in demselben Grunde und sind im Geiste eins. Allem wahrhaft Wesenhaften tritt die lebendige Idee seines Gehaltes, seiner Kraft und seines Zieles als das Göttliche gegenüber. Also mußte sich dem alten Griechen das Ewige in ganz anderer Gestalt offenbaren als dem Hebräer, dem Perser oder dem Inder. Und es mußte sich so in seiner Religion widerspiegeln, wie der Geist dieser schöpferischen und erkennenden Menschenart es zu suchen, zu schauen und zu verehren berufen war.

3.

Der Weltlichkeit und Natürlichkeit, die an der Religion der Griechen getadelt werden, begegnet man wieder bei ihrer bildenden Kunst. Auch hier ist der Unterschied vom Orientalischen unermeßlich. Statt des Ungeheuren erscheint das Organische, statt des Bedeutungshaften und Hintergründigen das, was wir – eben durch die Griechen – als Naturgestalt verstehen gelernt haben. Und doch spricht aus allem eine Hoheit und Herrlichkeit, die uns über das Vergängliche und die Erdenschwere des Tatsächlichen hinaushebt. Ein Wunder ereignet sich vor unsern Augen: das Natürliche ist mit dem Geistigen und Ewigen eins geworden, ohne in dieser Verschmelzung etwas von seiner Fülle, Wärme und Unmittelbarkeit zu verlieren. Und sollte der Geist, dem die treueste Beachtung des Natürlichen zur Anschauung des Ewigen und Unendlichen wurde, nicht auch die Religion der Griechen zu dem gemacht haben, was sie ist?

Es hat nie einen Glauben gegeben, für den das Wunder, im eigentlichen Sinne des Wortes, das heißt die Durchbrechung der Naturordnung, eine so geringe Rolle unter den göttlichen Offenbarungen gespielt hätte wie für den altgriechischen. Dem Leser Homers muß es auffallen, daß in seinen Erzählungen, trotz fortwährender Hinweise auf die Götter und ihre Macht, so gut wie gar keine Wunder vorkommen. Um die ganze Merkwürdigkeit dieser Tatsache zu empfinden, muß man etwa das alte Testament zum Vergleich nehmen. Da streitet Jahwe für sein Volk, und ohne daß es sich zur Wehr setzt, wird es vor dem nachsetzenden Ägypterheer errettet. Das Meer geht auseinander, damit die Kinder Israel trocken hindurchgehn können, über den Ägyptern aber schlagen die Wogen zusammen und lassen keinen entkommen. Oder Gott läßt sein Volk eine Stadt erobern, deren Mauern unter dem Trompetenblasen und Geschrei der herumziehenden Israeliten von selbst einstürzen, so daß diese nur noch einzuziehen brauchen. Und nun bedenke man, daß sich bei Homer kein Vorgang vollzieht, ohne daß das Bild der Gottheit, die dahintersteht, sichtbar würde. Aber in dieser unerhörten Nähe des Göttlichen verläuft alles auf natürliche Weise. Wir hören zwar, ja wir sehen es im lebendigen Bilde, wie ein Gott dem Ratlosen im rechten Augenblick den rettenden Gedanken zuflüstert, wir hören, daß er die Begeisterung erweckt und den Mut entflammt, daß er die Glieder gelenkig und leicht macht und dem Arm Sicherheit und Stärke verleiht. Wenn wir aber genauer nachforschen, wann diese göttlichen Einwirkungen sich ereignen, so treffen wir immer auf den bedeutenden Moment, wo die menschlichen Kräfte plötzlich, wie elektrisch berührt, zur Einsicht, zum

Entschluß oder zur Tat zusammenschießen. Diese entscheidenden Wendungen, die, wie jeder Aufmerksame weiß, zu den regelmäßigen Erfahrungen des bewegten Lebens gehören, gelten dem Griechen als Offenbarungen von Göttern. Aber auf das Göttliche weist ihn nicht bloß der Fluß des Geschehens mit seinen ausschlaggebenden Momenten hin, sondern auch die Dauer. Aus allen großen Formen und Zuständen des Lebens und des Seins blickt ihn das ewige Gesicht einer Gottheit an. Diese Wesenheiten alle zusammen machen das heilige Sein der Welt aus. Darum sind die Homerischen Gedichte so voll von göttlicher Nähe und Gegenwart, wie keine anderen irgendeiner Nation oder Zeit. In ihrer Welt ist das Göttliche dem Naturgeschehen nicht als souveräne Macht übergeordnet: es offenbart sich in den Formen des Natürlichen selbst, als dessen Wesen und Sein. Wenn für andere Wundertaten geschehen, so ereignet sich im Geiste des Griechen das größere Wunder, daß er die Gegenstände der lebendigen Erfahrung so zu sehen vermag, daß sie die ehrwürdigen Umrisse des Göttlichen zeigen, ohne etwas von ihrer natürlichen Wirklichkeit zu verlieren.

Wir erkennen hier die Geistesrichtung des Volkes, das die Menschheit lehren sollte, die Natur — im Menschen und um den Menschen — zu erforschen; und das heißt, daß es ihr die Idee der Natur, die uns heute so vertraut ist, erst gegeben hat.

4.

Erfahrung, Geschichte und Völkerkunde lehren, daß sich die Welt dem menschlichen Geist und Gemüt auf mannigfaltige Weise darstellen kann. Unter den möglichen Anschauungsformen oder Denkweisen treten zwei besonders hervor und nehmen unser Interesse schon deshalb in Anspruch, weil beide nirgends und zu keiner Zeit ganz fehlen, so verschieden auch das Maß ihrer offenkundigen Bedeutung sein mag. Die eine können wir die objektive oder — wofern man den Ausdruck nicht nur im

Sinne des rechnenden Verstandes nehmen will — die rationale nennen. Ihr Gegenstand ist die natürliche Wirklichkeit; ihr Streben, deren Bestand in die Breite und Tiefe zu ermessen und seine Formen und Gültigkeiten mit Ehrfurcht anzuschauen.

Die andere Denkart ist die magische. Sie hat es immer mit dem Dynamischen zu tun. Kraft und Akt sind ihre Grundkategorien. Daher sucht und verehrt sie das Außerordentliche. Gewisse Naturvölker haben bekanntlich besondere Namen für das Wundermächtige im Menschen selbst oder in den Dingen der Welt. Dieser Sinn für das Wunderbare entspringt einer besonderen Verfassung des menschlichen Gemüts, das auf unbeschreibliche Weise sich selbst einer Macht bewußt wird, von der grenzenlose, das heißt: übernatürliche Wirkungen ausgehen können. Daher haben wir das Recht, von einer magischen Denkart zu sprechen. Dem menschlichen Machtbewußtsein stellen sich die bedeutenden Erscheinungen der Außenwelt als Ereignisse und Machtoffenbarungen gegenüber. Die natürliche Erfahrung des Regelmäßigen oder Normalen fehlt selbstverständlich auch hier nicht. Aber dem leidenschaftlichen Interesse für das Außerordentliche entspricht ein sehr enger Begriff des Natürlichen. Sein Bereich bricht jäh ab durch den Einsatz des Ungeheuren. Damit beginnt die Sphäre grenzenloser Kräfte und Wirkungen, das Reich der schreckens- und freudenvollen Schauer. Die Größe, die sich hier der Bewunderung und Verehrung darbietet, ist unanschaulich und gestaltlos. Sie steht der Erfahrungswelt mit völliger Souveränität gegenüber und hat ihr Gegenstück nur in der magischen Gewalt des menschlichen Gemütes. Von diesem Standpunkt aus gibt es in der natürlichen Welt nirgends einen festen Bestand. Die Wesenseigentümlichkeiten der Dinge wandeln sich grenzenlos; aus allem kann alles werden.

Diese Denkweise scheint den primitiven Kulturen besonders nahe zu liegen; aber an und für sich ist sie durchaus nicht primitiv. Sie kann Großartigkeit, sie kann Sublimität erreichen. Sie ist so tief in der menschlichen Natur begründet, daß kein Volk und kein Zeitalter sie völlig verleugnen kann, wenn die Unterschiede ihrer Auswirkung auch sehr bedeutend sind. In höheren Religionen zeugt von ihr der Glaube an eine Gottheit, die der natürlichen Welt mit unendlicher Gewalt gegenübersteht und durch keine Anschauung erfaßt werden kann. Ihre größte Machtentfaltung erkennen wir in der geistigen Kultur des alten Indiens. Hier ist denn auch das geheimnisvoll Allmächtige, das „Wahre des Wahren" (Brahman), mit Entschiedenheit der Seelenkraft im Innern des Menschen (Atman) gleichgesetzt worden; und es konnte nicht ausbleiben, daß die Erfahrungswelt aus dem Range einer minderen Realität in das Nichts des bloßen Scheines verwiesen wurde (vgl. H. Oldenberg, Die Lehre der Upanishaden und die Anfänge des Buddhismus. Göttingen 1915).

Was hier als magisches Denken bezeichnet und charakterisiert wurde, ist natürlich auch den Griechen nicht ganz fremd geblieben. Wer aber einen Blick für die Grundzüge der Weltauffassungen hat, muß erkennen, daß die griechische sich gegen das magische Denken in ganz besonderem Maße ablehnend verhält. Sie steht auf der entgegengesetzten Seite, und mit ihr hat jene zuerst genannte Denkweise ihre großartigste Objektivierung gefunden. Statt des engen Begriffes vom Natürlichen haben wir hier den weitesten. Ja, wenn wir heute das Wort Natur in dem großen, lebendigen Sinne, wie Goethe es gebraucht hat, aussprechen, sind wir dem griechischen Geiste verpflichtet. Daher kann hier das Natürliche selbst in der Glorie des Sublimen und Göttlichen stehn. Gewiß geschehen auch beim Eingreifen griechischer Götter außerordentliche, hinreißende Ereignisse. Aber das bedeutet nicht, daß eine Kraft, die das Grenzenlose kann, sich meldet, sondern daß ein Sein hervortritt, das sich tausendfach um uns her lebendig ausprägt als eine große Wesensgestalt unserer Welt. Das Erste und Höchste ist nicht die Macht, die den Akt vollbringt, sondern das Sein, das sich in der Gestalt offenbart.

Und die heiligsten Schauer kommen nicht aus dem Ungeheuren und grenzenlos Mächtigen, sondern aus den Tiefen der natürlichen Erfahrung.

Diese Weltauffassung, die wir die spezifisch griechische nennen, hat ihren ersten und größten Ausdruck in dem Zeitalter gefunden, dessen Monument die Homerischen Gedichte sind. Sie gibt sich sofort zu erkennen durch das beinahe völlige Fehlen des Magischen. Was Goethe seinen Faust am Ende seiner Laufbahn wünschen läßt:

„Könnt' ich Magie von meinem Pfad entfernen,
Die Zaubersprüche ganz und gar verlernen,
Stünd' ich, Natur! vor dir ein Mann allein,
Da wär's der Mühe wert, ein Mensch zu sein —"

ist nirgends als im griechischen Geiste erfüllt; er ist es ja, dem die Natur, vor der Faust ohne fremde Dazwischenkunft stehen möchte, Idee geworden ist.

In der Epoche vor Homer muß der griechische Genius die Gestalten seines Glaubens und seiner Verehrung empfangen haben; denn sie stehen für Homer fest, und dies Buch soll zeigen, daß sie in ihren Grundzügen das geblieben sind, was sie bei ihm waren. Seine Welt finden, heißt — für ein Volk wie für einen Einzelnen — soviel als sich selbst finden, zur Verwirklichung des eigenen Wesens gelangen. Daher ist die Zeit, deren Weltbild wir durch Homer kennenlernen, die Genialitätsepoche des Griechentums. Welche Vorstellungen noch frühere Geschlechter mit den Namen Homerischer Götter verbunden haben mögen, ist demgegenüber von geringer Bedeutung. Die spezifisch griechische Idee, die sie zu dem gemacht hat, was sie sind, gehört mit ihrer ganzen Originalität dem Zeitalter an, dessen Zeuge Homer ist.

Man sagt gern, die Bedürfnisse des menschlichen Daseins seien es, deren Wachstum und Wandel sich in der Gestaltung des Gottesbildes ausdrücken. Nun gut; aber zu diesen Bedürfnissen gehören doch wohl auch die Forderungen des Denkens und Anschauens. Das bedeutendste Ereignis im Leben eines Volkes — mögen wir seinen Zusammenhang mit äußeren Schicksalen aufspüren oder nicht — ist der Durchbruch des ihm eigentümlichen und gleichsam von allem Anfang an ihm vorbehaltenen Denkens, mit dem es von nun an in der Weltgeschichte gezeichnet sein wird. Dies ist geschehen, als sich die vorgeschichtliche Weltanschauung zu derjenigen umstellte, die wir durch Homer zuerst kennenlernen und nach ihm nicht wieder in solcher Klarheit und Größe antreffen. Wie viel man auch dem Gedankenreichtum und dem Takt des großen Dichters zuschreiben mag, wenn er die Bilder göttlicher Offenbarungen vor uns hinstellt: die natürliche Idealität oder ideale Natürlichkeit, die uns an ihnen erstaunt und bezaubert, ist doch eben der Grundcharakter dieser neuen, im echten Sinne griechischen Religion.

5.

Die altgriechische Religion hat die Dinge dieser Welt mit dem mächtigsten Wirklichkeitssinne, der je dagewesen ist, erfaßt und trotzdem — nein, gewiß eben damit! — die wundervolle Linienführung des Göttlichen an ihnen erkannt. Sie kreist nicht um die Sorgen, Forderungen und geheimen Seligkeiten der Menschenseele, ihr Tempel ist die Welt, aus deren Lebensfülle und Bewegtheit ihr die Gotteserkenntnis zuwächst. Sie allein braucht sich dem Zeugnis der Erfahrungen nicht zu verschließen, denn erst mit dem ganzen Reichtum ihrer Töne, der dunklen wie der hellen, schließen sie sich zu den großen Bildern der Gottheiten zusammen.

Wir wollen uns nicht abschrecken lassen durch das vorwitzige Urteil von Eiferern und Pedanten, die der Homerischen Religion Immoralität oder primitive Roheit vorwerfen, weil ihre Götter parteiisch und uneins sein können und sich bisweilen Handlungen erlauben, die im bürgerlichen Leben verfehmt sind. Freilich ist solche Kritik auch von großen griechischen Philosophen geübt worden. Aber sie wird dadurch nicht besser, daß im Griechentum selber der fromme Natursinn ausgehen konnte. Für diesen Sinn ist manches wahr und wichtig, was Theoretikern und Moralisten töricht und verwerflich erscheint. Wer aber einmal die großen Gegenstände seiner Ehrfurcht erkannt hat, wird das, was er ertrug und gelten ließ, nicht mehr zu verurteilen wagen.

In der altgriechischen Gottesverehrung offenbart sich uns eine der größten religiösen Ideen der Menschheit — wir dürfen sagen: *Die religiöse Idee des europäischen Geistes.* Sie ist sehr verschieden von den religiösen Ideen anderer Kulturen, zumal derjenigen, die für unsere Religionswissenschaft und Religionsphilosophie das Muster der Religionsbildung abzugeben pflegen. Aber sie ist wesensverwandt mit allen echten Gedanken und Schöpfungen des Griechentums und in demselben Geiste wie sie empfangen. So steht sie, mit den anderen ewigen Werken der Griechen, groß und unvergänglich vor der Menschheit. Was in andern Religionen immer gehemmt und durchkreuzt wird, können wir hier als Genialität bewundern: das Vermögen, die Welt im Lichte des Göttlichen zu sehen — nicht eine ersehnte, geforderte, oder eine in seltsam ekstatischen Erlebnissen mystisch gegenwärtige Welt, sondern die, in die wir hineingeboren, deren Teil wir sind, durch die Sinne in sie verflochten und durch den Geist für alle Fülle und Lebendigkeit ihr verpflichtet. Und die Gestalten, in denen diese Welt sich dem Griechen göttlich geoffenbart hat, bezeugen sie nicht ihre Wahrheit dadurch, daß sie noch heute leben, daß wir ihnen noch heute, wenn wir uns aus dem Zwang der Kleinlichkeit zum freien Schauen emporheben, immer wieder begegnen? Zeus, Apollon, Athene, Artemis, Dionysos, Aphrodite ... — wo die Ideen des griechischen Geistes verehrt werden, da darf man nie vergessen, daß dies seine größten gewesen sind, ja gewissermaßen der Inbegriff seiner

Ideen überhaupt; und sie werden bleiben, solange der europäische Geist, der in ihnen seine bedeutendste Objektivierung gefunden hat, dem Geist des Orients oder der zweckhaften Verständigkeit nicht ganz unterliegt.

Vorbemerkung

Die Geburt des Geistes, von dem hier vorläufig gesprochen wurde, ist die Voraussetzung der Homerischen Gedichte, in denen er nicht bloß den ersten, sondern auch den entschiedensten Ausdruck gefunden hat. Darum baut unsere Darstellung sich auf den Homerischen Zeugnissen auf. Wenn trotzdem vieles von anderswoher aufgenommen wird, so geschieht es in dem Sinne, daß dadurch das Bild des Homerischen Glaubens vervollständigt und sein Sinn verdeutlicht werden soll.

Von dem zeitlichen Unterschied zwischen Ilias und Odyssee und gar von der Verschiedenartigkeit einzelner Teile des Epos können wir völlig absehen, denn in allem Wesentlichen ist die religiöse Anschauung überall dieselbe.

An Bezeichnungen wie „Homerisches Zeitalter", die der Bequemlichkeit halber nicht selten gebraucht werden, soll niemand Anstoß nehmen. Sie meinen nicht mehr als die Zeit, in der die von Homer bezeugte Anschauungswelt gereift und gefestigt war. Über ihren Geltungs- und Machtbereich wollen sie weder im räumlichen noch im sozialen Sinne etwas aussagen.

Es ist ein schlimmer Aberglaube unserer Zeit, daß die Weltgedanken aus den Notdürften der Vielen aufsteigen, um erst in den Köpfen der Wenigen eine einsame Höhe zu gewinnen. Die Seltenen und Geistgewaltigen – ob Gruppen oder Individuen – sind es, bei denen sie geboren werden, um langsam in die Niederungen herabzusinken, wo sie nur ärmer, matter und roher werden können und der Erstarrung verfallen. Nur ein geistesarmes Zeitalter konnte glauben, daß die religiösen Volksbräuche und Volksanschauungen niemals mehr bedeutet haben, als der einfache Mann zu denken und zu erleben vermochte. Um ihren lebendigen Ursprung zu finden, muß man schon in die höheren Regionen hinaufsteigen.

Jede Religion und Weltanschauung hat ein Recht darauf, nicht nach Breiten, wo sie verflacht, vergröbert und aus Mangel an Charakter allen anderen ähnlich ist, sondern nach den klaren und großen Konturen ihrer Höhen beurteilt zu werden. Nur dort ist sie, was sie ist und was die andern nicht sind.

II. RELIGION UND MYTHOS DER VORZEIT

I.

Die Homerischen Gedichte gründen sich auf eine klare, in sich geschlossene Weltanschauung. Sie zeugen für sie fast mit jedem Verse, denn sie setzen alles Bedeutende, von dem sie singen, in Beziehung zu ihr, und erst durch diese Beziehung erhält es seinen eigentümlichen Charakter. Wir nennen diese Weltanschauung religiös, so weit sie sich auch von der Religion anderer Völker und Zeiten entfernen mag. Denn das Göttliche ist für sie der Untergrund alles Seins und Geschehens, und dieser Untergrund leuchtet so deutlich durch alle Dinge und Ereignisse hindurch, daß sie selbst bei den natürlichsten und gewohntesten von ihm sprechen muß. Kein Bild des Lebendigen ist für sie vollständig ohne das Göttliche.

Klar und in sich geschlossen ist diese religiöse Weltanschauung der Homerischen Gedichte. Sie spricht zwar nirgends durch begriffliche Formulierung nach Art eines Dogmas, aber sie drückt sich lebendig aus in allem, was geschieht, was gesagt und gedacht wird. Und wenn auch im einzelnen manches vieldeutig bleibt, im Großen und Wesentlichen widersprechen die Zeugnisse sich nicht. Man kann sie mit strenger Methode sammeln, sichten und zählen, und sie geben deutliche Antworten auf die Fragen nach Leben und Tod, Mensch und Gott, Freiheit und Schicksal. Eine maßgebende Idee von der Natur des Göttlichen tritt unverkennbar hervor. Auch das Bild der einzelnen Götterpersonen steht vollkommen fest. Jede von ihnen hat ihren besonderen, in allen Zügen klar bestimmten Charakter. Der Dichter kann sich darauf verlassen, daß der Zuhörer eine lebendige Anschauung vom Sein und Wesen einer jeden besitzt. Sooft er einen Gott auftreten läßt, charakterisiert er ihn mit wenigen Strichen. Diese Striche sind immer mit der Meisterschaft gesetzt, die man an Homer seit Jahrtausenden bewundert, aber in seinen Götterszenen nicht zu erkennen pflegt. Und doch müssen gerade sie durch ihre Wohlgetroffenheit dem Verstehenden ein besonderes Entzücken bereitet haben. Für uns aber sind die knappen Striche, mit denen der Gott jeweils sichtbar vor Augen gestellt wird, die kostbarsten Hinweise auf sein Wesen, dessen ganze Gestalt sich uns freilich erst aus ihnen allen zusammensetzt.

Das Göttliche, das in den Homerischen Gedichten mit solcher Klarheit vorgestellt wird, ist vielgestaltig und doch überall sich gleich. Ein hoher Geist, ein großer Sinn prägt sich in allen seinen Formen aus. Und die Gedichte wollen keine religiöse Offenbarung bringen, keine Götterlehre einprägen. Sie wollen nur schauen und in der Lust des Schauens gestalten, und vor ihnen liegt der ganze Reichtum der Welt, Erde und Himmel, Wasser und Luft, Bäume, Tiere, Menschen und Götter.

Die Weltauffassung, die aus ihnen spricht, atmet den Geist, den wir den spezifisch griechischen nennen müssen. Es ist zwar nicht zu verkennen, daß die Folgezeit mancherlei Anschauungen und Bestrebungen hervorgebracht hat, die ganz anders gerichtet waren. Wer aber auf die große und entscheidende Linie der griechischen Genialität achtet, kann nicht zweifeln, daß sie der Homerischen Richtung gefolgt ist. Die Homerische Art zu sehen und zu denken setzt sich, trotz aller zeitlichen und persönlichen Eigenprägungen, in den repräsentativen Werken des Griechentums fort, seien sie Dichtung, bildende Kunst oder Erkenntnis. Sie besitzt alle Merkmale dessen, was — im Gegensatz zu jedem anderen und vorzüglich zum orientalischen Menschentum — griechisch heißt; und sie besitzt es als etwas Natürliches und Selbstverständliches. Ihre Anschauungs- und Gedankenwelt muß also in den Jahrhunderten vor dem Abschluß der Homerischen Epen in Erscheinung getreten sein. Über den geistigen Prozeß, der sich damals abgespielt hat, besitzen wir leider keine direkten Zeugnisse; nur das Gewordene selbst steht gewaltig vor uns. Auch die Zeitdauer der entscheidenden Epoche können wir nicht bestimmen. So verlockend es erscheinen mag, den Wandel und die Neugestaltung des Denkens mit der Abfolge kulturgeschichtlicher Perioden wie der mykenischen und nachmykenischen in Verbindung zu bringen, so muß doch auf diesen Versuch verzichtet werden, weil die Dokumente, die dafür nötig wären, durchaus fehlen. Aber wenn auch der geschichtliche Hergang im Dunkeln bleibt, der geistige Prozeß, der sich vollzogen hat, ist klar und deutlich. Die Homerischen Gedichte zeigen uns die neue, für das Griechentum entscheidende Weltanschauung gereift und gefestigt. Und es gibt noch Überbleibsel und Nachklänge genug — nicht am wenigsten bei Homer selbst —, aus denen wir uns eine Vorstellung von dem, was ehedem gedacht und geglaubt wurde, zu machen vermögen.

2.

Der alte Glaube ist erdgebunden und dem Element verhaftet, ganz wie das alte Dasein selbst. Erde, Zeugung, Blut und Tod sind die großen Realitäten, von denen er beherrscht wird. Jede von ihnen hat ihren eigenen heiligen Umkreis von Bildern und Notwendigkeiten, und sie lassen sich durch keine Freiheit der Vernunft etwas von der Strenge ihres Hier und Jetzt abdingen. Gütig und segensreich für den, der ihnen treu bleibt, furchtbar für jeden, der sie — einerlei ob aus Willkür oder aus Not — mißachtet, schließen sie das Leben der Gemeinschaft und des Individuums in ihre unabänderlichen Ordnungen ein. Sie sind eine Vielheit, aber sie gehören demselben Reiche an, und sie sind nicht bloß miteinander verwandt, sondern alle fließen zusammen in eine einzige große Wesenheit. Wir sehen es an den Gottheiten, in denen sie sich repräsentieren: alle gehören der Erde an, alle haben teil am Leben wie am Tod; wie sie auch im besonderen beschaffen sein mögen, man kann sie alle als Erd- und als Totengottheiten bezeichnen.

Das unterscheidet sie auf das allerschärfste von den neuen Göttern, die weder der Erde noch überhaupt dem Element angehören und mit dem Tode nichts zu schaffen haben. Aber die alte Götterwelt ist auch später nicht vergessen worden und hat ihre Macht und Heiligkeit niemals ganz verloren. Die Olympische Religion hat sie von der ersten Stelle verdrängt, aber im Hintergrunde stehen lassen, mit jener großartigen Liberalität und Wahrheit, die ihr vor andern eigen sind. Der griechische Glaube hat keine dogmatische Revolution erlebt, wie der israelitische oder der persische, durch die der ältere Gottesdienst zum Aberglauben oder zum Frevel gegen die Alleinherrschaft der neuen Herren geworden wäre. Selbst bei Homer, dem reinsten Zeugen der Olympischen Religion, behält das Element seinen uralten Heiligkeitscharakter, und die göttlichen Geister, die aus ihm wirken, treten zu ihrer Zeit bedeutungsvoll hervor. Daher können wir von dem Wesen der alten Götterwelt noch eine ziemlich genaue Vorstellung gewinnen.

Es ist sehr merkwürdig, zu sehen, wie in der Äschyleischen Tragödie die beiden Götterreiche zusammenstoßen, als hätten die olympischen Herren eben jetzt erst über die alten Mächte triumphiert. Des Titanen *Prometheus* Klage und Hohn gellen durch die skythische Einöde, wo er als Widersacher des neuen Götterkönigs an den Felsen geschmiedet ist. Er ruft die göttlichen Urelemente zu Zeugen seiner Vergewaltigung an, den Himmelsäther, die Winde, Flüsse, Meereswogen, die Allmutter Erde und das Sonnenauge (Aisch., Prom. 88 ff.); der Chor der Meermädchen weint über sein Los und sinkt am Ende mit ihm in die Tiefe. Doch hier kommt, wenigstens in dem erhaltenen Stück, der Gegensatz nur einseitig zum Ausdruck. In den *Eumeniden* dagegen kommt es zu einer förmlichen Auseinandersetzung zwischen den beiden Götterreichen und ihren Rechten. Zwar sind die alten Mächte und ihr Protest gegen die „neuen Götter" nur durch die Erinyen vertreten, und es ist nur ein einzelner Streitfall, in dem sie aneinander geraten. Aber dieser Fall ist von so großer Bedeutung und die Haltung der göttlichen Parteien so vielsagend, daß sich uns zwar nicht die Vielfältigkeit, aber der Grundcharakter der alten Erdreligion mit größerer Deutlichkeit zu erkennen gibt als sonst.

Die Eumeniden nennen sich selbst Töchter der Nacht (321, 416), der gewaltigen Urgottheit, die auch in der Ilias mit Ehrfurcht genannt wird. Die Moiren sind ihre Schwestern (960), die „Hochehrwürdigen", die als Mächte über Geburt, Hochzeit und Tod das Schicksal jedes Menschenlebens bestimmen. Aus ihren Händen kommt der Segen der Erde: Gesundheit, Fruchtbarkeit, Reichtum, Frieden (904ff.). Daher haben die Athener ihnen bei den Hochzeiten geopfert (835, mit Schol.). Ihre Kultbilder in Athen (vgl. Paus. 1, 28, 6) hatten nichts Schreckenerregendes, und in den meisten Namen, mit denen sie da und dort angerufen wurden, kommt nicht das Entsetzen, sondern die Ehrfurcht zum Ausdruck: Semnai, d. i. „die Ehrwürdigen", nannte man sie in Athen, anderwärts Eumeniden, d. i. „die Freundlichen", oder Potniai, d. i. „Herrinnen". So sind sie mit andern Gottheiten des Erdbereichs, wie den Chariten, verwandt. Die alte Erdmutter Demeter trägt, als Demeter Erinys, ihren Namen, und die Ge selbst wird als ihre Mutter bezeichnet (Soph. O. C. 40). Unmißverständlich sprechen die Verse des Epimenides (Fragm. 19 Diels) ihre Zugehörigkeit zur Erde und zum alten Göttergeschlecht aus: Kronos, der vorolympische Götterkönig, der Oberste der Titanen, hat sie mit Euonyme, der Erdgöttin, erzeugt, und dazu noch Aphrodite und die Moiren. Aber der Segen der Erdgottheiten ist an die großen Ordnungen gebunden, deren Hüterinnen sie sind. Wehe dem, der sie verletzt! Im Augenblick verwandeln sich die liebreichen Spenderinnen in Fluchgeister, vor denen es kein Entrinnen gibt, denn sie sind unerbittlich. Dieser Eifer in der Aufsicht über die heiligen Satzungen der Natur, dieser finstere Zorn gegen jeden, der sie mißachtet, diese schauerliche Konsequenz, mit der er zur Rechenschaft gezogen wird und bis zum letzten Blutstropfen einstehn muß für das, was er getan hat, einerlei ob er es ehrlich gemeint hat, ob er bereut und um Schonung bittet, — dieser strenge und drohende Charakter des Naturhaften tritt an den Erinyen mit besonderer Schärfe hervor, und von ihm haben sie ihren Namen: „die Zürnenden".

Die Äschyleische Tragödie zeigt sie auf der Verfolgung einer Schreckenstat gegen die Heiligkeit des Blutes: Orestes hat das Blut seiner eigenen Mutter vergossen. Sie sind gleichsam die Geister des ausgeschütteten Blutes, das zum Himmel schreit. Sie trinken vom Blut des Erschlagenen (184) und jagen dem Täter nach, wie einem Wild, das zu Tode gehetzt wird. Wahnsinn befällt ihn. Wo er geht und steht, sind sie bei ihm und blicken ihn mit gräßlichen Augen an. Er hat sein eignes Blut verwirkt. Sie wollen es ihm aus den lebendigen Gliedern saugen und ihn dann als abgezehrten Schatten hinabziehn in die Nacht des Schreckens (264 ff.). Aber Orestes hat die Tat nicht mit frevelhaftem Sinn getan. Er mußte seinen Vater rächen, den König Agamemnon, den diese Frau, die seine Mutter war, am Tag der Heimkehr selbst auf die schimpflichste Weise überlistet und erschlagen hatte. Und hinter ihm stand ein Größerer: der Gott Apollon, der das Rachewerk von ihm verlangte. Er steht auch jetzt an seiner Seite bei dem Gericht, das ihn, unter Athenes Vorsitz, schuldig oder frei sprechen soll. Die Klageführenden sind die Erinyen. Und so treffen hier die alten und die neuen Götter aufeinander. Das uralte göttliche Erdrecht protestiert gegen den neuen Olympischen Geist.

Zwei Welten kämpfen gegeneinander. Jede vertritt ausführlich ihre Sache, jede macht ihre Motive geltend. Und während sie so miteinander rechten, tut sich uns das Innerste ihres Wesens auf.

Apollon, der Olympische Gott, empfindet den tiefsten Abscheu vor den Schreckgespenstern, die Menschenblut schlürfen und an den Qual- und Greuelstätten ihre gräßlichen Feste feiern (186 ff.). Die Erinyen sind eins mit dem Blute. So dumpf und blind, wie der Wille des Blutes, ist ihr Sinn und ihr Tun. Der geistigen Freiheit des Olympischen Gottes setzen sie höhnisch ihre Starrheit entgegen; denn die Weichheit der ungeistigen Natur wird in der Gegenwehr zur steinernen Härte. Sie kennen nur Tatsachen. Sind diese festgestellt, dann ist jedes weitere Wort überflüssig. Auf die Tat folgt ihre von Ewigkeit her verordnete Konsequenz. Ihre Argumentation ist die denkbar einfachste und ein Hohn auf die Autonomie des Geistes. „Hast du die Mutter umgebracht?" fragen sie den Angeklagten (587). Und sein Eingeständnis entscheidet. Es soll ihm nichts nützen, daß Apollon diese furchtbare Tat geboten hat, Apollon, dessen Sprüche alle von Zeus selbst ausgehn. Er hat den Mord seines Vaters Agamemnon gerächt. Soll es Recht sein, daß der Rächer des Vatermordes das Blut der Mutter vergießt? Nach dem Gesetz des Blutes kann die Antwort nur Nein! lauten, und die Erinyen müssen recht behalten. Bluttat steht gegen Bluttat, und die des Orest wiegt unvergleichlich viel schwerer, weil er eigenes Blut vergossen hat, während Klytaimestra nur die Mörderin des nicht blutsverwandten Gatten gewesen ist (605 ff.).

Was bedeutet in dieser Sphäre die geistige Unterscheidung Apollons, die aus einer Welt ganz anderer Werte und Ordnungen fremdartig hereintönt und von den Erinyen nur als ruchlose Willkür empfunden werden kann. Nicht darauf, sagt er (625 ff.), kommt es an, daß Blut geflossen ist; denn dann wäre allerdings das Werk des Orest dem der Klytaimestra, die dafür den Tod erleiden mußte, gleich, ja es wäre noch viel ärger, weil er die eigene Mutter erschlagen hat. Die Würde des Gemordeten und der Schimpf, der ihm angetan wurde, entscheiden über den Charakter der Tat. Hier ist ein edler Herr, ein König von Gottes Gnaden, am Tag seiner ruhmreichen Heimkehr vom Feldzug erschlagen worden, und zwar von einem Weibe, das ihn schmählich überlistet und in der elendesten Hilflosigkeit niedergehauen hat. Die Erinyen hören aus all dem nur heraus, daß der Vater mehr gelten solle als die Mutter und das Mutterblut ohne Genugtuung bleiben dürfe. Wer vermag hier zu entscheiden?

Wir fühlen mit Schaudern, daß zwei Weltordnungen sich gegenüberstehn, deren Gegensatz unauflösbar ist. Es gehört zu den größten Zügen des griechischen Denkens, das uns Aischylos hier repräsentiert, daß es diesen Gegensatz unaufgelöst gelassen hat. Kein Gewaltspruch setzt das Recht auf die eine und das Unrecht auf die andere Seite. Athene selbst, die Göttin, erklärt, daß es ihr nicht zustehe, in diesem Rechtsstreit das entscheidende Wort zu sprechen (471). Sie setzt die Richter ein, die künftig in Blutprozessen das Urteil fällen sollen, und behält sich selbst nur eine Stimme vor, die sie dem Orest gibt, weil sie selbst auf seiten der Männlichkeit und ihres Vaters steht und der Tod eines Weibes, das den Gatten und Hausherrn erschlug, in ihren Augen keine überragende Bedeutung haben kann (735 ff.). Ohne den Stimmstein der Athene wäre Orest verloren gewesen. So kommt er davon, aber nur durch Stimmengleichheit. Die Rachegöttinnen aber werden schließlich von Athene durch Zusicherung hoher Ehren begütigt und sprechen ihren Segen statt ihres Fluchs über Land und Leute aus. Diese Vorgänge sind von eminenter Bedeutung. Die Äschyleische Tragödie feiert die Einsetzung des attischen Blutgerichtshofes, durch den das Staatsrecht und die Staatsgewalt an die Stelle der uralten Mordsühne tritt. Aber für den Griechen hat dieses Ereignis einen Sinn, der bis in die Bereiche der Götter hinüberreicht. Wenn sich unter Menschen etwas entscheiden soll, muß zuerst zwischen Göttern die Auseinandersetzung stattfinden. Hier stehen die neuen, die Olympischen Götter den alten gegenüber; der helle, freie Olympische Geist trifft mit dem dumpfen, gebundenen, erdhaften der Urmächte zusammen. Und die Olympier rechtfertigen ihre neue Herrschergewalt, indem sie sich mit den alten Mächten versöhnen. Die neue Wahrheit löscht die Ehrfurcht vor dem Alten nicht aus.

Die Erinyen der Äschyleischen Tragödie geben uns ein lebendiges Bild der alten Erdmächte. Sehr bezeichnend ist Athenes entscheidendes Bekenntnis zur Männlichkeit. Denn man könnte auch sagen, daß sich hier die *männliche* und die *weibliche* Auffassung des Daseins gegenüberstehen. Die Erinyen selbst sind weiblich, wie die meisten Gottheiten der Erdsphäre. Wie echt weiblich ist die Frage, mit der sie die Schuld feststellen wollen! „Hast du die Mutter erschlagen?" Das Ja oder Nein muß entscheiden. Der Tatsächlichkeitssinn des Weibes ist nie wahrer und zugleich furchtbarer vor Augen gestellt worden. So verstehen wir die Gebundenheit, die Strenge und zugleich die Güte des alten Götterreiches erst recht. Das Übergewicht des Weiblichen ist eine der wichtigsten Bestimmungen seines Charakters, während in der Olympischen Gottheit die männliche Gesinnung triumphiert.

Es ist ein mütterliches Reich von Gestalten, Spannungen und Ordnungen, deren Heiligkeit das ganze menschliche Dasein durchdringt. Im Mittelpunkt steht die Erde selbst, als Urgöttin, unter vielen Namen. Aus ihrem Schoße quillt alles Leben und alle Fülle; in ihn sinken sie wieder zurück. Geburt und Tod, beide gehören ihr und schließen in ihr den heiligen Ring. Aber so unerschöpflich ihre Lebenskraft, so reich und gütig ihre Gaben, so heilig und unverbrüchlich sind ihre Satzungen. Alles Sein und Geschehen muß sich einer festen Ordnung fügen. Und wieder sind es die Erinyen, deren Grimm erwacht, wenn diese Ordnung durchbrochen wird. Wo etwas gegen die Natur geschieht, da rufen sie ihr Nein! Sie verschließen dem Roß des Achill, dem die Göttin Hera plötzlich Menschenstimme verliehen hatte, den Mund (Ilias 19, 418). Herakleitos (Fragm. 94 Diels) nennt sie „die Schergen der Dike" und sagt, daß aus Scheu vor ihnen „selbst die Sonne ihre Maße nicht überschreiten wird".

Unverkennbar hängt mit dem Glauben an Naturordnungen und ihre Strenge auch die Furcht vor dem, was die Alten den „Neid" der Gottheit nannten, zusammen. Diese Anschauung, die mit so manchem Uralten aus der vorzeitlichen Religion in die klassische hinüberreicht — und übrigens auch unter uns, wenn auch in anderer Form, noch lebendig ist —, verträgt sich natürlich schlecht mit dem Glauben an die Gottheit als geistige Person. Daß sie trotzdem nie ganz überwunden werden konnte, beweist, wie tief der Glaube an ewige Ordnungen im Gemüt des Menschen begründet ist. Wir finden ihn denn auch in primitiven Kulturen am stärksten ausgebildet und geradezu maßgebend für die Weltanschauung. Und er verrät sich immer wieder in der unausrottbaren Angst, daß ein gewisser Grad von Glück als Übermaß den Unwillen hoher Mächte hervorrufen könnte.

Dies lebhafte Bewußtsein von festen Normen und Gliederungen ist bezeichnend für eine Religion, der sich das Göttliche nicht als Gestalt und Person, sondern vielmehr als dunkle Gewalt darstellt. Darin erkennen wir wieder den großen Unterschied zwischen der alten und der neuen Götterwelt. Die alte Gottheit gehört nicht bloß zusammen mit dem Glauben an die Ehrwürdigkeit der Naturordnungen, sie ist eigentlich eins mit dieser Ehrwürdigkeit. In ihr repräsentiert sich die Ordnung als heiliger Wille der elementaren Welt. Diese Ordnung ist nichts weniger als mechanisch. Sie kann durchbrochen werden. Aber immer wieder erhebt sich der heilige Wille drohend und einhaltgebietend. Auch das menschliche Leben ist ganz hineingeflochten in diese Ordnung. Und hier, wo die Willkür so vieles schafft, offenbart sich ihr Wesen am deutlichsten: ihre Macht wird durch Fluch und Beschwörung aus der Dunkelheit hervorgerufen.

Da sind wir plötzlich bei der *Magie* angelangt. Und wirklich gehört sie ebensosehr zu der Lebens- und Gedankensphäre, die wir hier zu beschreiben versuchen, wie sie der Homerischen fremd ist.

Man faßt die ursprüngliche Magie heute am liebsten im rationalen und mechanistischen Sinn auf, als eine Praktik, deren Wirkung ganz allein auf ihrer eignen Kraft beruhte. Aber das ist sehr einsichtslos. Alle echte Magie setzt das menschliche Bewußtsein und die Konzentration des Gedankens einerseits, und andererseits das Bestehen einer strengen, aber nicht mechanischen Naturordnung voraus. Nur in dem Zustand einer besonderen Erregung ist der echte magische Akt möglich. Diese Erregung aber tritt ein, wenn das Gemüt mit Erschütterung empfindet, daß die ehrwürdige Regel der Natur mißachtet worden ist. Das trennt die wahre Magie von der Willkürlichkeit, die man heute zum Ausgangspunkt ihrer Erklärung zu machen pflegt. Man sollte nie übersehen, daß sie auf das innigste mit dem Bewußtsein allgemeingültiger, den persönlichen Eigenwillen begrenzender Normen verbunden ist. Es ist keine Willkür, wenn der Unglückliche dem Vergewaltiger, der beleidigte Vater oder die mißhandelte Mutter dem Sohne, der Ältere dem rücksichtslosen Jüngeren flucht. Und eben dies sind die Fälle, wo nach der alten Weltanschauung die zürnenden Gottheiten emporsteigen.

Sie selbst heißen zu Hause unter der Erde „Fluchgeister" (Arai) (Aisch. Eum. 417). Der Fluch des Vergewaltigten und die dämonische Rache der gestörten Weltordnung sind im letzten Grunde eines und dasselbe. So ist der Arme und Bettler eine ehrwürdige Person, und wenn er mitleidslos vom Tisch des Reichen weggestoßen oder gar mißhandelt wird, so trifft den Übermütigen die Rache der Erinyen, die dem Bettler zur Seite stehn (Odyss. 17, 475). Verwandt damit ist die Heiligkeit des gastlichen Tisches, über deren Verletzung die höheren Mächte auf das tiefste ergrimmen (vgl. Odyss. 21, 28). Wie so manches von dem alten Recht, so hat auch die Sorge um fremde Gäste und Schutzflehende später Zeus selbst übernommen (vgl. Odyss. 9, 270f.), dessen berühmter Beiname „Fremdenschützer" (Xenios) diese Seite seiner Wirksamkeit deutlich ausdrückt.

Aber noch viel ernster sind die Rechte des Blutes und der Verwandtschaft. Die Geschichte der Althaia und des Meleagros beweist, daß die Anschauungen von der Heiligkeit dieser Bindungen und von der Furchtbarkeit der erzürnten Mächte in einer Zeit geformt worden sind, die über Verwandtschaftsgrade noch wesentlich anders dachte als die historische. Althaia weiht ihren eignen Sohn dem Untergang, weil er ihren leiblichen Bruder im Krieg erschlagen hat (Ilias 9, 565 ff.). In Tränen gebadet kniet sie am Boden, schlägt die Erde mit den Händen und ruft die Unterirdischen, ihrem Sohn den Tod zu geben. „Und es hört sie aus der Tiefe die im Dunkeln wandelnde Erinys, die unbarmherzige." Meleagros hat den Bruder seiner Mutter im Krieg getötet. Es war kein Akt der persönlichen Willkür; er hätte ebensowohl von jenem erschlagen werden können. Noch weniger schuldig im modernen Sinne ist Oidipus, der sich, ohne es zu ahnen, an der Mutter selbst vergriffen hat, indem er sie, nachdem er unwissentlich den Vater erschlagen hatte, zur Frau nahm. Der Greuel blieb, wie die Odyssee erzählt (11, 272ff.), nicht lange verborgen. Die Mutter erhängte sich, und über Oidipus kam grenzenloses Leid, das die „Erinyen der Mutter" auf ihn luden. Um so natürlicher, wenn die Hartherzigkeit des Sohnes der Mutter den Fluch auf die Lippen drängt, dem die Tiefe antwortet. Telemachos darf seine Mutter nicht zwingen, das Haus als Gattin eines anderen zu verlassen; die höheren Mächte würden ihn strafen, denn die Unglückliche würde im Weggehn „die grausigen Erinyen rufen" (Odyss. 2, 135). Aber auch der Vater ruft „die grausigen Erinyen" gegen den Sohn herbei, wenn er ihm statt der geschuldeten Ehre Schimpf antut. So erzählt Phoinix in der Ilias (9,454).

So erkennen wir in den mütterlichen Erdgottheiten die Hüterinnen und Repräsentanten ehrwürdiger Ordnungen, durch die Eltern, Kinder und Geschwister miteinander verbunden sind. Auch die verschiedenen Geburtsrechte der Kinder sind in ihnen geheiligt. Noch in der Ilias wird dem Poseidon, der keinen Befehl von Zeus entgegennehmen will, in Erinnerung gebracht, daß dem Älteren immer die Erinyen zur Seite seien (15, 204), und augenblicklich ist er bereit, sich zu bescheiden.

Aber aus diesen Erdgottheiten spricht nicht bloß der Geist des Familienblutes; das Menschenblut selbst, das jeden seinem Nächsten verpflichtet, schreit zu ihnen und findet bei ihnen Antwort. Diese Verpflichtung hat durchaus nichts mit Menschenliebe oder Selbstlosigkeit zu tun. Sie gründet sich auf keine Anschauung oder Lehre, sondern allein auf die elementare Überzeugungs- und Verbindungskraft der Lebensnot. Die objektive Ordnung, der sie angehört, reicht genau soweit wie die Urempörung der geängsteten und gequälten Menschenseele, deren widernatürliche Not sich im Fluche entlädt und an sie appelliert.

So gehören in den alten Kreis von Heiligkeiten die Verpflichtungen gegen die Darbenden, die Schutzlosen, die Irrenden mit hinein. Das Gefühl, daß die ewigen Mächte über die Mitleidlosigkeit ergrimmen müssen, ist auch in der Ilias lebendig. Der sterbende Hektor spricht es aus, und in seinem Munde kommt es einer Verfluchung gleich. Er hat den Achill bei allem, was ihm heilig ist, beschworen, seinen Leichnam nicht den Hunden zum Fraß hinzuwerfen, sondern gegen kostbares Lösegeld den Eltern zur ehrenvollen Bestattung auszuliefern. Aber umsonst. Nun sagt er mit dem letzten Hauch seiner Stimme (22, 356ff.): „Du hast ein eisernes Herz. Nun sieh dich vor, daß ich dir nicht zum Götterzorn werde..." Und wirklich droht Apollon, auf den Hektors letzte Worte hinweisen, dem Erbarmungslosen, der die Leiche des Erschlagenen schleift, mit diesem Götterzorn, denn er „schände die stumme Erde mit seinem Wüten" (24, 54). Für das älteste Denken ein furchtbarer Frevel, denn Gaia, „der Götter älteste, die ewige unerschöpfliche Erde", wie der Chor der Sophokleischen Antigone singt (337), ist ja im Grunde eins mit Themis (vgl. Aisch. Prom. 209), der Göttin des Gültigen und Notwendigen. Den Ernst, den die Urverpflichtungen des Menschen in der alten Erdreligion hatten, erkennen wir noch deutlich an den Flüchen, die in Athen der Priester aus dem Geschlecht der Buzygen („Ochsenschirrer") bei der heiligen Pflügung unter anderem gegen diejenigen ausstieß, die den Irrenden nicht den Weg wiesen.

Die Erd- und Fruchtbarkeitsgottheit, in deren Namen solche Urforderungen geheiligt sind, ist nicht bloß Mutter der Lebenden. Auch die Toten gehören ihr. Der Muttermörder soll, wie die Erinyen dem Orestes drohen (Aisch. Eum. 267ff.), auch drunten keinen Frieden haben. Und sie nennen die Urfrevel, die im Hades geahndet werden: es sind die Sünden gegen die Gottheit, gegen den Gastfreund, gegen die Eltern. Gegen die Gottheit frevelt vor allem der Eidbrüchige; und es ist sehr bemerkenswert, daß die Ilias, die sonst von einer Glücks- oder Leidensmöglichkeit der Toten nichts wissen will, die feierliche Eidesformel kennt, in der, außer Zeus, der Sonne, den Flüssen, der Erde, noch die Mächte zu Zeugen gerufen werden, „die drunten die Abgeschiedenen zur Verantwortung ziehn, wenn einer einen Meineid geschworen" (3, 278). Triptolemos, den die Eleusinische Demeter mit dem Segen der Feldfrucht aussandte, soll auch jene Grundregeln verkündet haben, zu denen immer die Ehrung der Eltern gehört. Und gerade Eleusis war bekanntlich der Ort der vornehmsten Mysterien Griechenlands, von denen Cicero rühmt, daß sie den Menschen gelehrt hätten, „nicht bloß frohgemut zu leben, sondern mit edlerer Hoffnung zu sterben" (de legibus 2, 36).

In der Erdreligion scheidet der Tote aus der Gemeinschaft der Lebenden nicht aus. Er ist nur mächtiger und ehrwürdiger geworden. Er wohnt in der mütterlichen Erde — Demetreios, d. h. Angehöriger der Demeter, der „Erdmutter", nannte man ihn vor alters in Athen (Plutarch, de fac. in orb. lun. 28) —, und dort erreichen ihn die Gebete und Spenden der Lebenden, von dort schickt er den Segen zu ihnen hinauf. An gewissen Tagen, wenn die Erde sich lockert und das neue Leben heraufsprießt, kommen die Toten alle wieder und werden festlich empfangen, bis die Zeit ihres Besuches zu Ende ist.

Dieser Glaube setzt die Erdbestattung voraus, durch die der Leib in den Schoß der Erde, woher er gekommen ist, wieder zurückkehrt. Von diesem Brauch weiß die Kultur des Homerischen Epos nichts mehr. Ihr ist das Verbrennen der Toten zu einer Selbstverständlichkeit geworden. Damit hängt zweifellos der Unterschied im Denken über sie — einer der charakteristischsten Unterschiede der neuen Religion von der alten — zusammen: nun hören die Toten zwar nicht auf, zu sein, aber ihr Sein ist nicht mehr das der Lebenden, und die Verbindung zwischen den beiden Kreisen hat völlig aufgehört. Ja noch mehr: die Sphäre des Todes hat ihre Heiligkeit verloren, die Götter gehören ganz dem Leben an und sind durch ihr Wesen von allem, was des Todes ist, geschieden. Die olympischen Gottheiten haben mit den Verstorbenen nichts zu schaffen, es heißt sogar ausdrücklich von ihnen, daß sie das dunkle Reich des Todes verabscheuen (Ilias 20, 65). Bei Homer fürchten sie die Berührung eines Toten zwar nicht, denn seine Existenz gehört völlig der Vergangenheit an; aber in der späteren Zeit, die dem Todesproblem nicht mehr mit derselben Freiheit gegenüberstand, vermeiden sie die Nähe von Sterbenden und Toten, um nicht durch sie befleckt zu werden (vgl. Eurip. Alk. 22; Hippol. 1437). So weit ist der Abstand, der die Olympier von den alten Göttern trennt. Denn diese sind, wie sie auch im besonderen geartet sein mögen, fast ausnahmslos zugleich Unterwelts- und Totengötter.

Aus all dem spricht der Geist der Erde, von der alle Segnungen und alle Verpflichtungen des erdhaften Daseins ausgehn, die selbst das Lebendige gebiert und, wenn seine Zeit vorüber ist, wieder zu sich nimmt. Das Mütterliche, das Weibliche nimmt in dieser erdgebundenen Religion die erste Stelle ein. Das Männliche fehlt nicht, aber es ist dem Weiblichen untergeordnet. Das gilt selbst für *Poseidon*, dessen Macht sich in der Vorzeit ohne Zweifel über die ganze Welt erstreckte: sein Name (vgl. Kretschmer, Glotta I) bezeichnet ihn als den Gatten der großen Göttin, mit deren Bild wir uns im Vorhergehenden beschäftigt haben.

Bei Homer beschränkt sich der Herrschaftsbereich dieses Gottes ganz auf das Meer. Wenn er auch als Freund der Griechen an den Kämpfen teilnimmt, man braucht ihn nur mit andern Olympiern zu vergleichen, um die enge Begrenztheit seiner Bedeutung zu erkennen. Während jene auf die mannigfachste Weise ins Menschenleben eingreifen, wird seiner nur im Zusammenhang mit Meer und Roß gedacht. Und doch ist er es allein, der gegen die Oberherrschaft des Zeus zu protestieren wagt und ihn auf den Himmel, als sein alleiniges Rechtsgebiet, eingeschränkt wissen will (Ilias 15, 195). Er muß einmal sehr viel mächtiger gewesen sein, als er in der Ilias erscheint. Die Homerischen Gedichte deuten es vielfach und nicht am wenigsten durch ihre scharfe Charakterisierung an, daß seine eigentliche Größe der Vergangenheit angehört. Sie stellen ihn zuweilen den jüngeren Gottheiten gegenüber, und jedesmal erscheint er ein wenig schwerfällig und altfränkisch neben der hellen und beweglichen Geistigkeit eines Apollon (vgl. Ilias 21, 435 ff., Odyss. 8, 344 ff.). Nun ist Poseidon nach der Anschauung der Ilias (15, 204) der jüngere Bruder des Zeus. Aber wie sich noch zeigen wird, hat Hesiod zweifellos die ältere Auffassung erhalten, wenn bei ihm (Theog. 453 ff.) Zeus der jüngste Sproß des Kronos ist.

Die urtümliche Gewaltigkeit des Poseidon spricht noch aus den Söhnen, die ihm der Mythos zuschreibt, zu uns: es sind riesenhafte unbändige Kraftnaturen, wie Orion, Otos und Ephialtes, Polyphemos und andere mehr. Was er selbst aber eigentlich gewesen ist, sagt sein Name mit der größten Deutlichkeit. Der zweite Teil dieses Namens, der auf die Erdgöttin hinweist, enthält dasselbe alte Wort, mit dem Damater (Demeter), die „Mutter Da", benannt ist. Von der Verbindung mit dieser Göttin haben die Kulte Arkadiens noch uralte Mythen erhalten. Die dort verehrte Demeter Erinys wird als Stute von dem roßgestaltigen Poseidon befruchtet, worauf sie eine Tochter und das Fluchroß Arion gebiert, von dem es auch heißt, daß die Erde selbst es hervorgebracht habe (Antimachos bei Paus. 8, 25, 9). Verwandt mit diesem Mythos ist der andere, nach dem Poseidon sich mit der Medusa gepaart hat (Hesiod, Theog. 278). Auch sie trägt einen Namen der Erdgöttin. Medusa heißt „die Waltende". Und hier bringt die alte Erdgottheit ihre Kinder nach der Weise der ungeheuerlichsten Mythen hervor: sie wird von Perseus enthauptet, und alsbald springen Chrysaor, „der Mann mit dem Goldschwert", und Pegasos, das Blitzroß, ans Licht. Daß die Erdgöttin und ihr Gatte sich in Roßgestalt paaren, entspricht der alten Vorstellung, daß das Roß der Erde und der Unterwelt angehört. Und Poseidon gilt als Schöpfer, Vater oder Geber des Rosses, führt von ihm den Beinamen Hippios und wird durch Pferdeopfer und Wagenrennen geehrt. Nach arkadischer Sage hat Rheia dem Kronos an Stelle des Poseidon ein Füllen zu verschlingen gegeben. Sein Sohn Neleus soll unter einer Pferdeherde aufgewachsen sein. Mit Neleus, dem „Erbarmungslosen", sind wir im Bereich der Unterwelt angekommen; und nicht weniges weist darauf hin, daß Poseidon ehemals auch dort zu Hause gewesen ist. Fragen wir nach dem Tun, in dem sich die Kraft des Erdgemahls offenbarte, so ist das wichtigste die Erschütterung der Erde, von der er viele Beinamen bekommen und behalten hat. Er ist immer der furchtbare Gott des Erdbebens. In der Ilias (20, 56ff.) erschüttert er die Erde so, daß die Berge erbeben und das schauerliche Reich der Tiefe aufzubrechen droht. Aber er spaltet nicht bloß die Erde, er läßt Salz- und Süßwasser aus ihr hervorsprudeln, und so ist er der Gott der Quellen und Flüsse. Am majestätischsten aber offenbart er sich im Meere, dessen Aufruhr dem Erdbeben verwandt ist.

Die Vorstellung, daß er der Meeresherrscher sei, die bei Homer aus dem ganzen Umkreis seiner ehemaligen Wirksamkeit allein übriggeblieben ist, gehört sicherlich ebensowohl zu seinem ursprünglichen Bilde wie die vom Erderschütterer. Was der Glaube festhält, muß von jeher sehr eindrucksvoll gewesen sein. Aber freilich ist nicht zu verkennen, daß dem Poseidon bei Homer und auch im allgemeinen Glauben der nachhomerischen Zeit nur Bruchstücke seiner einstmaligen Herrlichkeit, wenn auch bedeutende, verblieben sind; und diese Einschränkung weist auf einen um so größeren Wandel des Denkens, weil Poseidon ehedem nicht bloß ein großer, sondern ein umfassender Gott gewesen ist, nämlich, wie der Name sagt, die männliche Gestalt neben der weiblichen Erdgottheit. In dieser Rolle können wir ihn nur mit dem Blitzschleuderer Zeus vergleichen; hat er doch selbst den Blitz geschleudert, und sein bekannter Dreizack war ursprünglich nichts anderes als der Blitz.

Dieser Poseidon erscheint im Mythos, wie wir sahen, als Roß, seine Partnerin Demeter als Stute. Das ist für die vorzeitliche Göttervorstellung charakteristisch, und was uns später an tiergestaltigen Göttererscheinungen oder tierischen Begleitern der menschlich gestalteten Götter begegnet, weist auf jene religiöse Periode zurück. Die Göttersagen sind noch voll von Zeugnissen, daß die Götter sich einstmals mit Vorliebe in Tiergestalt geoffenbart haben. Für das neuartige Denken konnte das nur noch den Sinn haben, daß die Tierform in bestimmten Augenblicken und mit bestimmten Absichten von ihnen angenommen worden ist, und so entstand ein großer Teil der berühmten und beliebten Verwandlungsgeschichten. Ursprünglich aber muß der Tierkörper dem Gotte, der ihn trug, durchaus gemäß gewesen sein, und so konnten die einzelnen Götter auch unter den veränderten Daseinsbedingungen der neuen Zeit von der Verbindung mit ganz bestimmten Tieren nicht lassen, die sich typisch in Beinamen, Opferbräuchen und Sagen auszudrücken pflegt.

Es ist dem Heutigen schwer, wenn nicht gar unmöglich, sich in diese seltsame Anschauung hineinzudenken, und er sollte sie lieber ganz auf sich beruhen lassen, als sie durch Aufdrängung seiner eignen Denkkategorien verfälschen. Eine solche Verfälschung ist es, wenn man sagt, die Vorzeit habe sich die Götter als Tiere vorgestellt, so wie die Homerische und die nachhomerische als Menschen. Die Olympische Religion läßt nur die Menschengestalt der Gottheit gelten. Diese Entschiedenheit zeugt für eine grundsätzliche Umstellung des Denkens, deren Sinn wir später zu untersuchen haben werden. Für die altertümliche Denkweise aber ist eben das charakteristisch, daß sie nicht entschieden ist. Die tierische Gottesvorstellung schließt die menschliche keineswegs aus. Bei den heutigen Naturvölkern kann man sich davon überzeugen, wie verkehrt es ist, für die Frühzeit des menschlichen Denkens das, was wir „einfache" Begriffe nennen, vorauszusetzen, während gerade das Primitive das am wenigsten Einfache zu sein pflegt. In dieser Gedanken- und Anschauungswelt kann einer sehr wohl dieser bestimmte Mensch oder menschlich geartete Übermensch und zugleich ein Tier oder eine Pflanze und noch ganz anderes, für unser Denken völlig Unvereinbares sein, und wenn die wissenschaftliche Untersuchung die konkreten und eindeutigen Anschauungen zum Ausgangspunkt nimmt, so hat sie sich das Verständnis von Anfang an verscherzt. Auch in den historischen Religionen, wo immer sich, sei es im Kult oder in der Sage oder im Volksglauben, etwas vom Alten und Ältesten erhalten hat, finden wir dieselbe Beweglichkeit der Anschauung, der gegenüber unsere, durch den Willen der Naturbeherrschung gezüchtete Vorstellungsweise starr und mechanisch anmutet. Der göttliche Fluß ist dieses konkrete Wasser, das ich fließen sehe, rauschen höre und mit der Hand schöpfen kann; gleichzeitig ist er aber auch ein Stier und außerdem ein menschlich gestaltetes Wesen, genau wie eine primitive Stammesgruppe aus Männern besteht, die gleichzeitig Adler oder dergleichen sein können. Die bildende Kunst deutet diese Seinsfülle durch Mischbildungen an, und daß solche für die großen Gottheiten von einer gewissen Zeit an ausgeschlossen sind, ist ein bedeutungsvolles Zeichen für den Umschwung des Denkens. Und auch hier wieder läßt es sich erkennen, daß die Richtungsänderung des Denkens vom Element weggeführt hat. Die proteusartige Flüssigkeit der Vorstellung ist charakteristisch für ihre erdhafte Gegenständlichkeit. Das klingt wie ein Widerspruch und ist doch ganz natürlich. Wo Gedanke und Ehrfurcht an das elementare Sein gebunden sind, können sie nicht gleichzeitig die Freiheit und klare Eindeutigkeit der geistigen Form besitzen. Daher ist die asiatische Denk- und Anschauungsweise immer auf der Stufe verblieben, die der Geist der Homerischen Welt grundsätzlich überwunden hat. Ihre Vorzeit muß dagegen, je weiter sie zurücklag, um so stärker vom elementaren Denken beherrscht gewesen sein. Darum hatten die Götter tierhafte Erscheinungsformen, ihr Sein war mit Bäumen, Pflanzen, Gewässern, mit Erde und Erdformationen, mit Wind und Wolken auf das innigste verbunden. Sie wohnten nicht im Himmel wie die Olympischen Götter, sondern auf und in der Erde.

3.

Wir sahen: in der vorgeschichtlichen Religion herrscht das weibliche Wesen. Das verrät sich sehr deutlich in der Gesinnung. Und Frauen sind es auch, die den höchsten göttlichen Rang haben. Selbst bei Poseidon, dessen Macht einmal so groß und weit gewesen sein muß, daß der Vergleich mit Zeus naheliegt, ist es unverkennbar, daß er der Erdgöttin an Würde nicht gleichkam. Als ihr Gatte wurde er, wie der Name lehrt, im Gebet angerufen, eine Benennungsweise, die, als altertümlicher Nachklang, noch für Zeus in feierlicher Rede bei Homer vorkommt (z. B. Ilias 7, 411; 16, 88). Ein mütterlicher Zug geht durch diese urtümliche Götterwelt und ist ihr ebenso eigentümlich wie die Väterlichkeit und Männlichkeit der Homerischen. In den Urgeschichten von Uranos und Gaia, von Kronos und Rheia, mit denen wir uns sogleich beschäftigen werden, stehen die Kinder ganz auf seiten der Mutter, und der Vater erscheint wie ein Fremder, mit dem sie nichts zu schaffen haben. Wie anders im Reich des Zeus, wo die vornehmsten Gottheiten sich mit dem größten Nachdruck als Kinder des Vaters bezeichnen.

Aber nicht nur dadurch unterscheidet sich die vorhomerische Religion von der Homerischen, daß das Männliche geringeres Gewicht besitzt als das Weibliche. Die männlichen Gottheiten selbst sind hier anders geartet, als wir sie von Homer oder der klassischen Kunst her uns vorzustellen gewohnt sind. Das sind die Titanen, von denen erzählt wird, daß sie von den Olympischen Göttern gestürzt und in die Tiefe verschlossen worden seien. Hier hat also die Tradition das Andenken an eine heftige Auseinandersetzung aufbewahrt, die mit dem Sieg der neuen Götter endigte. Was ist damals überwunden worden? Gewiß nicht bloße Namen, sondern Wesenheiten.

Wir wissen noch genug von dem Wesen der Titanen, um zu erkennen, daß sie von den Olympiern, denen sie weichen mußten, gründlich verschieden waren. Einen von ihnen führt uns die erste der oben genannten Äschyleischen Tragödien in erschütternder Größe vor Augen: *Prometheus*.

Er ist ein Gott, der Sohn der großen Erdgöttin, dessen Trotz der neue Himmelsherr nicht zu brechen vermag. Er höhnt das junge Göttergeschlecht, das ihn nur darum mißhandelt, weil er die Menschen vor dem Verderben bewahrt hat. Zu Zeugen des Unrechts, das er leidet, ruft er die urgöttlichen Elemente, den Äther, die Lüfte, die Ströme, das Meer, die mütterliche Erde und die Sonne. Und um ihn sind die Töchter des Okeanos, ja der alte Gott des Erdstromes kommt selbst, um ihm seine Teilnahme zu zeigen. Diesen Prometheus, der das mächtige Geheimnis mit sich in den Abgrund nimmt, hat Aischylos so groß gedacht, wie er seitdem vor dem Geiste der Menschheit steht. Aber es ist kein Zweifel, daß er vor Zeiten weniger vornehm gewesen ist. Er war, wie Hephaistos, ein Gott des Feuers und der Kunstfertigkeit, dem das menschliche Dasein viel, ja fast alles verdankte. Aber *wie* hat er dem Menschengeschlecht seine Wohltaten zukommen lassen? Hesiod gibt ihm die Bezeichnung „der Verschlagene" (ἀγκυλομήτης: Theog. 546; Erga 48). So heißt auch Kronos, der Oberste der Titanen, bei Homer oftmals, und nur er; und Hesiods Erzählung gibt ihm denselben Beinamen (Theog. 18, 137, 168, 473, 495). Er muß für beide sehr bezeichnend gewesen sein. Und wirklich, die Mythen, die von ihnen handeln, zeigen sie uns als Wesen, deren Stärke die List und der heimliche Überfall sind. Daher will denn auch Homer von ihren Großtaten nichts wissen, und wir müssen schon zu Hesiod greifen, um etwas davon zu erfahren. Dem Sänger, den die stolze und wundervolle Männlichkeit der Olympier in ihren Bann genommen hatte, mußten solche Charaktere samt den seltsamen Mythen, in denen sie auftraten, gegen den Geschmack gehen. Durch Diebstahl hat sich Prometheus das den Menschen so nützliche Feuer verschafft (Hesiod, Theog. 566, Erga 50); auf ihn ist also der weit über die Welt verbreitete Mythos vom Feuerraub übertragen worden. Seine zweite Tat ist der Betrug, durch den er es fertiggebracht hat, daß die Götter selbst für sich den schlechtesten Anteil am Opfer wählten und den Menschen die besten Stücke überließen (Hes. Theog. 535ff.). Auch Kronos ist ein Räuber. Im Dunkeln, aus dem Hinterhalt, stürzt er sich auf seinen Vater Uranos, um ihn zu verstümmeln. Auch seine Untaten gegen Weib und Kinder werden als räuberische Überfälle geschildert (Hes. Theog. 459ff.). Als scharfsichtiger Späher lauerte er der schwangeren Mutter auf, und erst, als sie im Begriffe war, den Zeus zu gebären, gelang es ihr mit Hilfe ihrer Eltern, sich vor ihm zu verbergen und den jüngsten Sohn heimlich zur Welt zu bringen. So wird auch er seinerseits wieder überlistet: man gibt ihm statt der Kinder, die er verschlingen möchte, einen Stein, und durch eine neue List (494) wird er dazu gebracht, zuerst den Stein und dann alle zuvor verschlungenen Kinder wieder von sich zu geben.

Wenn man diese Geschichten bis zur Aufrichtung der Herrschaft des Zeus liest, fühlt man sich in einer andern, man möchte fast sagen: ungriechischen Welt. Erinnerungen an mythische Erzählungen urtümlicher Kulturen werden wach. Die Hauptpersonen gleichen in vielem den erfindungsreichen Helden und Heilbringern der Naturvölker. Wie bei diesen, so ist auch bei ihnen das Menschliche und das Göttliche auf wunderliche Weise vermischt. Diese Geistesverwandtschaft drückt sich in einem eigentümlichen Zuge der Erzählungen sehr charakteristisch aus: der Held, der Erlöser der Seinen, der zur Herrschaft Berufene ist der Jüngste. So Kronos (Hes. Theog. 137), so Zeus (468); wie, um nur ein einziges Beispiel anzuführen, Maui, der göttliche Heilbringer Polynesiens, das jüngstgeborene Kind seiner Eltern ist. Daß Zeus für Homer nicht mehr der jüngste, sondern älteste Kronossohn ist (s. o.), zeigt schon allein für sich den großen Umschwung des Denkens an.

Zu dem Eindruck, den die Mythen von den männlichen, durch die Olympier verdrängten Gottheiten erwecken, scheint nun endlich das, was wir über ihren Namen und ihre Gestalt erfahren, vorzüglich zu passen. Der Name *Titan* soll die Bedeutung „König" gehabt haben (vgl. die Zeugnisse für dies und das Folgende bei Kaibel, Daktyloi Idaioi, Nachrichten der Göttinger Ges. der Wissensch. 1901). Dann hat er nicht eine bestimmte Art von Göttern, sondern die großen, die eigentlichen Götter überhaupt bezeichnet, so wie deus bei den Römern, θεός bei den Griechen. Damit stimmt die neuerdings (Glotta 14, 1925, S. 301ff.) von Paul Kretschmer vorgeschlagene Erklärung gut überein: er erkennt in dem Namen Titan einen „pelasgischen" Vorläufer des in den Namen Zeus, Diespiter u. a. steckenden griechischen bzw. lateinischen Wortes für (himmlische) Götter, so wie der etruskische Juppitername Tinia ein solcher Vorläufer auf italischem Boden wäre. Es ist also wahrscheinlich, daß wir in Titan den Namen besitzen, mit dem die vorolympischen Götter gerufen und zusammengefaßt worden sind. Bei den Thrakern scheint er sich als Name für die Götter erhalten zu haben (vgl. Wilamowitz, Berl. Sitzungsber. 1929). Daß er erst durch den Gegensatz zu den Olympiern, denen die Titanen nicht ohne Kampf gewichen sind, die Bedeutung des Wilden, Trotzigen oder gar Bösen bekommen hat, geht aus vielen Zeugnissen hervor.

Nun ist merkwürdig, daß diese Titanen uns mehrfach als priapische Götter charakterisiert werden. Kaibel (a. a. O.) hat dies für die erste und ursprüngliche Auffassung gehalten, während man neuerdings meinte, es sei letzten Endes nicht mehr dahinter zu suchen als ein Witz. Aber die Zeugnisse geben Kaibel recht, insofern sie uns nötigen zu glauben, daß zwischen den ithyphallischen Gottheiten und dem Bild, das man sich von den Titanen machte, eine bemerkenswerte Ähnlichkeit bestanden hat. Nur darf man der Hervorkehrung des Geschlechtlichen bei den Titanen nicht dieselbe Bedeutung beilegen, die sie bei den phallischen Wesen der historischen Zeit besaß. Die kleinen hölzernen Götzen primitiver Kulturen können uns lehren, wie ein Titanen-Idol beschaffen gewesen sein muß, um die Menschen späterer Jahrhunderte, die solche alte Holzbilder nicht selten zu sehen bekamen, an Priapos und seinesgleichen zu erinnern. An diesen ganz einfachen und jedenfalls kleinen Figuren war die Männlichkei auffällig betont. Dadurch waren sie als männliche, also selbstverständlich zeugungskräftige, aber nicht üppige Götter charakterisiert, und so standen sie neben den mütterlichen Gottheiten und ihrem Inbegriff, der Mutter Erde, deren Weiblichkeit und Mütterlichkeit sie an Größe und Würde weit übertraf.

4.

In einem einzigen Fall erhebt sich die Anschauung von der männlichen Gottheit zu wahrer Großartigkeit: das ist die eheliche Verbindung des göttlichen Himmels mit der göttlichen Erde. Noch Aischylos (Fragm. 44) dichtet von der Liebesglut des „heiligen Himmels" und dem bräutlichen Sehnen der Erde, die durch den Regen von oben schwanger wird. Der Mythos setzt die Umarmung, als gewaltigstes Geschehen, an den Anfang der Welt. Wundervoll ist die Erzählung der Theogonie (176), wie der große Uranos, die Nacht bringend, kam, „in Liebesbegier die Gaia umfaßte und sich ganz über sie breitete".

Wie groß die Bedeutung dieses Bildes war, zeigt sein Fortleben in berühmten Mythen. Zwar ist es hier unkenntlich geworden, weil die Ehegatten nicht mehr die sprechenden Namen „Himmel" und „Erde" tragen: in der Rolle des Himmels erscheint Zeus, in der der Erde Danae und andere menschliche Frauen. Aber bei schärferem Zusehen wird es klar, daß hier immer dasselbe uralte Motiv unter verschiedenen Namen und in verschiedener Auffassung wiederkehrt. So erhaben aber in diesem Bilde der Himmelsgott erscheint, so wenig er der Erdgöttin an Größe nachsteht, das kann doch nichts an der Tatsache ändern, daß die männliche Gottheit im religiösen Denken der Vorzeit hinter der weiblichen zurücktritt. Denn gerade der Himmelsgott muß in der Religion ehemals eine geringe Rolle gespielt haben, so lebendig der Mythos von ihm war. So bleibt ja auch in den Religionen primitiver Völker, an die uns hier schon manches erinnert hat, die männliche Himmelsgottheit oft ganz im Hintergrunde.

Aber durch die Gestalt des Himmelsgottes sind wir auf eines der bedeutendsten Phänomene der vorgeschichtlichen Geisteswelt aufmerksam geworden: den alten *Mythos*. Man muß verstehen, daß es mit diesem zu Ende gewesen ist, als die neue Weltanschauung zur Herrschaft kam. Für sie konzentriert sich alles Interesse in der scharf umrissenen, persönlichen Gestalt. Der alte Mythos aber ist immer ein Geschehen, von dessen Größe und Bedeutung die Individualitäten der Handelnden oder Leidenden verschlungen werden. Die Riesenhaftigkeit des Geschehens beherrscht ihn so, daß seine Bilder dem gezähmteren

Geschmack späterer Geschlechter leicht als ungeheuerlich, als grotesk und komisch erscheinen. So sehen wir denn, daß die Homerischen Gedichte seine charakteristischsten Schöpfungen mit vornehmem Schweigen ignorieren, als wüßten sie von ihnen nichts, obwohl sie ihnen bekannt sind; und ein Platon, der doch selbst — freilich in neuer Weise — mythisch zu denken begabt war, äußert unverhohlen seinen Abscheu.

Ein solcher vom Geist der Urzeit erfüllter Mythos ist der von Kronos und Uranos (Hesiod, Theog. 154 ff.): Uranos läßt die Kinder, die Gaia ihm zu gebären im Begriff ist, nicht ans Licht kommen, sondern verbirgt sie in ihrer Tiefe; Gaia seufzt in ihrer Bedrängnis; ihre Kinder erschrecken vor dem Gedanken, den Vater anzugreifen, nur der jüngste Sohn Kronos, der „Listige", hat Mut und stürzt sich mit der scharfen Waffe, die ihm die Mutter gegeben, aus dem Hinterhalt auf ihn, wie er mit dem Sinken der Nacht sich liebeglühend über die ganze Erde breitet. Er schneidet ihm sein Zeugungsglied ab und schleudert es ins Meer.

Unverkennbar ist dieser merkwürdige Mythos verwandt mit der berühmten polynesischen Erzählung von den Ureltern Himmel und Erde und ihrer gewaltsamen Trennung durch einen ihrer Söhne (vgl. Sir George Grey, Polynesian Mythology, 2. Aufl. 1885, S. 1 ff. Übrigens finden sich Spuren eines gleichartigen Mythos auch bei anderen Kulturvölkern, vgl. Andrew Lang, Custom and Myth, S. 45 ff.; über die ägyptischen Vorstellungen vgl. Schäfer, Antike III 1927, S. 112 ff.). Schon Bastian hat auf diese Verwandtschaft hingewiesen (Die heilige Sage der Polynesier 1881, S. 62). Nicht als ob ein historischer Zusammenhang zwischen ihnen wahrscheinlich gemacht werden könnte. Von allem andern abgesehen, sind die Unterschiede recht beträchtlich. Im Anfang aller Dinge, lautet die polynesische Sage, herrschte immerwährendes Dunkel, denn Rangi und Papa, d. h. Himmel und Erde, lagen fest aufeinander; ihre Söhne berieten sich, was zu tun sei, und als sie beschlossen hatten, ihre Eltern mit Gewalt voneinander zu trennen, versuchten sich alle erfolglos, bis endlich Tane, der Gott der Bäume, sich zwischen sie stemmte und den Himmel hoch über die Erde hinaufhob. Aber auf die Verschiedenheiten im einzelnen kommt es hier nicht an. Sinn und Charakter der Gesamtanschauung sind offenbar dieselben in der Hesiodischen und in der polynesischen Erzählung, und der von Griechenland durch so gewaltigen Raum getrennte Mythos des barbarischen Volkes muß uns lehren, daß der Hesiodische Bericht von Uranos und Kronos den Stempel des echtesten mythischen Denkens an sich trägt. In einer nicht unwichtigen Einzelheit scheint die polynesische Dichtung sogar ziemlich genau mit der griechischen übereinzustimmen. Uranos birgt seine Kinder, statt sie ans Licht kommen zu lassen, in der Erde (Γαίης ἐν κευθμῶνι), der polynesische Bericht aber schließt – nach Bastians Übersetzung – mit den Worten: „Sogleich bei der Trennung des Himmels von der Erde wurde das Volk sichtbar, welches bis dahin in den Höhlungen an ihrer Eltern Brüsten verborgen gewesen war."

Der Mythos von Kronos und Rheia (Hesiod, Theog. 453 ff.) wiederholt den Himmel-und-Erde-Mythos mit anderen Vorstellungen und Namen. Wie Uranos seine Kinder nicht ans Licht kommen läßt, sondern, sobald sie geboren werden, im Schoß der Erde birgt, so verschlingt Kronos die seinen unmittelbar nach der Geburt; und wieder ist es der Jüngste, Zeus, von dem die Rettung kommt. — Wer denkt in diesem Zusammenhang nicht an den berühmten Mythos von der Geburt der Athene? Auch ihn erzählt zum erstenmal Hesiod (Theog. 886 ff.). Athenes Mutter soll Metis, die Göttin „Sinn" gewesen sein; aber ehe das Kind zur Welt kam, verschlang der Vater Zeus die Mutter. Auch hier also läßt der Vater das Kind nicht aus der Mutter in die Welt treten; auch hier verschlingt er es, wie Kronos tat, aber mitsamt der Mutter; auch hier tut er das, um dem durch Uranos und Gaia verkündeten Schicksal vorzubeugen, daß ein Sohn aus dieser Ehe ihn vom Thron stoßen werde (vgl. Hesiod, Theog. 463 mit 891). Aber hier kommt als neues Motiv hinzu, daß das Kind vom Vater selbst, und zwar seltsamerweise durch den Kopf, geboren wird (Hesiod, Theog. 924). Das erinnert an die Geburt des Dionysos, den Zeus als noch nicht ausgetragenes Kind aus der brennenden Mutter in seinen eigenen Schenkel aufnimmt und zur rechten Zeit selber gebiert.

Es ist sehr seltsam, daß man alle diese Mythen neuerdings für verhältnismäßig späte Schöpfungen der Spekulation oder der Ausdeutung halten konnte. Denn bei aller Zurückhaltung, die hier nötig ist, darf man doch mit Bestimmtheit sagen, daß von allen möglichen Auffassungen gerade diese die unwahrscheinlichste ist. Was auch der Ursinn solcher Geschichten gewesen sein mag, ihre Seltsamkeit, Abenteuerlichkeit und Riesenhaftigkeit zeugen dafür, daß sie als Schöpfungen echten und urtümlichen mythischen Denkens oder vielmehr Anschauens zu gelten haben. Sie sind ja ganz von derselben Art, wie die urwüchsigen Mythen primitiver Kulturen, und wirken auf uns ebenso fremdartig wie sie. Auch die seltsame Geburt der Athene hat eine polynesische Parallele wenigstens darin, daß die mythische Person auch dort aus dem Kopf geboren wird. Von Tangaroa wird erzählt, daß seine Mutter Papa nicht auf dem gewöhnlichen Weg von ihm entbunden worden sei, sondern durch ihren Arm, oder, nach anderer Version, „geradeaus durch das Haupt" (vgl. W. W. Gill, Myths and Songs from the South Pacific 1876, S. 10).

Sie klingen uns fremdartig, diese Mythen, und ebenso ging es schon der Homerischen Zeit. Homer hat wohl gewußt, daß Athene dem Haupt ihres Vaters entsprungen sein sollte; die Ehrenbezeichnung ὀβριμοπάτρη, „Tochter des gewaltigen Vaters", erinnert deutlich genug daran, und wie die Göttin, nach ihrem eigenen Zeugnis, bei Aischylos „ganz des Vaters ist" und von keiner Mutter weiß, so gehört sie auch bei Homer nur zu ihm. Aber Homer schweigt von dem abenteuerlichen Mythos ihrer Kopfgeburt, und es ist gar nicht denkbar, daß er von ihm sprechen könnte, so wenig wie von den ungeheuerlichen Uranos- und Kronosmythen. Wir erkennen: die Zeit des phantastisch erzählenden Mythos ist längst vorüber. Der Mythos des neuen Zeitalters, dem sich das Sein der Welt und des Menschenlebens zu großen Gestalten formt, hat nicht mehr die souveräne Selbstherrlichkeit und Fabelhaftigkeit des vorzeitlichen. Der Unterschied zwischen beiden wird uns im folgenden deutlich werden.

Mit dem alten Mythos ist auch die *Magie* untergegangen, und wenn beide sich auch da und dort im späteren Griechenland, unter dieser oder jener Form, erhalten haben, so zeugt doch die große Linie des griechischen Geistes dafür, daß er sich ein für alle Male gegen sie entschieden hat. Und das ist in der Periode geschehen, deren großes Dokument die Homerischen Gedichte sind.

Wir können die Weltanschauungen der Völker danach einteilen, wie sehr oder wie wenig sie vom magischen Denken erfüllt und regiert sind. Aber kein einziges hat in seiner repräsentativen Gedankenwelt die Magie so völlig überwunden wie das griechische. In der Homerischen Welt, ob wir auf die Götter oder auf die Menschen schauen, hat die Magie keine Bedeutung, und die wenigen Fälle, wo sie noch etwas von Zauberei weiß, zeigen erst recht, wie fern sie ihr gerückt ist. Die Götter zaubern nicht, wenn sie auch bisweilen etwas auf eine Weise vollbringen, die an alten Zauber erinnert. Ihre Macht wie ihr Wesen sind nicht auf magische *Kraft*, sondern auf das *Sein* der Natur gegründet. „Natur" ist das große neue Wort, das der reifgewordene griechische Geist der uralten Magie entgegensetzt. Und von hier aus geht der gerade Weg zu den Künsten wie zu den Wissenschaften der Griechen. In der Zeit aber, als die Urmythen noch lebendig waren, scheint die Magie — deren Geist mit dem des alten Mythos verwandt ist — keine geringe Bedeutung gehabt zu haben. Da nimmt denn in den mythischen Erzählungen das Wunder, das dem Homerischen Geist ganz fremd geworden ist, einen großen Raum ein.

Ein echter Wunderheld des vorzeitlichen Mythos ist *Perseus*, den die Mutter Danae in der Erdtiefe vom goldenen Regen des Himmelsgottes empfing, der als Knäblein in einer Lade aus dem Meere aufgefischt wurde und später die erstaunlichsten Abenteuer bestand. Um zu den schauerlichen Gorgonen am westlichen Ende der Welt, jenseits des Okeanos, zu gelangen, besuchte er zuerst die „Alten" und zwang sie, ihm den Weg zu den Nymphen zu zeigen, von denen er Flügelschuhe, Tarnkappe und Tasche erhielt; so flog er denn ans Ende der Welt und hieb der Medusa den Kopf ab, worauf aus ihrem Rumpfe Chrysaor, „der Mann mit dem goldenen Schwerte", und Pegasos, das Blitzroß, heraussprangen, die jene von Poseidon empfangen hatte.

Wie anders ist die Welt, der dieser Heldenmythos angehört, als die der Homerischen Götter und Menschen; wie anders dieser Held als etwa ein Herakles oder die Heroen Homers! Hier ist das Abenteuer und das Wunder alles, die Person geht völlig darin auf. Und alles Geschehen ist wundersam, märchenhaft, absonderlich bis zum Ungeheuerlichen! Man fühlt, wenn das Haupt der Meduse vom Kopf getrennt wird und Mann und Roß hervorspringen, daß sich hier ein Gewaltiges, Weltbedeutendes unter sonderbarem Bilde vollzieht — aber wer kann solch ein Bild noch deuten? List und Zauberkraft sind es, wodurch der Held das Unglaubliche vollbringt. Den Graien raubt er ihren kostbarsten Besitz und zwingt sie dadurch, ihm den Weg zu den Nymphen zu weisen, aus deren Hand er die Zauberdinge erhält, mit denen allein er an sein Ziel, jenseits des Ozeans, im äußersten Westen, gelangen und sein Abenteuer bestehen kann: die beflügelten Schuhe und die unsichtbar machende Kappe. Man wird an den „listigen" Kronos erinnert und an die Großtat, die er mit dem Krummschwert vollbracht hat, mit derselben Waffe, die man sich auch in der Hand des Perseus dachte.

Perseus ist kein Gott. Aber er steht den Göttern sehr nahe und ist vielleicht einmal einer gewesen. Die Verwandtschaft mit Hermes springt in die Augen. Sie erstreckt sich gerade auf diejenigen Züge im Hermesbild, die, wie wir noch sehen werden, der ältesten Anschauungsweise angehören. Und so wird es uns möglich, klar zu erkennen, was die vorzeitliche Gottesvorstellung von der Homerischen und im reifsten Sinne griechischen unterscheidet.

Das wunderbarste Geschehen in der Welt und das erstaunlichste, zauberhafteste Können höherer Wesen — das sind die Bilder und Gedanken, von denen ehemals der Geist erfüllt war. Aber der neue Geist sieht mit anderen Augen in das Dasein. Für ihn ist nicht Geschehen und Können das Bedeutendste, sondern das *Sein*. Die Gottheiten werden zu Gestalten der Wirklichkeit, in denen das vielfältige Sein der Natur seine vollkommene, ewige Ausprägung findet. Damit ist der alte Mythos abgetan, die Magie überwunden, und die Götter haben sich endgültig vom Element getrennt.

III. OLYMPISCHE GÖTTERGESTALTEN

Vorbemerkung

Die Reihe der Götter, denen wir besondere Aufmerksamkeit schenken wollen, müßte mit *Hermes* beginnen, wenn es darauf ankäme, diesen Abschnitt unmittelbar an den vorhergehenden anzuknüpfen; denn er steht den ältesten Gottheiten zweifellos am nächsten, und die Untersuchung des vorgeschichtlichen Denkens hat am Schluß ganz von selbst auf ihn hingeführt. Aber gerade um dieses Zusammenhanges willen ist Hermes die am wenigsten vornehme Erscheinung des neuen Götterkreises, und so könnte seine Gestalt, wenn sie an der Spitze stünde, falsche Vorstellungen von ihm hervorrufen. Darum sollen *Athene* und *Apollon* die ersten sein. An Apollon schließt *Artemis* sich an. Den Schluß mögen *Aphrodite* und *Hermes* bilden.

Der Grundgedanke dieses Buches erklärt es, warum nur solche Göttergestalten eine besondere und ausführliche Darstellung finden, die für die Homerische Religion von Bedeutung sind. Aber auch von den Homerischen sind nur die größten und repräsentativsten berücksichtigt. Die andern, die in der lebendigen Frömmigkeit einen geringeren Platz einnehmen oder bei Homer überhaupt nicht geachtet sind, werden in späteren Betrachtungen an ihrem Orte zur Sprache kommen.

Zeus, der größte der Götter, ja der Inbegriff des Göttlichen, fehlt hier, weil in ihm alle Linien zusammenlaufen und keine Fragestellung ihn außer acht lassen kann.

ATHENE

1.

Die Verehrung der Athene können wir, wie es scheint, in die Vorzeit zurückverfolgen. Ihr Name selbst weist über das Griechische hinaus, dem er weder mit seiner Stammsilbe noch mit seiner Wortform angehören kann.

Das Bild einer gewappneten Göttin, deren Körper vom Schild fast ganz bedeckt wird, findet sich mehrfach auf mykenischen Darstellungen. Eine bemalte Stuckplatte von Mykene zeigt diese hinter dem Riesenschilde beinahe verschwindende Göttin in der Mitte, und rechts und links von ihr zwei Frauen, die sie verehren (vgl. Rodenwaldt, Athenische Mitteilungen 37, 1912; Nilsson, Anfänge der Göttin Athene, Kopenhagen 1921; v. Wilamowitz, Berliner Sitzungsberichte 1921, S. 950ff.). Man hat in ihr die Mykenische Athene zu erkennen geglaubt, und niemand wird bestreiten, daß diese Deutung Wahrscheinlichkeit besitzt. Aber wie wenig erfahren wir damit von der Vorgeschichte unserer Göttin. Die kretischen und mykenischen Bildwerke sind leider allzu stumm für uns. Wir sehen eine Göttin, die von ihrem Schilde bedeckt ist, bereit zu kämpfen und zu beschirmen. Aber ist das alles, was von ihr gedacht wurde, als der Glaube an sie lebendig war? Dürfen wir sie Schildjungfrau, Schlachtenjungfrau nennen? Wir erhalten keine Antwort auf diese Frage. Für die Homerische Athene jedenfalls trifft eine derartige Bezeichnung nicht zu, so kampfesfroh und kampfgewaltig die Göttin auch erscheint: sie ist viel mehr als Schlachtengöttin, ja sie ist die geschworene Feindin der wilden Geister, deren ganzes Sein in der Lust am Kampfgetümmel aufgeht. Wir sind geneigt, immer zuerst an das sogenannte Palladion und die vielen berühmten Bilder der bewaffneten Athene zu denken, obgleich wir doch wissen, daß die Stadt Athen, die selbst ihren Namen von der Göttin hat, im alten Tempel der Akropolis ein Holzschnitzbild verehrte, das nicht diesen Typus hatte (vgl. Frickenhaus, Athen. Mitteil. 1908, 19ff. und Buschor ebenda 1922, 96ff.). Die alte Heldensage, in die Athene so sehr verflochten ist, läßt sie uns als Göttin der Tatkraft, aber durchaus nicht bloß der kriegerischen, erkennen. Wie viele von den Taten des Herakles, bei denen sie beseelend und helfend gegenwärtig ist, sind von der Art, daß wir die göttliche Freundin eine Schlachtenjungfrau nennen dürften? So gut sie dem Achilleus, dem Diomedes und anderen Lieblingen im Waffenkampfe beisteht, hilft sie dem Jason, das Schiff bauen, dem Bellerophon, das Roß zäumen. Und so steht sie dem Odysseus in allerlei schwierigen Situationen zur Seite. Keine dieser Wirksamkeiten kann, ohne Willkür, einer jüngeren Entwicklungsform des Atheneglaubens zugewiesen werden. Und wenn wir es tun, so zerreißen wir die Einheit des Homerischen und nachhomerischen Athenebildes, noch ehe wir sie zu verstehen gesucht haben. Sie läßt sich aber sehr wohl verstehen, wenn wir uns nicht durch den hartnäckigen Willen, ein Produkt von Zufällen zu sehen, wo der innere Sinn auf ein Ganzes weist, selbst den Blick verschließen.

2.

Durch die Art ihres Auftretens und Einwirkens gibt die Göttin sich selbst zu erkennen.

Als die Kampfgewaltige stellt sie sich uns in den Dichtungen von ihrer Geburt dar. „Zeus selbst", so heißt es in Hesiods Theogonie (924ff.), „gebar aus seinem Haupte die eulenäugige Tritogeneia, die Gewaltige, die Erweckerin des Kampfgetöses, die Heerführerin..., die ihre Lust hat am Getümmel, an Kriegen und Schlachten." Großartig klingt, was Pindar (Olymp. 7, 34ff.) mit Bezug auf die Insel Rhodos sagt: „Dort, wo der große König der Götter einst mit Goldflocken die Stadt überschüttete, als durch Hephaistos' Beilschlag vom Scheitel des Vaters Athene aufsprang mit weitschallendem Kampfruf, daß der Himmel erschauerte und die mütterliche Erde." Der 28. Homerische Hymnos gibt ein wahrhaft grandioses Bild von ihrem Wesen und von ihrer ersten Erscheinung unter den Göttern. „Von Pallas Athene, der hehren Göttin, will ich singen, der Eulenäugigen, der Immerklugen, der Schonungslosen, der reinen Jungfrau, der Stadtschützerin, der Wehrhaften..., die Zeus selbst, der Meister der Klugheit, geboren hat aus seinem heiligen Haupte in Kriegswaffen von schimmerndem Golde; da erschraken vor ihrem Anblick alle Götter, wie sie vor den aigishaltenden Zeus hinsprang aus seinem unsterblichen Haupte, den spitzen Wurfspeer schwingend; gewaltig erbebte der große Olympos unter der Wucht der Eulenäugigen, tief dröhnte rings die Erde, und tobend schwoll das Meer im Aufruhr der dunkelleuchtenden Wogen; über die Ufer stürzte die Salzflut; und lange ließ Hyperions herrlicher Sohn die Sonnenrosse stillestehen, bis endlich die Jungfrau Pallas Athene von ihren Schultern die göttliche Wehr nahm; und es freute sich Zeus, der Meister der Klugheit."

Ihre Wirkung auf die Menschenwelt und ihre Erscheinung in ihr wird von Dichtern und bildenden Künstlern verherrlicht. Da sind es zunächst die Krieger, deren Mut sie entzündet. Ehe die Schlacht beginnt, verspüren sie ihre beseelende Gegenwart und sehnen sich danach, ihr Heldentum zu bewähren. Ilias 2, 446 ff. eilt die Göttin, ihre furchtbare Aigis schüttelnd, durch die Scharen, die zum Kampf aufgeboten werden; eben noch hatten sie den Gedanken an die Heimfahrt mit Jubel begrüßt — jetzt ist er völlig vergessen; der Geist der Göttin läßt alle Herzen von wilder Kampflust erbeben. Auch Ilias 4, 515 wandelt sie durchs Getümmel und ist überall zugegen, wo Griechen zu erlahmen beginnen. So fühlte die attische Phalanx der Perserkriege ihre Nähe: „Der Hagel der Geschosse war so dicht, daß man den

Himmel nicht mehr sah; und dennoch hielten wir mit Götterhilfe bis zum Abend durch; denn ‚die Eule' flog, ehe der Kampf begann, durch das geordnete Heer" (Aristophanes, Wespen 1086. Der Flug einer Eule soll vor der Schlacht bei Salamis den Sieg verkündet haben: Hesych. und Schol. zu Aristoph. Wesp. 1086). Einmal sieht sie der Dichter, in eine dunkelleuchtende Wolke gehüllt, vom Himmel herabsteigen, um die Kämpfer anzuspornen (Ilias 17, 547ff.). Besonders bedeutsam ist ihr Auftreten beim Freierkampf der Odyssee. Odysseus hat seine Pfeile auf die Freier verschossen und steht nun mit dem Sohne und den beiden Getreuen gerüstet auf der Schwelle. Da, ehe der Entscheidungskampf beginnt, erscheint sie plötzlich in Mentors Gestalt neben ihm und fordert ihn auf, loszuschlagen. Kaum gesehen und gehört, ist sie schon wieder verschwunden – der Dichter allein sieht sie wie eine Schwalbe auffliegen (239) – und sitzt unsichtbar im Dachgebälk. Da fallen die Speere von beiden Seiten, und die Freier sinken einer nach dem andern dahin. Wie es aber endlich zum Schlußkampf kommt, hebt die Göttin ihre Aigis hoch, und, von Schrecken verwirrt, irren die Freier durch den Saal, bis auch der letzte sein Schicksal erfüllt hat (Odyss. 22, 205ff.). In all diesen Schilderungen wirkt sie, ohne selbst einzugreifen, durch ihre bloße Gegenwart. So zeigen sie auch die berühmten Giebelfelder des Äginetischen Aphaiatempels, wie sie vollgerüstet, aber in ruhiger Haltung, mitten zwischen den Kämpfern erscheint. Auf dem Schilde des Achill war sie neben Ares in übermenschlicher Größe an der Spitze des ausziehenden Kriegsvolks dargestellt (Ilias 18, 516). Einer ihrer Homerischen Beinamen (Ἀγελείη) bezeichnet sie als „Beutemacherin". Späterhin hieß sie die „Städtezerstörerin" (περσέπολις). Aber die Troischen Frauen rufen sie als „Städteschirmerin" (ἐρυσίπτολις) an (Ilias 6, 305; vgl. Homer. Hymn. 11), und in mehreren Städten wird sie als Burggöttin (πολιάς, πολιοῦχος) verehrt, so vor allem in Athen, das ja sogar seinen Namen von ihr hat. Diese wehrhafte und schützende Athene dürfen wir vielleicht schon in dem Bild der mykenischen Schildgöttin erkennen, von der zu Anfang die Rede gewesen ist.

Aber nicht bloß über Heeren und Städten waltet sie; noch bezeichnender für sie ist ihr Bund mit den kraftvollsten Persönlichkeiten. Sie ist die göttliche Schwester, die Freundin, die Begleiterin des Helden auf seinen Unternehmungen; immer im rechten Augenblick befeuert, erleuchtet und beseligt ihn ihre himmlische Nähe. Die alten Lieder kannten viele dermaßen begnadete Männer. Dem gewaltigen *Tydeus*, der vor Theben fiel, war sie so zugetan, daß sie ihm sogar die Unsterblichkeit vom höchsten Gotte erbat. Sein Sohn *Diomedes*, von dessen Großtaten namentlich das fünfte Buch der Ilias erzählt, erbte diese Freundschaft. Und wer kennt nicht ihre Liebe zu *Odysseus*. Als er und Diomedes bei Nacht zu gefährlichem Abenteuer auszogen, erweckte sie ihre Zuversicht durch ein Vogelzeichen, und Odysseus betete: „Höre mich, Tochter des aigishaltenden Zeus, die du in allen Werken mir zur Seite stehst und meiner gedenkst, wohin ich immer gehe; sei heute du mir freundlicher als je, Athene, laß ruhmbedeckt mich heim zu unsern Schiffen kehren, nach einer großen Tat, an die der Feind mit Leid gedenken soll!" Darauf betet Diomedes: „Höre nun auch mich... und sei mit mir, so wie du einst mit meinem Vater warst... ewigen Angedenkens würdig sind die Taten, die er mit dir, du Himmlische, vollbracht, als du ihm wohlgesinnt zur Seite standest. So stehe mir nun liebevoll zur Seite mit deinem Schutz!" Und die Göttin hilft ihnen, die Feinde im Schlafe zu überfallen, und mahnt sie auch im rechten Augenblick an die Heimkehr, so daß die Helden wohlbehalten ins Lager zurückkommen (Ilias 10, 274ff.). Dem Diomedes trat sie an seinem Ehrentage leibhaftig vor Augen und machte ihm Mut, selbst dem Ares, dem verhaßten Wüterich, entgegenzugehen; an die Stelle seines Rosselenkers Sthenelos, den sie wegstieß, sprang sie zu ihm auf den Wagen, daß die

Achse krachte, und durch ihre Kraft geschah es, daß die Lanze des Helden sich tief in den Leib des Gottes bohrte.

Ihre Feindschaft gegen Ares, die in der Ilias wiederholt zum Ausbruch kommt, kann uns etwas von ihrem eigenen Wesen verstehen lehren. In der berühmten Götterschlacht des 21. Buches, wo es im übrigen zu eigentlichen Kämpfen gar nicht kommt, schmettert sie den Kriegsgott mit leichter Mühe zu Boden (Ilias 21, 390ff.). Als Grund des Hasses wird Ares' Parteinahme für die Troer angegeben. Aber wir fühlen deutlich, daß er tiefer liegt, und zwar in einem Gegensatz der Naturen. Ares wird als ein Dämon blutdürstiger Raserei gezeichnet, dessen Siegesgewißheit gegenüber der besonnenen Kraft einer Athene nichts als Prahlerei ist. „Toll" und „unsinnig" nennen ihn die Götter (Ilias 5, 761, 831); er weiß nicht, „was recht ist" (5, 761), und wendet sich charakterlos „bald zu dem einen, bald zu dem andern" (5, 831, 889). Dem Zeus selbst ist „kein Olympischer Gott so verhaßt" wie er, denn „er denkt nur an Hader, Kriege und Schlachten" (5, 890). Ein Geist des Schlachtens und Blutvergießens, von dessen grauenhaftem Bilde sich die lichte Gestalt Athenes wundervoll abhebt und nach dem Sinne des Dichters abheben soll. Sie ist also viel mehr als bloß Kämpferin. Das prägt sich am denkwürdigsten in ihrer liebevollen Sorge um *Herakles* aus, dessen Wirken wahrhaftig nicht nur von der Lust am Kampfe und der Kraft, es mit jedem Gegner aufzunehmen, zeugt. Der großartige Zug, der die Heraklestaten adelt und sie bis in späte Zeit zum Vorbild des himmelstürmenden Laufes gemacht hat, ist Ausdruck ihres Geistes. In der Dichtung wie in der bildenden Kunst sehen wir sie an seiner Seite; sie begleitet ihn auf seinen Fahrten, sie hilft ihm, das Übermenschliche zu vollbringen, und führt ihn schließlich in den Himmel ein (vgl. Pausan. 3, 18, 11 u. a.). Für uns stellen Plastik und Vasenmalerei den Bund der Göttin mit dem großen Überwinder am bedeutendsten und schönsten dar. Immer erscheint sie zur rechten Zeit als die treue Raterin und Helferin des Gewaltigen, der den Ungeheuern Trotz bot und sich durch glorreiches Ringen den Weg zu den Göttern bahnte. Niemals vielleicht ist die Nähe des Göttlichen im Augenblick der schwersten Kraftprobe ergreifender vor Augen geführt worden als durch den Schöpfer der Atlasmetope des olympischen Zeustempels. Das Himmelsgewölbe lastet auf dem Nacken des Helden und droht ihn zu zermalmen; aber unvermerkt ist die helle, adelige Gestalt der Athene hinter ihn getreten, und mit der unbeschreiblichen Vornehmheit der Haltung, die ein Kennzeichen der griechischen Gottheit ist, rührt sie leise an der Last — und Herakles, der sie nicht sehen kann, fühlt Riesenkraft und vermag das Unmögliche. Auch andere Reliefs desselben Tempels zeigen den Heros während oder nach einer übermenschlichen Leistung, und die Gegenwart der Göttin, die mit königlicher Geste ihn belehrt oder die Beute entgegennimmt, läßt uns nicht zweifeln, daß die Tat im großen Sinne getan ist.

Nicht tolles Dreinschlagen, sondern Besonnenheit und Würde ist es, was Athene am Manne gefällt. Das zeigt ihre Sorge um den ergrimmten *Achilleus* (Ilias 1, 194 ff.). Bei den beleidigenden Worten Agamemnons ist der Gewaltige aufgefahren und hat schon die Hand ans Schwert gelegt; noch überlegt er einen Augenblick, ob er den Beleidiger niederschlagen oder sich mit Gewalt beherrschen solle; in diesem Augenblick fühlt er sich von hinten angerührt, wendet den Kopf und trifft auf die flammenden Augen der Göttin. Sie stellt ihm vor, daß der Beleidiger ihm, wenn er jetzt die Fassung bewahre, später dreifache Genugtuung leisten werde. Und Achill stößt sein Schwert in die Scheide zurück. Die Vernunft hat gesiegt. Niemand außer ihm sah die Göttin. Damit darf man sehr wohl die Geschichte von *Tydeus'* Ende vergleichen, die in einem verlorenen Gedichte erzählt worden ist (vgl. Bakchylid. frg. 41, Apollod. 3, 6, 8, 3. Stat. Theb. 8, 758 ff.). Auch diesem Helden war sie eine treue

Begleiterin (vgl. z. B. Ilias 4, 390; 10, 285 ff.), und am Ende seiner Laufbahn wollte sie ihn sogar unsterblich machen. Mit dem Trank des ewigen Lebens nahte sie dem Todwunden. Der aber war eben dabei, den Schädel des erschlagenen Gegners aufzureißen und in kannibalischer Wut das Hirn aus der Schale zu schlürfen. Entsetzt kehrte die Göttin wieder um, und der Schützling, dem sie das Größte zugedacht, sank in den allgemeinen Tod, weil er sich selbst geschändet hatte. Es ist ein Irrtum, zu glauben, daß die Athene, von der die Ilias weiß, diese Rücksicht auf das Moralische noch nicht kenne. Die Tat des Tydeus wäre bei einem Athenefreunde der Ilias ganz undenkbar. Die Göttin, die den Achill im rechten Augenblick zu Vernunft und Würde mahnt, ist keine andere als die, deren Angesicht sich schaudernd abwendet von dem im Sterben entmenschten Tydeus. Und sie ist nicht bloß die Mahnerin, sie ist eigentlich selbst die Entscheidung, nämlich zum Vernünftigen gegen das bloß Leidenschaftliche. Achilleus erwog ja eben, ob er dreinschlagen oder sich beherrschen solle. „Während er dies erwog und schon das Schwert in der Scheide lockerte" (193), rührte ihn plötzlich Athene an. Das Erlebnis ihres Kommens ist der Sieg der Besinnung. Das bezeichnet sie besser, als lange Beschreibungen ihres Wesens es vermöchten. So begegnet sie auch ihrem Schützling *Odysseus* als siegreicher Gedanke in einem Augenblick höchster Spannung, wo nicht bloß Energie, sondern vor allem Klugheit nötig ist, um die verzweifelte Lage zu retten. Die Aufforderung, in die Heimat zurückzukehren, mit der Agamemnon die Massen nur prüfen wollte, war mit wilder Begeisterung aufgenommen worden, und schon drängte alles zu den Schiffen. Da trat Athene zu Odysseus, der in schmerzliches Nachdenken versunken war, und mahnte ihn, die auseinanderströmende Menge durch Vorstellungen und geschicktes Zugreifen aufzuhalten. Wie sie dem Achill mitten in seiner Überlegung, ob er auf Agamemnon losstürzen oder an sich halten solle, plötzlich ins Auge sah und ihn das Sinnvollere und Würdigere wählen ließ, so erschien sie dem Odysseus, als er traurig und sorgenvoll dastand, und den Gedanken, den ein psychologischer Erzähler ihm durch Kopf und Herz gehen lassen würde, sprach die Göttin aus. Ihren Weggang berichtet der Dichter nicht, sondern nur das wohlberechnete und tatkräftige Handeln, zu dem Odysseus unmittelbar nach ihren Worten schreitet. Nachher aber, als er sich in der wiederhergestellten Versammlung als erster Redner erhob, stand sie in Gestalt des Herolds neben ihm und gebot Ruhe (279).

Auf diese und andere Weise ist sie ihm immer ratend und helfend zur Seite, wie vor allem die Geschichten der Odyssee zeigen. Unter den Helden Homers ist Odysseus der „sinnreiche" (πολύμητις). Dies Wort dient in der Ilias als stereotype Charakterisierung für ihn, und für ihn allein. Es erinnert an den Preis des Gottes, bei dem der höchste „Sinn" und „Rat" (μῆτις) ist, des Zeus, der allein unter allen Göttern der „Meister des Sinnes" oder „Rates" (μητίετα, μητιόεις) genannt wird. Ja, man sagt von Odysseus nicht bloß, daß sein Sinn und Rat in der ganzen Menschenwelt der vorzüglichste sei (Odyss. 23, 124); nicht selten wird er gerade darin mit Zeus verglichen (Διὶ μῆτιν ἀτάλαντος: Ilias 2, 169, 407, 636; 10, 137). Eine solche Stelle ist die soeben besprochene (2, 167ff.), und es ist von Bedeutung, daß sein „Rat" (μῆτις) dem des Zeus in einem Augenblick gleichgesetzt wird, wo sein sorgenbeschwertes Herz von Athene den rettenden Rat empfängt. Sie ist es, deren Geisteshauch die vielgerühmte Klugheit und Schlagfertigkeit in ihm aufweckt. Sie selbst heißt ja in dem schönen Homerischen Hymnus (28, 2), genau wie Odysseus in den beiden Epen, die „Sinnreiche" (πολύμητις), und zwar gleich zu Anfang, ehe noch ihre kriegerischen Eigenschaften gepriesen werden (vgl. auch Ilias 5, 260. Odyss. 16, 282, wo sie die „an Rat reiche", πολύβουλος, genannt wird; Simias, p. 65 Fr. ἁγνὰ πολύβουλε Παλλά:). Und in der Odyssee

(13, 297) spricht sie selbst es dem Odysseus gegenüber aus, was das sei, das sie beide auszeichne und so fest miteinander verbinde: „Bist du doch den Menschen allen weit überlegen in Rat und Rede, und mir gibt man unter allen Göttern den Preis des Scharfsinns (μῆτις) und der Klugheit." So heißt es denn in Hesiods Theogonie (896) von ihr, daß sie „gleich ist dem Vater an Mut und geistreichem Rate". Diese Vollkommenheit des „Sinnes" oder „Rates" (μῆτις) gehört als wesentlicher Zug zum Homerischen Bilde der Athene. Die Heimkehr des Odysseus „planend" (μητιόωσα) begibt sie sich zur schlafenden Nausikaa, die ihr Werkzeug sein soll (Odyss. 6, 14). „Jetzt ersann sie ein anderes" heißt es mit einem stereotypen Vers (ἔνθ᾽ αὖτ᾽ ἄλλ᾽ ἐνόησε θεὰ γλαυκῶπις Ἀθήνη Odyss. 6, 112 und öfter), wenn sie im entscheidenden Augenblicke etwas ihrem Plane Dienendes herbeiführt. Mit diesem scharfen Blick, mit dieser immerbereiten Erfindsamkeit ist sie den Helden zur Seite, baut mit Jason und mit Danaos das erste große Schiff (vgl. Apollod. 1, 9, 16; 2, 1, 4), mit Epeios das hölzerne Roß, durch das Troia untergehen sollte (Odyss. 8, 493 u. a.); dem Bellerophon hilft sie, des Pegasos Meister zu werden, indem sie ihm einen goldenen Zügel schenkt (Pindar Olymp. 13, 65 ff.). Dieser sinnreiche Einfall, das Roß zu bändigen, entspricht ganz ihrem Geiste; und vielfach ehrte man sie als Herrin der Rosse, in Korinth mit dem Beinamen Chalinitis (Pausan. 2, 4, 1), an anderen Orten mit dem Beinamen Hippia. Dies alles und vieles dem ähnliche meint die alte Dichtung, wenn sie den „Sinn" und „Rat" (μῆτις) der Göttin preist. Das Prädikat „sinnreich" (πολύμητις), das in beiden Epen den Atheneliebling Odysseus und im Hymnus die Athene selbst charakterisiert, wird in der Ilias einmal (21, 355) auch auf den meisterlichen Feuergott Hephaistos angewandt; und ein Vers der Odyssee bezeichnet auch die schmerzstillende Kraft eines Heilmittels als „sinnreich" (μητιόεις: 4, 227).

3.

Wie ernst und alt die Vorstellung ist, daß „Sinn" und „Rat" (μῆτις) sich in Athene offenbaren, lehrt der berühmte Mythos von ihrer Erzeugung und ihrer Geburt.

Keine Mutter hat sie geboren. Sie weiß nur von einem Vater und gehört ganz zu ihm. Diese enge und einseitige Zugehörigkeit ist für Homer, wenn er von den Göttern dichtet, eine der feststehenden Voraussetzungen. Aischylos läßt die Göttin ausdrücklich von ihrer Mutterlosigkeit und alleinigen Verbindung mit dem Vater sprechen (Eumen. 736). Als Tochter, die vom Vater allein ausgegangen ist, muß sie das Ebenbild dessen sein, was Zeus besonders auszeichnet: des „Sinnes" oder „Rates" (μῆτις). Der Homerische Hymnus 28, der sie gleich zu Anfang als die „Sinnreiche" (πολύμητις) rühmt, sagt zwei Verse darauf, daß „der Meister des Sinnes (μητίετα) Zeus ganz allein sie geboren habe aus seinem heiligen Haupte". Homer selbst verrät nicht, wie die Abkunft der Göttin zu denken sei, und wir verstehen sein Schweigen. Aber er nennt sie bedeutungsvoll die „Tochter des gewaltigen Vaters" (Ὀβριμοπάτρη), und in diesem Worte hören wir den Nachhall jenes wundersamen Mythos, der uns erst von Hesiod erzählt wird.

Die Tochter ist dem Haupt ihres Vaters entsprungen — ein ungeheures Bild, das im Ostgiebel des athenischen Parthenon eine monumentale Darstellung gefunden hat. Aber nicht genug damit, daß sie unmittelbar aus dem Vater, und zwar aus seinem Haupte, hervorgegangen ist: ein noch erstaunlicherer Mythos weiß von einer Göttin Metis, die eigentlich ihre Mutter gewesen sei. Mit dieser Meisterin des Sinnes und Rates habe Zeus sie erzeugt, aber noch vor der Geburt die schwangere Mutter verschlungen, um sie als Ratgeberin für immer in seinem eigenen Innern zu haben. Wie nun die Zeit herangekommen war, habe er selbst die Tochter durch den Scheitel seines Hauptes ans

Licht der Welt gebracht. So erzählt uns die Hesiodische Theogonie (886 ff.). Diesen Doppelmythos hat man neuerdings seltsamerweise für eine verhältnismäßig späte Erfindung und den von Metis handelnden Teil sogar für einen lächerlichen theologischen Einfall erklärt (v. Wilamowitz, Sitzungsber. der Berl. Akad. 54. 1921, 950ff.). Der Scheitel des Gottes, so meinte man, müsse im ältesten Mythos der Gipfel des göttlichen Berges gewesen sein, dem die junge Göttin entstieg, so wie wir sonst Göttinnen aus der Erde aufsteigen sehen. Und erst später sei dieser Vorgang auf das Haupt des menschengestaltig gedachten Gottes übertragen worden. Aber die aufgeklärtere Zeit, der man die Umgestaltung der ursprünglichen Erzählung zuschreibt, hätte doch gerade ein solches Bild, wie die Geburt aus dem Gotteshaupte, nicht geschaffen. Seine Ungeheuerlichkeit entspricht ganz der uralten mythischen Vorstellungsweise, und die Mythologie der Primitiven bietet uns ja auch ein Gegenstück dazu (vgl. S. 46). Wie befremdend es auf den Geist der neuen Zeit wirkte, sehen wir an der ablehnenden Haltung Homers; er kennt es wohl, aber er verschweigt es ebenso wie die wilden Mythen von Kronos, der seinen Vater Uranos entmannt und seine eigenen Kinder verschlingt. Solche Vorstellungen waren dem neuen Geiste unerträglich geworden. Um so weniger ist an ihrem Alter und an ihrer Echtheit zu zweifeln. Wenn wirklich das Bild von der Kopfgeburt der Athene erst sekundär sein sollte, dann müßten wir urteilen, daß ein uralter Mythos von irgendwoher auf Athene übertragen worden sei. Ist es dann nicht natürlicher, ihn so zu nehmen, wie die Überlieferung ihn gibt, als den echten Mythos von Athenes Geburt? Zumal er doch wie kein anderer zu dem Wesen der männlichen und klugen Göttin paßt. Das trifft aber auch auf die Vorgeschichte dieses Mythos zu: daß sie nämlich trotz allem eine Mutter gehabt habe, die Göttin Metis, die aber im Zustande der Schwangerschaft von Zeus verschlungen worden sei. Diese Geschichte hat man für eine Erfindung späterer Theologie erklärt und dem Hesiod abgesprochen, in dessen Text sie sich denn auch, bei genauerem Zusehen, als nachträglicher Einschub erkennen lasse. Aber dieser Text, in dem die Gattinnen und Kinder des Zeus aufgezählt werden, ist so, wie er uns vorliegt — von V. 886 bis 929 —, trotz allem, was darüber gesagt wurde, eine sinnvolle Einheit, aus der kein Stück ohne willkürliche und zerstörerische Gewalt entfernt werden kann. Das braucht hier nicht eingehender erörtert zu werden; denn über den Punkt, der den Hauptanstoß geboten hat, die Einführung der Metis als Mutter der Athene, ist leicht ins reine zu kommen. Dieser Gedanke, so urteilt man, sei erst möglich geworden, nachdem die kriegerische Jungfrau sich zur „Göttin der Weisheit" gewandelt habe.

Freilich hat man das Wesen der Athene späterhin als „Geist und Gedanken" (νοῦς καὶ διάνοια) gedeutet (vgl. Platon, Kratylos 407B und Spätere). Aber ihre alte Verbindung mit Metis bedeutet etwas ganz anderes. Das Wort μῆτις meint immer das *praktische* Verstehen und Erdenken, das auch im Leben dessen, der kämpfen und siegen will, wertvoller ist als die physische Stärke. Vor Beginn der Wettfahrt (Ilias 23, 311ff.) macht der alte Nestor seinen Sohn auf die Unschätzbarkeit der Wohlberatenheit (μῆτις) aufmerksam und sagt: „Durch Rat (μῆτις) ist man ein besserer Holzhauer als durch Kraft; durch Rat (μῆτις) lenkt der Steuermann im dunklen Meere das schnelle Schiff durch die Stürme, durch Rat (μῆτις) gewinnt ein Wagenlenker über die andern die Oberhand." Eben dieser „Rat" ist es, der Athene vor einer ‚Schildjungfrau' auszeichnet und von ihr unterscheidet.

Wenn nun ein Mythos ihr diese Kraft, als eine göttliche, zur Mutter gibt und diese Mutterschaft mit dem Ursprung aus dem Vater durch die urtümlichen Bilder des Verschlingens und der Hauptgeburt verbindet, so haben wir allen Grund, ihn für echt und alt zu halten.

4.

Jetzt ist die Zeit gekommen, tiefer in das Wesen der Athene einzudringen. Und da enthüllt sich uns mit dem Sein der Gottheit etwas vom Geist und Ideal des Griechentums. Wo sollten sie sich uns auch klarer darstellen als in der göttlichen Erscheinung?

Was Athene dem Manne zeigt, was sie von ihm will und wozu sie ihn inspiriert, ist wohl Kühnheit, Siegerwillen und Tapferkeit. Aber all das ist nichts ohne die Besonnenheit und erleuchtende Klarheit. Sie sind es erst, denen die Tat entspringt; sie erst vollenden das Wesen der Göttin des Sieges. Und dies ihr Licht leuchtet nicht bloß dem Krieger in der Schlacht: wo immer im Leben der Tat und der Heldenhaftigkeit Großes geschaffen, vollbracht und erkämpft werden muß, da ist sie gegenwärtig. Welche Weite des Geistes bei einem Volke, dessen Lust der Waffenkampf war, daß es überall dieselbe Vollkommenheit erkannte, wo der helle, besonnene Blick einer Tat den Weg weist, und als Göttin seines Waffenruhms keine bloße Schlachtenjungfrau anbeten konnte! Sie ist der Glanz des klaren, kraftvollen Augenblicks, dem das Vollbringen zufliegen muß, so wie die geflügelte Nike aus den Händen der Göttin mit dem Kranze auf den Sieger zufliegt. Sie ist die Immernahe, deren Wort, deren blitzendes Auge den Helden im rechten Augenblicke trifft und ihn zum sinnvollsten, mannhaftesten Werke aufruft.

Da stellt sich der Gedanke an Apollon, Hermes und Artemis ein, und wir können nicht umhin, sie mit Athene zu vergleichen.

Wie Apollon der Gott der Ferne ist und als solcher der Gott der Reinheit und der Erkenntnis, so ist Athene die Göttin der Nähe. Darin ist sie dem Hermes gleich. Wie dieser, führt auch sie ihre Lieblinge, und bisweilen geben beide denselben Helden das Geleite. Und doch ist ein weltweiter Unterschied zwischen diesen Führungen. In Hermes erkennen wir die göttliche Gegenwart und Leitung als wundersames Glück des plötzlichen Gewinnens, Findens, Erhaschens und des unverantwortlichen Genießens. Athene dagegen ist die göttliche Gegenwart und Leitung als Erleuchtung und Beseelung zum siegreichen Erfassen und Vollbringen. Zu Hermes gehört das Geheimnisvolle, Zwielichtmäßige, Geisterhafte; Athene aber ist tageshell. Ihr ist alles Träumerische fremd, alles Sehnsüchtige und Schmachtende. Sie weiß nichts von den zärtlichen Wonnen der Liebe. „Alle Wesen im Himmel und auf Erden", sagt der Homerische Hymnus auf Aphrodite, „huldigen der Liebesgöttin, aber bei Athene hört ihre Macht auf". Bei Homer und Hesiod wird sie Pallas, „das Mädchen" (vgl. v. Wilamowitz, a. a. O. 953), genannt, in Athen trägt sie den berühmten Namen „die Jungfrau" (Parthenos). Diese Abneigung gegen Liebesverbindung und Ehe bringt sie der Artemis nahe. Aber auch hier liegt der größte Wert des Vergleiches darin, daß er den Wesensunterschied hervortreten läßt. Bei Athene ist es nicht, wie bei Artemis, der mädchenhaft herbe, scheue und schroffe Charakter, der sich gegen die Liebe wehrt, sondern der Geist der Tat. Es gehört zu ihrem Wesen, daß sie sich mit Männern verbindet, immer ihrer gedenkt, immer ihnen nahe ist, um sich ihnen in solchen Seinsmomenten zu offenbaren, die vom Erotischen nicht durch Sprödigkeit, sondern durch die Strenge und Klarheit der Tatbereitschaft geschieden sind. Welch ein Unterschied zwischen dieser Göttin der Nähe und dem Geist der Ferne, den wir, wie in Apollon, so auch in seiner Schwester Artemis erkennen müssen! Ihre Zuneigung und Verbundenheit ist von der Art der Freundschaft, die der Mann zum Manne empfindet. Vieler Helden Leben gibt davon Zeugnis. Am deutlichsten ist uns durch die Poesie ihre Liebe zu Odysseus und durch die bildende Kunst die zu Herakles. Sie nimmt an allem teil, ratend, helfend, begeisternd und sich des Gelungenen freuend. Hinreißend ist die Homerische Schilderung ihrer Begegnung mit Odysseus in der endlich wiedergefundenen, aber von ihm noch nicht wiedererkannten Heimat: wie sie sich ihm zu erkennen gibt, ihn lächelnd streichelt und gar nicht böse ist, daß er auch ihr, der Göttin, nicht glauben will, sondern gerade jetzt ihm versichert, wie fest sie beide um ihres klaren Geistes willen für immer miteinander verbunden seien (Odyss. 13, 287ff.). Und in alledem kein Hauch weiblicher Gunst bei der Göttin, keine Spur von Frauendienst beim Manne. Athene ist Frau, und ist es doch so, als wäre sie Mann. Selbst jenes weibliche Gefühl, das die Tochter mit der Mutter verbindet, fehlt ihr. Sie hat ja eigentlich nie eine Mutter gehabt. Sie ist „die Tochter des gewaltigen Vaters" (Ὀβριμοπάτρη). Von jeher — die Ilias ist uns das älteste Zeugnis dafür — steht es fest, daß sie immer und ganz zum Vater gehört. Bei Aischylos spricht sie ihre männliche Gesinnung klar aus. „Denn keine Mutter ist, die mich geboren", sagt sie in den Eumeniden (736), „dem Männlichen gehört mein Herz in allen Dingen, nur nicht zum Ehebund, und ganz allein zum Vater halt' ich mich." Und dennoch ist sie weiblichen Geschlechts. Was hat das zu bedeuten?

Auf der einen Seite steht die Meinung, wir hätten gar keinen Grund, etwas Besonderes dahinter zu suchen. Athene sei schon Göttin gewesen, ehe noch ihre Verehrer so starke Kriegsneigungen verspürten, daß sie einer Schlachtengottheit bedurften. Da habe sie denn nicht umhin gekonnt, ebenfalls kriegerische, also männliche Eigenschaften anzunehmen (Nilsson). Ein anderer Gedanke sucht tiefer einzudringen: Athene sei Frau, weil jene stolzen Helden, die sich von ihr führen ließen, einem Manne, und wäre es ein Gott gewesen, sich nicht so leicht gefügt hätten (v. Wilamowitz). Aber echte Göttergestalten entspringen nicht aus Willkür und Laune. Nur der Sinn der Sphäre, in der sie sich offenbaren, kann für ihren Charakter, also auch für ihr Geschlecht, entscheidend sein. Athenes Wirkungskreis, der weit über das Schlachtfeld hinausgeht und den ganzen Bereich klarschauender Tat einschließt, muß selbst einen Hinweis auf die Weiblichkeit geben können.

Auch hier nützt ein Vergleich. In Apollon erkennen wir den ganz männlichen Mann. Die vornehme Distanz, die Überlegenheit des Erkennens, das schöpferische Maß, dies und alles damit Verwandte, auch die Musik im weitesten Sinne des Wortes, bleibt der Frau letzten Endes am Manne fremd. Und alles dieses ist Apollon. Aber die Vollkommenheit der lebendigen Gegenwart, das klare und sieghafte Handeln, wenn es keiner weiten, keiner unendlichen Idee dient, sondern den Augenblick bemeistert, das ist der Triumph, der die Frau von jeher am Manne entzückt hat, zu dem sie ihn begeistert, dessen hohe Lust er von ihr lernen kann. Die göttliche Helle der bedachten Tat, die Bereitschaft zum Kraftvollsten und Unerbittlichsten, der immerfrische Siegerwille, dies ist, so paradox es klingen mag, das Geschenk der Frau an den von Natur augenblicksfremden und ins Unendliche strebenden Mann. So verstehen wir die Weiblichkeit eines göttlichen Wesens, das doch ganz auf der Seite des Mannes steht. Sie bedeutet zwar auch die Überwindung von Plumpheit und Barbarei durch den Adel des Schönen, aber durchaus keine Einmischung von Weichheit und Milde. Das Weib ist, mit all seiner Anmut, in der Verfolgung seines Willens strenger und härter als der Mann. Auch das liegt im Ausdruck der Athene. Der Moderne, und gar der Nordländer, muß sich an die blitzende Klarheit ihrer Gestalt erst langsam gewöhnen. Mit fast erschreckender Härte bricht ihr Licht in unsern nebligen Tag herein. Sie weiß nichts von dem, was wir gemütvoll nennen. Weder Weisheit noch Traum, weder Hingabe noch Genuß ist ihr Wille. Das Vollbringen, die unmittelbare Gegenwart, das Hier vollend' ich's! — das ist Athene.

5.

Was die Göttin dem einzelnen Großen bedeutet, das ist sie auch den Vielen, die der Klarheit und Kraft bedürfen, ein Werk zu bemeistern. Der Homerische Hymnus auf Aphrodite sagt nach Erwähnung ihrer kriegerischen Neigungen von ihr (12), daß sie es sei, von der die Zimmerleute den Wagenbau gelernt hätten. So lesen wir in der Ilias, daß der Zimmermann, der mit kundiger Hand die Schiffsbalken zu richten versteht, ihr Liebling ist (5, 61) und es durch ihre Unterweisung zur Meisterschaft gebracht hat (15, 412). Athenes Lehrling ist auch der kunstreiche Metallgießer, der schöne Gefäße aus Silber und Gold herzustellen weiß (Odyss. 6, 233), und den Schmied, der den Pflug zusammenfügt, nennt Hesiod ihren Diener (Erga 430). Auch die Töpfer durften sie für sich in Anspruch nehmen. „Komm zu uns, Athene, und halte deine Hand über den Ofen!" so heißt es in dem bekannten Homerischen Epigramm 14, 2 (vgl. auch die Vasenbilder in Monumenti antichi 28, 1922, S. 101 ff.).

So kommt es denn, daß der Geist der Göttin, die sich so entschieden zur Männlichkeit bekennt, auch über den kunstreichen Werken des Frauengemachs waltet und dadurch zum Führer von Mädchen und Frauen wird, ohne seinen Grundcharakter zu verleugnen. Sie selbst, so wie sie dem Odysseus sichtbar entgegentritt, „gleicht einem schönen hochgewachsenen Weibe, das sich auf kunstvolle Arbeiten versteht" (Odyss. 13, 288; 16, 157). Das höchste Lob eines jungen Weibes in Achills Munde (Ilias 9, 389) ist es, mit Aphrodite in der Schönheit, mit Athene in der Kunstfertigkeit zu wetteifern. Die jungen Mädchen macht sie zu sinnreichen Handarbeiten geschickt (Odyss. 20, 72; Homer. Hymn. auf Aphrod. 14f.; Hesiod. Erga 63f.). Der Penelope hat sie ihre erstaunliche Kunstfertigkeit verliehen und dazu klaren Verstand und Witz wie keiner andern griechischen Frau (Odyss. 2, 116ff.). Webt sie selbst sich doch eigenhändig ihr Gewand (Ilias 5, 735), und das prächtige Kleid, das Hera anzieht, um den Zeus zu bezaubern, ist von ihrer Hand gearbeitet (Ilias 14, 178f.). Sie kleidet auch die Pandora (Hesiod. Theog. 573. Erga 72).

Ein Anaxagorasschüler, der die Homerischen Götter als Allegorien deutete, konnte in Athene die Handfertigkeit (τέχνη) sehen, und es gibt einen orphischen Vers, der den Inhalt hat, daß es bei Verlust der Hände aus sei mit der „sinnreichen" (πολύμητις) Athene (vgl. Diels, Vorsokratiker I² S. 326). In allen Werken der Kunstfertigkeit, um deretwillen sie als ‚Ergane' verehrt wurde und mit Hephaistos in Verbindung trat, waltet der Sinn und Rat, der eine Offenbarung ihres Wesens ist. Mag auch die eine und andere Kunstübung jüngeren Ursprungs sein oder sich erst verhältnismäßig spät an Athene angeschlossen haben, die Göttin brauchte ihr Wesen nicht zu ändern, um den neuen Schützling anzunehmen. Aber freilich, wo nicht der große Mensch, sondern der tüchtige Werkmeister von ihr inspiriert wurde, da mußte auch die Offenbarung ihrer Nähe an Größe, Macht und Glanz verlieren.

6.

Wie alle echten Gottheiten, so läßt sich auch Athene nicht aus einer einzigen, besonders augenfälligen Wirksamkeit verstehen. Der kraftvolle Sinn, der sie zum Genius der Sieghaftigkeit macht, hat eine Weite, die der Gesichtskreis des Schlachtfeldes nicht ausmessen kann. Nur die *helläugige Klugheit*, in jedem Augenblick das Entscheidende zu erkennen und das Zweckdienlichste herzustellen, füllt mit der Vielseitigkeit ihres lebendigen Wirkens sein Ideal ganz aus.

Das Epos pflegt einigen seiner Götter feststehende Prädikate zu geben, die zugleich mit dem äußeren Eindruck das Wesen selbst kennzeichnen. So heißt Hera bekanntlich „die Kuhäugige" (βοῶπις). Man führt dies auf ihr heiliges Tier zurück, in dessen Gestalt sie selbst ehemals vorgestellt worden zu sein scheint, und tut gewiß recht daran. Aber was hat es zu bedeuten, daß die Göttin gerade mit diesem Tier verbunden worden ist? Diese Frage wiederholt sich bei allen Göttern und ihren tierischen oder pflanzlichen Attributen, die einmal auch ihre eigenen Erscheinungsformen gewesen sind. Das Erklärungsbedürfnis des Religionsforschers begnügt sich hier oft mit recht äußerlichen oder zufälligen Anknüpfungen. Und doch sollte man bedenken, wie fern wir dem Daseins- und Weltgefühl mythischer Zeitalter gerückt sind und wie gering in vielen Fällen die Wahrscheinlichkeit sein mag, daß wir den Sinn der Verbindung jemals erraten werden. Aber zuweilen können doch auch wir noch von den Tieren oder Pflanzen einen Eindruck empfangen, der dem der Göttergestalten sehr nahe kommt. Was scheint natürlicher, als daß der Pfau zum Vogel der Hera wurde? Diese Verbindung gehört allerdings einer verhältnismäßig späten Zeit an. Aber ist es mit der Kuh nicht ebenso, wenn wir die königliche Ruhe und Schönheit dieses mütterlichen Tieres recht empfinden? Und gerade das, worin sich diese Ruhe und Macht am wirkungsvollsten ausdrückt, der Blick des großen Auges, dient im Epos als Kennzeichnung der Hera.

So ist die Eule (γλαύξ) als Vogel der Athene, ja als Offenbarung ihrer Gegenwart empfunden worden. Wie alt das immer sein mag, jedenfalls hebt schon das Epos mit einem offenbar längst stereotyp gewordenen Ausdruck an der Göttin eben das hervor, was an der Eule den meisten Eindruck macht: das leuchtende Auge. Sie heißt Glaukopis, d. i. „die Helläugige". Das Wort γλαυκός, mit dem ihr Blick charakterisiert wird, dient in der alten Sprache als Prädikat des Meeres (vgl. Ilias 16, 34; Hesiod Theog. 440) und kehrt wieder in dem Namen des alten Meergottes Glaukos und der Nereide Glauke; auch der Blick des Mondes ist so genannt worden (vgl. Empedokles Frg. 42 D.; Euripides Frg. 1009), später auch Sterne, Morgenröte und Äther. Es muß also einen leuchtenden Glanz bezeichnet haben, und das wird bestätigt durch den Sprachgebrauch, der dem Ölbaum seines Schimmers wegen dasselbe Prädikat gibt (vgl. Sophokles, Oed. Col. 701 u. a.). Wenn es also die Art des Blickes ausdrücken soll, so paßt es zwar auch für das funkelnde Auge des angriffsbereiten Löwen (vgl. Ilias 20, 172) oder für Drachenaugen (vgl. Pindar, Pyth. 4, 249; Olymp. 6, 45; 8, 37), im allgemeinen aber kann nichts Schreckliches oder gar Entsetzenerregendes damit gemeint sein. Die Göttin konnte freilich auch furchtbar blicken und wird daher gelegentlich (vgl. Sophokles, Aias 450; Frg. 760) nicht Glaukopis, sondern Gorgopis genannt. Daß aber Glaukopis gerade nicht so gedacht war, beweist, neben dem Glanz von Meer und Gestirnen, die Hervorhebung der Schönheit des Atheneauges (vgl. Kallimachos, Hymn. 5, 17; Theokrit. 20, 25; Properz 2, 28, 12). Wenn dieser Athene nun ein Tier zugesellt ist, das wegen seines großen, scharfen und leuchtenden Auges Glaux heißt, so wie sie selbst Glaukopis, dann kann es doch kaum zweifelhaft sein, daß man um dieses merkwürdigen Blickes willen ihren Geist in ihm gegenwärtig geglaubt hat. Die Eule ist ein wehrhaftes Tier, das auf Beute auszieht. Aber diese Art teilt sie mit vielen andern. Was an ihr auffällt und unvergeßlich bleibt, ist der scharfsinnige Gesichtsausdruck und die hellen, durchdringenden Augen, die ihr den Namen verliehen haben. Sie galt als der „klügste" aller Vögel (vgl. Dion, orat. 12, 1 ff.). Auch an Athene werden immer die Augen hervorgehoben. Als Oxyderkes, „die Scharfblickende", hatte sie ein Heiligtum in Korinth, angeblich gestiftet von Diomedes, weil ihn Athene hellsichtig gemacht hatte (Pausan. 2, 24, 2); in Sparta wurde sie als Optilitis oder Ophthalmitis verehrt (Plutarch, Lykurg. 11; Pausan. 3, 18, 2); sie sollte dem Lykurg das eine oder beide Augen gerettet haben. Wie schön verbindet Sophokles in dem berühmten Chorgesang des Oidipus auf Kolonos die Glaukopis Athene mit dem allschauenden Zeus, wenn er vom schimmernden (γλαυκός) Ölbaum sagt, daß „das ewig schauende Auge des Zeus Morios auf ihn blickt und Athene mit dem Strahlenauge (γλαυκῶπις)" (706).

Wenn wir uns das Wesen der Göttin vergegenwärtigen – diesen Geist hellsten Wachseins, der blitzschnell erfaßt, was vom Moment erfordert wird, der mit nie getrübter Klarheit immer Rat findet und den schwersten Aufgaben mit der schlagfertigsten Bereitschaft entgegengeht – läßt sich ein besseres

Erkennungszeichen und Symbol für dieses Wesen erdenken als der helle, leuchtende Blick des Auges? Man kann dies schöne Bild nicht ärger mißverstehen, als wenn man in ihm einen Rest uralten Götter- oder Dämonenschreckens erkennen will. Sollten wir nicht endlich aufhören, der Erklärung aus dem Dumpfen und Plumpen auch da den Vorzug zu geben, wo das Geistreiche am nächsten liegt? Es waren doch keine schrecklichen Augen, die den erzürnten Achilleus, wie Homer beschreibt (Ilias 1, 200), ‚gewaltig anleuchteten‘, als er Athene plötzlich ins Gesicht sah und von ihr zur Besonnenheit und Haltung ermahnt wurde.

7.

Die echte Athene ist weder ein wildes noch ein beschauliches Wesen. Von beiden Naturen ist sie gleich weit entfernt. Ihr Kampfwille ist kein Draufgängertum, ihr heller Geist keine reine Vernunft. Sie vertritt eine Welt der Tat, aber nicht der unbedachten und rohen, sondern der besonnenen, die durch ihre klare Bewußtheit am gewissesten zum Siege führt.

Ja, erst der Sieg macht ihre Welt vollkommen. In der Stadt, die von ihr den Namen trug, wurde sie selbst Nike genannt, und die berühmte Statue der Parthenos von Phidias trug auf der rechten Hand ein Bild der Siegesgöttin. Nike, „die Spenderin süßer Gaben, die im goldstrahlenden Olympos an Zeus' Seite Göttern und Menschen den Erfolg edler Tatkraft entscheidet" (Bakchylid. 10), gehorcht dem Wink der Athene. Im Hesiodischen Schildgedichte springt sie selbst vor Beginn des Kampfes zu Herakles auf den Wagen, „Sieg und Ruhm in den göttlichen Händen haltend" (339).

So ist sie allem männlichen Ringen, das Größe hat, nahe. Aber der Mensch soll wissen, daß Größe und Triumph Offenbarungen des Göttlichen sind. Wer die Göttin zurückweist und sich nur auf seine eigene Kraft verlassen will, wird von derselben göttlichen Macht elend zugrunde gerichtet (vgl. Sophokles, Aias 758 ff.).

Der Glaube an Athene entsprang keiner Einzelnot, keinem Einzelverlangen des Menschenlebens. Sie ist der Sinn und die Wirklichkeit einer ganzen, in sich vollendeten Welt: der klaren, harten, glorreichen Manneswelt des Planens und Vollbringens, deren Lust das Kämpfen ist. Und diese Welt schließt auch das Weibliche mit ein. Aber nicht als Liebende oder Mutter, nicht als Tänzerin oder Amazone, sondern als lebenskluges und kunstreich schaffendes Wesen gehört die Frau der Athene an. Um den Sinn ihrer Gestalt aber ganz zu verstehen, müssen wir uns schließlich auch darüber noch klar werden, was sie *nicht* ist.

Sie ist im Verlauf der Zeiten und an einzelnen Kultorten zu allerlei Unternehmungen und Notwendigkeiten in Beziehung gesetzt worden. So finden wir sie in Athen als Schützerin der Heilkunst, des Ackerbaus, ja der Ehe und Kinderzucht. Aber all das ist unwesentlich und soll daher nicht weiter verfolgt werden. Schließlich ist sie sogar zur Patronin der Künste und Wissenschaften geworden. Dies späte Athenebild zeugt von dem Glanze und dem geistigen Führertum ihrer Stadt Athen. Aber von dem alten Bilde hat es sich sehr weit entfernt. Denn der helle Geist der echten Athene hat mit reiner Erkenntnis und mit allem Musischen nichts zu tun. Ihr bleibt die Gelassenheit des Abstandnehmens, der freie Blick der Betrachtung und der daraus entspringende Wille zu höherer Gestaltung fremd. Ihr fehlt die Musik im eigentlichen und im weitesten Sinne des Wortes. Sie soll zwar die Flöte erfunden haben, aber man erzählt, sie habe sie sogleich wieder verworfen. Dagegen paßt die Erfindung der Kriegstrompete ganz zu ihrem Wesen.

So besitzt sie vieles nicht, was andere Gottheiten, namentlich Apollon, auszeichnet. Aber all dies fehlt ihr so, wie jeder ganzen Gestalt dasjenige fehlen muß, was ihr Sinn ausschließt. Denn sie ist die tapfere Unmittelbarkeit, die erlösende Geistesgegenwart, die rasche Tat. Sie ist *die Immernahe*.

APOLLON UND ARTEMIS

Apollon

> „Die Beschreibung des Apollo erfordert den höchsten Styl: eine Erhebung über alles was menschlich ist."
>
> Winckelmann.

1.

Apollon ist neben Zeus der bedeutendste griechische Gott Daran kann schon bei Homer kein Zweifel sein.

Es ist gar nicht vorstellbar, daß er auftreten könnte, ohne seine Überlegenheit zu beweisen. Ja, seine Offenbarungen sind in mehr als einem Falle wahrhaft grandios. Wie die Majestät des Donners tönt seine Stimme, wenn er dem wilden Diomedes Halt gebietet (Ilias 5, 440). Seine Begegnungen mit Mächtigen und Übermütigen werden zum Symbol für die Hinfälligkeit aller Erdenwesen, auch der größten, vor dem Angesicht der Gottheit. Solange die Menschheit Sinn für das Göttliche behält, wird man nicht ohne Erschütterung lesen können, wie er dem Patroklos in den Weg trat und ihn mitten im Ansturm zerschellen ließ (Ilias 16, 788 ff.). Wir fühlen voraus, daß er es ist, vor dem der glanzvollste aller Helden, Achilleus, zu Boden stürzen wird. „Der Götter gewaltigsten" nennt ihn das sprechende Roß Xanthos mit Bezug auf diese beiden großen Schicksale (Ilias 19, 413).

Die Größe dieses Homerischen Apollon ist durch Geisteshoheit geadelt. Und so haben die Künstler der nachhomerischen Jahrhunderte gewetteifert, in seinem Bilde das Erhabenste, Sieghafteste und zugleich Lichteste vor Augen zu führen. Unvergeßlich für jeden, der ihn einmal gesehen hat, ist der Apollon des Zeustempels in Olympia. Der Künstler hat einen Augenblick von überwältigender Großartigkeit festgehalten: mitten im wüstesten Tumult erscheint plötzlich der Gott, und sein ausgestreckter Arm befiehlt Ruhe. Hoheit leuchtet aus seinem Gesicht, dessen weite Augen mit der Überlegenheit des bloßen Anschauens gebieten; um die kräftigen und vornehmen Lippen aber spielt ein feiner, fast schwermütiger Zug höheren Wissens. Die Erscheinung des Göttlichen in der Wildnis und Wirrnis dieser Welt kann nicht hinreißender vorgestellt werden. Auch seine anderen Bilder kennzeichnen ihn durch die Größe der Haltung und Bewegung, durch die Macht des Blickes, durch das Erhellende und Befreiende seines Auftretens. In den Zügen seines Gesichts verbinden sich männliche Kraft und Klarheit mit dem Glanz des Sublimen. Er ist die Jugend in ihrer frischesten Blüte und Reinheit. Die Dichtung preist sein wallendes Haar, das schon die älteste Lyrik golden nennt. Die bildende Kunst stellt ihn fast immer unbärtig dar und nicht sitzend, sondern stehend oder schreitend.

In nicht Wenigem erinnert sein Bild an das der Artemis, bei der nur alles ins Weibliche umgesetzt erscheint. Seit alter Zeit sind diese beiden so fest miteinander verbunden, daß wir sie zuerst gemeinsam ins Auge fassen wollen.

2.

Der Mythos nennt Apollon und Artemis Geschwister. Wir wissen nicht, wie sie zusammengekommen sind. Aber ihre geschichtlichen Gestalten sind einander so ähnlich, wie nur Bruder und Schwester es sein können. Und je tiefer man in ihr Wesen eindringt, um so bedeutungsvoller wird diese Ähnlichkeit. Was trennend erschien, erweist sich bald als notwendige Verschiedenheit des anderen Geschlechts, und endlich enthüllt sich ein göttliches Sein in doppelter Ausprägung, deren Übereinstimmungen und Gegensätze auf die wundervollste und geistreichste Art eine ganze Welt ausmachen.

Apollon und Artemis sind die sublimsten unter den griechischen Göttern. Das sagt ihre Erscheinung, wie Poesie und bildende Kunst sie gesehen haben. Für ihre Sonderstellung im

Kreise der Himmlischen zeugt schon das Prädikat der Reinheit und Heiligkeit, das ihnen eigentümlich ist. Nach Plutarch und anderen bedeutet Phoibos ‚rein' und ‚heilig', und ohne jeden Zweifel treffen sie damit das Richtige. So haben Aischylos und andere Dichter nach ihm den Namen verstanden, denn sie verwandten dasselbe Wort zur Charakterisierung der Sonnenstrahlen oder des Wassers. Schon dem Homer war dieser Name so geläufig, daß er den Gott nicht nur Phoibos Apollon, sondern auch bloß Phoibos nennen konnte. Und Artemis ist von allen himmlischen Gottheiten die einzige, die Homer mit dem Beiwort ἁγνή ehrt, das heilig und rein zugleich bedeutet. Dasselbe Prädikat geben Aischylos und Pindar dem Apollon. Beide Gottheiten haben etwas Geheimnisvolles, Unnahbares, Abstandgebietendes. Als Bogenschützen treffen sie ungesehen aus weiter Ferne, und der Getroffene verlischt schmerzlos, mit dem Lächeln des Lebens auf den Lippen. Artemis ist die Immerferne. Sie liebt die Einsamkeit der Wälder und Berge und spielt mit den wilden Tieren. Wer ihr ergeben ist, pflückt ihr den Kranz „auf der unversehrten Au, wo der Hirte sich scheut, die Herde zu weiden, wo nie des Eisens Schärfe hingekommen und nur die Biene im Frühling schwärmend ihren Durchzug hält; die Keuschheit waltet hier und gießt den Tau des reinen Elements" (Euripides, Hippol. 75 ff.). Ihr ganzes Dasein ist Gelöstheit, sternklare Enthobenheit. Und zum Wesen Apollons gehört die Entrücktheit. In Delphi, Delos und an anderen Kultstätten glaubt man, daß er immer einen Teil des Jahres in geheimnisvoller Ferne bleibe. Mit Anbruch des Winters geht er fort, um erst mit dem Frühling, von frommen Gesängen begrüßt, zurückzukehren. Für Delos weilte er die Wintermonate in Lykien (vgl. Servius zu Vergils Aeneis 4, 143). Der Delphische Mythos nennt als seinen Aufenthaltsort das fabelhafte Land der Hyperboreer, deren auch in Delos seit alters viel gedacht worden ist. „Kein Schiff und kein Wanderer kann dorthin gelangen" (Pindar, Pyth. 10, 29). Dort wohnt das heilige Volk, das keine Krankheit und kein Alter kennt, dem Mühen und Kämpfe fernbleiben. An seinen Opferfesten ergötzt sich Apollon; allenthalben rauscht es von Mädchenchören, Leierklang und Flötengetön, und schimmernder Lorbeer kränzt das Haar der heiter Schmausenden (Pindar, Pyth. 10, 31 ff.). Den Perseus hat Athene einmal dorthin geführt, als er die Gorgo töten sollte (Pindar, Pyth. 10, 45). Sonst haben nur Auserwählte Apollons das Fabelland gesehen. Der Prophet und Wundertäter Abaris ist als Abgesandter Apollons von dort gekommen und hat den Pfeil des Gottes durch alle Länder getragen (Herodot 4, 36. Nach der später bezeugten, aber sicherlich ursprünglichen Anschauung hat Abaris den Pfeil nicht getragen, sondern ist auf ihm durch die Länder geflogen; vgl. H. Fränkel, de Simia Rhodio p. 35). Aristeas von Prokonnesos hat in seinem Gedichte selbst erzählt (vgl. Herodot 4, 13), daß er „von Phoibos ergriffen" ins Land der Issedonen gekommen sei, und daß jenseits der Issedonen die einäugigen Arimaspen wohnen, dann die goldhütenden Greife und endlich die Hyperboreer. Das meiste über die Hyperboreer konnte man, nach Herodot 4, 33 ff., in Delos erfahren, wo namentlich von heiligen Gesandtschaften und Sendungen aus jener wunderbaren Ferne zu hören war. Das Homerische Epos gedenkt der Hyperboreer nicht, sondern (nach Herodot 4, 32) erst Hesiod und das Epos der Epigonoi. Aber es bedarf keines Wortes, daß die Vorstellung von diesem seligen Lichtlande uralt sein muß. Dort ist „des Phoibos alter Garten", wie Sophokles in einer verlorenen Tragödie sagte (Fragm. 870). Dorthin entschwand er jedes Jahr, von dort kehrte er, wenn alles blühte, mit seinen Schwänen zurück. Davon hat Alkaios gedichtet in einem uns leider verlorenen Hymnus auf Apollon, dessen Inhalt wir aber durch Himerios (Orat. 14, 10) kennen: Als Apollon geboren war, gab ihm Zeus einen Schwanenwagen, auf dem er aber nicht nach Delphi, sondern zu den Hyperboreern fuhr; die Delphier riefen ihn mit Gesängen, doch er blieb ein ganzes Jahr bei den Hyperboreern. Als aber die Zeit gekommen war, ließ er seine Schwäne den Weg nach Delphi nehmen. Es war Sommer und die Nachtigallen sangen ihm und die Schwalben und die Zikaden; silbern sprudelte der kastalische Quell, und der Kephissos schwoll mit dunkelleuchtenden Wogen. So Alkaios. Und wie der Gott damals gekommen, so kam er regelmäßig mit der warmen Jahreszeit und brachte Gesang und Weissagung.

Dieses Fernsein ist für die Natur Apollons ungemein aufschlußreich. Wenn wir ihn mit Athene vergleichen, wird der große Wesensunterschied augenblicklich klar. Wie sie die Immernahe ist, so ist er der Entrückte. Er begleitet keinen Helden als treuer Freund, als stets bereiter Helfer und Berater. Er ist nicht, wie Athene, ein Geist der Unmittelbarkeit, der klugen und tatkräftigen Meisterschaft über den Augenblick. Seine Auserwählten sind nicht die Männer der Tat.

3.

Wer ist nun aber dieser Gott, dessen Auge uns aus der Ferne grüßt und dessen Erscheinung von so zauberhaftem Glanze umflossen ist?

Man hat mit sehr beachtenswerten Gründen vermutet, daß seine Heimat nicht in Griechenland, sondern in Kleinasien zu suchen sei (vgl. v. Wilamowitz, Hermes 38 und Greek historical writing and Apollo, dem Bethe im Ἀντίδωρον für Wackernagel widerspricht, Nilsson aber in seiner History of Greek religion 1925, S. 132 sich anschließt). Er scheint aus Lykien zu stammen, wo auch seine Mutter Leto zu Hause ist.

Mit dieser an und für sich ansprechenden Vermutung sind sehr gewagte Behauptungen verbunden worden. Als asiatischer Gott stehe Apollon bei Homer ganz auf seiten der Trojaner. Sein ältestes Wesen, wie es noch im Eingang der Ilias deutlich hervortrete, sei das eines furchtbaren, todbringenden Gottes. Von diesem Schreckensbild zu dem Gott der Delphischen Weisheit ist der Abstand allerdings so groß, wie er nur durch die bedeutendste religiöse Reform geworden sein könnte.

Aber eine sorgfältigere Prüfung Homers ergibt, daß sein Apollon kein anderer war als der, an den man später in Delphi geglaubt hat. Die eigentümliche Gottesidee, die den Namen Apollon trägt und eine so bedeutende geistige Macht in Griechenland gewesen ist, muß schon lange vor dem Homerischen Epos hervorgetreten sein und gehört zu den Offenbarungen, die den Inhalt der Olympischen, das heißt der im eigentlichen Sinne griechischen Religion ausmachen. Wie aber vor dieser Epoche das Bild des Gottes beschaffen gewesen sein mag, dafür fehlt es uns an Kennzeichen und Zeugnissen. Niemand wird zweifeln, daß Bogen und Saitenspiel schon in der Vorzeit zu ihm gehört haben; auch von der Prophetie ist es mehr als wahrscheinlich. Aber man muß sich vor dem Wahne hüten, als ob durch bloße Tatsächlichkeiten der lebendige Gehalt einer vorgeschichtlichen Gottheit und die Bedeutung, die sie für ihre Verehrer gehabt hat, erschlossen werden könnte. Darum lassen wir diese Fragen ganz auf sich beruhen und richten unsere Aufmerksamkeit nur auf den zum ersten Male bei Homer klar hervortretenden Glauben.

Wenn man Homer mit dem Vorurteile liest, daß die damalige Religion nichts besessen haben könne als das, was er ausdrücklich angibt, dann freilich ist Apollon erst nachträglich zum Gott der Reinheit geworden, und seine strenge Klarheit, sein überlegener Geist, sein gebieterischer Wille zur Einsicht, zum Maß, zur Ordnung, kurz alles das, was wir noch heute als apollinisch bezeichnen, war dem Homer noch unbekannt. Aber Homer will ja doch nicht belehren. Er läßt die Götter auftreten und tun und reden, so wie sie ihm und seinen Hörern vertraut sind. Wie bei andern, so genügen ihm auch bei Apollon wenige Striche, um sein Bild vor Augen zu stellen. Wenn wir sie aber gehörig beachten, so erkennen wir die geniale Zeichnung eines Charakters, der jedem Zuhörer wohlbekannt sein mußte; und von diesen oft nur flüchtig umrissenen Gestalten ist mehr zu lernen als von vielen Aussagen über die Macht und Gesinnung des Gottes.

In der berühmten Götterschlacht des 21. Buches der Ilias lehnen zwei Götter es ab, sich am Kampfe zu beteiligen, jeder aus dem ihm eigentümlichen Motiv des Darüberstehens. Hermes, der Erzschelm, der Geist des guten Glücks und der günstigen Gelegenheit, denkt nicht daran, sich mit der großen Leto einzulassen und hat gar nichts dagegen, wenn sie sich unter den Göttern rühmen will, mit ihm fertig geworden zu sein. Wie anders Apollon! In heftiger Rede hat Poseidon ihn zum Zweikampf herausgefordert. Aber welcher Stolz in seiner ruhigen Erwiderung: „Maßlos und unbesonnen müßtest du mich nennen, wollte ich mit dir kämpfen um der Menschen willen, des armen Geschlechts, das den Blättern der Bäume gleich sprießt und welkt." Und wie ihn seine Schwester Artemis mit echt weiblicher Animosität einen Feigling schilt, tritt er schweigend beiseite (Ilias 21, 461 ff.). — Ist das nicht der Gott Pindars, der vornehme Verkünder der Einsicht, der Selbsterkenntnis, des Maßes und der sinnvollen Ordnung? „Was ist der Mensch?" spricht Pindar (Pythien 8, 95) in seinem Geiste. „Der Traum eines Schattens! Wenn aber ein Glanz vom Himmel kommt, dann strahlt er im Lichte und das Leben ist lieblich." Nichts kennzeichnet die Haltung, deren Ideal der nachhomerische Apollon dem Menschen vor Augen stellt, so deutlich wie der Begriff der Sophrosyne, mit dem seine Homerischen Worte (Ilias 21, 461) anheben. „Erkenne dich selbst!" ruft er dem Besucher seines Delphischen Tempels zu. Das heißt — vgl. Platon, Charmides 164 D. —: erkenne, was der Mensch ist und wie weit der Abstand, der ihn von der Herrlichkeit der ewigen Götter trennt; bedenke die Grenzen der Menschheit! Kann man zweifeln, daß es dieser Apollon ist, der in der angeführten Homerszene auftritt? Aber durchaus nicht in ihr allein. Der Dichter hält seinen

Charakter fest. Im 5. Buch der Ilias bringt Diomedes den Aineias zu Fall, verwundet die Göttin Aphrodite, die ihre Arme schützend um den Sohn gelegt hat, und stürzt sich von neuem auf sein Opfer, obwohl er weiß, daß Apollon selbst seine Hand darüber hält. Da donnert ihn der majestätische Gott zurück: „Bedenke, Tydeussohn, und weiche, und miß dich nicht mit Göttern, denn nicht von gleicher Art sind die ewigen Götter und die erdenwandelnden Menschen!" (Ilias 5, 440.) Und im letzten Buche der Ilias erhebt sich Apollon mit dem Pathos der schrankensetzenden Vernunft und des vornehmen Sinnes, um der Unmenschlichkeit des Achilleus Einhalt zu tun, der die Leiche Hektors schon den zwölften Tag mißhandelt. Vor den Göttern klagt er ihn der Ruchlosigkeit und Herzenshärte an; ihm fehle die Achtung vor den ewigen Gesetzen der Natur und das Maß, das dem Edlen auch nach schmerzlichen Verlusten gezieme. „Trotz seiner Heldengröße droht ihm unsere Ahndung, denn seine Wut schändet die stumme Erde" (Ilias 24, 40ff.). Die Götter geben Apollon recht.

Das ist der Homerische Apollon. Die Offenbarung geistiger Hoheit gehört also zu seinem Wesen und ist kein nachträglicher Zusatz zu seinem Bilde. Dasselbe gilt von den Einzelzügen, die später für ihn charakteristisch waren. Er, der in Delphi die Gedanken des höchsten Himmelsgottes verkündete, steht diesem auch bei Homer näher als irgendeine andere Gottheit. Daß er der Hüter der Reinheit und der Meister der Reinigungen war, kann nur dem Vorurteil als Eigentümlichkeit jüngeren Glaubens erscheinen. Zwar pflegt Homer diese ganze Sphäre großartig zu ignorieren. Aber es ist ihm doch geläufig, den Gott als Phoibos, d. h. als den Reinen, zu bezeichnen. Und wenn wir einmal begreifen gelernt haben, was Reinheit und Reinigung im Sinne Apollons bedeuten können, dann wird uns das wahre Wesen seiner geistigen Größe erst recht verständlich werden. Ohne weiteres leuchtet es ein, daß dieser Geistigkeit die apollinische Musik zugehört, das Wissen um das Rechte und das Künftige, die Stiftung höherer Ordnungen. Und das alles ist dem Homerischen Apollon eigen. Wir ahnen schon, daß diese Eigenschaften und Vollkommenheiten Ausstrahlungen einer und derselben Grundqualität sind, mannigfaltige Offenbarungen des einen göttlichen Seins, das die Griechen schon vor Homer als Apollon angebetet haben. Aber wir müssen sie einzeln prüfen, wenn wir dem Sinn des Ganzen und Einen näherkommen wollen.

4.

Wir beginnen mit der Reinheit.

Eine der vornehmsten Aufgaben des nachhomerischen Apollon ist die Sorge um die Reinigungen und Sühnungen. Die Homerischen Gedichte sagen davon nichts. Aber daraus folgt durchaus nicht, daß Apollon diese Rolle erst später übernommen haben muß. In der Homerischen Welt war die Scheu vor Befleckungen fast ganz verschwunden, daher brauchte sie auch bei Apollon keinen Schutz vor ihnen zu suchen. Aber es läßt sich leicht begreifen, daß gerade diese Kraft zu seinem echten und alten Wesen gehört hat. Die Heilkunst umfaßt bekanntlich nach alter Vorstellung auch das Vermögen, den Gefahren der Unreinheit zu begegnen. Und Apollon war der bedeutendste Heilgott; er war es von jeher. So hat Italien und Rom ihn kennengelernt. Der Reinigende ist der Heilende, der Heilende ist der Reinigende. Als Agyieus, wie er nach alter Auffassung genannt wird (vgl. auch Θυραῖος und andere Beinamen), reinigt er die Wege von allem Bösen, und als Symbol der Sicherheit steht seine Steinsäule vor den Häusern. Mag es dem Homer auch fremd geworden sein, Reinigungen und Sühnungen von ihm zu erwarten, so kann uns doch die Homerische Apollongestalt einen wertvollen Fingerzeig geben, wie apollinische Reinigungen verstanden werden müssen.

Die Verbindung des Reinigungsgedankens mit einem Gotte, der als geistige Größe gelten soll, befremdet uns zunächst, weil wir durch die moderne Religionswissenschaft daran gewöhnt sind, die alten Rituale in einem ganz materialistischen Sinne zu verstehen. Von diesem Vorurteil müssen wir uns mit aller Entschiedenheit lossagen, denn es überträgt nur unsere eigene Denkweise auf das Verhalten der urwüchsigeren Menschheit, dessen Seltsamkeiten erklärt werden sollen.

Apollon reinigt den Schuldigen von der Befleckung, die ihm unheildrohend anhaftet. Der Totschläger, an dem das furchtbare Blut des Erschlagenen klebt, wird durch sein Eingreifen vom Fluche befreit und wieder rein. In diesem und in ähnlichen Fällen kommt die Unreinheit von einer leiblichen Berührung und einer stofflichen Befleckung. Und ebenso sind es körperliche Behandlungen, durch die das Ritual den Verunreinigten wieder in den Zustand der Reinheit versetzt. Aus solchen Maßnahmen, die mit bemerkenswerter Ähnlichkeit bei allen alten Völkern wiederkehren, hat man folgern zu müssen geglaubt, daß die Religion ehemals mit der Unreinheit lediglich einen materiellen Zustand gemeint habe, nämlich die Belastung mit einem gefährlichen Stoff, die auf physischem Wege wieder behoben werden könne. Aber die naturwüchsige und noch nicht theoretische Denkweise kennt keine Leiblichkeit, die nicht mehr wäre als bloßer Stoff. Vor allem Körperlichen besitzt sie eine Achtung, die uns fast verlorengegangen ist, daher es uns so schwer fällt, den Sinn ihres Verhaltens auch nur zu ahnen. Sie scheidet das Körperliche nicht von dem, was wir geistig oder seelisch nennen, sondern sieht immer eines im andern. Wie nach ihrer Auffassung die Berührungen und Befleckungen mehr als bloß materiell sind, so ergreift ihre Wirkung den ganzen Menschen und bringt nicht bloß seine physische Natur in Gefahr, sondern kann auch sein Gemüt belasten und verstören. Der Totschläger gerät durch die wirklich vollbrachte Tat – und nicht etwa durch den bloßen Gedanken daran – in eine furchtbare Verstrickung. Sein äußeres Dasein wird von unheimlicher Drohung umlauert, aber noch schrecklicher ist der Bann, der auf seinem Innern liegt. Diese dem unmittelbaren Erlebnis entsprungene Überzeugung ist darum nicht weniger ernsthaft und tief, weil man die Ursache des Übels stofflich auffaßt und seine Entfernung durch ein physisches Verfahren herbeiführt. Allerdings war die Notwendigkeit der Reinigung durchaus nicht bloß bei blutigen Taten gegeben; sie erstreckte sich auf jede Berührung mit dem Unheimlichen, wie etwa mit dem Tode bei einem natürlichen Trauerfall. Hier kann eine moralische Verschuldung nicht einmal mehr gedacht werden, und das ist der Grund, weswegen man behaupten zu dürfen glaubt, daß das gesamte Sühnewesen seinem spezifischen Sinne nach nur mit dem äußeren, nicht mit dem inneren Menschen zu tun gehabt habe. Dies Urteil aber verrät nur, wie sehr das Wesen der naiven Denkweise verkannt wird. Das wenigstens sollte doch unmittelbar einleuchten, daß die Verstrickung, in die der Unreine geraten war, ganz verschieden aufgefaßt werden mußte, wenn sie von einer passiven Begegnung, und wenn sie von einem Gewaltakt herrührte – mögen auch die alten Zeugnisse, wie zu erwarten ist, darüber schweigen. Wie er im zweiten Falle der Eingreifende war, so mußte er selbst auf andere Weise ergriffen werden als im Falle eines bloßen Zusammentreffens. Freilich, in einem wichtigen Punkte weicht diese Urauffassung von unserer verständigen Denkweise grundsätzlich ab. Für die Konsequenz der Tat verschlägt es nichts, ob sie vorsätzlich oder ohne Absicht geschehen ist, ob sie einer Notwendigkeit entsprang oder der Willkür. So muß ja durchaus nach altem Glauben der Mensch für etwas leiden, das er nicht gewollt hat. Wer darf sagen, daß dies unwahr sei? Wer darf sich erlauben, es ungerecht zu nennen?

Man versteht leicht, wie sehr das Reinigungswesen mit seinen Regeln und Praktiken in Gefahr ist, dem Kleinlichen und Abergläubischen zu verfallen. Aber darum dürfte doch seine tiefe Bedeutung nicht verkannt werden. Es weist auf jene Sphäre hin, deren Repräsentanten dämonische Mächte von der Art der Erinyen sind. Wir haben ihr Reich kennengelernt, die uraltheiligen Bindungen, die unentrinnbaren Verantwortungen, über die sie wachen (S. 23 ff.). Der Düsterkeit und Schwere dieser alten Welt tritt nun der Olympische Götterkreis entgegen. Es gilt nicht, sie auszutilgen, sie, die immer bleibt, weil sie immer von dem schweren Atem der Erde genährt wird. Aber ihre Allmacht wird durch das neue göttliche Licht gebrochen. Man erinnere sich an die im II. Kapitel besprochene Orestie des Aischylos. Der Gott, der es dort wagt, den Muttermörder nicht bloß zu reinigen, sondern die Tat, die er selber geboten hat, gegen das furchtbare Rachegeschrei des vergossenen Blutes im Namen eines höheren Rechtes zu verteidigen, ist Apollon. Er nimmt sich der Reinigungen an, das heißt, daß er jene düstere Wirklichkeit anerkennt, aber die rechte Lösung aus ihrem Banne anzeigen kann. Das Leben soll von unheimlichen Hemmnissen befreit werden, von dämonischen Verstrickungen, über die auch das reinste Menschenwollen keine Macht hat. Darum berät Apollon die in Not Geratenen, was zu tun und was zu lassen, wo Versöhnung und Ehrenerweisung nötig sei. Er selbst hat sich ja einstmals, wie erzählt wird, vom Blute des Delphischen Drachens reinigen müssen.

Im Umkreise Homers wollte man von dämonischen Gefahren im Grunde nichts mehr wissen. Aber der Homerische Apollon offenbart eine höhere Art von Reinheit, dieselbe, die er aus Delphi neben den Sühnevorschriften so eindrucksvoll verkündet hat, und sie sollte uns warnen, das apollinische Reinigungswesen in einem allzu äußerlichen Sinne aufzufassen. Durch Klärung seines inneren Wesens soll der Mensch vor den Gefahren, die er vermeiden kann, bewahrt werden. Ja, noch mehr: der Gott stellt ein Ideal der äußeren und inneren Haltung auf, das, ganz abgesehen von den Folgen, als Reinheit im höheren Sinne gelten kann.

Nicht die übliche Grußformel ruft der Delphische Apollon denen, die sein Heiligtum betreten, zu, sondern: „Erkenne dich selbst!" (Vgl. Platon, Charmides 164D.) Diesen und andere Sprüche sollen die sieben Weisen als Tribut ihres Geistes nach Delphi gestiftet haben (vgl. Platon, Protagoras 343 B). Ihre berühmte Lebensweisheit, die in Sätzen, wie: „Das Maß steht am höchsten" (μέτρον ἄριστον), niedergelegt war, entspricht ganz der Geistesart des Delphischen Gottes, mit dem sie von der Überlieferung auch in Verbindung gebracht werden. Einer von ihnen, der große Solon, hat der königlichen Herrlichkeit des Kroisos gegenüber einen einfachen athenischen Bürger für den Glücklichsten erklärt, weil er ein unbeschwertes, mit Kindern und Enkeln gesegnetes Leben durch den Heldentod für das Vaterland siegreich enden durfte und öffentlicher Grabesehren gewürdigt wurde; dem König aber, der sich selbst für den Glücklichsten hielt, gab er die ernste Lehre, den höheren Mächten gegenüber nicht zuversichtlich zu sein und in allem Irdischen auf das Ende zu sehen (vgl. Herodot 1, 30 ff.). Von der gleichen Art waren die Entscheidungen des Delphischen Orakels (vgl. R. Herzog bei E. Horneffer, Der junge Platon I, 1922, S. 149), die nach Plinius „gleichsam zur Rüge der menschlichen Eitelkeit gegeben" worden sind (natur. hist. 7, 151). Dem großen König Gyges, der wissen wollte, wer der Glücklichste sei, wurde ein bescheidener Bauer in Arkadien genannt, der nie über die Grenzen seines Gütchens, das ihn nährte, hinausgekommen war (Valer. Max. 7, 1, 2 u. a.). Der Reiche, der den Gott mit den kostbarsten Opfern ehrte und zu erfahren wünschte, wer ihm am wohlgefälligsten sei, mußte sich auf einen armen Landmann hinweisen lassen, der aus seinem Sack eine Handvoll Körner auf den Altar gestreut hatte (Porphyr. de abstin. 1, 15 ff.). Das denkwürdigste Beispiel aber ist, daß der Gott auf die Frage nach dem weisesten Menschen den Sokrates genannt hat. Und Sokrates selbst hat diesen Spruch in dem Sinne gedeutet, daß er sein Leben dem Suchen nach Erkenntnis und der Prüfung seiner selbst und der Mitmenschen aufopfern müsse, und daß dies der Gottesdienst sei, dem er keiner irdischen Gewalt zuliebe untreu werden dürfe, selbst wenn sie mit dem Tode drohe; von der Furcht vor dem Tode könne er sich doch nicht beſtimmen lassen, da niemand wisse, ob das Sterben ein Glück oder ein Unglück sei; und das eben sei sein Vorzug vor andern, daß er hier, wo er nichts wisse, auch kein Wissen zu haben meine; das aber wisse er, daß Unrecht tun und dem Höheren ungehorsam sein, schlecht und gemein sei (vgl. Platon, Apol. 21 ff., 28 ff.).

5.

Der Gott, der so zur Erkenntnis führt, iſt auch der Stifter der Ordnungen, die dem Zusammenleben der Menschen die rechte Geſtaltung geben. Auf seine Autorität gründen Staaten ihre gesetzlichen Einrichtungen. Er weiſt den Koloniſten den Weg in eine neue Heimat. Er iſt der Patron der jungen Leute, die ins Mannesalter treten, der Vorſteher der männlichen Altersklassen, der Führer der vornehmen männlichen Leibesübungen. Bei seinen wichtigſten Feſten sind es vor allem die Knaben und Jünglinge, die anzutreten haben. Ihm weiht der Knabe, wenn er zum Manne reift, sein langes Haar. Er, der Herr der Gymnasien und Paläſtren, hat selbſt einſt den jungen Hyakinthos geliebt und beim Wettspiel unglücklicherweise mit dem Diskos getötet. An den berühmten lakedaimonischen Gymnopaidien traten die Feſtsänger, den Altersklassen entsprechend, in drei Chören auseinander, und die hohe Feier der Karneen war durch eine an Kriegszucht erinnernde Ordnung und Gliederung charakterisiert. So verſtehen wir es, wenn Pindar bei der Neugründung einer Stadt zu Apollon betet, er möge sie mit tüchtigen Männern bevölkern (Pyth. 1, 40). An all dies müssen wir aber auch beim Homerischen Apollon denken. Nach dem Dichter der Odyssee war es seine Huld, die aus Telemachos einen so mannhaften Jüngling werden ließ (19, 86 mit Scholien; vgl. H. Koch, Apollon und Apollines, 1930 S. 12 ff.); wie ja auch Hesiod von ihm sagt, daß er den Knaben zum Manne erziehe (Theog. 347).

Die Erkenntnis des Richtigen ist ein Teil des Wissens um das Sein und den Zusammenhang der Dinge. Apollon offenbart auch das Verborgene und Künftige. Nach der Odyssee hat schon Agamemnon, ehe er gegen Troja zog, in Delphi bei ihm angefragt (8, 79), und die Schätze seines dortigen Heiligtums sind der Ilias bekannt (9, 404). „Das Saitenspiel will ich lieben und den geschwungenen Bogen, und will den Menschen künden des Zeus untrüglichen Ratschluß!" — das waren, nach dem Homerischen Hymnus, die ersten Worte des neugeborenen Apollon. Ihm verdanken die großen Seher ihre Gabe. Von Kalchas wird das gleich zu Anfang der Ilias ausdrücklich gesagt (1, 72. 86). Besonders berühmt sind Frauen wie Kassandra und die Sibyllen geworden, über die der Geist des Gottes oft mit furchtbarer Gewalt hereingebrochen ist. Aber wir wollen nicht bei Einzelerscheinungen verweilen, so wenig wie bei den zahlreichen, zum Teil hochberühmten Orakelstätten, die neben der Delphischen bestanden. Auch soll hier nicht gefragt werden, welche Form der Prophetie dem Apollinischen Gottesdienste ursprünglich angehörte. Das geheime Wissen, durch welche Prozedur es auch vermittelt sein mag, ist immer verbunden mit einer besonderen Erhobenheit des Geistes. Und diese gemahnt uns an Poesie und Musik.

Sollte die *Musik* Apollons nicht im Zentrum seiner mannigfaltigen Vollkommenheiten stehen? Sollte sie nicht der Quell sein, aus dem sie hervorfließen?

Auch andere Götter haben Freude an der Musik, bei Apollon aber scheint die ganze Natur musikalisch zu sein.

In der Ilias schlägt er an der Göttertafel die Leier (1, 603 f.), und der Dichter weiß, daß er das ehemals auch beim Hochzeitsfest der Thetis und des Peleus getan hat (24, 63). Daß Apollon selbst singe — so hat ihn ja später die bildende Kunst dargestellt —, sagt Homer nirgends; bei ihm singen nur die Musen. Wohl aber inspiriert er den Sänger, und wenn sein Lied treffend ist, so muß er von den Musen oder von Apollon selbst belehrt worden sein (vgl. Odyss. 8, 488). „Von den Musen und dem Ferntreffer Apollon stammen alle Sänger und Leierspieler" sagt Hesiod (Theog. 94). Prachtvoll schildert der Hymnus auf den Pythischen Apollon, wie bei seinem Eintritt in den Olymp alle Götter vom Rausch der Musik ergriffen werden. „Die Musen singen vom ewigen Götterglück und von den Leiden der blinden hilflosen Menschen; Chariten und Horen, Harmonia, Hebe und Aphrodite tanzen im Reigen, alle hochgewachsen und schön, aber keine so groß und herrlich wie Artemis, die Schwester Apollons. Der wilde Kriegsgott selbst nimmt am Spiele teil. Und Phoibos Apollon schlägt den Göttern die Leier, schön und hoch einherschreitend, und ein Glanz umleuchtet ihn vom Schimmer der bewegten Füße und des köstlichen Gewands." Musizierend ist er einst auch in Delphi eingezogen (Hymn. Apoll. Pyth. 5). Bei seiner Ankunft „singen die Nachtigallen, Schwalben und Zikaden", wie es im Hymnus des Alkaios hieß. Kallimachos fühlt des Gottes Nähe: der Lorbeer erzittert, und in den Lüften singt der Schwan (Hymn. Apoll. 1ff.). Noch bei Claudian liest man begeistert, wie die Stimmen der Wälder und Grotten erwachen, wenn Apollon einzieht (De sext. consul. Honor. 32).

In Apollons Musik tönt der Geist aller lebendigen Gestaltung. Entzückt lauschen ihr die Freunde der geklärten und gestalteten Welt, die der erhabene Gedanke des Zeus regiert; aber allen maßlosen und ungeheuerlichen Wesen klingt sie fremd und widerwärtig. So singt Pindar von der Himmelsmacht der Apollinischen Musik (Pyth. 1, 1ff.): „Goldene Leier, du Stolz Apollons und der dunkellockigen Musen, dich hört das Schreiten der Füße, des Festleuchtens Aufgang. Dein Tönen merken die Sänger, wenn aufrauschend du das Lied erweckst, das den Reigen beginnt. Selbst des Blitzes ewigen Feuerstrahl löschest du aus. Und entschlummert ist auf dem Zepter des Zeus der Adler, gesenkten Flügels, der König der Vögel; Dunkelheit gossest du ihm übers gebogene Haupt, süßen Augenverschluß; so schlafend regt er den wogenden Rücken, überwältigt von deinem Sturm. Läßt doch der wilde Kriegsgott selbst seine Speere sinken und vergeht in der Wonne des Liedes. Auch Göttersöhne bezaubern die Pfeile, wenn Apollon spielt im Verein mit den Musen. Was aber dem Zeus fremd ist, flieht die Stimme des Musenchors..." Ebenmaß und Schönheit sind das Wesen und die Wirkung dieser Musik. Sie bändigt alles Wilde. Selbst die reißenden Tiere der Wildnis werden von ihr bezaubert (vgl. Eurip. Alkest. 579 ff.). Folgen doch sogar die Steine dem Saitenklang und fügen sich zu Mauern (vgl. Apollon. Rhod. 1, 740). Daher gedeihen die Herden, wenn Apollon sie hütet (vgl. Kallimach. Hymn. Apoll. 2; 47 ff.). Dem Admet hat er musizierend seine Herden geweidet (vgl. Eurip. Alkest. 569 ff.; Ilias 2, 766), nach troischer Sage bei Laomedon die Rinder gehütet (Ilias 21, 448). Auch das Dasein der Menschen wird von Apollons Musik gestaltet. Durch sie ist er ihr erster und vornehmster Erzieher, wie Platon mit wundervollem Tiefsinn dargetan hat (Gesetze 653): „Es jammerte die Götter des schwerbelasteten Menschengeschlechts. Darum richteten sie zur Erholung der Menschen die Götterfeste ein und gaben ihnen als Festgenossen die Musen, den Musenführer Apollon und Dionysos.... Alles, was jung ist, kann nicht ruhig und still bleiben; immer will es Bewegung und Äußerung; so vergnügen sich die einen mit Springen und Hüpfen, tanzen gleichsam und necken sich gegenseitig, die andern geben Töne aller Art von sich. Während nun aber die andern Lebewesen kein Verständnis besitzen für das Gleichmaß der Bewegungen, das heißt für Rhythmus und Harmonie, ist uns Menschen dieser Sinn und seine Lust von eben diesen Göttern geschenkt worden, die der Himmel uns als Festgenossen gegeben hat; sie sind es, die solchermaßen unsere Bewegungen leiten und unsere Reigen anführen, indem sie uns durch das Band der Tänze und Gesänge miteinander verknüpfen." Das Beste, so sagt Plutarch (Coriolan 1), was die Musen im Menschenleben wirken, ist, daß sie die menschliche Natur durch Sinn und Zucht veredeln und von aller Maßlosigkeit befreien. Dieser echt griechische Gedanke hat auch dem Horaz sein wahrhaft großartiges Gebet an die Musen (Carmina 3, 4) eingegeben.

6.

„Qui citharam nervis et nervis temperat arcum."
(Ovid. Metam. 10, 108.)

Und nun endlich kommen wir zu dem Attribut, das neben der Leier das berühmteste und bedeutendste ist und, obgleich es so oft mit ihr zusammen genannt wird, doch auf den ersten Blick gar keine Verwandtschaft mit ihr zu haben scheint: dem *Bogen*.

„Leier und Bogen will ich lieben!" ruft der neugeborene Gott im Homerischen Hymnus auf den Delischen Apollon aus (131), und am Anfang des Hymnus steht das gewaltige Bild, wie er mit gespanntem Bogen die Halle des Zeus betritt und die Götter erbebend von ihren Sitzen aufspringen. Zahlreiche Prädikate, bei Homer wie bei Späteren, charakterisieren ihn als den Pfeilgewaltigen. Im Eingang der Ilias schickt er seine verderblichen Pfeile ins Griechenlager und tötet Vieh und Menschen zu Haufen. Wer sich aufs Bogenschießen versteht, verdankt ihm seine Fertigkeit und betet vor dem Schusse zu ihm (vgl. Ilias 2, 827; 4, 101. 119; 15, 441; 23, 872; Odyss. 21, 267. 338). Sein Fest — übrigens das einzige reguläre Götterfest, das die Homerischen Gedichte ausdrücklich erwähnen — ist der Tag, an dem Odysseus heimkehrt, den Meisterschuß tut und die Freier erlegt, beides unter Apollons Beistand (vgl. Odyss. 21, 338; 22, 7). Der gewaltige Schütze Eurytos büßte es mit dem Leben, daß er ihn zum Bogenkampf herausgefordert hatte (Odyss. 8, 226). Mit dem Bogen hat er den Delphischen Drachen erlegt (Hymn. Apoll. Pyth.). Durch ihn sank Achilleus vor Troja in den Staub.

Aber das Merkwürdigste ist, daß seine Pfeile auch ein wunderbares Entschlummern bewirken. Sie fliegen ungesehen und bringen den sanften Tod, der den Menschen plötzlich überfällt und sein Aussehen frisch erhält wie das eines Schlafenden (vgl. Ilias 24, 757ff.). „Sanft" heißen daher die Geschosse des Gottes. Von einem glücklichen Eiland erzählt die Odyssee (15, 409ff.), daß es dort keine bösen Krankheiten gebe; wenn die Menschen alt werden, endigen Apollon und Artemis mit ihren sanften Pfeilen ihr Leben. Denn nur den Männern schickt Apollon diesen schönen Tod: die Frauen trifft der Pfeil der Artemis.

Aus Schilderungen wie der des zürnenden Apollon am Anfang der Ilias, der ein großes Sterben unter die Menschen bringt und zu seinem furchtbaren Werke „der Nacht gleich" vom Olympos herabsteigt (1, 47), glaubte man den Schluß ziehen zu dürfen, daß er ursprünglich ein Todesgott gewesen sein müsse. Aber wie hätte sich denn die Gestalt eines Apollon aus einem Todesgotte entfalten sollen? Die mythischen Bilder weisen in eine ganz andere Richtung. Ein Gott, vor dem auch die Gewaltigsten, wenn ihre Stunde gekommen ist, hinsinken, ist darum noch kein Todesgott. Und gewiß ist er das nicht, wenn er gefährliche Riesen und Ungeheuer, wie die Aloaden (vgl. Odyss. 11, 318) oder den Drachen in Delphi, vernichtet. Im Eingang der Ilias kommt er als Strafender, und sein finsterer Blick wird mit der Nacht verglichen, wie der Hektors, wenn er ins Griechenlager einbricht (Ilias 12, 463), oder der des Herakles, der noch im Hades seinen Bogen spannt (Odyss. 11, 606). Wenn er aber andere, denen er nicht als Rächer gegenübertritt, mit „sanften" Pfeilen trifft, so daß sie auf wundersame Weise plötzlich verlöschen und nur zu schlummern scheinen, so ist das gerade nicht die Art eines Todesgottes. Vielmehr gemahnt dies traurig-süße Geschehen, das aus geheimnisvoller Verborgenheit hereinwirkt und den Schimmer eines Fabellandes widerspiegelt, an den Gott der Ferne, der aus dem entrückten Lichtlande zu den Menschen kommt und immer wieder dorthin entschwindet. Und damit sind wir wieder bei unserem Ausgangspunkte angekommen.

Ist der Bogen nicht ein Symbol der Ferne? Im Verborgenen wird der Pfeil abgeschnellt und fliegt in die Weite nach seinem Ziel. Und die Leier? Ist es ein Zufall, daß Apollon sie ebenso liebt wie den Bogen, oder hat ihre Verbindung eine tiefere Bedeutung?

Die Verwandtschaft beider Instrumente ist oft empfunden worden. Sie beschränkt sich nicht auf die äußere Form, durch die Bogen und Leier für Heraklit zum Sinnbild für die Einheit des Auseinanderstrebenden geworden sind (vgl. Fragm. 51 D.). Beide sind mit Tierdärmen bespannt. Gerne gebraucht man für die schnellende Berührung der Bogensehne dasselbe Wort (φάλλω) wie für den Griff in die Saiten des Musikinstruments. Und beide tönen. „Der Bogen klang, laut tönte die Sehne" heißt es in der Ilias (4, 125), als Pandaros den Pfeil auf Menelaos abschoß. „Tieftönend" nennt Pindar (Isthm. 6, 34f.) die Sehne des Bogenschützen Herakles. Das lebhafteste Bild gibt eine berühmte Szene der Odyssee (21, 410f.). Als Odysseus nach den vergeblichen Versuchen der Freier den mächtigen Bogen bespannt hatte, „gleich wie ein Meister der Leier und des Gesangs die Saite über den Wirbel aufzieht", probierte seine Hand die Sehne, und „sie sang schön wie die Lerche singt". Vielleicht wird die Zukunft uns lehren, daß Bogen und Saiteninstrument tatsächlich denselben Ursprung haben. Der Völkerkunde ist der sogenannte Musikbogen wohlbekannt, und wir hören, daß in alten Zeiten auch der Schießbogen zur Hervorbringung musikalischer Töne verwendet worden ist. Das erzählt Firdusi von den alten Persern, wenn sie in die Schlacht zogen. Für unser Verständnis der Apollongestalt aber ist es von der größten Bedeutung, daß der Grieche selbst eine Wesensähnlichkeit empfindet zwischen dem, was der Bogen, und dem, was die Leier hervorbringt. Beide sieht er ein Geschoß nach dem Ziele abschnellen, hier den treffenden Pfeil, dort das treffende Lied. Dem Pindar ist der echte Sänger ein Schütze und sein Lied ein Pfeil, der nicht fehlt. Nach Pytho, dem

Ziel seines Sanges, läßt er den „süßen" Pfeil fliegen (Olymp. 9, 11) — und sogleich erinnern wir uns an den andern Pfeil, der den Tod bringt und den Homer den „bitteren" nennt. „Nun auf, mein Herz", singt der olympische Festdichter, „richte den Bogen aufs Ziel! Wen wollen wir treffen mit Ruhmespfeilen aus freundlichem Sinne?" (Olymp. 2, 98.) Er sieht die Musen den „Bogen" des Gesanges spannen und rühmt ihn mit demselben Wort, das seit alters Apollons Ehrenbezeichnung ist, als den „ferntreffenden" (Olymp. 9, 5).

Man weiß, wie nahe es dem Griechen liegt, die Erkenntnis des Richtigen unter dem Bilde des guten Bogenschusses vorzustellen. Dieser Vergleich leuchtet uns unmittelbar ein. Aber es ist uns fremd, Musik und Gesang mit der Kunst des Treffens gleichzustellen; denn in diesem Falle denken wir nicht an Richtigkeit und Erkenntnis. Also ist das der Punkt, wo sich uns das Wesen der Apollinischen Musik erschließen muß.

Das Lied des wachsten aller Götter steigt nicht traumhaft aus berauschter Seele, sondern fliegt geradeaus auf sein klar geschautes Ziel, die Wahrheit, und daß es trifft, ist das Zeichen seiner Göttlichkeit. Aus Apollons Musik tönt eine göttliche Erkenntnis. In allem schaut und trifft sie die Gestalt. Das Chaotische muß sich formen, das Ungestüme im Ebenmaße des Taktes einhergehen, das Widerstrebende sich vermählen in der Harmonie. So ist diese Musik die große Erzieherin, der Ursprung und das Symbol aller Ordnung in der Welt und im Menschenleben. Apollon der Musiker ist derselbe wie der Stifter der Ordnungen, derselbe wie der Kenner des Richtigen, des Notwendigen und des Künftigen. In dieser Treffsicherheit des Gottes hat noch Hölderlin den Bogenschützen erkennen können, als er in „Brot und Wein" über das verschwundene Delphische Orakel trauernd ausrief:

„Wo, wo leuchten sie denn, die fernhintreffenden Sprüche?
Delphi schlummert und wo tönt das große Geschick?"

7.

Was kann denn nun die Ferne, an die wir von Anfang an gemahnt wurden und für die der Bogen ein so ausdrucksvolles Symbol ist, im höheren Sinn bedeutet haben?

Apollon ist der griechischste aller Götter. Wenn der griechische Geist in der Olympischen Religion seine erste Ausprägung gefunden hat, so ist es Apollon, dessen Gestalt ihn am deutlichsten offenbart. Wiewohl der dionysische Enthusiasmus einmal eine bedeutende Macht gewesen ist, so kann doch kein Zweifel sein, daß es die Bestimmung des Griechentums war, diese und alle Maßlosigkeit zu überwinden, und daß seine großen Repräsentanten sich mit ganzer Entschiedenheit zum apollinischen Geist und Wesen bekannt haben. Dionysisches Wesen will den Rausch, also die Nähe; apollinisches dagegen will Klarheit und Gestalt, also *Distanz*. Dieses Wort drückt unmittelbar nur etwas Negatives aus, dahinter aber steht das Positivste: die Haltung des Erkennenden.

Apollon lehnt das allzu Nahe ab, die Befangenheit in den Dingen, den verschwimmenden Blick, und ebenso das seelische Ineinsfließen, die mystische Trunkenheit und ihren ekstatischen Traum. Er will nicht Seele, sondern Geist. Das bedeutet: Freiheit von der Nähe mit ihrer Schwere, Dumpfheit und Gebundenheit, vornehmen Abstand, ausgeweiteten Blick.

Mit dem Ideal der Distanz tritt Apollon nicht bloß zum dionysischen Überschwang in Gegensatz. Für uns ist es noch bedeutsamer, daß er damit den schärfsten Widerspruch gegen das, was später im Christentum zu höchsten Ehren gelangen sollte, erhebt.

Wie er selbst seine Persönlichkeit nicht betont und mit seinen Delphischen Sprüchen niemals für sich selbst Lobpreis und Ehrung vor allen andern beansprucht hat, so will er auch von dem ewigen Wert des menschlichen Individuums und der Einzelseele nichts wissen. Der Sinn seiner Offenbarung ist, daß sie den Menschen nicht auf die Würde seines Eigenwesens und die Tiefinnerlichkeit seiner individuellen Seele, sondern auf das, was über der Person ist, auf das Unwandelbare, auf die ewigen Formen hinweist. Was wir gewohnt sind, Wirklichkeit zu nennen, das konkrete Dasein mit seiner Selbstempfindung, vergeht wie ein Rauch; das Ich mit seinem Eigengefühl, sei's Lust oder Schmerz, Stolz oder Demut, versinkt gleich einer Welle. Aber ewig bleibt und „göttlich unter Göttern die Gestalt". Das Sonderliche und Einmalige, das Ich mit seinem Hier und Jetzt ist nur der Stoff, an dem die unvergänglichen Formen erscheinen. Wenn der Christ sich demütigt und gewiß ist, eben damit der Gottesliebe und Gottesnähe würdig zu werden, so verlangt Apollon eine andere Demut. Zwischen dem Ewigen und den irdischen Erscheinungen, zu denen auch der Mensch als Individuum gehört, ist eine Kluft. Das Einzelwesen reicht nicht hinüber in das Reich der Unendlichkeit. Was Pindar im Geiste Apollons seinen Hörern einschärft, ist nicht die mystische Lehre von einem seligen oder unseligen Jenseits, sondern das, was Götter und Menschen voneinander unterscheidet. Wohl haben beide dieselbe Urmutter, aber flüchtig und nichtig ist der Mensch, und nur die Himmlischen dauern ewig (Pind. Nem. 6, 1 ff.). Wie ein Schatten gleitet das Menschenleben dahin, und wenn es glänzt, ist's ein Strahl von oben, der es vergoldet (Pindar Pyth. 8, 95 ff.). Darum soll der Mensch sich nicht vermessen, den ewigen Göttern ebenbürtig zu sein, sondern seine Grenze erkennen und bedenken, daß die Erde sein Kleid sein wird (Pindar Isthm. 5, 14 ff.; Nem. 11, 15 f.). Der Kranz des Lebens, den auch der Sterbliche gewinnen kann, ist das Gedächtnis seiner Tugenden. Nicht seine Person, sondern, was mehr ist, der Geist seiner Vollkommenheiten und Schöpfungen überwindet den Tod und schwebt im Gesange ewig jung von Geschlecht zu Geschlecht. Denn nur die Gestalt gehört dem Reich der Unvergänglichkeit an.

In Apollon grüßt uns der Geist der schauenden Erkenntnis, der dem Dasein und der Welt mit einer Freiheit ohnegleichen gegenübersteht — der echt griechische Geist, dem es beschieden war, nicht bloß so viele Künste, sondern schließlich auch die Wissenschaft hervorzubringen. Er vermochte es, Welt und Dasein mit einem von Begier und Erlösungssehnsucht gleich freien Blick als Gestalt anzuschauen. In der Gestalt ist das Elementare, Augenblickliche und Individuelle der Welt aufgehoben, ihr Sein aber anerkannt und bestätigt. Sie zu treffen, erfordert eine Distanz, zu der alle Weltverneinung nicht fähig gewesen ist.

8.

Das Bild des ‚Ferntreffers' Apollon ist die Offenbarung einer einzigen Idee. Ihr Inhalt gehört nicht der Sphäre einfacher Lebensbedürfnisse an, und die so beliebten Vergleiche mit primitiven Glaubensformen sind in diesem Falle ganz nutzlos. Es ist eine geistige Macht, die hier ihre Stimme erhebt. Und sie ist bedeutend genug, um einem ganzen Menschentum Form zu geben. Sie kündet die Gegenwart des Göttlichen nicht in den Wundertaten einer übernatürlichen Kraft, nicht in der Strenge einer absoluten Gerechtigkeit, nicht in der Fürsorge einer unendlichen Liebe, sondern in dem sieghaften Glanz der Klarheit, im sinnvollen Walten der Ordnung und des Ebenmaßes. Klarheit und Gestalt sind das Objektive, dem auf seiten des Subjektes Distanz und Freiheit entsprechen. Und in dieser Haltung tritt Apollon vor die Menschenwelt. In ihr prägt sich seine helle, unbeschwerte, lichthaft durchdringende Göttlichkeit aus.

Wir verstehen es gut, daß er, dessen sublimes Sein weder in einem Element noch in einem Naturvorgang begründet war, schon verhältnismäßig frühzeitig mit der Sonne in Verbindung gebracht werden konnte. Schon in einer verlorenen Tragödie des Aischylos, in den Bassarai, hieß es, daß Orpheus den Helios als größten aller Götter verehrt und ihm den Namen Apollon gegeben habe. Und derselbe Dichter hat im Prometheus (22) die Strahlen der Sonne mit dem Worte (φοῖβος) charakterisiert, das wir als Beinamen des Apollon kennen, und zwar als seinen berühmtesten, Phoibos. Nun stellte sich auch das gewaltige Bild ein, daß Apollon mit den Klängen seiner Leier das Weltall in harmonischer Bewegung erhält (vgl. Orph. Hymn. 34, 16ff.), und das Plektron, mit dem er sie schlägt, ist das Licht der Sonne (vgl. Skythin. fragm. 14; und dazu Neustadt, Hermes 1931, S. 389).

Artemis

Es läßt sich nicht verkennen, daß das Wesen Apollons spezifisch männlicher Art ist. Geistige Freiheit und Distanz sind Vollkommenheiten des Mannes. Aber männlich ist es auch, sich selbst zu bezweifeln. Wer sich dem Zwange der Natur entwindet, hat auch ihren mütterlichen Schutz verloren, und nur der starke Geist seines Gottes kann ihm helfen, daß er feststehe und im Lichte bleibe.

Da tritt uns Artemis entgegen mit einer Freiheit anderer Art, nämlich der weiblichen. Der Spiegel dieser göttlichen Weiblichkeit ist die *Natur* — nicht die große heilige Mutter, die alles Leben gebiert, ernährt und am Ende wieder in ihren Schoß zurücknimmt, sondern die ganz andere, die auch wir die jungfräuliche nennen können, die freie Natur, mit ihrem Glanz und ihrer Wildheit, mit ihrer schuldlosen Reinheit und ihrer seltsamen Unheimlichkeit; sie, die wohl mütterlich ist und zärtlich sorggend, aber nach Art einer echten Jungfrau und, wie diese, zugleich spröde, hart und grausam.

1.

Die einsame Natur hat für den Menschen unserer Zivilisation etwas unendlich Rührendes und Beglückendes. Er, der Verstandeskünstler, der abgehetzte Diener der Zweckmäßigkeit, findet hier Frieden und gesunde Luft und verspürt nichts mehr von der Scheu, mit der frömmere Geschlechter die stillen Täler und Höhen betreten haben. Ein leises Gefühl von Fremdartigkeit, ein Anflug von Unheimlichkeit stören ihm nicht ernstlich den Genuß. Er ist ja doch im sicheren Besitz seines Wissens und seiner technischen Kunst und kann auch die wildeste Gegend in kurzem vertraut, behaglich und nutzbar machen. Aber der stolze Sieger mag vordringen, so weit er will, das Geheimnis wird nicht offenbar, das Rätsel löst sich nicht auf, es flieht nur, ohne daß er es bemerkt, vor ihm weg und ist überall, wo er nicht ist, wieder da: die weihevolle Einheit der unberührten Natur, die er nur zerreißen und zerstören kann, aber niemals begreifen und aufbauen.

Da ist ein Gewimmel der Elemente, Tiere und Pflanzen, ein zahlloses Leben, das sprießt, blüht, duftet, quillt, hüpft, springt, flattert, schwebt und singt; eine Unendlichkeit von Sympathie und Entzweiung, Paarung und Kampf, Ruhe und fiebernder Bewegung — und doch alles verwandt, verwoben und getragen durch einen einzigen Lebensgeist, dessen höhere Gegenwart der stille Besucher mit dem Schauer des Unbeschreiblichen empfindet. Hier fand die Menschheit, deren Religion wir ahnen, das Göttliche. Ihr war nicht die furchtbare Majestät des sündlosen Gewissensrichters, sondern die Reinheit des unberührten Elements das Heiligste. Und sie fühlte, daß der Mensch, dieses fragwürdige Wesen, das sich selbst bespiegelt, bezweifelt und verurteilt, das durch so viel Not und Streben den Frieden längst verloren hat, nur mit Scheu in den keuschen Bezirk eindringen dürfe, wo das Göttliche webt und waltet. Es schien zu atmen in dem umhüllenden Glanz der Bergwiese, in Flüssen und Seen und in der lächelnden Klarheit, die darüber schwebt. Und in hellsichtigen Augenblicken stand plötzlich die Gestalt da, ein Gott oder eine Göttin, bald menschenähnlich, bald dem Ungeheuren näher, als Tier. Die Natureinsamkeiten haben verschiedengestaltige Genien, vom schauerlich wilden bis zum scheuen Geist süßer Mädchenhaftigkeit. Aber das Höchste ist es, dem Sublimen zu begegnen. Es wohnt im klaren Äther der Berggipfel, im Goldschimmer der Gebirgsmatten, im Blitzen und Flimmern der Eiskristalle und Schneeflächen, im schweigenden Erstaunen der Felder und Wälder, wenn das Mondlicht sie überglänzt und glitzernd von den Baumblättern tropft. Da ist alles durchsichtig und leicht. Die Erde selbst hat ihre Schwere verloren, und das Blut weiß nichts mehr von seinen dunklen Leidenschaften. Über den Boden hin schwebt es wie ein Tanzen weißer Füße. Oder ein Jagen fliegt durch die Lüfte. Das ist der göttliche Geist der sublimen Natur, die hohe schimmernde Herrin, die Reine, die zum Entzücken hinreißt und doch nicht lieben kann, die Tänzerin und Jägerin, die das Bärenjunge auf den Schoß nimmt und mit den Hirschen um die Wette läuft, todbringend, wenn sie den goldenen Bogen spannt, fremdartig und unnahbar, wie die wilde Natur, und doch, wie sie, ganz Zauber und frische Regung und blitzende Schönheit. *Das ist Artemis!*

Wie mannigfaltig ihre Erscheinungsformen auch sein mögen, in dieser Idee haben sie ihre Einheit und widersprechen sich nicht mehr.

2.

Ihre Beziehungen zum ungriechischen Kleinasien, wo ihr Name herzustammen scheint (vgl. v. Wilamowitz, Hellenist. Dichtung II, 50), sind nicht klar. Aber das ist gewiß, daß sie seit sehr alter Zeit auf griechischem Boden heimisch war und daß ihre Gestalt, wie wir sie zuerst bei Homer kennenlernen, ganz und echt griechisch ist.

Auch ihr ist es eigentümlich, in die Ferne zu entschwinden. Die Argiver feierten regelmäßig ihr Fortgehen und ihr Wiederkommen. Gleich dem Apollon wird auch sie mit den Hyperboreern in Verbindung gebracht (vgl. Pindar Olymp. 3, und die Delischen Überlieferungen); der Mythos nennt noch andere ferne und fabelhafte Gegenden, namentlich Ortygie, das als ihr Geburtsort bezeichnet wird (Hymn. Apoll. Del. 16) und verschiedenen Orten, vorzüglich einem bei Ephesos, den Namen gegeben hat (vgl. O. Kern, Die Religion der Griechen 1926, I, 103). Ortygie heißt nach der Wachtel, dem der Artemis zugehörigen Vogel, dessen Schwärme jedes Frühjahr zu den griechischen Küsten und Inseln zurückkehren. Der Zugvogel ist ein Sinnbild der Göttin der Ferne.

Ihr Reich ist die ewigferne Wildnis. Und zu ihrer Entrücktheit gehört auch, daß sie Jungfrau ist. Dem widerspricht es nicht, daß sie mütterlich sein kann; denn die sorgende Mütterlichkeit verträgt sich sehr wohl mit der Sprödigkeit des Mädchenwesens. Im echten Mythos ist Artemis nur als Jungfrau denkbar. Mögen auch göttliche Mädchen, die ihre Gespielinnen sind und ihr nahestehen, der Liebe verfallen sein; sie selbst ist sublimer als sie alle. Bei Euripides spricht sie selbst ihren unversöhnlichen Haß gegen die Liebesgöttin aus (Hippol. 1301), und der Homerische Hymnus auf Aphrodite bekennt, daß die Macht dieser Gottheit bei Artemis versage (4, 17). Den Kecken, der ihr nahen will, trifft ihr Pfeil sicher. „Jungfrau", „Mädchen" heißt sie seit Homer allgemein. Bei Homer erhält sie die ehrende Bezeichnung ἁγνή (vgl. Odyss. 5, 123; 18, 202; 20, 71), ein Wort, in dem die Bedeutungen des Heiligen und des Reinen zusammenfließen und das vorzüglich Anwendung findet auf die unberührten Elemente der Natur. Außer Artemis wird bei Homer nur noch Persephoneia, die erhabene Königin der Toten, mit diesem Titel ausgezeichnet.

Überall in der freien, wilden Natur, auf Bergen, Auen und in Wäldern sind ihre Tummelplätze, wo sie mit ihren reizenden Gefährtinnen, den Nymphen, tanzt und jagt. „Am Bogen hat sie Lust", sagt der Homerische Aphroditehymnus von ihr (18), „und am Saitenspiel, an Reigentänzen und weithinschallendem Aufschrei." Unvergeßlich ist das Homerische Bild, „wie Artemis die Pfeilschützin über Berge schreitet, des Taygetos langen

Rücken oder des Erymanthos, wo wilde Eber ihre Lust sind und schnelle Hirsche; mit ihr tummeln sich Nymphen, Zeus' Töchter, Mädchen der Feldflur, zum Entzücken des Mutterherzens der Leto; unter allen ragt sie hoch empor mit Haupt und Stirne, unverkennbar, wiewohl alle in Schönheit strahlen" (Odyss. 6, 102 ff.). Von den Bergeshöhen hat sie mehrere Beinamen, „die Herrin der rauhen Gebirge", wie Aischylos sie nennt (Fragm. 342; vgl. auch Aristoph., Thesmoph. 114ff.). Auch die klaren Wasser liebt sie; warme Quellen sprudeln durch ihren Segen Heilkraft. Ihr Glanz webt auf unbetretenen Blumenwiesen; da pflückt ihr der Fromme einen Kranz, „auf der unversehrten Au, wo der Hirte sich scheut, die Herde zu weiden, wo nie des Eisens Schärfe hingekommen, und nur die Biene im Frühling schwärmend ihren Durchzug hält; die Keuschheit waltet hier..." (vgl. oben S. 80. Auf einer rotfigurigen Vase wird sie selbst als Aidos bezeichnet, vgl. Kretschmer, Griechische Vaseninschr. 197). Im Schimmer der Fluren tanzt sie mit ihren Mädchen den Reigen (vgl. Ilias 16, 182; Homer. Hymn. 4, 118; Kallimach. Hymn. 3). Zu ihren Ehren werden in vielen Kulten Tänze aufgeführt. Aus dem Reigen, der in ihrem spartanischen Heiligtum tanzte, soll Theseus einst die Helena geraubt haben (Plutarch. Thes. 31). Ohnegleichen ist die Schönheit ihres hohen Wuchses (Homer. Hymn. Apoll. Pyth. 20). An Artemis muß Odysseus bei der großen und vornehmen Erscheinung der Phaiakischen Königstochter unwillkürlich denken (Odyss. 6, 151). Den Mädchen, denen sie wohl will, schenkt sie hohe Gestalt (Odyss. 20, 71). Man nennt sie „die Schöne", „die Schönste" und ehrt sie mit diesem Anruf (vgl. Pamphos bei Pausan. 8, 35, 8; Sappho bei Pausan. 1, 29, 2; Aisch. Agam. 140; Eurip. Hippol. 66ff.).

Wie ihr Tanz und ihre Schönheit dem Zauber und Glanz der freien Natur angehören, so ist sie auch mit allem, was in ihr lebt, mit Tieren und Bäumen, auf das innigste verbunden. Sie ist die „Herrin der wilden Tiere" (Ilias 21, 470; Anakreon 1), und es ist ganz im Geiste der Natur, daß sie wie eine Mutter für sie sorgt und doch als fröhliche Läuferin und Bogenschützin Jagd auf sie macht. Die Françoisvase, die in Athen etwa ein halbes Jahrhundert vor der Geburt des Aischylos und des Pindar entstand, zeigt sie einmal mit jeder Hand einen Löwen am Kragen emporhaltend, als wären es Katzen, das andere Mal faßt sie mit der einen Hand einen Panther, mit der andern einen Hirsch an der Gurgel. Kein Dichter spricht so ergreifend von ihrer Sorge um die wilden Tiere wie Aischylos im Agamemnon 133 ff.: Adler haben eine trächtige Häsin getötet und ausgeweidet, und es jammert die heilige Artemis des unglücklichen Tieres, „sie, deren liebreiche Huld den hilflosen Sprossen reißender Löwen und aller Feldtiere säugenden Jungen nahe ist." Am Löwen muß sie ehemals besondere Freude gehabt haben. Auf dem korinthischen Kypseloskasten, der mit der Françoisvase ungefähr gleichalterig ist, war Artemis, wie dort, nach orientalischer Weise geflügelt dargestellt, und ihre rechte Hand hielt einen Panther, ihre linke einen Löwen (Pausan. 5, 19, 5). Vor ihrem Tempel in Theben stand ein Löwe aus Stein (Pausan. 9, 17, 2). Und noch in der syrakusischen Festprozession, von der Theokrit spricht (2, 67), bewunderte man vor allem eine Löwin. Nächst dem Löwen war der Bär ihr Liebling. Die arkadische Kallisto, ihre Gefährtin und ihr Ebenbild, sollte die Gestalt einer Bärin bekommen haben; und im attischen Kult hatte dies Tier eine große Bedeutung. Der Hirsch ist ihr ständiges Attribut in der bildenden Kunst. „Hirschjägerin" heißt sie schon im Homerischen Hymnus (27, 2), und noch eine Reihe anderer Beinamen hat sie vom Hirsch bekommen. Ihre Hirschkuh spielt in der Herakles- und Iphigeneiasage eine Rolle. Taygete, ihre Genossin, die von dem arkadischen Berge, auf dem Artemis so gerne jagt, den Namen hat, ist in eine Hirschkuh verwandelt worden; und in der Sage von den Aloaden nimmt sie selbst diese Gestalt an. In der Nähe von Kolophon war ein der Artemis heiliges Inselchen, wohin, wie man glaubte, trächtige Hirschkühe hinüberschwammen, um zu gebären (Strabon 14, 643). Ihr Bild im Despoinatempel des arkadischen Akakesion war mit einem Hirschfell bekleidet (Pausan. 8, 37, 4). Noch viele andere Tiere, namentlich Eber, Wolf, Stier und Roß — bei Homer lenkt sie es „mit goldenem Zügel" (Ilias 6, 205) —, werden gerne in ihrer Umgebung genannt. In ihrem heiligen Haine am Timavos im Eneterlande waren, wie man glaubte, die wilden Tiere zahm, Hirsche und Wölfe lebten friedlich beisammen und ließen sich von den Menschen streicheln; kein Jagdtier, das sich dorthin geflüchtet, wurde weiter verfolgt (Strabon 5, 215). Zu Patrai in Achaia fand am Vortag ihres Festes (vgl. Pausan. 7, 18, 11) ein glänzender Festzug statt, den die jungfräuliche Artemispriesterin auf einem von Hirschen gezogenen Wagen beschloß; am folgenden Tage warf man auf den zu einem Scheiterhaufen umgewandelten Altar lebende Wildschweine, Hirsche, Rehe, junge Wölfe und Bären und sogar ausgewachsene Tiere dieser Gattung; wenn ein wildes Tier den Flammen zu entkommen suchte, trieb man es wieder zurück, und es soll nie vorgekommen sein, daß jemand dabei verletzt wurde. Ihr Kultbild stellte sie als Jägerin dar.

Die Jägerin Artemis, deren Gestalt die bildende Kunst festgehalten hat, charakterisieren viele und zum Teil sehr alte Beinamen. „Bogenträgerin" heißt sie bei Homer (Ilias 21, 483); viel häufiger „Pfeilschützin" (Ilias 5, 53 und oft, ἰοχέαιρα). Mehrmals wird sie „die Lärmende" (κελαδεινή) genannt (Ilias 16, 183; 20, 70 u. a.), was man von dem Lärm ihrer Jagd verstehen wollte. „Den Bogen zu spannen ist ihre Lust und auf Bergen das Wild zu erlegen" (Homer. Hymn. Aphrod. 18). Wie Apollon heißt sie die „Ferntreffende" (Homer. Hymn. 9, 6). Ihrer Eingebung und ihrem Beistande verdankt der Jäger seine Geschicklichkeit. So sagt Homer von Skamandrios, daß „Artemis selbst ihn gelehrt, zu treffen alles Wild, das der Wald auf den Bergen ernährt" (Ilias 5, 51). Und der glückliche Jäger heftet die Köpfe der erbeuteten Tiere als Weihegabe für sie an Bäume (vgl. Diodor. 4, 22).

Das seltsam Wilde ihres Wesens und seine unheimliche Faszination offenbart sich ganz besonders in der Nacht, wenn geheimnisvolle Lichter aufblitzen und schwärmen, oder der Mondschein Wiesen und Wälder verzaubert. Dann ist Artemis auf der Jagd und schwingt „den Feuerglanz, mit dem sie Lykiens Berge durchstürmt" (Soph., Oed. Col. 206). Sie heißt geradezu die „nachtschwärmende Göttin" (Antonin. Liberal. 15). „Artemis, die Hirschjägerin, mit Fackeln in beiden Händen", sagt Sophokles von ihr (Trachin. 214). In Aulis standen zwei Steinbilder von ihr, das eine mit Fackeln, das andere mit Pfeil und Bogen (Pausan. 9, 19, 6). Im Despoinatempel des arkadischen Akakesion war ihr Bild mit einem Hirschfell bekleidet, auf dem Rücken hing der Köcher, und eine Hand trug die Fackel; daneben lag ein Jagdhund (Pausan. 8, 37, 4). Auf Vasen des fünften Jahrhunderts ist ihre Darstellung mit Fackeln in beiden Händen ganz gewöhnlich. Daher die häufige Bezeichnung „Lichtträgerin" (φωσφόρος). Aus derselben Sphäre stammt ihre frühzeitige Beziehung auf das nächtliche Gestirn, in dem sich der Liebreiz, die Romantik und die Fremdheit ihres Wesens widerspiegeln. Wenn Aischylos (Fragm. 170) von dem „Blick ihres Gestirnauges" spricht, so meint er das Licht des Mondes, als dessen Göttin sie in späterer Zeit so oft erscheint. Man versteht, daß sie Führerin auf fernen Wegen sein kann, wo sie mit ihrer Geisterschar schweifend gedacht wird. Und so kommt sie dem Hermes nahe. Mehrere Beinamen bezeichnen sie als „die Wegweisende". In Gründungssagen zeigt sie den Ansiedlern den Weg zu der Stelle, wo sie die neue Stadt bauen sollen. Den Gründern des lakonischen Boiai lief ein Hase voraus, der in einem Myrtenbaum verschwand; der Baum wurde heilig gehalten und Artemis als „Retterin" verehrt (Pausan. 3, 22, 12). Die Göttin der Weite und Ferne ist die gute Geleiterin der Ausziehenden.

3.

Auch ins menschliche Leben tritt die Königin der Wildnis herein und bringt ihre Seltsamkeiten und Schrecknisse mit, aber auch ihre Güte.

Wir hören mehrfach von Menschenopfern in ihrem Kulte (vgl. z. B. Pausan. 7, 19, 4). Ihr sollte Iphigeneia, als die schönste Geburt des Jahres (vgl. Euripid. Iph. Taur. 21), geopfert werden. In Melite, der westlichen Vorstadt Athens, befand sich der Tempel der Artemis Aristobule an der Stelle, wo man bis in späte Zeiten noch die Leichen der Hingerichteten hinwarf und sich der Schlingen, die Selbstmördern gedient hatten, entledigte (Plutarch. Themist. 22). Auch in Rhodos wurde Aristobule außerhalb der Tore verehrt, und am Kronienfeste schlachtete man ihr einen abgeurteilten Verbrecher im Angesichte ihres Standbildes (Porphyr. de abstin. 2, 54; vgl. Usener, Götternamen 51). Von Wahnsinn erzählte man, den sie erregt und, als sanfte Göttin, geheilt habe. Die furchtbare Jägerin, aus deren Namen die Griechen ohne Zweifel das Wort „Schlächterin" herausgehört haben, offenbarte sich auch in Schlachten. Der Artemis Agrotera opferten die Spartaner im Felde. In Athen wurde ihr das regelmäßige große Staatsopfer für den Sieg bei Marathon dargebracht; ihr Tempel lag in der Vorstadt Agrai beim Ilissos, wo sie zum erstenmal gejagt haben sollte (Pausan. 1, 19, 6). So wurde sie denn als Kriegerin dargestellt (vgl. Pausan. 4, 13, 1 u. a.), wie auch die Amazonen ihr zuweilen nahestehen. Als Eukleia hatte sie am Markte Athens sowie lokrischer und boiotischer Städte ein Heiligtum.

Aber die Unheimliche überfällt auch die Behausungen der Menschen. Ihre Geschosse heißen „sanft", denn sie lassen, wie die Apollons, den Getroffenen ohne Krankheit plötzlich entschlafen. (Odyss. 5, 124; 11, 172 ff., 199; 15, 411; 18, 202). So wünscht sich wohl eine Unglückliche diesen augenblicklichen, lieblichen Tod von der Göttin (vgl. Odyss. 18, 202; 20, 61 ff.). Denn es sind die Frauen, die sie hinwegrafft, wie ihr Bruder die Männer (vgl. außer den schon angeführten Stellen noch Ilias 6, 428; 19, 59; Odyss. 11, 324; 15, 478). Und doch bedeutet ihr Kommen eine arge Heimsuchung für das weibliche Geschlecht, denn die Bitterkeit und Gefahr ihrer schweren Stunden kommt von ihr, die, wie so manche Geisterwesen bei anderen Völkern, aus der Wildnis geheimnisvoll ins Frauengemach hereinwirkt. „Zeus hat sie zur Löwin für die Weiber gemacht und ihr gegeben, zu töten, welche sie will" (Ilias 21, 483). Sie verursacht das Kindbettfieber, durch das die Frauen so schnell verlöschen. Aber sie kann der Kreißenden auch Hilfe bringen, und darum ruft sie in ihrer Not nach ihr. „Helferin in den Wehen, die selbst keine Wehen erleidet", so redet der orphische Hymnus 36, 4 sie an. Und im Hymnus des Kallimachos sagt sie selbst von sich (3, 20ff.): „Berge will ich bewohnen, ins Stadtvolk aber mische ich mich nur, wenn Weiber, vom scharfen Schmerz der Wehen gequält, mich zu Hilfe rufen." Als Artemis Eileithyia wird sie geradezu der Göttin der Wehen gleichgesetzt, die ja nach Homerischer Anschauung (Ilias 11, 269; vgl. Theokr. 27, 28) ebenfalls eine Schützin ist und durch ihren Schuß den Geburtsschmerz der Frauen verursacht. „In Geburtsnöten rief ich den Segen der himmlischen Artemis an, die Gewalt hat über die gefährlichen Pfeile" singt der Frauenchor in Euripides' Hippolytos 166. In einem Epigramm des hellenistischen Dichters Phaidimos (Anthol. Pal. 6, 271) wird ihr für glückliche Entbindung gedankt: „daß ohne Bogen, Herrin, zur Wöchnerin du gekommen und sanftmütig über sie deine Hände gehalten". „Artemis, die ferntreffende, möge segnend auf der Weiber Kindbett schauen!" so wünscht der Chor in Aischylos' Hiketiden 676. Zürnt sie den Menschen, dann „sterben entweder, von ihrem Pfeile getroffen, die Weiber im Kindbett, oder, wenn sie davonkommen, gebären sie lebensunfähige Kinder" (Kallimach. Hymn. 3, 127).

Als Göttin der Entbindung trägt sie Beinamen wie Lecho, Locheia. Der zu ihr gehörigen Iphigeneia, deren Grab sich im Artemisheiligtum in Brauron befand, wurden die Gewänder der im Kindbett gestorbenen Frauen geweiht (vgl. Eurip. Iphig. Taur. 1462 ff.). Durch diese große Bedeutung, die sie für das Frauenleben hat, ist sie „die Herrin der Frauen" (Anthol. Palat. 6, 269), „die gewaltige Macht über die Weiber hat" (Skolion 4). Die athenischen Frauen schwören bei der „Herrin Artemis" (Sophokl. El. 626; vgl. Aristoph. Lysistr. 435, 922; Ekkles. 84). Junge Mädchen weiht man im attischen Brauron ihrem Dienste, die Frauen feiern ihr Fest, und in mehreren Kulten finden ihr zu Ehren Mädchentänze statt.

Und endlich erstreckt sich ihre Macht auch über den Bereich des Lebens, dem die heiligste Sorge des Weibes gilt. Sie, in deren Händen das Schicksal der Gebärenden liegt, soll auch dem Neugeborenen und dem Heranwachsenden ihre Huld zuwenden. Sorgt sie doch auch für die jungen Tiere der Wildnis. Das vorhin angeführte Epigramm des Phaidimos (Anthol. Palat. 6, 271) beschließt den Dank für gnädige Entbindung mit der Bitte, die Göttin möge dem Knäblein ein fröhliches Wachstum gewähren. Sie lehrt die kleinen Kinder pflegen und aufziehen und wird daher Kurotrophos („Kindernährerin") genannt (vgl. Diodor. 5, 73). Wir kennen auch noch andere Namen ähnlicher Bedeutung. Bei Homer sorgt sie, mit anderen Gottheiten zusammen, für die verwaisten Töchter des Pandareos und schenkt ihnen den hohen Wuchs, ohne den ein Mädchen nicht wahrhaft schön sein kann (Odyss. 20, 71). In Lakonien feierte man ihr das „Ammenfest" (Tithenidia), an dem die Knäblein von den Ammen zur Artemis gebracht wurden. In Athen wurde ihr an den Apaturien das Haupthaar der Kinder geweiht. In Elis befand sich ein Heiligtum von ihr in der Nachbarschaft des Gymnasions, und sie trug dort den bezeichnenden Namen „Freundin der Knaben" (φιλομεῖραξ: Pausan. 6, 23, 8). Die Epheben veranstalteten ihr zu

Ehren bewaffnete Festprozessionen, namentlich in Athen. In einem Gedichte des Krinagoras weiht ein junger Mann sein erstes Barthaar dem Zeus Teleios und der Artemis, „die gnädig über die Geburtswehen wacht", und der Dichter betet zu diesen Gottheiten, sie möchten den Jüngling alt werden lassen (Anthol. Pal. 6, 242).

Sie wacht also, ähnlich wie ihr Bruder Apollon, über die heranwachsende Jugend und steht in besonderer Beziehung zu denen, die ins Alter der Reife treten. Daran darf man wohl auch bei der harten Probe, die den spartanischen Knaben in ihrem Kulte auferlegt wurde, denken. Sie war gewiß kein Ersatz für ehemalige Menschenopfer. Aber die Göttin der Wildnis läßt ihre erschreckende Schroffheit hier unzweideutig erkennen. — Kallimachos weiß (Hymn. 3, 122), daß sie die Stadt, in der gegen Bürger und Fremde gefrevelt wird, mit furchtbarem Bogen heimsucht; aber an gerechter Männer Stadt hat sie, wie schon der Homerische Aphroditehymnus (20) sagt, Gefallen.

4.

So ist die Tänzerin besternter Auen, die Jägerin der Gebirge, auch ins menschliche Leben einbezogen. Und doch bleibt sie immer die unstete Königin der Einsamkeit, die Zauberische und Wilde, die Unnahbare und Ewig-Reine.

Für den Glauben des jonischen Epos ist sie längst mit Apollon gepaart, als Tochter der Leto und des Zeus. „Gegrüßet seist du, selige Leto", ruft der Homerische Hymnus aus (1, 14), „die so herrliche Kinder geboren, Apollon den Herrn und Artemis die Pfeilschützin, sie in Ortygie und ihn im felsigen Delos!" Mit Leto zusammen heilt Artemis in der Ilias den von Apollon geretteten Aineias (5, 447). Auch Apollon heißt zuweilen „Jäger" (z. B. Aischyl. Fragm. 200). Aber Homer macht den Unterschied, daß Artemis den Jäger belehrt, Apollon den Bogenschützen im Krieg und bei Wettspielen. Mit Apollon freut Artemis sich am Reigen und Gesang der Chariten und der Musen (Homer. Hymn.

2, 21; 27, 15). Beide haben neben der glänzenden eine schreckliche Seite, die bei Homer besonders eindrucksvoll hervortritt. Beide senden aus geheimnisvoller Ferne ihre unsichtbar treffenden Geschosse, die plötzlichen schmerzlosen Tod bringen. Auf dem fabelhaften Eiland Syrie gibt es keine Krankheiten, sondern, wenn die Menschen alt werden, „trifft sie der Silberbogenschütze Apollon und Artemis mit den sanften Pfeilen" (Odyss. 15, 410). Zum Charakter beider gehört die unverlierbare Reinheit. Beider Wesen gibt Zeugnis von einer Ferne, die wir Entrücktheit oder vornehme Distanz nennen können. Und so sind sie echte Zwillingsgottheiten.

Aber wie anders ist der Sinn der Distanz und der Reinheit bei Apollon als bei Artemis! Wie verschieden die Symbole, zu denen der schöpferische Geist sie gestaltet hat! Für Apollon bedeuten Freiheit und Distanz etwas Geistiges: den Willen zur Klarheit und Gestaltung; mit Reinheit ist bei ihm die Lösung von hemmenden und niederdrückenden Gewalten gemeint. Für Artemis dagegen sind dies Ideale des physischen Daseins, wie denn auch das Reinsein bei ihr ganz im jungfräulichen Sinne verstanden wird. Ihr Wille geht nicht nach geistiger Freiheit, sondern nach der Natur und ihrer elementaren Frische, Regsamkeit und Entfaltung. Mit anderen Worten: Apollon ist das Symbol der höheren Männlichkeit, Artemis ist das verklärte Weib. Sie zeigt uns eine ganz andere Gestalt des Weiblichen als Hera, Aphrodite oder die urmütterliche Erdgöttin. Indem sie den Geist der unberührten Natur offenbart, tritt zugleich ein Urbild des Weiblichen hervor, dessen ewige Gestalt dem Kreise der Götter angehört.

Es ist das sternklare, blitzende, blendende, leichtbewegliche Leben und Sein, dessen süße Fremdartigkeit den Mann um so hinreißender anzieht, je spröder es ihn selbst von sich weist; dies kristallhelle Wesen, das doch mit dunklen Wurzeln in die ganze animalische Natur verflochten ist; dies Kindlich-Einfache und doch Unberechenbare, von süßester Lieblichkeit und diamantener Härte; mädchenscheu, flüchtig, unfaßbar, und plötzlich schroff entgegengerichtet; spielend, tändelnd, tanzend, und ehe man sich's versieht, vom unerbittlichsten Ernst; liebreich sorgend und zärtlich bemüht, mit dem Zauber des Lächelns, das eine ganze Verdammnis aufwiegt, und dennoch wild bis zum Schauerlichen und zum Entsetzen grausam. All das sind Züge der freien, entrückten Natur, der Artemis angehört, und in ihr hat der fromm erkennende Geist dies ewige Bild sublimer Weiblichkeit als ein göttliches schauen gelernt.

APHRODITE

„Jede irdische Venus ersteht wie die erste des Himmels,
Eine dunkle Geburt aus dem unendlichen Meer."
(Schiller.)

1.

Die „goldene" Aphrodite, die Göttin der Liebe, trägt einen zweifellos ungriechischen Namen. Wir wissen, daß sie aus dem Orient nach Griechenland gekommen ist, aber sie ist dort in vorhomerischer Zeit nicht bloß heimisch, sondern völlig griechisch geworden. Es war die große Fruchtbarkeits- und Liebesgöttin der Babylonier, Phönizier und anderer Asiaten, die als „Himmelskönigin" auch im Alten Testament erwähnt wird (Jeremia 7, 18; 44, 18). Von ihrer Einwanderung hat sich noch deutliche Kunde erhalten. Nach Herodot (1, 105) war das Mutterheiligtum das der Aphrodite Urania zu Askalon; dorther leiteten, wie er sagt, die Kyprier selbst ihren Aphroditekult ab, den die Phönizier von Askalon auch nach Kythera gebracht hätten (vgl. dazu auch Pausan. 1, 14, 7). Auf die Insel Kypros weist der berühmte Name Kypris, der schon bei Homer (Ilias 5, 330) als selbständige Bezeichnung der Göttin begegnet; die Namen Kyprogenes und Kyprogeneia bei Hesiod und vielen andern zeigen die Herkunft von der Insel Kypros deutlich an. Von ihrem Heiligtum in Paphos auf Kypros spricht die Odyssee (8, 362). An die Insel Kythera erinnert ihr schon der Odyssee geläufiger (8, 288), später so berühmter Name Kythereia. Dorthin ist nach der Hesiodischen Theogonie (192f.) die Meerentstiegene zunächst gekommen und von dort erst nach Kypros.

Aber die fremde Göttin scheint in Griechenland einer alteinheimischen Gestalt begegnet zu sein, auf die es vielleicht zurückzuführen ist, daß die „in den Gärten" (ἐν Κήποις) bei Athen verehrte Aphrodite als „älteste der Moiren" charakterisiert wurde (Pausan. 1, 19, 2) und Epimenides (19 Diels) die Aphrodite zur Schwester der Moiren und Erinyen machte und sie von Kronos und Euonyme abstammen ließ. Auch ihre alte Verbindung mit dem dämonischen Fluch- und Blutgeiste Ares, dem sie nach Hesiod (Theog. 934) den Deimos und Phobos, aber auch die Harmonia gebiert, läßt an eine volkstümliche Urgestalt denken.

Doch wir können die Frage nach den historischen Ursprüngen ruhig offen lassen, ohne zu befürchten, daß wir etwas Wesentliches für das Verständnis der griechischen Göttin verlieren. Denn was auch der Orient, was Griechenland in vorgeschichtlicher Zeit zu ihrem Bilde beigetragen haben mögen, sein Grundcharakter ist durchaus griechisch. Die Idee, die für uns durch den Namen Aphrodite bezeichnet wird, ist eine echte Prägung aus dem Geiste des vorhomerischen Griechentums, und ihr allein soll unsere Aufmerksamkeit gelten. Durch sie gewinnen auch Züge, deren orientalische Herkunft unverkennbar ist, neues Ansehen und eigenen Sinn. Und andrerseits werden durch sie gewisse Vorstellungen ein für alle Male ausgeschlossen. Die Himmelskönigin, wie sie in den babylonischen Liedern verherrlicht wird, ist nicht bloß den Homerischen, sondern auch den Orphischen Hymnen durchaus fremd.

2.

Nach der Ilias ist Aphrodite die Tochter des Zeus und der Dione (5, 312; 370). Die andere Genealogie, die zuerst, und zweifellos am echtesten, bei Hesiod zu lesen ist (Theog. 188 bis 206), verbindet den Ursprung der Göttin mit dem kosmischen Mythos von „Himmel" und „Erde", der dem vorgeschichtlichen Zeitalter der großen Mythenbildung angehört. Aber die Gottheit, die dem Schaum des Meeres entsteigt, ist hier keine kosmische Potenz mehr, sondern die echt griechische Aphrodite, die Göttin der Wonne.

Wundervoll dichtet Hesiod von Uranos, dem Gott des Himmels, der sich mit dem nächtlichen Dunkel liebend über die Erde breitet, aber im Augenblick des Umfangens von Kronos gewaltsam verstümmelt wird. Sein abgehauenes Zeugungsglied schwimmt lange im brandenden Meere, weißer Schaum schwillt aus der göttlichen Substanz empor, und in ihm wächst eine Jungfrau auf. Sie landet zuerst auf Kythera, dann auf Kypros; wie sie den Boden betritt, blüht die Erde unter ihren Füßen. Eros und Himeros, die Genien des liebenden Verlangens, sind ihr zur Seite und führen sie in die Gemeinschaft der Götter. Ihr Ehrenteil unter Menschen und Göttern heißt: „Mädchengeplauder und Trug und süße Wonne, Umarmung und Kosen". So sagt Hesiod. Die andern Zeugen sprechen gewöhnlich nur von ihrer Meergeburt, ohne das, was bei Hesiod vorangeht, zu erwähnen. Wer kennt nicht das Bild der ewigen Schönheit, die aus dem Meeresschaum mit tropfenden Locken aufsteigt und vom Jubel der Welt begrüßt wird? In einer Muschel sollen die Meereswogen sie an den Strand von Kythera getrieben haben (Paul. Fest. p. 52). Auf der Basis des Olympischen Zeusbildes war ihr Aufstieg aus dem Meere von Phidias dargestellt: Eros nimmt sie auf, Peitho bekränzt sie, und ringsum sehen die großen Götter dem Schauspiele zu (Pausan. 5, 11, 8). Die Basis eines von Herodes Atticus gestifteten Bildes der Amphitrite und des Poseidon zeigte die Thalassa, wie sie die kindliche Aphrodite aus ihrem Elemente emporhebt, und zu beiden Seiten die Nereiden (Pausan. 2, 1, 8). Man denkt bei Beschreibungen dieser Art unwillkürlich an das wundervolle Relief des Thermenmuseums in Rom. Ausführlich schildert der 6. Homerische Hymnus, was mit der Göttin geschah, nachdem das Meer sie geboren hatte; feuchtwehender Zephyr trieb sie im zarten Wogenschaum nach Kypros, wo die Horen sie freudig empfingen und ihr göttliche Gewandung anlegten; auf das Haupt setzten sie ihr einen Kranz aus Gold und hingen ihr köstlichen Schmuck in die Ohren; um Hals und Brust legten sie goldene Ketten, wie die Horen selbst sie tragen, wenn sie zum Reigen der Götter gehen im Hause des Vaters. So geschmückt führten sie die Herrliche zu den Göttern, die sie mit Entzücken begrüßten und in Liebe zu ihr entbrannten.

Welch ein Bild! Die Schönheit entsteigt dem ungeheuren Elemente und macht es zum Spiegel ihres himmlischen Lächelns. Es ist bemerkenswert, daß die Schaumgeborene des Mythos von alters her als *Göttin des Meeres* und der Schiffahrt verehrt worden ist. Aber sie ist nicht Meeresgottheit in dem Sinne wie Poseidon und andere Beherrscher der See. Dieselbe Herrlichkeit, mit der sie die ganze Natur erfüllt, hat das Meer zur Stätte ihrer Offenbarung gemacht. Ihr Kommen glättet die Wogen und läßt die Wasserfläche wie ein Geschmeide aufblitzen. Sie ist der göttliche Zauber des Meeresfriedens und der glücklichen Fahrt, wie sie der Zauber der blühenden Natur ist. Das hat Lucrez am schönsten gesagt (1, 4): „Dich, Göttin, fliehen die Winde, dich fliehen die Wolken des Himmels, wenn du nahst; dir läßt die Erde lieblicher Blumen Zier aufsprießen, dir lacht der Spiegel des Meeres, und stillgeworden glänzt die leuchtende Weite des Himmels." So heißt sie denn „Göttin des stillen Meeres" (γαληναίη: Philodem. Anthol. Pal. 10, 21) und läßt die Schiffer glücklich den Hafen erreichen (Anthol. Pal. 9, 143 f. 10, 21). Von Herostratos aus Naukratis erzählte man, daß er auf einer Seefahrt ein in Paphos gekauftes kleines Aphroditebild mitgeführt und dadurch das Schiff vor dem Untergange bewahrt habe: als man zu ihm betete, grünte plötzlich die Umgebung des Bildes von lauter Myrten, süßester Duft erfüllte das Schiff, und die Insassen, die schon verzweifelt waren, kamen glücklich ans Land (Polycharm, Fragm. Hist. Graec. IV., p. 480). Daher nannte man sie „Göttin der glücklichen Fahrt", „Hafengöttin"; ihr Orakel in Paphos wurde über die Gunst der Seefahrt befragt (Tac. hist. 2, 4; Suet. Tib. 5). Hafenstädte verehrten sie. Öfters war Poseidon ihr Kultgenosse. Als Aphrodites und Poseidons Kind galt Rhodos, die göttliche Person der Insel, die einst aus der Tiefe des Meeres aufgestiegen sein sollte (Pind. Olymp. 7,

25 mit Scholien). Den Demetrios Poliorketes begrüßten die Athener als „Sohn des gewaltigen Gottes Poseidon und der Aphrodite" (Athen. 6 p. 253 E.). In Theben gab es alte Schnitzbilder der Göttin, von denen man erzählte, daß Harmonia sie aus den hölzernen Vorderteilen der Schiffe, mit denen Kadmos gekommen war, habe herstellen lassen (Pausan. 9, 16, 3).

Wie auf dem Meere, so vollzieht sich das Wunder Aphrodites auch im Reich der *Erde*. Sie ist die Göttin der blühenden Natur und steht den Chariten nahe, den lieblichen und segensreichen Geistern des Wachstums. Mit ihnen tanzt sie (Odyss. 18, 194), von ihnen läßt sie sich baden und salben (Odyss. 8, 364), von ihnen ihr Gewand wirken (Ilias 5, 338). Im Blütenzauber der Gärten offenbart sie sich. Daher sind ihr heilige Gärten geweiht. Von solchen zeugt der Name von Hierokepis, einem Orte in der Nähe von Palaipaphos auf Cypern (vgl. Strabon 14 p. 683). „Gärten" (Κῆποι) hieß ein Ort außerhalb der Stadt Athen beim Ilissos, wo ein Tempel der „Aphrodite in den Gärten" mit einem berühmten, von Alkamenes geschaffenen Kultbilde stand (Pausan. 1, 19, 2). Euripides läßt in der Medea (835 ff.) den Chor von Aphrodite singen, die „aus dem Kephisos schöpfend sanften Windesatem über das Land haucht und immer frisch duftende Rosenblüten ins Haar sich flicht". „Blumengöttin" (Ἄνθεια) hieß sie bei den Knossiern auf Kreta (Hesych.). Als Herrin der Frühlingsblüten, namentlich der aufblühenden Rosen, besingt sie das Pervigilium Veneris 13 ff. (vgl. auch Auson., de rosis nascent., p. 409 Peip.). „Bild der Venus" *(forma Diones)* nennt die Rose der Dichter Tiberianus (im 4. Jahrhundert n. Chr., Poet. Lat. min. III. p. 264, 1, 10). Nur mit einem Worte seien hier auch die sogenannten „Adonisgärten" erwähnt, die im Kulte des orientalischen, mit ihr verbundenen Adonis eine charakteristische Rolle spielten. Der Frühling also ist ihre große Zeit. Dem Frühlingsblühen der Quitten, Granaten und Reben stellt der Dichter Ibykos die immerwährende Liebesglut, mit der er selbst von Kypris gesengt wird, gegenüber (Fr. 6 Diehl; vgl. v. Wilamowitz, Sappho und Simonides 122ff.). Wundersames erzählte man von den Stätten, wo sie verehrt wurde. Auf dem großen Aphroditealtar des Berges Eryx sollten jeden Morgen alle Brandspuren verschwunden und dafür taufrisches Grün gewachsen sein (Aelian. nat. an. 10, 50). Einzelne Gewächse standen ihr besonders nahe. „Tamarisken" (Μυρῖκαι) hieß ein ihr heiliger Ort auf Cypern (Hesych.). Auf dieser Insel sollte sie auch den Granatapfelbaum gepflanzt haben (Athen. 3 p. 84c). Die Myrte war ihr heilig (Cornutus 24). Das berühmte Aphroditebild des Kanachos im Tempel zu Sikyon hielt in der einen Hand Mohn, in der andern einen Apfel (Pausan. 2, 10, 5). Die Bedeutung des Apfels in der Symbolik der Liebe ist wohlbekannt. Aus dem kyprischen Garten Aphroditens sollten die goldenen Äpfel genommen sein, mit denen Hippomenes die Atalante gewann (Ovid. Metam. 10, 644ff.).

Aber was ist das alles im Vergleich mit ihrer Offenbarung im Leben *der Tiere und der Menschen!* Sie ist die Wonne der Liebesumarmung, die schon frühzeitig gradezu mit dem Namen Aphrodite bezeichnet wurde (Odyss. 22, 444). „Werke der Aphrodite" sind die Liebesfreuden (Hesiod. Erga 521), und noch auf andere Weise dient ihr Name in nachhomerischer Zeit zur Benennung des Genusses der Liebe (φιλότης χρυσέης Ἀφροδίτης bei Hesiod. Fragm. 143 Rz., ἀφροδισιάζειν und τὰ ἀφροδίσια bei Demokrit. Fragm. 137 und 235 Diels). „Singe mir, Muse," so beginnt der Homerische Hymnus 4, „von den Werken der goldenen Aphrodite, die den Göttern süße Sehnsucht erweckt und die Völker der sterblichen Menschen bezwingt, auch die Vögel des Himmels und alle Tiere, ob sie auf dem Festlande wohnen oder im Meere: alle tun sie die Werke der Aphrodite." Nur drei, heißt es weiter, widerstehen ihr: Athene, Artemis und Hestia. „Von den andern vermag niemand sich ihrer Macht zu entziehen, ob er Gott ist oder Mensch." Berühmt ist, was Sophokles

(Fragm. 855) und Euripides (Hippol. 447ff.) von ihrer Allmacht über alle Reiche der Tierwelt, über Menschen und Götter sagen. Ihre Bezauberung der Tierwelt besingt Lucrez im Eingang seines Lehrgedichts (1, 10ff.): „Wenn die Frühlingstage sich auftun und, neuerschlossen, der befruchtende Hauch des Wests sich regt, dann künden zuerst die Vögel der Luft, o Göttin, dein Kommen, herzergriffen von deiner Gewalt; dann springen die wilden Tiere durch üppige Triften und durchschwimmen reißende Ströme: so folgt dir ein jedes, vom Zauber erfaßt, wohin du es führst; im Meer, in Gebirgen, in wilden Flüssen, in den laubumwachsenen Behausungen der Vögel und im Grün der Felder füllst du allen das Herz mit süßer Liebe und wirkst, daß sie brünstig in Arten sich fortpflanzen." Mit der lebendigsten Anschaulichkeit schildert der Dichter des Homerischen Hymnus die Wirkung ihrer Gegenwart (69ff.): die Göttin ist auf dem Wege zu dem schönen Anchises, und da folgen ihr schweifwedelnd graue Wölfe, Löwen mit blitzenden Augen, Bären und schnellfüßige Panther; „freudig blickt die Göttin auf sie und macht ihnen das Herz von süßem Verlangen voll, so daß alle paarweise der Liebe genießen in den schattigen Gründen."

So vermag sie es, selbst das rauhe Wild verzückt und zärtlich zu machen. Der ganze Glanz ihrer Herrlichkeit aber offenbart sich erst am *Menschen*.

Es ist natürlich genug, daß man sie auch mit der Ehe und der Kindererzeugung in Verbindung bringt. In der Odyssee 20, 73 ff. wird erzählt, daß sie den Töchtern des Pandareos die Ehe stiften wollte. In Hermione opferten ihr die Mädchen und Witwen vor der Hochzeit (Pausan. 2, 34, 12); in Naupaktos besonders die Verwitweten, die wieder heiraten wollten (Pausan. 10, 38, 12). In Sparta gab es eine Aphrodite Hera, der die Mutter vor der Heirat ihrer Tochter ein Opfer darbrachte (Pausan. 3, 13, 9). So ist sie denn bei Euripides (Fragm. 781, 16) „den Mädchen hochzeitliche Göttin" (τὰν παρθένοις γαμήλιον Ἀφροδίταν).

Aber der Sinn ihres Wesens weist nicht auf die eheliche Gemeinschaft, und nie ist sie so, wie Hera, Ehegöttin gewesen. Von ihr kommt das allmächtige Sehnen, das die ganze Welt vergißt um des Einzigen willen; das ehrwürdige Bande zerreißen und die heiligste Treue brechen kann, um nur mit ihm zu verschmelzen. Und die Göttin läßt ihrer nicht spotten. Wer glaubt, ihrer Macht Trotz bieten zu können, den kann sie mit schauerlicher Wildheit verfolgen. Sie hat ihre erklärten Lieblinge, deren ganzes Sein und Leben die zärtliche Lust ihres Wesens atmet. Es sind Männer, aber das Weibliche am Manne triumphiert bei ihnen über die echt männlichen Eigenschaften. Der berühmteste ist *Paris*, ein echter Typus des Aphroditefreundes. Beim Schönheitswettstreit der Göttinnen hat er ihr den Preis gegeben, und dafür hat sie ihm die Gunst der schönsten Frau verschafft. Mit tiefer Bedeutung stellt die Sage ihm Helenas rechtmäßigen Gatten, den „Aresliebling" (Ἀρηίφιλος) Menelaos gegenüber. „Stelle dich nur dem Aresfreunde Menelaos", sagt Hektor spottend zu ihm (Ilias 3, 54f.), „dann wirst du erfahren, welchen Mannes Gattin du besitzest; deine Zither wird dir nicht helfen, nicht die Gaben der Aphrodite und dies Haar und diese Gestalt!" Paris ist schön, ein Saitenspieler und Tänzer. Als Aphrodite ihn aus dem unglücklichen Zweikampf gerettet und auf wunderbare Weise in sein Haus entrückt hatte, da sprach sie, in Gestalt einer alten Dienerin, zu Helena, um ihr Verlangen nach ihm zu wecken: er strahlt von Schönheit, man sollte nicht denken, daß er vom Zweikampf kommt, denn er sieht aus wie einer, der zum Tanze geht oder sich eben vom Tanze zur Ruhe gesetzt hat (Ilias 3, 391ff.). Auch den schönen Anchises trifft sie im Homerischen Hymnus beim Leierspielen an (76ff.). Der Gegensatz der Lebensformen könnte nicht wirkungsvoller vor Augen gestellt werden, als es am Schluß des 3. Buches der Ilias geschieht, wo Paris durch Aphrodite aus dem gefährlichen Zweikampf glücklich ins Schlafgemach entrückt ist und der Geliebten, trunken von ihrer Schönheit, in die Arme sinkt, während draußen auf dem Schlachtfelde Menelaos vergeblich nach dem Entwichenen sucht und Agamemnon feierlich erklärt, daß Menelaos Sieger und die Entscheidung zugunsten der Griechen gefallen sei. (Vgl. darüber auch Plutarch, quaest. conviv. 3, 6, 4.) Das ist der weibliche Mann und Frauenfreund. Die Verbuhltheit, die Aphrodite in sein Leben gebracht hat, wird mit einem sonst von Weibern gebrauchten Ausdruck (μαχλοσύνη: Ilias 24, 30) bezeichnet.

Von ihren Gaben reden alle Zeitalter mit Entzücken. Voran geht natürlich die Schönheit und der gewinnende Zauber (χάρις). Ist sie selbst doch die schönste Frau − nicht mädchenhaft, wie Artemis, und nicht würdevoll, wie die Göttinnen der Ehe und der Mütterlichkeit, sondern die reine Frauenschönheit und -lieblichkeit selbst, vom feuchten Schimmer der Wonne umflossen, ewig neu und unbeschwert und selig, so wie das unendliche Meer sie geboren. Die bildende Kunst hat gewetteifert, dies Bild leibhaftig gewordener Liebe zu fassen. Die Dichter seit Homer nennen sie die „goldene" und sprechen von ihr als der „lächelnden" (φιλομμειδής) Göttin. Helena erkennt sie an der entzückenden Schönheit von Hals und Brust und an dem Schimmer der Augen (μαρμαίροντα, Ilias 3, 397), so wie Achill die Athene an ihrem gewaltigen Flammenblick (Ilias 1, 200). Ihre Dienerinnen und Gespielinnen sind die Chariten. Sie tanzen mit ihr, sie baden und salben sie und weben ihr das Kleid. Was ihr Name sagt, das Liebliche und Gewinnende (χάρις), gibt Aphrodite selbst dem Urweibe Pandora (Hesiod. Erga 65). Ihre Salbe heißt „Schönheit" (κάλλος: Odyss. 18, 192). Damit hat sie einst den Fährmann Phaon beschenkt, weil er sie in Gestalt eines alten Weibes von Lesbos nach dem Festland übergesetzt hatte. Seitdem war Phaon der schönste Mann und das Ziel der Sehnsucht aller Frauen; die Dichterin Sappho soll sich seinetwegen vom leukadischen Felsen ins Meer gestürzt haben. In der Odyssee macht Athene die Penelope mit dieser Schönheitsessenz der Aphrodite jugendschön (18, 192). Man spricht auch von dem Gürtel ihrer Brust, der jeden, der ihn besitzt, unwiderstehlich macht; denn in ihm sind alle „Zaubereien" Aphrodites eingewirkt: „Liebe" und „Verlangen" und „trauliches Zureden, das auch dem Verständigsten den Sinn verrücken kann" (Ilias 14, 214). Ihn bat Hera sich aus, als sie Zeus' Liebe entflammen wollte. Später sagte man von einer Schönen, der die Herzen zuflogen, daß Aphrodite selbst ihr den Gürtel von ihrer Brust gegeben habe (Antiphanes, Pal. Anthol. 6, 88). Um sie sind, außer den Chariten, die Genien der Sehnsucht und der Überredung, Pothos, Himeros und „Peitho, die lockende, die kein Versagen kennt" (Aischyl. Hiket. 1040). Der Zauber des Liebesrädchens (ἴυγξ) soll von ihr stammen; nach Pindar (Pyth. 4, 214ff.) hat sie es zuerst für Jason vom Olymp gebracht und ihn magische Lieder gelehrt, „damit Medea die Ehrfurcht vor den Eltern vergesse und die Sehnsucht nach Griechenland sie, gluterfüllt, mit Peithos Peitsche umtreibe". Ihr Zauber übt eine Gewalt, die alle Pflicht vergessen läßt und zu Entschlüssen führt, die dem Verzauberten später selbst unbegreiflich erscheinen. In Sophokles' Antigone singt der Chor von der Sehnsuchtsgewalt, die ehrwürdiger Satzungen nicht achtet, „denn gegen Aphrodite, die sich ins Spiel mischt, gibt es keinen Widerstand" (797). Aber es ist sehr bemerkenswert, daß Aphrodite den Männern — wenn sie ihr nicht trotzig begegnen, wie Hippolytos — Glück bringt, den Frauen dagegen nur allzuoft zum Verhängnis wird. Sie reißt sie aus Geborgenheit und Zucht heraus und läßt sie durch blinde, oft verbrecherische Hingabe an den fremden Mann unglücklich werden. Auch dafür hat der Mythos eine Reihe berühmter Typen geschaffen. Wie oft klagt *Helena* bei Homer über die unselige Leidenschaft, die sie aus der lieben Heimat, von Mann und Kind weg, in die Fremde führte und zwei Völkern zum Fluche werden ließ. Und man lese in der Ilias, wie Aphrodite die Unglückliche anfährt, weil sie Miene macht, ihr Widerstand zu leisten (3, 413ff.). *Medeia* ist durch ihre Liebe zur Verbrecherin geworden. Euripides macht sie zum entsetzlichsten Beispiel der in Haß verwandelten Liebe. „O Herrin!" betet der Frauenchor in seiner Tragödie, „sende mir nie vom goldenen Bogen den Pfeil rasenden Verlangens! Bleibe du, Bescheidung, mir treu, schönste Gabe der Götter!" (632 ff.) *Phaidra* ist durch wahnsinnige Liebe zu dem jungen, spröden Sohn ihres Gatten Theseus elend zugrunde gegangen (vgl. namentlich den Hippolytos des Euripides). Ihre Mutter *Pasiphae* entbrannte in Liebe zu einem Stier. Aus den Kretern des Euripides haben wir noch die große Verantwortungsrede, in der sie die Ungeheuerlichkeit ihrer Leidenschaft ganz der Göttin schuld gibt. Hier, wie auch sonst, wird altes Unrecht und göttlicher Zorn als Ursache des ganzen Unheils bezeichnet. Im Hippolytos des Euripides sagt die Amme zu der liebeskranken Phaidra (443 ff.): „Dem wilden Drang der Kypris kann der Mensch nicht widerstehen; sanft ist sie gegen den, der nachgibt; doch wen sie trotzig und hochmütig findet, mit dem verfährt sie unausdenkbar hart." Und später (474 ff.): „Nur Hochmut ist es, stärker sein zu wollen als die Götter; so heiße denn dein Lieben gut, die Gottheit will es so; nur sollst auf gutem Weg du Lösung deines Leidens suchen." So gewaltsam und furchtbar kann die Göttin sein, deren Natur doch eitel Wonne und Lächeln ist. In Theben verehrte man Aphrodite auch als Apostrophia (Pausan. 9, 16, 3), ohne Zweifel darum, weil sie von sündiger Leidenschaft ablenken sollte. So wurde in Rom, auf Geheiß der Sibyllinischen Bücher, der Venus Verticordia ein Kult eingerichtet, damit sie Mädchen und Frauen, vor allem die Vestalinnen, vor unkeuschem Begehren bewahre (vgl. Ovid, fast. 4, 133 ff. u. a.; Val. Max. 8, 15, 12; Plin. nat. hist. 7, 120).

Führt die Leidenschaft, mit der Aphrodite die Frauen überfällt, oft in Finsternis und Schrecken, so empfängt die käufliche Liebe der Tempelmädchen von der Göttin einen Glanz, weil auch sie ihr angehört. Pindar (Fragm. 122) hat ein Lied gedichtet für Xenophon von Korinth, der zum Dank für seinen Olympiasieg der Göttin eine Schar solcher Mädchen gestiftet hatte: „Ihr gastlichen Mädchen, Dienerinnen der Peitho im reichen Korinth, die ihr die blonden Weihrauchtränen anzündet und oft gedenket der Mutter der Liebesgötter, der himmlischen Aphrodite! Euch läßt sie schuldlos auf wohligen Kissen der zarten Blüte Lust verschenken. Denn wo die Not gebietet, ist alles gut."

Von eigentlichen Festen der Aphrodite wissen wir sehr wenig. Aber erwähnt zu werden verdient, daß sie, deren Huld die Beschwerlichkeit des Daseins durch einen leuchtenden Augenblick aufzuheben weiß, beim glücklichen Beschluß wichtiger Unternehmungen gefeiert wurde (vgl. Xenophon, Hellen. 5, 4, 4; Plutarch, compos. Cim. et Luc. 1; non posse suav. vivi sec. Epic. 12). Mit Aphrodisien schloß auch das Poseidonfest von Aigina, das die Legende an die Heimkehr der Griechen von Troia anknüpfte (vgl. Plutarch, Quaest. Gr. 44). Sprichwörtlich waren die Aphrodisien, die das Schiffsvolk nach glücklicher Fahrt mit ausschweifender Lust zu begehen pflegte (vgl. Plutarch, non posse suav. vivi sec. Epic. 16; an seni ger. resp. 4).

3.

Die aus dem Orient stammende Aphrodite läßt uns die echt griechische Gestaltbildung klar erkennen. In ihr wird eine große und besondere Daseinsform der Welt als göttliches Sein angeschaut. Indem sie eine ewige Wirklichkeit bedeutet, die alles, was ist, in ihre Wesensgewalt hineinzieht und dem ganzen Reich der Elemente und des Lebendigen ihren Geist verleiht und ihren Ausdruck aufprägt, ist sie eine Welt — und das heißt für den Griechen: Gottheit. Und was ist diese ewige Seinsbeschaffenheit? Es ist der bestrickende, herzgewinnende Glanz, in dem alle Dinge und die ganze Welt vor dem Auge der Liebe stehen, die Wonne des Naheseins und Einswerdens, deren Zauber die

Berührung begrenzter Wesen zum Untergang im Grenzenlosen lockt. Und sie offenbart sich, als echte Göttlichkeit, vom Naturhaften bis hinauf in die sublimen Höhen des Geistes.

Aphrodite teilt ihre Lieblichkeit nicht bloß dem Lebendigen mit, sondern auch dem Toten. Wie ihre Schönheitsessenz der Penelope frischen Jugendreiz verleiht (Odyss. 18, 192), so schützt die Göttin den von Achill mißhandelten Leichnam Hektors durch Salben mit ambrosischem Rosenöl vor der Verunstaltung und hält Tag und Nacht die Hunde von ihm fern (Ilias 23, 185). Die Anziehungskraft, mit der sie die Geschlechter zusammenführt, schließt und erhält auch Freundschaften. Man verehrte eine Aphrodite Hetaira, die Apollodor als Göttin der Verbindung zwischen Freunden und Freundinnen erklärt (Athen. 13, 571c). Alles, was reizvoll, gewinnend und liebenswürdig ist, sei es Gestalt oder Gebärde, Rede oder Tun, hat von ihr den Namen (ἐπαφρόδιτος, wie im Lateinischen *venustus*). „Mache uns liebenswert in Worten und Taten", so betete man zu ihr (Sokrates bei Xenophon, conviv. 8, 15) und wünschte damit, daß die Göttin dem Verkehr der Menschen etwas von ihrer Lieblichkeit mitteilen möchte. Und da sie die Göttin der Huld ist, kommt auch das Glück von ihr. So heißt nach ihr der glücklichste Wurf im Würfelspiel, und es ist bekannt, daß Sulla seinen lateinischen Beinamen Felix im Griechischen mit dem Worte wiedergab, das die Gunst der Aphrodite bezeichnete (ἐπαφρόδιτος).

„Selig, welchen die Götter, die gnädigen, vor der Geburt schon
Liebten, welchen als Kind Venus im Arme gewiegt ...
Ihm ist, eh' er es lebte, das volle Leben gerechnet;
Eh' er die Mühe bestand, hat er die Charis erlangt."
(Schiller, Das Glück.)

Hier kommt das Reich der Aphrodite dem des Hermes scheinbar nahe. Aber ihre Gunst hat nichts vom Glück der guten Gelegenheit, des Zutreffens und Findens. Es ist die Huld, die Begnadung, die der Schönheit und Anmut innewohnt und ohne

Bemühung alle Siege gewinnt, weil das Selige andere selig macht —

„was aber schön ist, selig scheint es in ihm selbst". (Mörike). Die Gunst des Vollbringens und Verstehens, des Bezwingens und Erfreuens ist am sublimsten in der Welt des Gedankens und des Gesanges. Ewig unvergeßlich ist das Euripideische Bild der Kypris, die aus dem Kephisos schöpfend den sanften Lufthauch über das Land wehen läßt; die den frisch duftenden Rosenkranz um ihre Haare flicht und „der Erkenntnis (σοφία) zum Beistand die Liebesgötter (ἔρωτες) sendet, die Werkgenossen jeglicher Vortrefflichkeit" (Med. 844f.). Pindar nennt sein Singen eine Arbeit im Garten der Aphrodite und der Chariten (Pyth. 6, 1; vgl. auch Paian 6). Noch Lucrez bittet sie im Proömium seines Gedichtes, sie möge seinen Worten „unvergänglichen Reiz" verleihen (1, 28).

Wir verstehen, was Aphrodite bedeutet. Nicht umsonst ist sie von den Chariten umgeben, in denen sie sich gewissermaßen spiegelt. Das sind Geister der Blüte, des Reizvollen und Liebenswürdigen. Aber sie treten gewöhnlich in der Mehrzahl auf, können also nach unsern Begriffen eher Genien als Gottheiten sein. Aphrodite dagegen ist einzig. Sie unterscheidet sich sehr deutlich auch von Eros, den der Mythos ihren Sohn nennt. Dieser Gott spielt in den kosmogonischen Spekulationen eine bedeutende Rolle, im Kult dagegen eine recht geringe. Bei Homer wird er gar nicht genannt. Das ist bezeichnend und wichtig. Er ist der göttliche Geist der Zeugungslust und Zeugungskraft. Aber Aphrodites Welt ist von anderer Art und viel weiter und reicher. Hier geht die Vorstellung der göttlichen Wesenheit und Macht nicht (wie beim Eros, vgl. Platon, Symp. 204c) vom Subjekt des Verlangenden aus, sondern vom Geliebten. Aphrodite ist nicht die Liebende, sie ist die Schönheit und lachelnde Anmut, die hinreißt. Nicht der Drang, zu ergreifen, ist hier das Erste, sondern der Zauber des Anblicks, der allmächtig in die

Wonne des Verschmelzens zieht. Das Geheimnis der Ganzheit und Einheit der Aphroditewelt ist, daß in der Anziehung keine dämonische Gewalt wirkt, mit der ein Fühlloser seine Beute ergreift. Das Bestrickende will sich selbst hingeben, das Liebliche neigt sich selbst dem Gerührten mit der schmachtenden Offenheit entgegen, die es erst recht unwiderstehlich macht. Das ist die Bedeutung der Charis, die Aphrodite begleitet und in ihrem Dienste steht. Χάρις ist nicht bloß das Erobernde, das andere in Besitz nimmt, ohne sich selbst mitzuteilen: ihre Lieblichkeit ist zugleich Empfänglichkeit und Echo, „Liebenswürdigkeit" im Sinne der Gunst und Hingabefähigkeit; daher bedeutet das Wort auch Erkenntlichkeit und beim Weibe geradezu die Gewährung dessen, was der liebende Mann begehrt. Sappho nannte ein allzu junges, für die Ehe noch nicht reifes Mädchen ἄχαρις (Plutarch, Amat. 5). So entsteht die Harmonie, in der sich das Reich der Aphrodite vollendet. Harmonia nennt der Mythos die Tochter der Göttin (Hesiod, Theog. 937). Sie selbst hat in Delphi den verwandten Namen Harma (Plutarch, Amat. 23), der deutlich auf die Liebesvereinigung hinweist. Von der Harmonia als Aphrodites Dienerin und ihrem Walten in den Händeln und Vereinigungen der Liebenden singt der Chor in Aischylos' Hiketiden 1042 (vgl. die Anm. bei v. Wilamowitz). Die Schnitzbilder der Aphrodite, die Harmonia in Theben gestiftet haben soll, sind schon erwähnt worden. In ähnlichem Sinne wirkt die Peitho, die Helferin und Doppelgängerin der Aphrodite, die nach Sappho (Fragm. 135) ihre Mutter sein sollte. Die Dichterin, die in ihren Liedern so oft der Göttin gedenkt, wendet sich in einem der berühmtesten aus schwerer Not betend an sie, „das Kind des Zeus, die Listenreiche"; und die Göttin kommt, fragt lächelnd, wen denn die Peitho ihrer Liebe zuführen solle, und verspricht, daß die Liebliche, die jetzt kalt gegen sie ist, bald selbst nach ihr verlangen werde (vgl. v. Wilamowitz, Sappho und Simonides 42 ff.).

Diese göttliche Wonne, durch die das Getrennte sich liebend sucht und eint, wird nun, nachdem der alte Weltmythos längst vergangen ist, zur verbindenden Macht in einem neuen Bilde des Kosmos. So ist es für Empedokles dieselbe Aphrodite, die Menschenherzen füreinander schlagen läßt und in großen Weltperioden die vollkommene Harmonie und Einheit herstellt. Wie einst der große Uranos die Gaia brünstig umarmte, so sieht der Dichter jetzt Himmel und Erde sehnsüchtig zueinanderstreben. In den Danaiden (Fragm. 44) ließ Aischylos die Aphrodite selbst mit großartiger Unverhülltheit von der Sehnsucht sprechen, die den „heiligen Himmel" bewegt, der Erde hochzeitlich zu nahen, und von dem bräutlichen Liebesverlangen der Erde; so fällt der Regen vom Himmel und schwängert die Erde, die aus dem himmlischen Samen Kräuter und Früchte gebiert – und alles ist das Werk der Aphrodite. Ganz ähnlich dichtete auch Euripides in einer verlorenen Tragödie (Fragm. 898). Auch die schönen Verse des der Spätzeit angehörigen Pervigilium Veneris wollen wir nicht vergessen, in denen der Dichter von der ersten Hochzeit spricht, die der Äther feierte, als der hochzeitliche Regen in den Schoß der hohen Gattin strömte (59ff.).

Diese Göttin des ewigen Liebeswunders kann allein, sagt Lucrez im Eingang seines Lehrgedichtes (1, 31 ff.), den Weltfrieden schenken. Wirft doch die tiefe Liebeswunde den Kriegsgott selbst so oft in ihre Arme und läßt ihn unverwandt mit schmachtender Verzückung in ihrem Anschauen ruhn. Dann soll die Bitte lieblich von den Lippen der Göttin strömen: O gib den Deinen Frieden!

Doch zum Schluß müssen wir uns noch einmal daran erinnern, daß zu der Weite dieses Reiches, das die Welt ist, auch Schreckliches und Zerstörendes gehört. Keine Macht kann so furchtbar entzweien und verwirren wie die, deren Werk die leuchtendste und seligste Harmonie ist; und erst durch diesen dunklen Schatten wird der Lichtzauber Aphrodites eine ganze Schöpfung.

HERMES

1.

Der „menschenfreundlichste unter den Göttern", Hermes, ist ein echter Olympier. Sein Wesen besitzt die Freiheit, die Weite und den Glanz, an denen wir das Reich des Zeus erkennen. Und doch hat er auch Eigenschaften, die ihn im Kreise der Zeuskinder isolieren und die, wenn man sie aufmerksam prüft, einer anderen, altertümlicheren Göttervorstellung anzugehören scheinen.

Wenn wir ihn mit seinem Bruder Apollon oder mit Athene vergleichen, so fällt an ihm eine gewisse Unvornehmheit auf. Sie tritt in der Homerischen Erzählung ganz deutlich hervor, sooft sie ihn lebhaft vor Augen führt. Als Bote der Götter fungiert er zwar erst in der Odyssee und nicht in der Ilias. Aber wir empfinden, daß diese Rolle seinem Wesen durchaus entspricht. Denn seine Stärke ist die Gewandtheit. Seine Werke zeugen nicht sowohl von Kraft oder Weisheit als von Behendigkeit und allen Künsten der Heimlichkeit. Kaum geboren, hat er, wie der Homerische Hymnus breit erzählt, ein Meisterstück vollbracht, indem er seinem Bruder die Rinder stahl und ihn selbst auf die raffinierteste und unbedenklichste Weise irreführte. Die Jo-Sage kennt ihn als Mörder jenes Argos, der die in eine Kuh verwandelte Jo bewachte; der ursprüngliche Plan aber war gewesen, die Kuh zu stehlen, und das hätte Hermes auch ausgeführt, wenn er nicht im entscheidenden Augenblick verraten worden wäre. So sieht ihn auch das Homerische Epos. Als die Götter der Roheit, mit der Achilleus den toten Hektor mißhandelte, Einhalt tun wollten, dachten sie zuerst an einen Diebstahl der Leiche durch Hermes (Ilias 24, 24). Seinen Sohn Autolykos hat er unter allen Menschen ausgezeichnet durch die Kunst der Dieberei und des Schwörens (Ilias 10, 267; Odyss. 19, 395), die er selbst in so hervorragendem Maße besaß. Daher heißt er gern der „Listige", „Trügerische", „Vielgewandte" und ist der Patron der Räuber und Diebe und aller, die sich durch Heimlichkeiten einen Vorteil zu verschaffen wissen. Aber seine wunderbare Geschicklichkeit macht ihn auch zum Ideal und Gönner der Dienenden. Was von einem tüchtigen Diener erwartet wird, daß er das Feuer richtig aufzuschichten, Brennholz zu spalten, Fleisch zu braten und zu zerlegen, Wein einzuschenken verstehe, das kommt von Hermes, der sich so gut zum Diener der Olympischen Götter eignet.

Wahrhaftig keine vornehmen Künste, wenn es auch nach altgriechischer Anschauung einem Helden freisteht, sich ihrer bei Gelegenheit zu bedienen. Deutlicher noch als alle einzelnen Hinweise spricht das lebensvolle Bild, das Homer uns sehen läßt, wenn Hermes persönlich auftritt. Da erkennen wir den heiter blickenden, nie verlegenen Meister der guten Gelegenheit, den die Maßstäbe des Stolzes und der Würde wenig kümmern, und der trotz allem liebenswürdig bleibt; denn was wäre alle Genialität des Glückmachens, wenn sie die Herzen nicht gewinnen könnte. In der Götterschlacht des 21. Buches der Ilias macht der Schalk den Schluß. Nachdem Ares und Athene zusammengeprallt sind und Apollon auf vornehme Weise den Zweikampf mit Poseidon abgelehnt hat, worauf als Nachspiel noch eine echt weibliche Szene zwischen Hera und Artemis folgt, erklärt Hermes der Leto mit einem lächelnden Hinweis auf die Behandlung, die Artemis von Hera erfahren mußte, er denke nicht daran, mit ihr zum kämpfen, und habe gar nichts dagegen, wenn sie sich im Kreis der Götter rühmen wolle, ihn durch ihre Stärke besiegt zu haben (498 ff.). In dem Liede von Ares und Aphrodite treten Apollon und Hermes als Zuschauer auf, und Apollon fragt seinen Bruder mit komischer Feierlichkeit, ob er so in Fesseln mit Aphrodite das Lager teilen möchte. Da antwortet der Kenner und Erhascher des guten Glücks mit derselben lachenden Würde, mit der er gefragt worden, daß er sich noch dreimal stärkere Fesseln und dazu die Gegenwart aller Götter und Göttinnen gerne gefallen lassen wollte für die Wonne in den Armen der goldenen Aphrodite (Odyss. 8, 339 ff.). Der Apollon, den der Dichter uns hier vor Augen stellt, ist groß genug, um seinen schelmischen Bruder nicht zu schulmeistern; er hat sogar seine Freude an ihm. Und so geht es auch uns, wenn wir der überlegenen, nichts weniger als frivolen Heiterkeit fähig sind, mit der ein geistreicher Dichter dies Lied geschaffen hat. Aber so großen Gefallen wir auch an ihm finden mögen, dieser Hermes hat, wie wir sehen, einen Charakter, der ihn von allen andern großen Olympiern auffällig unterscheidet.

Und gerade mit dem, was ihn im Kreise des Zeus fremdartig erscheinen läßt, erinnert er an die Gottheiten der Vorzeit, von denen im zweiten Abschnitt die Rede gewesen ist. Kronos und Prometheus werden als die „Verschlagenen" charakterisiert. Geschicklichkeit, Behendigkeit und Betrügerei sind die Künste, mit denen sie ihre Großtaten vollführt haben. Und wie ähnlich ist Hermes dem Perseus, mit dessen Bild wir seinerzeit die kurze Übersicht über die uralten Vorstellungen abgeschlossen haben. Beide haben Flügelschuhe und die unsichtbar machende Kappe, beide bedienen sich des Sichelschwertes, das der Mythos auch dem alten Kronos in die Hand gibt. Wenn nicht die Beflügelung der Schuhe, so ist doch die Tarnkappe etwas Zauberhaftes. Sie heißt „Hadeskappe", und einmal in der Ilias bedient sich ihrer auch die Athene. Aber für Hermes ist sie charakteristisch, und das führt uns auf das Zauberische seines Tuns. Die Magie, die in der vorgeschichtlichen Weltanschauung keine geringe Rolle gespielt hat, ist in der Homerischen bis auf wenige Reste überwunden. Was von ihr noch übrig ist, haftet fast alles an der Gestalt des Hermes, der nicht von ungefähr in späterer Zeit als Erzzauberer und Patron der Magie gegolten hat. In der Odyssee weist er dem Odysseus das Zauberkraut, das der magischen Kunst der Kirke entgegenwirken soll. Er besitzt die Zauberrute, mit der er die Menschen einschläfert und aufweckt. Wie er sich selbst durch die Hadeskappe nach Belieben unsichtbar macht, so hat sein Sohn Autolykos die Wundergabe, alles zu verwandeln und unkenntlich zu machen. Ja, sein ganzes Wesen und Auftreten steht unter dem Zeichen des Zaubers, wenn dieser auch, wie wir bald erkennen werden, in der Olympischen Welt eine neue und geistreichere Bedeutung erhalten hat.

Das Urzeitliche an Hermes verrät sich schon durch seinen Namen, der auf eine höchst altertümliche Kultform hinweist. Seine Steinsäule erhob sich auf dem Steinhaufen, der am Wege aufgerichtet war und auf den jeder Vorübergehende pietätvoll einen Stein zu werfen pflegte. Danach wurde er selbst benannt; denn es kann kein Zweifel sein, daß Hermes „der vom Steinhaufen" bedeutet. Für diese Steinsäule des Hermes ist noch in späterer Zeit der Phallos charakteristisch. Auch dies deutet auf eine uralte Vorstellungsform. Die Zeugungsmacht ist, wie sich zeigen wird, durchaus nicht der Wesensgrund des Hermes. Aber wir kennen die phallische Bildung im Titanischen Götterkreis, wo sie einer sehr massiven Vorstellungsweise der Urzeit entspricht.

So scheint es, daß wir die Figur des Hermes weit zurückverfolgen können, bis tief hinein in ein Zeitalter, dessen Denk- und Anschauungsformen von dem neuen Geiste überwunden worden sind. Aber welch ein Abstand zwischen dem, was wir dort ahnen, und dem Homerischen Hermes mit seinem Glanz und seiner unerschöpflichen Fülle!

2.

Was ist der Grundgedanke der Hermesvorstellung?

Von den Daseinskreisen, in denen Hermes wirkend gedacht wird, hat man bald diesen, bald jenen für seinen Urbereich ausgegeben und danach zu zeigen versucht, wie seine Wirksamkeit und sein Wesen sich im Fortgang der Zeiten weiter ausbreitete, bis das uns vertraute Bild vollendet war. Es gilt ja in der Religionswissenschaft für ausgemacht, daß die Gestalt eines Gottes, abgesehen von der Wunderkraft, mit der er alles vollbringt, keine sinnvolle und notwendige Einheit besitze, sich also nicht mit einem Male als ein Ganzes dem Denken und Schauen geoffenbart haben könne, sondern nach und nach bereichert und ausgeweitet worden sein müsse, in dem Maße, wie die Lebenslage der Verehrer sich wandelte und ihre Bedürfnisse wuchsen. Diese Meinung setzt eine seltsame Wesenlosigkeit der Göttervorstellungen voraus und müßte eigentlich durch einen einzigen Blick auf eine griechische Göttergestalt widerlegt sein. Beim Hermes wird ihre Unzulänglichkeit besonders deutlich. Es ist, als ob der leichtbewegliche Gott solch derbem Zugreifen immer wieder entglitte. Man kann ja den Versuch machen, seine Geschichte mit der Anteilnahme am Herden- und Hirtenleben beginnen zu lassen, man kann seine befruchtende Macht an den Anfang setzen oder seine Verbindung mit den Toten. In all diesen Bereichen ist er tätig. Freilich nicht er allein, sondern noch manche andere Gottheit neben ihm. Aber er ist es auf eine besondere Weise. Und diese seine Weise ist so eigenartig und so ausgeprägt, sie kehrt mit solcher Unbeirrbarkeit in allen seinen Wirkungskreisen wieder, daß man sie nur einmal bemerkt zu haben braucht, um über sein Wesen nicht mehr im Zweifel zu sein. Damit ist zugleich die Einheit seines Wirkens und der Sinn seiner Gestalt erkannt. Was er immer schaffen und herbeiführen mag, in allem offenbart sich dieselbe Idee, und sie ist Hermes.

Alle Götter werden gebeten, daß sie „das Gute" geben möchten, und man preist sie als „die Geber des Guten" (δοτῆρες ἑάων, z. B. Odyss. 8, 325; vgl. Lukian., Prometh. s. Cauc. 18). Auf Hermes wird dies formelhafte Lob vorzüglich angewandt (vgl. Odyss. 8, 335; Homer. Hymn. 29, 8). Er ist ja „der menschenfreundlichste und gabenreichste der Götter" (Aristoph. Pax. 394). Aber *wie* schenkt er? Wir müssen, um das zu verstehen, nur an seine Zauberrute denken, nach der er bei Homer χρυσόρραπις heißt, „des Segens und Reichtums wundervolle Rute, golden dreiblättrig, ein Schutz gegen jeden Schaden" (Homer.Hymn. 529). Von ihm kommt der *Gewinn*, der klug berechnete und der gänzlich unerwartete; am meisten aber dieser. Das bezeichnet ihn ganz. Wer einen kostbaren Fund am Wege macht, wem plötzlich ein Glück zufällt, der dankt dem Hermes. So heißt bekanntlich alles, was man als ‚gefunden‘ bezeichnet, eine Hermesgabe (ἕρμαιον), und das geflügelte Wort der Gewinnsucht lautet: „gemeinsamer Hermes" (κοινὸς Ἑρμῆς). Freilich muß man sich oft abmühen, ehe man die Gabe dieses Gottes empfängt, aber schließlich ist es doch immer ein glückliches Finden. So wünscht der Chor der Eumeniden bei Aischylos (945) dem Bergbau beim Graben neuer Schächte reichen Hermessegen. Er ist es, dem der Kaufmann sich anvertraut; von ihm kommt die Kunst des schlauen Rechnens, aber auch die gute Gelegenheit, ohne die alle Geschicklichkeit erfolglos bleibt. Als echter Handelsgott hat er bekanntlich auf späteren Bildwerken den gefüllten Geldbeutel in der Hand.

Aber der günstige Augenblick und seine lohnende Nutzung steht bei ihm so sehr im Vordergrund, daß die Diebe sich als seine besonderen Schutzbefohlenen betrachten dürfen.

„So auch er, der behendeste,
Daß er Dieben und Schälken,
Vorteil Suchenden allen auch
Ewig günstiger Dämon sei,
Dies betätigt er alsobald
Durch gewandteste Künste."

(Goethe, Faust II.)

Schon im Säuglingsalter hat er sich als Meister der Diebskunst erwiesen, indem er es verstand, die Rinder seines Bruders Apollon zu rauben und den Verfolger zu täuschen. Das erzählt der Homerische Hymnus mit wohlgefälliger Breite (vgl. auch

Sophokles' Ichneutai und dazu Reinhardt, Sophokles 240f.). Ja, er soll sogar dem Apollon gerade in dem Augenblick, als er ihn wegen seines Diebstahls bedrohte, Bogen und Köcher wegstibitzt haben (vgl. Horaz, carm. 1, 10, 11, nach Alkaios). Ähnliche Stückchen, die auch Goethe in das eben angeführte Lied aufgenommen hat, wurden später hinzugedichtet. Der Hymnus spart nicht mit Beiworten, die der Findigkeit, List und Betrügerei Lob spenden. Sie kehren zum Teil auch im Kulte wieder. Vielleicht gehört dazu auch die Homerische Bezeichnung ἐριούνης oder ἐριούνιος, die von den Alten wenigstens frühzeitig so aufgefaßt worden ist. Im Homerischen Epos gilt er als der Meisterdieb, wofür schon oben (S. 132) aus der Ilias angeführt worden ist, daß die Götter durch ihn die Leiche Hektors heimlich entführen lassen wollten. Auf diese Weise hat er einst den Ares aus der Gefangenschaft befreit (vgl. Ilias 5, 390). Auch sein Sohn Autolykos, der Erzdieb, wurde schon erwähnt; was dieser nur mit den Händen berührte, wurde unsichtbar (vgl. Hesiod Fragm. 112 Rz.). Von dem Spitzbubenstreich seines anderen Sohnes Myrtilos wird später die Rede sein. Im Homerischen Hymnus sagt Apollon zu dem kleinen Hermes, er traue ihm wohl zu, daß er des öfteren bei Nacht in reiche Häuser einbreche und geräuschlos darin herumwirtschafte, so daß der Besitzer im Umsehen zum Bettler geworden sei (282ff.). So ist er der rechte Patron aller Räuberei, mag sie von Heroen im großen Stil oder von armen Teufeln betrieben werden. „Herr der Leute, die im Dunkeln ihr Geschäft treiben", nennt ihn der Euripideische Rhesos 216f. „Der Diebe Genosse" heißt er bei Hipponax (Fragm. 1), und im Homerischen Hymnus führt er selbst etwas im Sinne, „wie Räuber es tun in der schwarzen Nacht" (66). Von ihm kann man lernen, wenn es der Augenblick erfordert, mit der überzeugendsten Miene einen Meineid zu schwören; hat er das doch selbst als kleines Bürschchen seinem Bruder Apollon gegenüber getan, um sich vom Verdacht des Rinderdiebstahls zu befreien (Homer. Hymn. 274). Und so wird von Autolykos gesagt, daß er, als Liebling des Hermes, es allen Menschen zuvorgetan habe in den Künsten der Dieberei und des Meineids (s. o. S. 132). Das also ist „das Gute", so wie er es gibt. Mehrere Götter werden ausdrücklich „Geber des Erfreulichen" (χαριδώτης) genannt, so Dionysos und Aphrodite. Auch Hermes hat diesen Beinamen. Was man sich aber dabei denken soll, lehrt das Fest des Hermes Charidotes auf Samos: da waren Diebstahl und Räuberei gestattet (vgl. Plutarch. quaest. Gr. 55). Aber er beschützt nicht bloß die handgreifliche Spitzbübigkeit, sondern jede Verschlagenheit und Arglist, auch die vielbeklagten Künste des Weibes, denen selbst ein kluger Mann verfällt. Als die Götter das Weib, das den Menschen Verderben bringen sollte, begabten und ausschmückten, da war es Hermes, der ihr „Lügen, gewinnende Worte und listigen Sinn" ins Herz legte (Hesiod. Erga 77f.). – Gabe des Hermes ist alles, was dem Menschen glückhaft und verantwortungslos zufällt. Er ist der Gott des fröhlichen und unbedenklichen Gewinnmachens. Aber damit ist auch schon die Gegenseite berührt: Gewinnen und Verlieren gehören zusammen. Wo einer im Umsehen zum reichen Mann wird, da wird ein anderer im Umsehen zum Bettler. Der geheimnisvolle Gott, der den Dürftigen plötzlich vor einen Schatz führt, läßt ebenso plötzlich den Besitz verschwinden.

3.

Und nun ist er der Freund der Herden und der Spender der Fruchtbarkeit. Aber durchaus nicht so, wie andere Götter es sind. Bei schärferem Zusehen verrät er sich leicht als derselbe, den wir schon kennen.

„Kein Gott sorgt so für die Herden und ihre Vermehrung", sagt Pausanias 2, 3, 4. Das bestätigen zahllose Zeugnisse. Im Homerischen Hymnus wird ihm ausdrücklich die Aufsicht über die Herden zugewiesen (497, 567). Auf Ithaka opfert der Hirte den Nymphen und dem Hermes (Odyss. 14, 435; die Scholien zu dieser Stelle verweisen auf Verse des Iambographen Semonides [Fragm. 18], die sagen, daß das Volk der Hirten ganz unter Hermes und den Nymphen stehe). Sehr bedeutsam ist seine Verbindung mit Hekate im Hymnus auf diese Göttin bei Hesiod: sie hat die Macht, heißt es da, mit Hermes zusammen das Vieh in den Ställen zu mehren; Rinder-, Ziegen- und Schafherden läßt sie wachsen und abnehmen, wie es ihr gefällt (Theog. 444 ff.). Die Ilias erzählt von Phorbas, der über reiche Schafherden verfügte, da Hermes ihn am meisten von allen Troern liebte und mit Besitz segnete (14, 490 f.). Von dem Schafreichtum hat Hermes' Geliebte Polymele den Namen; sie schenkte ihm den Sohn Eudoros, dessen Name an ihn selbst, „den Geber des Guten", erinnert (Ilias 16, 179 ff.). Die Erfindung der Hirtenflöte wird ihm schon im Homerischen Hymnus zugeschrieben (511). Eine Reihe von Beinamen, die auch im Kulte vorkommen, charakterisieren ihn als Hirten und Gott der Herden. Auf Vasenbildern sehen wir ihn eine Herde vor sich hertreiben. Berühmt ist das Bild des Hermes Kriophoros, der einen Widder auf den Schultern trägt. So war er im Tempel der Stadt Tanagra von Kalamis dargestellt. Die Legende erzählt, er habe einst eine Seuche, die in der Stadt wütete, dadurch abgewandt, daß er mit einem Widder auf den Schultern ihre Mauern umschritt; dasselbe tat nun beim Hermesfest der schönste der Epheben (vgl. Pausan. 9, 22, 1).

Worin besteht nun aber die Gunst, die der Hirte sich von ihm wünscht? Wie sorgt er für die Herde?

Kein Zweifel, er ist ihr Geleiter. Das kommt in den von Wilamowitz (Aischyl. Interpret. 179) erläuterten Versen der Eumeniden des Aischylos (89 ff.) besonders klar zum Ausdruck. Apollon sendet seinen Schützling Orestes nach Athen, und in dem Augenblick, wo er sein delphisches Heiligtum verlassen soll, bittet der Gott den Bruder Hermes, er möge ihn „hüten", geleiten und sein guter Hirte sein. Die gräßlichen Rachegöttinnen aber treibt er mit Drohungen aus dem Tempel; sie sollen gehen, „von keinem Hirten geweidet", denn solcher „Herde" mag kein Gott sich annehmen. Also ist Hermes der gute Geist, der die Herdentiere des Morgens aus der Hürde führt und treulich weitergeleitet.

Aber dies freundliche Tun ist auch hier nur die eine Seite seiner Wirksamkeit. Der Geleiter kann auch in die Irre führen, der Behüter kann den kostbaren Besitz verschwinden und verloren gehen laasen. Keine seiner Taten ist ja so berühmt und mit solcher Freude an der Hintertriebenheit dieses Schalks immer wieder erzählt worden wie seine Entwendung der Rinder Apollons, deren Fußspuren er so geschickt zu verdrehen wußte, daß der Verfolger ratlos war. Hier erkennen wir wieder den geheimnisvoll Waltenden, der finden und verlieren läßt. Und so erst verstehen wir ihn auch in seiner Rolle als Vermehrer der Herden. Er ist nicht im eigentlichen Sinne Gott der Zeugung und Fruchtbarkeit. In der Wirkung kommt sein Segen auf das gleiche hinaus, im Wesen aber ist er ganz anderer Art. Überall bestätigt es sich, daß zwar die Welt der andern Mächte auch seine Welt ist, daß sie aber immer unter seinem besonderen Zeichen steht, nämlich unter dem der geschickten Führung und des plötzlichen Gewinnmachens. Die wunderbar schnelle Vermehrung der Herdentiere, das ist es, was er wirkt und wodurch er den Charakter eines Fruchtbarkeitsgottes vortäuschen kann. Aber er verrät sich schnell genug; denn sein Tun hat eine bedenkliche Kehrseite in der ebenso erstaunlichen Verminderung. Als gefährlichen Schadenbringer kennen ihn die Schafhirten in den Bergtälern (vgl. Homer. Hymn. 286). In dem oben angeführten Hymnus der Hesiodischen Theogonie erscheint er als Genosse der Hekate, die mit ihm zusammen das Vieh in den Ställen mehrt und Rinder-, Ziegen- und Schafherden, wie es ihr beliebt, aus einer kleinen Zahl groß und aus großer Zahl klein werden läßt.

4.

Auch im Reiche der Liebe ist Hermes heimisch, und wieder begegnen wir demselben Schelm, der uns in den anderen Reichen bekanntgeworden ist. Man würde ihn gründlich mißverstehen, wenn man bei seiner Erotik an die der eigentlichen Liebesgötter dächte. Auch das Reich der Liebe hat Anteil am Glückhaften, ja, es kann ganz aufgehen in der Gunst des Augenblicks, im glücklichen Erhaschen, im Schelmenstück — und dann ist es das Reich des Hermes. Mit bewunderungswürdiger Meisterschaft hat Homer ihn selbst in dem berühmten Liede von Ares und Aphrodite so gezeichnet. Er kann die Lage des gefesselten und verlachten Ares nicht so peinlich finden, daß er nicht gerne eine dreimal schlimmere Bloßstellung in Kauf nehmen würde für die Lust in den Armen der goldenen Aphrodite (Odyss. 8, 339 ff.). Das ist der Liebesgenuß als „Fund", als „Raub" (vgl. *furtum* bei den lateinischen Dichtern und die lehrreichen Ausführungen von W. Jaeger im Hermes 1915). Die einfachen Leute in Attika verehrten einen Gott Tychon, in dem wir durch den Namen einen Geist des „Glückhabens" erkennen (vgl. über ihn Herter, De dis Atticis Priapi similibus. Diss. Bonn 1926). Seine Wirksamkeit mochte so weit reichen wie die Bedeutung des Namens, aber eine besonders wichtige Rolle spielte dieser „Treffer" in der erotischen Sphäre. Er wurde dem Priapos gleichgesetzt und dem Kreise der Aphrodite zugerechnet. Nun trägt auch Hermes den Namen Tychon, und er trifft ihn vorzüglich.

Als glücklicher Liebhaber der Nymphen erscheint er im Homerischen Hymnus auf Aphrodite (262). Wie er die Schönste ausspäht und unversehens umarmt, schildert die Erzählung von Eudoros' Mutter in der Ilias: Hermes sah sie im Mädchenreigen der Artemis, verliebte sich in sie und fand sich alsbald heimlich in ihrem Gemache ein (16, 179 ff.). Hermes' Sohn ist jener Wagenlenker Myrtilos, der um einer Liebesnacht willen die Spitzbüberei beging, wächserne Pflöcke in die Wagenachse zu stecken, und damit bei der Wettfahrt den Todessturz seines Herrn Oinomaos herbeiführte. Sein Grab lag im arkadischen Pheneos hinter dem Hermestempel und erhielt jährliche Totenspenden bei Nacht (vgl. Pausan. 8, 14, 11). Auf Euboia hatte Hermes vom Hochzeitsgemach den Beinamen Epithalamites. Oft finden wir ihn mit Aphrodite verbunden. Kräuter und Arzneien, von denen die Erzielung gesunder und schöner Kinder erwartet wird, tragen seinen Namen. Auch daran darf man sich hier erinnern, daß die alten Hermessäulen regelmäßig ithyphallisch gebildet sind. Ja, im elischen Kyllene verehrte man einen Phallos, der, wie die Hermessäule, auf einer Basis aufgerichtet war, als Hermes (Pausan. 6, 26, 5).

Aber was immer jene Vorzeit, der die Schöpfung solcher Kultusobjekte angehört, davon gedacht haben mag, in der neuen Religion, mit der wir uns hier beschäftigen, ist Hermes kein Gott der Zeugung und Fruchtbarkeit, wenn er auch als ein solcher erscheinen kann, da sein wunderbares Walten auch zum Ziel der Liebesvereinigung und der Kindergewinnung hinführt. Immer ist es das zauberhafte Geleite, was den Inbegriff seines Tuns ausmacht, die Führung zum köstlichen Gewinn. Er raubt die Schöne aus der tanzenden Schar und führt sie, wie weit und gefahrvoll der Weg auch sein mag, sicher zum Geliebten. So hat er Aphrodite einst in die Arme des Anchises geführt (vgl. Homer.Hymn. Aphrod. 117ff.). Oft sehen wir ihn auf Bildwerken als Führer von drei göttlichen Mädchen; oder er führt die drei Göttinnen zum jugendlichen Schönheitsrichter.

Aber auch hier haben wir die Gegenseite. So wie er heimlich und wunderbar zum Orte der Erfüllung führt, so geleitet er auch umgekehrt den, der sich trennen will, behutsam hinweg. Auf einer Schale von Corneto (vgl. Buschor, Griech. Vasenmalerei, Abb. 124) sehen wir einen jungen Mann die schlafende Geliebte verlassen – ist es Theseus, der sich von Ariadne wegstiehlt? –, und Hermes geht achtsam voran.

5.

Und so ist endlich auch der Hermes, dem die Verstorbenen anvertraut sind, ein Geleiter. Hat er doch auch den Herakles, als dieser den Höllenhund holen sollte, in die Unterwelt geleitet (vgl. Odyss. 11, 626. Apollod. 2, 5, 12). Wie er auf Bildwerken die Nymphen führt, so geht er im letzten Buche der Odyssee (1 ff.) den Seelen der getöteten Freier, nachdem er sie aus dem Hause gerufen, voran, um sie an den Ort ihrer Bestimmung zu geleiten. Das ist der Hermes Psychopompos, der Seelenführer, von dem wir späterhin so viel hören. Bei Homer tritt er nur das eine Mal in dieser Rolle auf; wenn sonst die Toten in die Unterwelt gehen, ist von keinem Geleite die Rede. Trotzdem werden wir nicht zweifeln, daß diese Vorstellung uralt ist, denn Kulte und Mythen bezeugen sie vielfältig.

Von Sterbenden wird gesagt, daß Hermes sie ergreife (Aischyl., Choeph. 622). An den „Geleiter Hermes" richtet Aias, ehe er sich ins Schwert stürzt, die Bitte, ihn freundlich zur Ruhe zu betten (Sophokl. Aias 832). Unter seiner wundersamen Führung findet der blinde Oidipus den Weg zu der Stätte, wo er scheiden soll (Sophokl. Oidip. Kol. 1547). Jene Frau von der Insel Keos, die in Gegenwart des Pompeius ihrem Leben selbst ein Ende machen wollte, goß, ehe sie den Giftbecher trank, eine Spende für Hermes aus und betete, er möge sie auf sanftem Wege in einen freundlichen Bezirk der Unterwelt führen (Val. Max. 2, 6, 8). Von dieser Verbindung mit den Toten zeugten die Hermessäulen, die auf den Gräbern standen (vgl. Cicero, De legibus 2, 65).

Auch in dieser dunklen Sphäre ist seine Wirksamkeit nach zwei Seiten gerichtet: er führt nicht bloß hinab, sondern auch herauf. So bringt er im Demeterhymnus die Persephone aus dem Totenreich zurück. In Aischylos' Persern wird er neben der Erdgöttin und dem Totenbeherrscher angerufen, den Geist des großen Königs ans Licht zu schicken (629). Auf dem bekannten

Vasenbild von Jena steht Hermes mit erhobenem Stabe vor der Öffnung eines in der Erde steckenden Riesengefäßes, aus dem geflügelte Seelen hervorflattern. Am letzten Tage der Anthesterien, die, als Allerseelenfest, die wiederkehrenden Toten ehrten und zuletzt mit einem feierlichen Spruche verabschiedeten, opferte man nur dem Unterwelthermes (H. Chthonios). Am schönsten und ergreifendsten hat der Meister des berühmten Orpheusreliefs den Totenführer Hermes dargestellt: er geleitet die freigegebene Eurydike aus dem Schattenreiche, und da Orpheus sich eben nach ihr umwendet, erfaßt er sanft ihre Hand, um sie wieder ins Dunkel zurückzuführen. Den toten Protesilaos, der sich auch drunten noch in Liebe zu seiner Gattin Laodameia verzehrte, hat er, wenn auch nur für wenige Stunden, in sein Haus zurückgeführt, wie wir aus dem leider verlorengegangenen Protesilaos des Euripides wissen (vgl. Apollod. Epit. 3, 30. Hygin. Fab. 103, 104).

6.

Der Hermes, der durch den bedeutsamen Namen Chthonios mit den Unterirdischen in Verbindung gebracht wird, kann oft genug als eigentlicher Totengott erscheinen. Aber er gibt sich immer wieder als Geleiter zu erkennen, und so ist er hier derselbe wie in den anderen Sphären seiner Wirksamkeit. In der Gunst des Geleitens offenbart sich das wahre Wesen des Gottes.

Er ist der Herr der Wege. An den Wegen lagen die Steinhaufen (ἕρμαιον), von denen er den Namen empfangen hat. Der Vorübergehende warf einen Stein auf sie (vgl. Cornut. 16, p. 24; Anthol. Planud. 4, 254). Was sie auch in ältester Zeit bedeutet haben mögen, sie wiesen den Wanderern den rechten Weg (vgl. Anthol. Planud. 4, 254). Einen solchen „Hermeshügel" nennt die Odyssee (16, 471); er lag oberhalb der Stadt. Auf dem Steinhaufen erhob sich auch die bekannte viereckige Säule des Gottes mit menschlichem Kopf, die „Herme" (vgl. Babrios 48), die in jedem Falle einen Unterbau haben mußte. Auch die „Hermen" standen vornehmlich an den Wegen, an den Eingängen der Städte und Häuser, an den Markt- und Landesgrenzen. Eine Reihe von Beinamen ehrt den Hermes als Gott der Wege und Eingänge, als Führer und Wegweiser. Er ist der natürliche Beschützer der Wanderer, zu denen ja auch die Kaufleute gehören. Auf älteren Bildwerken erscheint er selbst gerne als Wanderer mit dem Reisehut. Immer ist sein Gang eilig, ja fliegend. Auf die Schnelligkeit, die ihn auszeichnet, weisen ja auch die Flügel an seinem Reisehut. Er besitzt die „goldenen" Sandalen, „die ihn mit dem Windeswehen über das Meer und die weite Erde tragen" (Ilias 24, 340). Das ist ein treffendes Bild seiner Natur.

Wo ein Eintritt geschieht, wo ein Weg zurückgelegt wird, da ist der wundersame Geselle zugegen. Der Mythos erzählt von ihm, er habe das Dionysosknäblein nach der Geburt in Empfang genommen, um es zu seinen Nährmüttern zu bringen (vgl. Apollod. 3, 28; Apollon. Rhod. 4, 1135) — ein berühmter Vorwurf für die bildende Kunst. Auf dem amyklaiischen Throne war dargestellt, wie Hermes den jungen Dionysos in den Himmel führt (Pausan. 3, 18, 11). Auch beim Aufstieg der Persephone ist er zugegen; auf dem im Jahrbuch des Archäologischen Instituts 1892 (Anzeiger 166) veröffentlichten Vasenbild taucht sie langsam aus der Erde empor, den Blick auf Hermes, der sie erwartet, gerichtet. Es ist ein echter Zug seiner Wesensart, daß er auf zauberhafte Weise plötzlich zugegen ist. Im Eingang der Eumeniden des Aischylos (vgl. v. Wilamowitz, Aischyl. Interpret. 179) steht er ohne jede Ankündigung plötzlich da, um Orest, der in diesem Augenblick den Apollotempel verlassen soll, durch die Schar der schlafenden Rachegöttinnen hinaus und nach Athen das Geleite zu geben. Im Homerischen Hymnus kommt er nach seinem Schelmenstück, von niemandem bemerkt, zurück und schlüpft wie ein Lüftchen durchs Schlüsselloch ins Zimmer (146).

Sein Kommen, seine Gegenwart hat etwas Geisterhaftes. Wenn in einer Gesellschaft plötzlich alle schweigen, pflegt man zu sagen: „Hermes ist eingetreten" (Plutarch, de garrul. 2). Die Empfindung des Seltsamen, die in diesen Worten liegt, ist uns recht wohl bekannt; sagen wir doch selbst in solchen Augenblicken, ein Engel gehe durchs Zimmer. Es ist, als rührten sich nächtliche Geheimnisse, wenn es auch heller Tag ist.

Und Hermes ist wirklich ein *Geist der Nacht*.

Das Nächtliche seines Wesens verrät schon die Hadeskappe, mit der er sich unsichtbar machen kann. Bei Nacht vollbringt er das Meisterstück des Rinderraubes, von dessen Ruhm der Homerische Hymnus voll ist. Apollon traut dem jungen Bruder zu, daß er bei Nacht in reiche Häuser einbreche und geräuschlos darin hantiere (Homer. Hymn. 282 ff.). Im Hymnus heißt er „Späher der Nacht" (15 νυκτὸς ὀπωπητήρ), wie er sonst „der gute Späher" (εὔσκοπος, Ilias 24, 24. Odyss. 1, 38) genannt wird. Im Felde wußte man, wie schwer und gefährlich es ist, „die feindlichen Männer zu erspähen allein vordringend in ambrosischer Nacht" (Ilias 10, 40). In diesen Kreis der Gedanken und Erlebnisse scheint auch die Erzählung von dem in der Nacht arbeitenden Bauern Battos zu gehören, der dem Hermes versprach, über seinen Rinderraub zu schweigen, und, als er ihn doch ausschwatzte, von dem Gotte in einen Stein verwandelt wurde. Der Ort, wo das geschah, hieß nach Antoninus Liberalis 23 „Battoswarte" (Βάττου σκοπιαί), der Stein selbst, in den Battos verwandelt worden war, nach Ovid, Metamorphosen 2, 687 ff. „der Anzeiger" (*Index*). Das nächtliche Walten des Hermes verehren die Phaiaken, indem sie ihm am Abend, unmittelbar vor dem Schlafengehen, die letzte Spende darbringen (Odyss. 7, 138). Mit seinem zauberischen Stabe schläfert er die Wachenden ein und weckt die Schläfer auf (Ilias 24, 343). So läßt er, als Geleiter des Priamos, über die mit der Abendmahlzeit beschäftigten griechischen Torwächter einen wunderbaren Schlaf fallen (Ilias 24,

445). „Frohsinn, Liebe und süßer Schlaf" sind die Wonnen, die seinem Saitenspiel entströmen (Homer. Hymn. 448f.), und er selbst heißt „Führer der Träume" (ebenda 14), weshalb man nach einem bedeutungsvollen Traume ehrerbietig seiner gedenkt (vgl. Apollon. Rhod. 4, 1731 mit Scholien).

7.

Die dämonische Nacht kann gütiger Schutz sein oder gefährliche Irreleitung.

Ihre wunderbare Führung ist nie schöner und wahrer dargestellt worden als in der Homerischen Erzählung von der Nachtfahrt des Priamos. Der greise König soll das furchtbare Wagnis unternehmen, in eigener Person das Lager der Feinde zu betreten und sich vor dem unversöhnlichsten von allen, dem Achilleus, der die Leiche seines Lieblingssohnes Hektor täglich mißhandelt, als Bittender niederzuwerfen. Da schickt ihm Zeus den Hermes als Begleiter. „Hermeias," redet er den Sohn an (Ilias 24, 334), „du liebst es doch, einem Manne als Freund zur Seite zu stehen, und erhörst, wen du willst: geh, führe den Priamos zu den Achaierschiffen so, daß kein Danaer ihn sieht und erkennt, bis er zum Sohne des Peleus gekommen ist!" Hermes gehorcht sofort und leistet dem bemitleidenswerten König göttlichen Beistand; aber so, wie die Homerischen Götter zu helfen pflegen: kein Wunder geschieht, sondern ein Glücksfall, wie der Alte ihn nicht einmal zu wünschen wagte, tritt auf scheinbar ganz natürliche Weise ein. Am Flusse, wo der Wagen haltmacht, damit die Pferde trinken, kommt plötzlich ein junger Mann des Weges. Dem Priamos stehen die Haare zu Berge, und er glaubt sich schon verloren. Aber der Fremde reicht ihm freundlich die Hand und heißt ihn unbesorgt sein. Er stellt sich als Gefolgsmann des Achilleus vor und ist gerne bereit, ihn sicher bis zur Tür seines Herrn zu geleiten. Ja, er kann dem bekümmerten Vater die Nachricht geben, daß der Leichnam seines Sohnes, trotz aller Mißhandlungen, unzerstört geblieben sei. Welche Begegnung hätte glücklicher sein können! Freudig erkennt Priamos die schützende Hand der Gottheit (374). Daß aber Hermes selbst es war, der sich in der Gestalt eines Jünglings zu ihm gesellt hatte, das erfährt er erst am Ziel der Fahrt, vor der Tür des Achilleus, als der gütige Begleiter wieder verschwindet (460). Wunderbar war alles geglückt. Der fremde Jüngling war auf den Wagen gesprungen, hatte selbst die Zügel in die Hand genommen, und es war zum Erstaunen, wie mächtig die Tiere ausgriffen. Als sie bei der Befestigung des Schiffslagers ankamen, hatte er die Wächter eingeschläfert und das Tor geöffnet. So kam Priamos vor die Wohnung des Achilleus, wo Hermes sich zu erkennen gab, ihm noch Ratschläge erteilte und verschwand. Achilleus verfuhr menschlich mit dem unglücklichen König. Er lieferte ihm den toten Sohn aus und bot ihm ein Nachtlager. Aber noch war nicht alle Gefahr vorüber. Wenn er morgens beim Weggehen von Agamemnon und den Griechen erkannt wurde, war es um ihn geschehen. Wieder nahm Hermes sich seiner an. Noch vor Tage weckte er ihn, machte ihn auf die Gefahr aufmerksam und führte ihn unbemerkt aus dem Lager hinaus bis an den Fluß, wo er verschwand. Gleich darauf stieg die Morgenröte empor.

Das Nächtliche dieses Waltens, die Führung auf dunklen Wegen, gibt uns erst das volle Verständnis für die Verbindung des Hermes mit den Totengeistern, dem Totenreich und seinen Göttern. Auf den Wegen schweiften zur Nachtzeit die Toten, am Kreuzwege versammelten sie sich, am Wegrande lagen die Gräber; auch der Steinhaufen ist nicht selten ein Grab gewesen.

Aber es wäre ein Irrtum, zu glauben, daß Hermes den Toten jemals mehr angehört hätte als den Lebenden. Das eben ist seine Art, daß er keinem Bezirke angehört und keine bleibende Stätte hat, sondern immer zwischen hier und dort auf dem Wege ist und sich dem Einsamen plötzlich zugesellt. In diesem Wirken offenbart sich der Genius der Nacht, der den Menschen neben ihrer Unheimlichkeit, und oft mitten in ihr, auch ihre Huld erleben läßt. Bei vielem, was die Griechen von der Nacht sagen, müssen wir unwillkürlich auch an Hermes denken. „Sie gehört den Seligen", sagt Hesiod, und der Wanderer soll sich nicht unehrerbietig gegen sie benehmen (Erga 729f.). Als „Freundin aller" bittet sie der dritte orphische Hymnus, die nächtlichen Schrecken zu verjagen. „Helferin" (ἐπίκουρος) wird sie im Homerischen Hermeshymnus 97 genannt. „Die Freundliche" (εὐφρόνη) ist ihr Name in der Poesie seit Hesiod und in der Prosa des Herodot. Sie ist die Vertraute und Schützerin der Liebenden. In dem schon genannten orphischen Hymnus wird ihr sogar der Name der Liebesgöttin (Κύπρις) beigelegt. Ihr Kind ist bei Hesiod (Theog. 224) „die Liebe" (Φιλότης) – daneben aber steht, sehr bedeutungsvoll, als anderes Kind „die List" oder „Täuschung" (Ἀπάτη), wie ja auch Hermes beides in seinem Wesen hat.

8.

Aber das Wunderbare, das Unheimliche, das der Nacht eigentümlich ist, kann auch als plötzliche Verdunkelung oder als sonderbares Lächeln auf dem Gesicht des Tages erscheinen. Dies Nachtgeheimnis bei Tage, dies magische Dunkel unter der hellen Sonne ist das Reich des Hermes, den die Magie in späterer Zeit mit gutem Grunde als ihren Meister verehrt hat. Für die Volksempfindung meldet es sich in dem merkwürdigen Schweigen, das plötzlich mitten in der lebhaftesten Unterhaltung eintreten kann und als ein Zeichen gilt, daß Hermes hereingekommen sei (s. o.). Der seltsame Augenblick kann eine Unglücksanzeige bedeuten oder ein freundliches Angebot, ein wunderlich-günstiges Zutreffen.

Ein Tageserlebnis dieser Art schildert die Odyssee und stellt uns dabei den geheimnisvollen Freund einsamer Wanderer mit der überzeugendsten Lebenswahrheit vor Augen. Odysseus war allein ausgezogen, um seine im Haus der Kirke zurückgebliebenen Gefährten aufzusuchen. Des Ortes unkundig, schritt er durch die Täler — da trat ihm, ganz nahe bei Kirkes Wohnung, Hermes — kein anderer konnte es sein — in Gestalt eines jungen Mannes entgegen (Odyss. 10, 277ff.). Von ihm erfuhr er, wie gefährlich sein Unternehmen sei: drinnen wohne eine Zauberin, die schon seine Gefährten verwandelt habe und nun auch ihn bei sich festhalten werde; aber es sei doch möglich, mit der unheimlichen Frau fertig zu werden, wenn er nämlich das zauberkräftige Kraut besitze, das er ihm hier aus der Erde graben wolle. Jetzt konnte Odysseus ohne Furcht an der geheimnisvollen Pforte anklopfen. — So offenbart sich Hermes inmitten der wilden Einsamkeit. Wir fühlen das seltsam Zwielichthafte der Stimmung und denken, obgleich es hier Tag ist, an die Ungewißheiten der Nacht, die sich plötzlich durch das Gefühl gütiger Gegenwart in Geborgenheit und tiefes Glück auflösen können.

Die Nacht ist eine Welt für sich. Durch sie verstehen wir das Reich, dessen göttliche Gestalt Hermes ist, erst ganz.

9.

Wer bei Nacht auf freiem Felde einsam wacht oder auf stillen Straßen wandert, der erlebt die Welt anders als bei Tage. Die Nähe ist verschwunden und mit ihr auch die Ferne. Alles ist fern und nah zugleich, dicht bei uns und doch geheimnisvoll entrückt. Der Raum hat seine Maße verloren. Es flüstert, es tönt, und man weiß nicht wo und was. Auch das Gefühl ist seltsam ungewiß. Durch die lieblichste Heimlichkeit geht ein Befremden, und das Schaurige reizt und lockt. Es gibt keinen Unterschied mehr zwischen Leblosem und Lebendigem, alles ist beseelt und seelenlos, wach und schlafend zugleich. Was der Tag schrittweise heranführt und kenntlich macht, löst sich ganz unvermittelt aus dem Dunkel. Wie ein Wunder steht die Begegnung plötzlich da — was ist's, das sich enthüllt, eine zauberische Braut, ein Unhold oder ein gleichgültiger Klotz? Alle Dinge necken den Wanderer, spielen mit bekannten Gesichtern und wissen im nächsten Augenblick nichts mehr davon; erschrecken plötzlich mit seltsamer Gebärde und stehen gleich wieder wohlvertraut und harmlos da.

Überall lauert Gefahr. Dem dunklen Rachen der Nacht, der hart neben dem Wanderer gähnt, kann jede Minute ohne Warnung ein Räuber entsteigen oder ein gespenstiges Schrecknis oder der ruhelose Geist eines Toten — wer weiß, was an jener Stelle einmal geschehen sein mag? Vielleicht ist's der Wille schadenfroher Nebelgeister, ihn vom rechten Wege abzulocken in die Öde, wo das Grausen wohnt, wo verführerische Unholde den Reigen tanzen, den niemand lebend verläßt. Wer soll ihn schützen, ihn recht geleiten, ihm guten Rat geben?

Der Geist der Nacht selbst, der Genius ihrer Güte, ihres Zaubers, ihrer Erfindsamkeit und ihrer tiefen Weisheit. Sie ist ja die Mutter aller Heimlichkeiten. Die Ermüdeten deckt sie mit Schlaf zu, nimmt ihnen die Sorgen ab und spielt mit Träumen um ihre Seele. Ihren Schutz genießt der Unglückliche und der Verfolgte so gut wie der Schlaue, dem ihr vieldeutiges Dunkel zu tausend Erfindungen und Geschicklichkeiten verhilft.

Sie deckt ihren Schleier auch über Liebende und läßt alle Zärtlichkeiten, alle verborgenen und enthüllten Reize in ihrem Dunkel behütet sein. Musik ist die wahre Sprache ihrer Heimlichkeit, die zauberische Stimme, die für verschlossene Augen tönt und in der sich Himmel und Erde, Nähe und Ferne, Mensch und Natur, Gegenwärtiges und Vergangenes so gut zu verständigen scheinen.

Aber die Dunkelheit der Nacht, die so süß zum Schlafe lädt, gibt auch neue Wachsamkeit und Helligkeit dem Geiste. Sie macht ihn erkennender, kühner, waghalsiger. Ein Wissen blitzt auf oder fällt wie ein Stern herab, ein seltenes, kostbares, ja ein magisches Wissen.

So ist die Nacht, die den Einsamen erschrecken und irreführen kann, zugleich auch seine Freundin, seine Helferin, seine Raterin.

10.

Mit diesem Bilde ist der Gott Hermes selbst nicht getroffen, aber er hat doch von allen seinen Zügen etwas. Wir brauchen es nur ins Männlichere und Keckere zu übersetzen, und schon steht ein Geist von der Art des Hermes vor uns.

Gefahr und Schutz, Schreck und Beruhigung, Gewißheit und Verirrung, all dies birgt die Nacht in sich. Ihr ist das Seltene und Seltsame eigen, das plötzlich Auftauchende, nicht an Ort und Zeit Gebundene. Wem sie günstig ist, den führt sie glücklich und läßt ihn, ehe er's ahnt, einen großen Fund tun. Sie ist für alle, die ihres Schutzes bedürfen, gleich, allen bietet sie sich an, alle läßt sie ihr Glück versuchen.

So ist auch die Welt des Hermes. Sie hat, wie jede Welt, ihre hohe und ihre niedere Sphäre. In beiden kommt es auf die gute Gelegenheit an, auf die Gunst des Augenblicks, auf das Glück des Weges; in beiden sind Beweglichkeit, Findigkeit, Schlagfertigkeit die höchsten Tugenden und das Ziel der plötzlich aufblitzende Schatz.

Wie weit war der Blick, der diese Welt ausgemessen hat, wie lebendig das Auge, das ihre Gestalt als die eines Gottes gesehen und die Tiefe des Göttlichen noch im Schelmentum und in der Unverantwortlichkeit erkennen konnte. Es ist im vollen Sinne eine Welt, das heißt, eine ganze Welt, nicht irgendein Bruchteil der gesamten Summe des Daseins, was Hermes beseelt und beherrscht. Alle Dinge gehören ihr an, aber sie erscheinen in einem anderen Lichte als in den Reichen anderer Götter. Was sich ereignet, kommt wie vom Himmel geflogen und verpflichtet nicht; was getan wird, ist ein Virtuosenstück und der Genuß ohne Verantwortung. Wer diese Welt des Gewinnens und die Gunst ihres Gottes Hermes will, der darf auch zu dem Verlieren nicht nein sagen; denn eines ist nicht ohne das andere.

11.

Die vedischen Inder verehrten einen Gott, von dessen Eigenschaften man nicht hören kann, ohne auf das lebhafteste an Hermes erinnert zu werden. Er heißt Pushan. Über ihn schreibt Oldenberg: „Der immer wiederkehrende Charakterzug seines Wirkens liegt darin, daß er die Wege kennt, die Wege zeigt, die Wege führt, vor dem Verirren, dem Verlorengehen bewahrt, das Verirrte zurückzuführen, das Verlorene wiederzufinden weiß. Man hat ihn für einen Gott des Ackerbaus und der Herdenzucht gehalten: er beschützt aber den Ackerbau und die Herdenzucht nur insofern, als er die Furche, welche der Pflug zieht, in der rechten Richtung leitet, als er, mit dem Ochsenstachel ausgerüstet, den Kühen auf ihren Wegen nachgeht, damit sie sich nicht verlieren... Er führt die Braut auf sicherem Wege vom Elternhaus zum Hause des Gatten... Er führt auch die Toten ins Jenseits... Wer auf ein Geschäft ausgeht, opfert Pushan... Bei den Spenden an alle Götter und Wesen, die morgens und abends verteilt werden, empfängt Pushan der Wegbereiter die seinige auf der Schwelle des Hauses. Er vertreibt die Bösen vom Wege, den Wolf und den Wegelagerer... Mit goldenen Schiffen im Meer und im Luftreich tut er Botendienst für die Sonne. Der Wegekenner, der vor dem Verlieren behütet, findet auch das Verlorene und Versteckte und läßt es die Menschen finden... Die Form, in welcher er den Menschen Schätze gibt, ist die, daß er sie finden läßt..." (Religion des Veda, 1. Aufl., 230 ff.).

All dies trifft wörtlich auch für Hermes zu, und man ist einen Augenblick versucht, sie für richtige Doppelgänger zu halten. Aber wie unähnlich sind sie sich doch in all ihrer Ähnlichkeit.

Der indische Gott besitzt Macht über die Wege und alles, was auf ihnen wandelt und geschieht; und er wendet diese Macht zum Nutzen und Frommen der Menschen, die ihn ehren, an. Er ist also der Spezialgott eines bestimmten Bezirks dieser Welt, und er waltet dort so, wie es die Klasse der friedfertigen und rechtschaffenen Menschen sich wünscht; er führt sie richtig und beschützt sie vor allen möglichen Gefahren. „Er vertreibt die Bösen vom Wege, den Wolf und den Wegelagerer."

Hermes aber beschützt die Wegelagerer und Diebe, und wenn er auch den frommen Wanderer glücklich an ihnen vorüberführt, so scheinen doch gerade sie seinem Wesen und Herzen besonders nahezustehen. Das bedeutet eine ungeheure Ausweitung des göttlichen Wirkungskreises. Sein Umfang wird nicht mehr durch menschliche Wünsche bestimmt, sondern durch eine eigentümliche Form des ganzen Daseins. Und da findet sich, daß dieser Umkreis Gutes und Böses, Erwünschtes und Enttäuschendes, Hohes und Niedriges umschließt. Man erhoffte von Hermes die Gnade, sich durch Gefahren glücklich hindurchzufinden; er sollte der erste gewesen sein, der die Wege „reinigte", wovon die Steinhügel ein Zeugnis zu sein schienen (vgl. Schol. Odyss. 16, 471). Aber der Homerische Hymnus, der damit schließt, daß Hermes „allen Menschen und Göttern sich gesellt", vergißt die andere Seite nicht, wenn er hinzufügt: „Nützen mag er wohl manchmal, doch maßlos täuscht er die sterblichen Menschen im Dunkel der Nacht" (577).

Dieser Hermes ist nicht eine Macht, die in bestimmten Lebensnöten Beistand leistet; er ist der Geist einer Daseinsgestaltung, die unter den verschiedensten Bedingungen immer wiederkehrt und neben dem Gewonnen das Zerronnen, neben der Güte die Schadenfreude kennt. So vieles darin vom moralischen Standpunkt aus bedenklich erscheinen muß, sie ist doch eine Seinsform, die mit all ihren Fragwürdigkeiten zu den Grundgestalten der lebendigen Wirklichkeit gehört und darum nach griechischer Empfindung Ehrfurcht fordert, wenn auch nicht für alle ihre einzelnen Ausprägungen, so doch für das Ganze ihres Sinnes und Seins.

12.

Die Hermeswelt ist durchaus keine heroische Welt. Ein Odysseus und ein Diomedes rufen bei ihrem nächtlichen Wagnis die Athene an, und die Göttin kommt (Ilias 10). Dolon aber, der in derselben Nacht auf ein ganz ähnliches Abenteuer auszieht, und der nicht auf den Geist des Heldentums, sondern auf Behendigkeit, Schlauheit und vor allem auf das Glück vertraut, wird im Euripideischen Rhesos dem Hermes anempfohlen, der ihn glücklich hin- und zurückgeleiten möge (216, vgl. auch Soph. El. 1395. Phil. 133).

Daher ist Hermes auch der rechte Gott jener Anstelligkeit, durch die ein Diener sich seinem Herrn unentbehrlich macht. Der als Bettler erscheinende Odysseus rühmt sich vor Eumaios (Odyss. 15, 319), daß „durch die Gunst des Hermes kein anderer es ihm gleichtun könne in der Kunst des Aufwartens, Feuer aufzuschichten und Brennholz zu spalten, Fleisch zu zerlegen, zu braten und Wein einzuschenken, so wie die Geringen den Edlen dienstbar sind". Er hat ja selbst, nach dem Homerischen Hymnus (108 ff.), die Feuerzündung erfunden, und er wird mit der Herdgöttin Hestia zusammen verehrt und abgebildet (vgl. Homer. Hymn. 29, 7ff.; Pausan. 5, 11, 8; auch Kallimach. Hymn. Artem. 68 f.); auch gilt er als der vorbildliche Opferer. Kein Wunder, daß dieser Meister der Geschicklichkeit und Behendigkeit selbst Diener im Olymp geworden ist, vor allem Diener und Bote des Zeus (vgl. Aischyl. Prom. 941 u. a.; Aristoph. Pax 180ff. und Plut. 1102 ff.; Lukian. Dial. deor. 24). Als Mundschenken der Götter kennen ihn schon Alkaios und Sappho (vgl. Athen. 10, 425 D). Davon weiß die Ilias nichts; ihre Götterbotin ist Iris, und wenn Zeus den Hermes zu Priamos schickt, damit er ihm sicheres Geleite gebe (Ilias 24, 333), so beruft er sich auf seine Geneigtheit, den Menschen, die ihn bitten, Führer zu sein, behandelt ihn also ebensowenig wie andere Götter, die er gelegentlich entsendet, als Boten oder Diener. Der Odyssee dagegen ist das Bild des Zeusboten Hermes ganz geläufig (Odyss. 5, 29). Aber wann es auch aufgekommen sein mag, für uns ist nur das wichtig, daß es dem Grundwesen des Gottes durchaus entspricht. Denn wer konnte geeigneter erscheinen, dem Himmelsgotte Botendienste zu tun, als der blitzschnell dahinfliegende und überall geheimnisvoll auftauchende Hermes. Zu den Fertigkeiten, die ihm als Herold zustatten kommen mußten, ist auch seine tüchtige Stimme zu rechnen, die ihn nach einer Sage (vgl. Schol. Ilias 5, 785) im Wettstreit mit dem berühmten Stentor siegen ließ. Meister der Rede, wie später oft, ist er schon für Hesiod; denn Hermes ist es, der Pandora Stimme verleiht (Erga 79).

Wenn aber die Welt des Hermes auch nicht vornehm ist, ja in ihren charakteristischsten Erscheinungsformen einen ausgesprochen unvornehmen und oft genug einen bedenklichen Eindruck macht, so bleibt ihr doch — und das ist echt olympisch — das Gemeine und Abstoßende fern. Ein Geist der Heiterkeit, ein überlegenes Lächeln schwebt verklärend über ihr und versöhnt auch mit ihren gewagtesten Schelmenstreichen. Und dieses freie Lächeln gibt uns, falls wir eine richterliche Anwandlung haben sollten, zu verstehen, wie weit diese Welt ist und daß es kein Leben gibt, das nicht zu seiner Zeit an ihr teil hat und ihrer Huld bedarf. Jedes Leben weiß etwas von Glücksrittertum und Freibeuterei und ist ihnen noch viel mehr verschrieben, als ihm selber bewußt sein kann. In demselben Maße muß Hermes sein Gott sein. Seinem Reiche fehlt ja auch das Sublime nicht. Steht nicht der Sieg alles Gewinnenden, von welcher Art er auch sein mag, unter dem Zeichen seiner Glückhaftigkeit und Beutelust? Wieviel Verschlagenheit und Spitzbüberei ist nicht in der Liebe, und doch, auch sie sind liebenswürdig.

Die Gunst des Hermes verleiht den Werken der Menschen Reiz (vgl. Odyss. 15, 319). Er selbst ist viel mit den Huldinnen, die Chariten heißen, zusammen. Bei Homer erscheint er in der gewinnendsten Schönheit der ersten Jugendblüte (vgl. Ilias 24, 347; Odyss. 10, 278; bei Lukian, Dial. deor. 22, tut er sich viel auf sein Aussehen zugute). Der schönste Ephebe mußte beim Hermesfest in Tanagra die Rolle des widdertragenden Gottes spielen (Pausan. 9, 22, 1). „Hermes, Chariten, Horen, Aphrodite und Pothos" faßt der Segensruf in Aristophanes' Frieden zusammen (456).

Hermes, der Junge, Schöne, Behende und Geschickte, der Liebenswürdige und Verliebte, ist auch der richtige Schutzgeist der Wettkämpfe und Gymnasien. Seine Feste sind ausgezeichnet durch Kampfspiele von Knaben und Jünglingen. Daß man dabei auch an argen Schabernack des Gottes denken mochte, legt die schon erwähnte Geschichte von seinem Sohne, dem Wagenlenker Myrtilos, nahe.

Und endlich erkennen wir das Wesen des Gottes, verklärt und ins Unendliche gehoben, wieder in seiner Musik. Der Homerische Hymnus erzählt, wie er das Saiteninstrument erfand und nachher dem Apollon überließ. Auf dem Helikon sah man Bilder des Apollon und Hermes, die sich um die Lyra stritten (Paus. 9, 30, 1). In Megalopolis gab es ein gemeinsames Heiligtum der Musen, des Apollon und des Hermes (Pausan. 8, 32, 2). Den berühmten Musiker Amphion sollte Hermes selbst im Leierspiel unterrichtet haben (Pausan. 9, 5, 8). Auch die Erfindung der Hirtenflöte wird ihm schon im Homerischen Hymnus zugeschrieben. Da haben wir den Meister der Geschicklichkeiten, den Führer der Herdentiere, den Freund und Buhlen der Nymphen und Chariten, den Geist der Nacht, des Schlafes und der Träume. Nichts drückt das Heitere und zugleich Nächtlich-Geheimnisvolle, Zauberhafte und Zärtliche des Hermes besser aus als der magisch süße Klang der Saiten oder der Flöte. Im

Homerischen Hymnus sagt Apollon von dem neuerfundenen Instrument des Hermes (448): „Wahrhaftig, hier ist dreifacher Gewinn: Frohsinn und Liebe und süßer Schlummer!"

13.

Bei einer Gottesvorstellung dieser Art hat es keinen Sinn, zwischen älteren und jüngeren Eigenschaften zu unterscheiden und eine Entwicklungslinie zu suchen, die sie miteinander verbinden könnte. Trotz ihrer Vielfältigkeit ist sie doch nur eine, und wenn irgendein Zug tatsächlich später als andere hervorgetreten ist, so war es doch immer nur der eine Grundsinn, der eine neue Ausprägung gefunden hat. Was auch in Urzeiten von Hermes gedacht worden sein mag, einmal muß ein Glanz aus der Tiefe das Auge so getroffen haben, daß es eine Welt in dem Gotte sah und den Gott in der ganzen Welt.

Das ist der Ursprung der Hermesgestalt, die Homer kennt und die späteren Zeitalter festgehalten haben.

IV. DAS WESEN DER GÖTTER

GEIST UND GESTALT

1.

Eine Reihe glänzender Gestalten ist an uns vorübergezogen, und wir bleiben nachdenklich stehen. Wer sind sie denn, diese Mächte, die den Reichtum der Welt in ihren Händen tragen? Jede einzelne hat sich uns in ihrer besonderen Art dargestellt; was ist aber nun das Wesen, das allen gemein ist und das sie zu Göttern macht? Das Wörtchen ‚Gott' ist leicht ausgesprochen. Hier aber, bei den Griechen Homers, was hat es hier für eine Bedeutung? Die Frage ist gewiß schon sehr oft, aber doch niemals im Ernst gestellt worden, und das aus keinem anderen Grunde als darum, weil der ungeheure Abstand der altgriechischen Religion von unserer eigenen den Gedanken nicht aufkommen ließ, daß sie vollen Ernst verdienen könnte. Sollte dieser Abstand uns nicht eher reizen, ja aufs höchste gespannt machen? Freilich ist zum vollen Ernst des Eindringens nötig, daß man bereit und fähig sei, über die Voraussetzungen des jüdisch-christlichen Weltbilds hinwegzusehen und sich das Sein und Geschehen von einem ganz neuen Standpunkt aus zeigen zu lassen. Aber was könnte interessanter sein als die Frage, was ein Menschentum wie das griechische in seiner genialen Frühzeit unter der Gottheit verstanden hat oder von welcher Natur die Wesenheiten sind, auf die sein erhabenster und ehrfürchtigster Blick gerichtet war.

2.

Trotz der größten Verschiedenheiten im Charakter und Temperament haben diese Götter doch alle dieselbe Natur. Daher werden sie gerne als Einheit dem menschlichen Geschlecht gegenübergestellt: „Die Götter" sind es, die das Menschenlos bestimmen; ja oft genug sagt der Dichter nur „Gott" oder „die Gottheit", als ob es schließlich doch nur eine einzige Macht wäre, die von dort oben her ins irdische Dasein wirkte.

Gemeinsam ist allen die Unsterblichkeit, und sie heißen die „Ewigen", die immer waren; wodurch aber gewiß nicht dogmatisch festgestellt werden sollte, daß sie niemals geboren seien; was bedeutete das gegenüber der Unmeßbarkeit ihres Lebens! Trotzdem konnte man sie sich nicht anders vorstellen als in der strahlendsten Jugendblüte. Das ist für die hellenische Gottesidee sehr bezeichnend und wie ein Symbol ihres eigentümlichen Wesens. Andere Völker haben keine Abneigung dagegen empfunden, ihre Gottheit alt, ja uralt zu denken; konnte doch kein Bild eindrucksvoller vor Augen stellen, welch ehrwürdige Weisheit sie besitze. Aber bei dem Griechen sträubte sich das innerste Gefühl dagegen. Ihm war das Alter ein Zustand der Ermattung, Verarmung und Verdunkelung der Natur, jener lebendigen und heiligen Natur, von der er den Geist nie und nimmer abtrennen konnte. Auch die höchste Weisheit sollte nicht einem Jenseits des Lebens, sondern seiner freudigsten Kraft angehören und die Erkenntnis nicht auf dem weltabgewandten Greisengesicht, sondern auf der jugendhellen Stirn und den blühenden Lippen Apollons wohnen. „Unsterblich und ohne Alter" — das ist das Kennzeichen alles Göttlichen. Im Homerischen Hymnus auf Aphrodite (244ff.) klagt die Göttin beim Abschied von dem sterblichen Mann, dem sie ihre Liebe geschenkt, daß ihn nun *bald* — und er ist doch noch ein ganz junger Mann — das Alter schonungslos überfallen werde, „das elende, mühselige, das den Göttern verhaßt ist". Wenn jemand wert ist, mit den Göttern zu leben, dann muß er zur Unsterblichkeit noch die ewige Jugend empfangen. So geschah es „der blonden Ariadne, der Tochter des Minos", die „der goldhaarige Dionysos" sich zur Gattin erkoren (Hesiod, Theog. 949). Dasselbe Glück war dem Odysseus von der liebenden Kalypso zugedacht; den aber trieb es nach Hause zur treuen Gattin, wiewohl er wußte, daß sie sich mit der Göttin nicht vergleichen könne, „sie, ein sterbliches Weib, mit der Unsterblichen, Ewigjungen" (Odyss. 5, 215 ff.). Mit der Jugendfrische gehört zum Bild der Götter auch die Schönheit. Sie kann nach griechischer Vorstellung nicht vollkommen sein ohne ansehnliche Größe des Wuchses. Wie schön sind die Nymphen, mit denen Artemis spielt; aber „sie selbst ragt hoch über alle mit Kopf und Stirne hinaus" (Odyss. 6, 107). Als sich Demeter den Erdenbewohnern zu erkennen gab, stand sie plötzlich in leuchtender Schönheit und Größe vor den erschrockenen Augen (Homer. Hymn. 275 ff.). Aber eine ehrfürchtige Scheu vor der Natur verwehrt es der Phantasie, die Größe der Gestalt ins Ungeheure zu steigern. Nicht als Riese und Ungetüm, sondern im schönsten Maße der Körperform, mit der die Natur ihr geistreichstes Werk hervorgebracht hat, sollte die Gottheit sich darstellen. Ewige Jugend, Schönheit und dazu eine Macht und ein Wissen, die beide oft grenzenlos scheinen — in diesem Besitz ist ihr Dasein glückselig. Man nennt sie ja auch ausdrücklich „die Seligen". In ewigem Glanz liegt ihre Wohnung droben, nie heimgesucht von Sturm, Regen und Schnee; da leben sie alle Tage in Lust (Odyss. 6, 42 ff.), hoch über den Menschen, deren Dürftigkeit und Leid dort hinauf nicht dringen können.

Sollten sie, die Vollkommenen, ihre Seligkeit trüben lassen durch allzu ernstliche Teilnahme am Menschen und seiner Qual? Nicht bloß Hephaistos tadelt es, daß Götter um der Menschen willen uneins werden und sich in ihren Freuden stören lassen; Apollon selbst findet es mit der Würde unvereinbar, aus Menschenliebe als ein Gott mit seinesgleichen zu kämpfen (Il. 1, 573 ff., 21, 462 ff.). Denn was sind diese Menschen? Arme Geschöpfe, die nach kurzer Blüte welken und schwinden (Il. 21, 464)! Von der ewigen Herrlichkeit der Himmlischen singen die Musen droben im Göttersaal und stellen sie der Mühsal und Hilflosigkeit des Menschen gegenüber, für den es keine Rettung vor dem Tod und keinen Schutz vor dem Alter gibt (Homer. Hymn. auf Apoll. 190ff.). So werden sich die Götter ihrer Größe und ihrer Zusammengehörigkeit durch das menschliche Gegenbild erst recht bewußt.

Wir selbst sind gewohnt, das göttliche Wesen immer mit dem Menschen und seiner Not beschäftigt zu denken, und fragen kaum nach seinem Dasein jenseits des Menschen. Hier aber sucht das geistige Auge eine höhere Welt, die sich nicht mehr um den Menschen kümmert, und steht entzückt vor der Vision ihrer Vollkommenheit. Nur in einem fernen Abglanz können wir diese Vision noch festhalten, aber auch so bleibt sie hinreißend. Wie eifrig ein Olympier sich der Menschen und ihrer Not angenommen haben mag, der Sohn der Ewigkeit kehrt immer wieder zurück in die Herrlichkeit seines Himmelsglanzes. Dort in den Ätherhöhen gibt es keine Schmerzen und Sorgen, kein Alter und keinen Tod. Im Wonnegefühl der unvergänglichen Jugend, Schönheit und Größe schreiten sie durch den Raum, der sie mit Ewigkeit anblitzt. Da begegnen ihnen ihresgleichen, Brüder und Schwestern, Freunde und Geliebte, und ein Gott erfreut sich des andern, denn der Glanz der Vollendung ruht auf jeder Gestalt. Zwar führt die Parteinahme für Menschen und Völker zuweilen einen heftigen Auftritt herbei; aber der Unfriede dauert nicht lange, und kein Tag geht zu Ende, ohne sie zum gemeinsamen Genuß des Götterdaseins im Festjubel zusammenzuführen. Denn sie wissen wohl, daß sie alle vom gleichen Adel sind, ein einziges Geschlecht, dessen vornehme Züge einem jeden unverkennbar ins Gesicht geschrieben sind. Mit dem Bilde dieser seligen Einheit im Himmel schließt der Dichter der Ilias seinen ersten Gesang bedeutungsvoll ab. Die Könige haben sich entzweit, der Himmelsherr hat Thetis versprochen, ihrem Sohne Ehre zu geben und seine Beleidiger zu demütigen; da erhebt sich ein Streit im Himmel: Hera macht ihrem Gatten heftige Vorwürfe und wird schroff von ihm zurückgewiesen. Mit schwer verhaltenem Groll sitzt sie schweigend da, und eine Empörung geht durch die Reihen der Götter. Da steht ihr Sohn Hephaistos auf, um Frieden zu stiften. Er nennt es unerhört, wenn Götter um der Menschen willen hadern und sich die Lust des olympischen Mahles verderben lassen; alles werde gut sein, wenn nur die Mutter verständig sei und freundlich zum Vater spreche, damit er nicht böse werde und sie alle seine gewaltige Übermacht fühlen lasse. Und Hera lächelt. Gerne nimmt sie den Becher, den der Sohn ihr darreicht. Auch auf die Gesichter der anderen Götter kehrt die Freude zurück. Lachen schallt und Gesang, bis der Abend kommt und Zeus mit der doch liebenden Gattin das eheliche Lager teilt. So beginnt das gewaltige Geschehen der Ilias mit einem Götterstreit, der sich schnell wieder auflöst in die einmütige Heiterkeit der göttlichen Welt, während in der menschlichen die Kämpfe und Leiden allen Ernstes anheben.

Zuweilen läßt uns der Dichter, wenn auch nur in flüchtigem Aufleuchten, etwas von den Wohnräumen der Götter, von ihren Versammlungshallen und Palästen sehen, wie der kunstreiche Hephaistos sie auf den Höhen des Olympos gebaut und mit Gold geziert hat. Aber die Bilder geben keine klare und zusammenhängende Anschauung. Es kommt auch gar nicht darauf an; denn wenn auch die Erinnerung an den Thessalischen Götterberg nicht erloschen ist und durch den Namen der ‚Olympischen' Götter immer wachgehalten wird, so herrscht doch die Überzeugung, daß diese Götter auf keinem irdischen Gipfel, so majestätisch er auch in die Lüfte ragen mag, sondern im hohen Himmel droben ihre Wohnung haben. Auch in den Heiligtümern, die der Mensch zu ihrer Verehrung eingerichtet hat, weilen sie nur vorübergehend. Vom Himmelsäther kommen sie zur Erde herab, dorthin kehren sie wieder zurück, und dort sucht sie der Blick und die erhobene Hand des Betenden. „Zeus, Herrlichster und Größter, der den dunklen Wolken gebietet und im Äther wohnt!" betet Agamemnon (Il. 2, 412), und Telemachos spricht von seiner Wohnung im Äther, obgleich er ihn den ‚Olympier' nennt (Odyss. 15, 523). Um das Schlachtenglück zu lenken, steigt der Vater der Menschen und Götter vom Himmel herab auf den Gipfel des Ida (Il. 11, 182 ff.), und vom Himmel her schickt er seine Tochter Athene auf den troischen Kampfplatz (Il. 17, 544 ff. und 19, 350 ff.).

So hoch sind die Götter über das Menschendasein hinausgehoben. Und doch ist ihr Wesen dem menschlichen nahe verwandt. Schon die äußere Erscheinung ist die gleiche, wenn auch der Gottheit die Vollkommenheit und die Unvergänglichkeit vorbehalten bleibt. Sie wissen und vermögen zwar unvergleichlich viel mehr als die Menschen, aber die Neigungen und Leidenschaften teilen sie doch mit ihnen. Selbst das Leiden ist ihnen nicht ganz erspart. Auch sie, die ‚Seligen', trauern oft um menschliche Lieblinge. Ja, sie selbst können von Leid betroffen werden. Apollon hat Jahre der Schuldknechtschaft unter einem irdischen Herrn erdulden müssen; Aphrodite wird von Diomedes' Lanze verwundet, und Dione tröstet sie mit der Aufzählung der Götter, die ähnlich gelitten haben (Il. 5, 383 ff.). Der Hera und Athene droht Zeus einmal, wenn sie seinen Willen mißachten, sie so mit dem Blitz zu treffen, daß ihre Wunden nicht in zehn Jahren ausheilen sollen (Il. 8, 402 ff.); und nicht immer ist es bei bloßen Drohungen geblieben (Il. 15, 17 ff.). Endlich wird die natürliche Verwandtschaft zwischen Sterblichen und Unsterblichen durch eheliche Verbindungen über allen Zweifel erhoben. Göttinnen bringen von menschlichen Vätern Kinder zur Welt. Und wie viele Geschlechter rühmen sich nicht, daß ein Gott zu einer Sterblichen herabgestiegen sei und mit ihr den Erstling des Geschlechts erzeugt habe. Auf diesen stolzen und tiefsinnigen Glauben gehen viele jener Liebesgeschichten zurück, die der griechischen Götterwelt schon frühzeitig den Vorwurf der Immoralität zugezogen haben.

Also verwandt miteinander und doch durch eine tiefe Kluft getrennt — so stehen sich Menschen und Götter gegenüber. Deutlich spricht es Pindar aus: „Eins ist der Menschen, ein andres der Götter Geschlecht; *eine* Mutter hat beiden das Leben gegeben; aber so ungleich sind sie in allen ihren Kräften, daß das eine gar nichts ist, ewig fest aber bleibet die Burg des ehernen Himmels" (Nem. 6, 1). Und dieses Verhältnis findet auch in der Auffassung ihrer Körperlichkeit einen symbolischen Ausdruck. Denn bei aller äußeren Ähnlichkeit sind die Himmelsbewohner doch von einem viel edleren Stoff. Sie essen nicht Brot und trinken nicht Wein wie die Menschen; und darum fließt auch kein Blut durch ihre Adern, sondern ein Strom himmlisch-ewigen Elements (Il. 5, 339).

3.

Wir wissen, daß es eine Zeit gegeben hat, in der es anders um die Götter stand. Die Geistesart dieser Epoche war der Gegenstand unseres zweiten Kapitels. Damals wohnten sie nicht im Himmel, sondern auf der Erde. An die Götterburg auf dem Thessalischen Olymp, an den Ida als Berg des Zeus hat Homer ja noch deutliche Erinnerungen bewahrt, und auch sonst hat sich noch mancherlei Kunde erhalten von uralter Ehrfurcht vor „den großen Bergen, der Götter freundlichem Aufenthalt", wie Hesiod sagt (Theog. 129). Noch näher waren sie dem Menschen, wenn sie in Erdschlünden wohnten, in Höhlen, in Bäumen oder in Flüssen. Diese göttlichen Nachbarn mußten ihren Verehrern viel vertrauter sein als die Bewohner des Wolkenreichs und der Ätherferne, deren Heimat kein Menschenkind besuchen und selbst das Auge nur ahnen konnte. Ihre äußere Erscheinung rückte sie scheinbar dem Menschen ferner als die Himmelsgötter. Sie zeigten sich am liebsten in Tierkörpern, wovon noch alte Sagen zeugen, in denen Zeus als Stier, Poseidon als Roß, und Frauen, die der Hera oder der Artemis nahestanden, als Kuh oder als Bärin auftreten. Diese Tierformen — und gar die

Ungeheuerlichkeit der Mischbildungen — waren ohne Zweifel dazu angetan, dunkle Schauer im Gemüt des Gläubigen zu erwecken und seiner Annäherung Schranken zu setzen. Aber in den ganz und gar menschlichen Zügen des Homerischen Götterantlitzes liegt eine Hoheit, die viel strenger Abstand gebietet, als irgendeine tierische oder phantastische Form es vermöchte, und die eher an die lichte Ferne gemahnt als an die heimatlichen Orte unserer Erdenwelt. Eine leuchtende Verklärtheit ist es, was den Gott der neuen Zeit von dem der früheren Periode unterscheidet. Der Reichtum seiner ewigen Natur wird geadelt durch Freiheit und Größe.

Es muß einmal eine Umwälzung stattgefunden haben, durch die ein vornehmes Göttergeschlecht die Herrschaft über das religiöse Denken erlangte. Von der Überwindung alten Glaubens hat der griechische Mythos noch deutliche Spuren erhalten. Zeus, so erzählt er, stürzte seinen Vater Kronos und die Titanen und verschloß sie in der Finsternis des Tartaros (Ilias 14, 203, 278; 8, 479 und ausführlich in Hesiods Theogonie). Die ungeheure Bedeutung dieses Götterdramas wurde noch lange nachempfunden. Noch in Aischylos' Tragödien treten die alten Mächte mit furchtbaren Anklagen gegen die ‚neuen' Götter auf und können nur mit Mühe versöhnt werden. Da bleibt noch manches Rätsel. Aber man zweifelt doch nicht daran, daß mit dem Sieg des Zeus ein edleres und in höherem Sinn zur Weltherrschaft berufenes Göttergeschlecht auf die Himmelsthrone gestiegen ist. Der prachtvolle Eingang von Pindars erster Pythischer Ode preist die selige Harmonie der neuen Gotteswelt, die verzaubert auf die Klänge der Apollinischen Leier und des Musenchors lauscht, während die Gegner des Zeus, die wilden Götterfeinde auf Erden, im Meer und in der furchtbaren Hölle nur mit Abscheu das himmlische Lied vernehmen.

Aber nur als herrschende Gesamtheit sind die alten Mächte von der neuen Göttergemeinschaft in den Abgrund gestürzt worden. Das bedeutet es, wenn es heißt, daß Zeus die Titanen im Tartaros verschloß. Seine Weisheit und Kraft war, wie Hesiod es am bedeutsamsten im Falle des Prometheus vor Augen führt, der titanischen List weit überlegen. Aber auch die Titanen sind, wie man später erzählte, wieder erlöst worden. Das war gewiß keine eigenmächtige Erfindung des dichtenden Gerechtigkeitssinnes; denn die Vorstellungen von Kronos als Herrscher auf den Inseln der Seligen (vgl. Pindar, Olymp. 2, 77 ff.) oder als Gott und König des goldenen Zeitalters (vgl. Hesiod, Erga 111) gehören, wann und wo sie auch in der Literatur auftreten mögen, zum Bestand des alten Glaubens, der niemals verlorengegangen ist. Trotz des Gegensatzes zu den Olympiern sind die uralten Gewalten in ihrem Dasein und ihrer Ehrwürdigkeit immer anerkannt geblieben. Wieviel von dem Alten auch die Homerische Dichtung, obgleich sie die entschiedenste Anhängerin der Olympier ist, mit Ehrfurcht nennt, werden wir im folgenden sehen, und von diesem Untergrunde wird sich die Gestalt der neuen Gottheit um so klarer abheben.

Der neue Glaube muß im vorhomerischen Zeitalter zur Herrschaft gekommen sein. Der verhältnismäßig enge Kreis von Götterpersonen, die bei Homer die Geschicke lenken und die auch in der großen Zeit Griechenlands die maßgebenden geblieben sind, muß allgemein, und nicht erst seit gestern, anerkannt gewesen sein. Denn wenn der Dichter eine Gottheit in bestimmte Beziehung zum irdischen Dasein setzt, geschieht es immer mit der Schlichtheit des Selbstverständlichen. Die sicheren Striche, mit denen er sie oft nur flüchtig, aber immer unverkennbar hinzeichnet, beweisen, daß jede von ihnen einen klar ausgeprägten, allen Hörern vertrauten Charakter besitzt. Von den überwundenen Göttern hat man vielfach nur noch mythische Kunde. Die neuen Himmelsherrn dagegen sind dem gläubigen Gemüt jeden Augenblick gegenwärtig. Allgemein bekannte Verwandtschaftsbeziehungen schließen sie zur Einheit zusammen, deren unbestrittenes Oberhaupt Zeus ist und die sich genealogisch bis auf Okeanos und Tethys, „die Ureltern der Götter", zurückverfolgen läßt (Ilias 14, 201). Die Einzeldarstellungen werden wohl bewiesen haben, daß der Grundcharakter dieser Homerischen Götter eben derjenige ist, den wir an den Göttern der Blütezeit kennen. Wenn auch die Jahrhunderte nach Homer noch manchen neuen Zug an der göttlichen Herrlichkeit entdecken konnten, ihr Wesen blieb dasselbe. Die Künstler wetteiferten, sie so aus dem Marmor zu zaubern, wie Homer von ihr gesungen hatte. Auch der Zeitgenosse des Pindar, des Phidias und der großen Tragiker konnte nicht vergessen, daß die Gestalten, deren Hoheit die Homerische Welt verklärte, dieselben waren, an die auch er glaubte. Die griechische Religion, die wir kennen, ist also eine Schöpfung der Kulturepoche vor Homer. Leider wissen wir von dieser Zeit viel zu wenig, um Älteres und Jüngeres zu unterscheiden und irgendwo eine Wendung zum Neuen zu erkennen. Aber daran kann kein Zweifel sein, daß es ein Zeitalter gewaltiger Genialität gewesen ist, und unsere Bewunderung wird nur größer werden, wenn wir tiefer in den Sinn des neuen Weltbildes eindringen und zugleich gewahr werden, daß mit ihm die Geistesrichtung des Griechentums entschieden war.

Auch bei anderen Völkern hat die Religion ihr weltgeschichtliches Gepräge erst durch eine große Umwälzung erhalten. Dem Volk Israel haben Mose und die Propheten den einen heiligen Gott gepredigt, und wir wissen durch die Schriften des Alten Testaments, welches Eifers es bedurfte, um das Volk den alten Altären abspenstig zu machen und auf den Weg der neuen Gottesfurcht zu führen. In Persien hat Zarathustra mit dem alten Kult rücksichtslos gebrochen und seine Götter in die Hölle verbannt. Der „Weise Herr", dessen lichte Größe sich durch seinen Mund offenbarte, verlangte den Krieg gegen alles, was nicht er und von seiner Art war. In beiden Fällen, bei den Israeliten und bei den Persern, hat sich die Gottheit vom Naturhaften entschieden losgesagt und in eine ideale Sphäre erhoben. Bei den Persern setzte sie sich mit den Genien der Kraft, des Lichtes, der Reinheit, der Wahrheit und der schöpferischen Fülle dem Reich des Finstern, Unreinen, Lügenhaften und Sterilen grandios entgegen; bei den Israeliten steht sie als richtende und segnende Heiligkeit ganz allein ihrem auserwählten Volke gegenüber. So ist denn auch die griechische Gottheit vom Naturhaften weg in ein höheres Dasein aufgestiegen. Auch hier muß endlich in allem Ernste gefragt werden, nach welcher Richtung sich die Gottesvorstellung vom Naturhaften entfernt und welchen neuen Sinn sie bekommen hat. Wir wollen doch nicht länger glauben, daß es weniger wichtig sei, ein Volk von der geistigen Größe des griechischen nach dem Gegenstand einer höchsten Ehrfurcht zu befragen als die Kinder Israel. Der weltweite Unterschied zwischen den Gottesideen dieser beiden Völker hat die Religionsforschung bisher in arge Verlegenheit gesetzt und zu allerlei Versteckspiel genötigt. Man sprach von einer ‚Kunstreligion‘ der Griechen und bildete sich ein, das Problem damit in eine weniger heikle Sphäre gerückt zu haben. Aber kein vernünftiger Mensch wird doch behaupten wollen, daß die großen griechischen Epen nur zum ästhetischen Sinn des Zuhörers gesprochen haben. Sie zeigten ihm hinreißende Bilder aller ersehnten Vollkommenheiten und verherrlichten keine anderen Götter als solche, zu denen es ihn mit allen Kräften seines Wesens hinziehen mußte. Eine so jugendfrische Kultur dürfen wir nicht nach unserem eigenen zerrissenen Zustand beurteilen. In unserem christlichen Europa freilich geht die Religion neben dem geistigen und materiellen Leben her, und sie bleiben sich fremd, auch wo sie sich berühren. Junge und ungebrochene Kulturen dagegen wissen von keiner Religion, die nicht in das gesamte menschliche Dasein unlösbar verschlungen ist. Da findet alles Erleben, Denken und Wirken seine Unendlichkeit und Glorie in der Gottesidee.

Welch eine Aufgabe, diese Gottesidee bei einem Volkstum, wie es das griechische ist, zu erforschen und die große Frage, die uns asiatische Religionen längst nahegelegt haben, endlich auch für Griechenland zu stellen: Durch welche neue Offenbarung des Göttlichen sind Zeus, Athene und Apollon zum Gegenstand des höchsten Schauens und der erhabensten Andacht geworden?

4.

Die Homerische Welt kennt eine große Anzahl göttlicher Personen, aber ihre Bedeutung ist sehr verschieden. Nur wenige sind es, die im lebendigen Geschehen gegenwärtig gedacht werden und Verehrung genießen; und unter diesen wenigen bilden die großen Gottheiten, deren Heiligkeit die Religion im eigentlichen Sinne ausmacht, nur einen ganz kleinen Kreis. Sie allein walten über dem gesamten Dasein, sie allein sind dem frommen Gemüt immer und überall nahe. Die andern sind auf bestimmte Bezirke eingeschränkt, und je nach deren Bedeutung kann ihr Wirken größer oder geringer sein, aber sie erfüllen das Leben nicht; oder es fehlt ihnen auch diese Geltung, so daß sie gar keine Stelle in der Verehrung haben, sondern nur der Sage angehören. Unter diesen Zurückgesetzten sind glänzende Namen, Gottheiten, die einmal gewaltig, ja führend gewesen sind. Einige stehen in der mythischen Erzählung so groß da, daß man leicht geneigt ist, auch ihr Ansehen in der Religion danach zu beurteilen; aber man darf sich nicht täuschen lassen: die zahlreichen deutlichen Zeugnisse eines lebendigen Glaubens ergeben ein ganz anderes Bild. Für diesen Glauben ist das im hohen Sinne Göttliche auf jenen kleinen Kreis erlesener Gottheiten beschränkt. Wer diese sind und wodurch sie sich von den andern unterscheiden, müssen wir fragen, wenn wir den Geist der neuen Gottesoffenbarung verstehen lernen wollen. Die andern, die zurücktreten müssen, gehören dem älteren Glauben an. Zwei Welten religiösen Denkens stehen einander gegenüber, die eine leuchtend gegenwärtig, die andere mehr und mehr im Dunkeln verschwindend. Gar manches aus dieser alten Welt ist in der nachhomerischen Zeit machtvoll hervorgetreten, und auch bei Homer ist es nicht ausgelöscht, sondern steht nur im Hintergrund. Aber der neue Geist hat doch der griechischen Religion für die Dauer ihr spezifisches Gepräge gegeben. Um so wichtiger ist es, ihn an den Verehrungsgegenständen des alten zu messen und durch die Einsicht in das, was er nicht ist, zu dem zu gelangen, was er ist.

5.

Das Reich der alten Götter grenzt überall an die Religion der *Toten;* ja alles Leben in ihm ist mit dem Tod verschwistert. Für den Geist dieses alten Reiches ist nichts charakteristischer als das, und nichts trennt es augenscheinlicher von den neuen Göttern. Das dunkle Haus des Hades, wo die Toten wohnen, ist „den Göttern ein Greuel" (Il. 20, 65). Nach dem Glauben der klassischen Zeit darf ein Apollon mit dem Tode nicht in Berührung kommen. Bei Euripides muß der Gott das Haus des Admetos, den er liebt, verlassen, weil der Tod seine Gattin erwartet (Alkest. 22). Die Göttin Artemis kann nicht länger bei ihrem Liebling Hippolytos verweilen, weil er dem Tode nahe ist.

„Leb wohl! Ich muß es meiden, Sterbende zu sehn;
Mein Auge darf der Hauch des Todes nicht entweihn,
Und der verhaßte Augenblick ist nicht mehr fern."
(Eur. Hipp. 1437.)

Bei Homer allerdings tragen die Olympischen Götter kein Bedenken, einen Leichnam anzurühren. Aber der Bereich des Todes ist ihnen fremd und zuwider, und ihre Anbeter haben für die Verstorbenen keine religiöse Verehrung mehr übrig. Der Totenkult ist unvereinbar mit dem Gottesdienst der Olympier. Ja, mit dem Glauben an sie hat sich die Überzeugung verbunden, daß den Toten jede Bedeutung für die Welt der Lebendigen fehle, und daß sie, von deren Macht man ehedem so tief durchdrungen war, nur noch für kraftlose und in unerreichbare Ferne entrückte Schatten zu halten seien.

Man hat gemeint, der neue Geist sei mit solcher Inbrunst dem Licht und dem Leben zugewandt, daß er wie geblendet den Tod nicht mehr zu sehen vermöge. In seiner bewunderungswürdigen Klarheit spiegele sich das Dasein bis in die letzte Lebensregung, und selbst die Grausamkeiten der Vernichtung seien ihm, als Gestalt, noch köstlich. Darüber hinaus aber dringe die Helligkeit dieses Auges nicht mehr, und darum sei für die neue Religion der Verstorbene ein Nichts und das uralt-heilige Wesen der Vergangenheit und des Todes rein ausgelöscht. So überzeugend das klingt, es hat doch nur einen trügerischen Schein von Wahrheit. Die Homerische Religion kennt ja doch ein Reich des Todes, und die Verstorbenen, die darin wohnen, sind durchaus kein leeres Nichts. Wenn es auch keine Verbindung mehr zwischen ihnen und den Lebenden geben kann, so besteht doch eine deutliche und sehr eigenartige Vorstellung von ihrem Wesen und Zustand. Der neue Geist hat hier nicht bloß einen Grenzbegriff gesetzt. Seine Idee von Tod und Gewesensein ist, wie sich bei ernster Prüfung ergibt, ebenso neu und kühn wie tiefsinnig. Die Toten sind aus der neuen Weltanschauung nicht ausgeschlossen, sie haben nur einen anderen Platz bekommen. Diesen Platz zu erkennen, muß unsere erste Aufgabe sein. Denn da der Totenglaube im früheren Sinn einer der bedeutendsten Wesenszüge der älteren Religion ist, so dürfen wir wohl erwarten, daß seine Umwertung im neuen Geiste zugleich auch die Grundrichtung dieses neuen Geistes deutlich anzeigen werde.

6.

Beim Lesen der Ilias und Odyssee erhält man an mehreren Stellen den Eindruck, als ob die Götter der Unterwelt für den Glauben des Homerischen Zeitalters eine ähnlich große Bedeutung besäßen wie Zeus und seine Olympische Umgebung. Je genauer man aber zusieht, um so schneller schwindet dieser Eindruck dahin. Und wenn man schließlich überlegt, daß die Toten mit der diesseitigen Welt nicht mehr in Verbindung stehen, also auch keine Ehren mehr empfangen, und selbst drüben nur noch Schemen sind, so kann man leicht in die vorhin erwähnte Meinung verfallen, die Totenwelt samt ihren Göttern habe für die Homerische Weltanschauung überhaupt keinen ernsten Sinn mehr gehabt. Plötzlich aber tritt uns aus der scheinbaren Leere die neue Idee entgegen, und wir erkennen eine geistige Tat von welthistorischer Größe.

Hades, der Herr der Totenwelt, wird bei Homer oft genannt. Mehr als einmal tritt das Bild seiner finsteren Majestät mit schauerlicher Deutlichkeit vor unsere Augen. Er heißt „der Starke", „der Unbezwingliche", „der Zeus der Erdtiefe" (Il. 9, 457). Sein „Haus", dessen „gewaltiger Türhüter" er genannt wird, ist die ewige Wohnung der Toten. Dorthin sendet ihm der Sieger den Geist des Erschlagenen hinab. Sein Hund wacht dort drunten, ein gieriges Ungeheuer, vielköpfig und mit furchtbar dröhnender Stimme (Il. 8, 368; Hesiod, Theog. 310ff.). Wenn wir von den Rossen hören, mit denen er windschnell dahinfährt, so steht mit einem Schlage das gewaltige Bild vor unserem Geiste, wie der Herr der Finsternis aus der gähnenden Erde fuhr und die arglos spielende Persephoneia von der Blumenwiese weg auf seinem goldenen Wagen entführte (Hom. hymn. Dem. 17ff.). Seitdem thront die „erlauchte Persephoneia" drunten als Königin an seiner Seite. Sie hören den Fluch, wenn ein Verzweifelter die Erde mit den Händen schlägt und ihren Namen ruft (Il. 9, 568, 456). In vielen Mythen hat der Gott der Toten eine bedeutende Rolle gespielt. Die Ilias erzählt noch, daß einst der Zeussohn Herakles mit ihm gekämpft und ihn schwer verwundet habe (5, 395 ff.). Einmal erhellt sich uns blitzartig seine Königshalle, und ein ungeheurer Anblick tut sich auf: droben bebt die Erde, die

Berge erzittern vom Fuß bis zum Scheitel, und der Totenkönig springt mit einem Schrei vom Throne auf, entsetzt, daß die Erde sich auftun könnte und vor der Oberwelt sichtbar würden die dumpfen Räume des Grauens (Il. 20, 61 ff.).

Nach alledem möchte man glauben, daß die Gestalt des unterweltlichen Königspaares das religiöse Gemüt der Homerischen Zeit lebhaft beschäftigt habe. Aber dem ist nicht so. Wenn wir alte Legenden und stereotypische Redensarten abziehen, bleibt nicht mehr viel übrig, und der Gott, dessen grandiose Vision zuzeiten vor dem Dichter auftaucht, geht die Lebenden kaum noch etwas an. Man erwartet nichts von ihm und spendet ihm keine Ehren. Nur die uralte Heiligkeit des Fluches und des Schwures scheint noch ein Ohr dort drunten zu finden. Sind doch die Toten selbst, die Bewohner des Hadesreiches, völlig abgetrennt von der Welt der Lebenden. Kein Gebet, kein Opfer kann sie mehr erreichen, kein Weg führt sie zurück. Und drunten an dem Ort ihrer ewigen Bestimmung, was sind sie da? Wenn das Auge des Sterbenden bricht, wenn die Psyche ihn verläßt, dann „eilt sie von der schönen Erde hinab in jenes feste Haus", wo sie keine Fortsetzung des Lebens erwartet, sondern nur eine schemenhafte, traumverlorene oder bewußtlose Existenz. Das einzige, was der Lebende ihr noch erweisen kann, ist die Ehre des Gedenkens.

Die vorhomerische Zeit dachte von den Toten anders. Und auch bei Homer wirkt der ältere Glaube, wie Erwin Rohdes Psyche gezeigt hat, wenigstens in feierlichen Bräuchen noch nach. Wenn dem toten Patroklos die Ehre zuteil wird, daß an seinem Scheiterhaufen nicht bloß Schafe und Rinder, Pferde und Hunde, sondern zwölf eigens zu diesem Zweck gefangene Troerjünglinge geschlachtet und mit ihm zusammen verbrannt werden, so verträgt sich das wirklich schlecht mit der Homerischen Vorstellung, daß der Totengeist ein ohnmächtiger Schatten sei, der selbst des klaren Bewußtseins ermangle. Solche Gebräuche lassen deutlich erkennen, welches Ansehen der Tote einmal genossen hat. Er schied nicht ganz aus dem Kreis der Lebenden aus, sondern hörte ihre Bitten und schützte sie mit seiner geheimnisvoll erhöhten Macht. Dafür mußte man seiner fleißig gedenken und an seinem Grabe opfern; denn die Gleichgültigen und die Beleidiger verfolgte sein dämonischer Groll mit Schrecken und Unglück. Zu diesem Glauben gehört die furchtbare Erhabenheit des Unterweltsgottes, und die Mythen von ihm, die der epische Dichter noch so gut kennt, sind aus seinem Geiste geboren. Und diesen, wie jeder weiß, über die ganze Welt verbreiteten Glauben an die fortdauernde Verbindung mit den Geschiedenen, an ihre Hoheit und ihre Macht hat das Homerische Zeitalter ganz verloren. Daß man je zu den Vätern gebetet, daß man ihnen jemals geopfert hätte, würden wir nicht glauben, wenn wir bloß den Homer besäßen. Hier ist längst eine andere Gesinnung zur Herrschaft gelangt. Wenn der Mensch das Ziel seines Lebens erreicht hat, ist es in dieser Welt wirklich mit ihm zu Ende. Er wird im Tode nicht wachsen oder gar göttlicher Ehren würdig werden. Mit keiner Gabe werden ihn die Überlebenden erreichen können, und nichts mehr werden sie künftig noch von ihm zu hoffen oder zu fürchten haben. Drunten aber, im schweigenden Reich des Vergangenen, wird er nicht mehr sein als ein Schatten.

Wie sollen wir diese große Wandlung des Denkens verstehen?

7.

Die neuere Forschung hat bei ihren Versuchen, die Anschauungen und Gebräuche alter Völker zu deuten, eine seltsame Vorliebe für die gröbsten Motive; und dabei macht sie wenig Unterschied zwischen den Völkern und Begabungen. Die vorgeschichtliche Religion der Griechen wird uns gemeiniglich ganz so vorgetragen wie die einer beliebigen primitiven Gemeinschaft, als ob die geistvollen Vorstellungen, die wir alle bewundern, unvermittelt aus einem Wust von Plumpheit und Zauberei aufgetaucht wären. So soll denn die Furcht das entscheidende Motiv gewesen sein für die Verbannung des Toten aus dem Gesichtskreis der Lebenden und die Verbrennung seines Leibes ein Mittel, die Hinterbliebenen schnellstens von ihm zu befreien. Also wäre der Leichenbrand ursprünglich ein Akt der Notwehr gewesen und der Totenglaube oder besser der Unglaube, wie wir ihn bei Homer finden, eine Art Selbsterlösung des geängsteten Gemüts. Den Beweis dafür fand man bei Homer selbst, wenn er ausdrücklich versichert, daß der Totengeist erst nach der Verbrennung Aufnahme finden könne im Reiche der Schatten, also durch sie erst endgültig vom Diesseits losgelöst werde (Ilias 23, 71); und zudem lieferte die Völkerkunde Fälle, in denen tatsächlich ein Toter, dessen gespenstige Belästigungen unerträglich geworden waren, ausgegraben und verbrannt worden ist, damit man endlich Ruhe vor ihm hätte. Aber was beweisen solche Vorkommnisse? Wenn eine Kultur, die ihre Leichen der Erde übergibt, in einem verzweifelten Falle, wo sie dem Toten gegenüber nur noch Angst und Abscheu empfindet, zu diesem Mittel greift, so wird dadurch über den ursprünglichen Sinn der feierlichen Verbrennung nicht das mindeste ausgemacht. Und daß diese überall als Ehrung des Toten und als fromme Vollstreckung seines eigenen Willens geübt worden ist, hat man neuerdings mit der gebührenden Nachdrücklichkeit vermerkt (H. Schreuer, Zeitschrift für vergl. Rechtswissenschaft 33, 1915, S. 396ff.). Aber auch an und für sich verrät der Einfall, die Feuerbestattung als Furcht- und Abwehrhandlung zu erklären, eine auffallende Leichtfertigkeit. Er setzt für das Rätsel nur ein anderes und größeres. Waren nicht die Toten einmal Gegenstand herzlicher Verehrung, so wie sie es auch in der nachhomerischen Zeit wieder geworden sind? Wie haben denn nur die alten Ahnen, in deren dunkles Gesicht die Ehrfurcht so lange mit inniger Andacht geschaut hatte, auf einmal alle ihre edlen, liebenswerten und segensreichen

Eigenschaften verloren und allein die Unheimlichkeit, die dem Tode immer anhaftet, zurückbehalten, so daß man sich nur noch abwehrend gegen sie verhalten konnte?

Und doch war Rohde auf dem richtigen Wege, als er eine Gesinnungsverwandtschaft zwischen dem neuen Totenglauben und der bei Homer ausnahmslos herrschenden Leichenverbrennung vermutete. Sie trennt den Totengeist unverzüglich vom Lebensraum, indem sie seinen Körper vernichtet. Und sie geschieht — Homer sagt es ausdrücklich — dem Toten selbst zu Liebe und zu Ehren, denn ihn treibt es mächtig von hinnen, und die Verbindung mit seiner bisherigen Umgebung kann nicht schnell genug gelöst werden. So glauben alle Völker, die gewohnt sind, den Leichnam gewaltsam zu zerstören, statt ihn der allmählichen Verwesung zu überlassen oder gar künstlich zu konservieren. Wenn aber der Tote selbst auszuscheiden wünscht und es Pflicht ist, ihm dazu zu verhelfen, dann muß er seinem ganzen Wesen nach einer andern Welt angehören und der unserigen fremd geworden sein. Die Leichenverbrennung zeugt für eine eigentümliche Ansicht vom Wesen der Verstorbenen, einen Glauben, der nicht aus primitiven Affekten oder Überlegungen geboren ist, sondern den Wert einer echten Idee besitzt. Der Tote ist nicht ausgetilgt aus dem Dasein, aber er ist einem andern Daseinsreich zugeordnet, das nur in weiter, weiter Ferne gedacht werden kann. Trotzdem trauen dieselben Völker ihm zu, daß er zuzeiten hier wieder erscheinen und Gutes oder Böses stiften könne. Ist doch der Totenglaube, aus naheliegenden Gründen, fast niemals konsequent.

Aber im Geist des Homerischen Zeitalters findet dieser Glaube die große, klare Gestalt, deren Bedeutung noch niemals gebührend gewürdigt worden ist. Hier tritt der sublime Gedanke von Leben und Tod hervor, der seitdem nicht wieder verlorengehen konnte. Das erste ist, daß der Tote folgerichtig in der andern Welt verbleiben muß. Er ist zum Fremdling in den Bezirken der

Lebenden geworden, sein eigenes Wesen drängt ihn hinaus, und so wird er auch, wenn er einmal an dem Ort seiner Bestimmung angelangt ist, nie wiederkehren, und jede Verbindung mit ihm wird für immer und ewig abgerissen sein. Was sollte er auch im Reich der Sonne und der Lebensfrische beginnen, der kraftlose Schatten, das stumme Nachbild des Vergangenen? Denn das ist das zweite: auch drüben ist der Tote kein tatkräftiges Wesen wie früher, sondern nur ein dünner Hauch, der die Gestalt des einstigen Lebens besitzt, aber keines seiner Vermögen, nicht einmal das Bewußtsein. Das ist die letzte Konsequenz der Anschauung, daß der Tote allem Lebendigen wesensfremd gegenüberstehe.

8.

Der naive und gefühlsmäßige Glaube, wie er bis zum heutigen Tage beschaffen ist, setzt zwischen Tod und Leben keinen absoluten Unterschied. Er läßt die Existenz des Verstorbenen, dessen er gedenkt, in handgreiflicher Realität fortdauern. Auch wenn tiefere Einsicht die Hingeschiedenen in ein anderes, fernes Daseinsreich verweist, ist in dieser Hinsicht nichts verändert, denn sie haben dort immer noch ihre lebensvolle Wirklichkeit, das Vergangene setzt sein gegenständliches Bestehen in die Gegenwart hinein fort. Im Weltbild Homers aber treten sich *Sein* und *Gewesen* zum erstenmal als Größen verschiedener Ordnung gegenüber. Nicht als ob der Tote einfach dem Nichts gleichgesetzt würde. Der neue Geist bringt keine bloße Negation, sondern eine positive Idee. Das Leben, das abgeschlossen ist, das Individuum, das keine Geschichte mehr haben kann, soll nicht mehr, weder hier noch dort, persönlich auftreten und wirken können, sondern in eine Realität besonderer Art transfiguriert sein.

Es ist die Art der Genialität, daß ihre neuesten Offenbarungen oft aus der Tiefe urältesten Anschauens emportauchen, um jetzt zum erstenmal klar und reif zu werden. So ist es auch hier geschehen. Dem hellen Blick, mit dem der Grieche die Welt von neuem betrachtete, ist ein Urgedanke der Menschheit wieder lebendig geworden. Als solchen darf man wohl die Auffassung bezeichnen, daß der Mensch seinen Tod überdaure, aber nicht als fortbestehende Lebenskraft, sondern in einer Art von Umsetzung der leiblichen Existenz ins Schattenhafte und Hauchartige (s. Verfasser, Die Manen 1923). Dieses getreue Nachbild des Verstorbenen bleibt, so dachte man, mit dem Leib, solange dieser noch unversehrt ist, auf geheimnisvolle Weise verbunden und kann die Hinterbliebenen durch sein Erscheinen erschrecken oder trösten. Ist der Leichnam aber in Verwesung oder ganz zerstört, dann zieht es in die Ferne, an den Ort seiner Bestimmung, wohin schon so viele Geschiedene vorangegangen sind. Die Hauptzüge dieses Denkens haben sich noch in dem heutigen Gespensterglauben mit erstaunlicher Treue erhalten, was wiederum ein wertvolles Zeugnis für sein Alter ist; denn in den Hauptpunkten des Daseinsproblems pflegen die ältesten Überzeugungen zugleich die jüngsten zu sein. Nun ist von Primitiven zuweilen mit derselben Bestimmtheit wie von Homer ausgesprochen worden, daß dieser Totengeist ein dumpfes und kraftloses Geschöpf sei, von dem man nicht eigentlich sagen könne, daß es lebe. Das ist ganz folgerichtig: dem nebelhaften Nachbilde des Verstorbenen fehlen ja alle Kräfte und Säfte des Lebens, die der Leib, der nun vernichtet ist, ehemals besessen hat (vgl. Odyss. 11, 218 ff.). Aber auf seinen naiveren Stufen ist der Totenglaube immer voll von Widersprüchen. Jener tiefe Schauer, den wir zu einseitig als Furcht bezeichnen, während er zugleich die feierlichste und hoheitsvollste Stimmung ist, zieht den Toten immer wieder in die aktive Gegenwart herein. Zu der natürlichen Vorstellung, daß er nur ein Schemen sei, gesellt sich mit seltsamer Unbeirrbarkeit das Gefühl eines dunklen Willens, dem unberechenbare Kräfte zu Gebote stehen. Und wenn ihn auch eine neue Heimat aufgenommen hat, hört man doch nicht auf, ihn nahe zu wähnen und allerlei Offenbarungen seines Daseins zu fürchten oder zu hoffen.

In der Homerischen Zeit aber ist der Urgedanke, daß die Toten ohnmächtig träumende Schatten seien, zum Zentrum des ganzen Totenglaubens geworden. Was vom Verstorbenen übrigbleibt, soll nun wirklich nichts mehr sein als ein zarter Hauch in Menschengestalt, dem der Wille sowohl wie die Kraft zum Handeln versagt sind. Eine unendliche Kluft soll ihn trennen von der Welt, wo Bewußtsein, Wille und Tat regieren, und seine dämmerige Existenz drüben im uralten Reich der Nacht für immer festhalten. Das ist eine schroffe Absage an den naiven Glauben und seine liebsten Vorstellungen. Und doch enthält sie keine bloße Verneinung. Wenn die Geschiedenen in der Abgeschlossenheit des Jenseits nicht wenigstens, wie andere Völker und viele spätere Griechen selbst glaubten, ihr tätiges Leben, so wie sie es auf Erden einst geführt, fortsetzen durften, was hinderte dann, sie für ausgelöscht und nichtig zu erklären? Wer dem Homerischen Gedanken aufmerksam folgt, wird plötzlich erkennen, daß er der Urvorstellung von der Ohnmächtigkeit des Toten eine höchst geistreiche Wendung gegeben hat.

Der Schatten des Toten im Hades drunten, der nichts mehr wirken kann, ja nicht einmal mehr Bewußtsein besitzt, der ziel- und tatenlos durch die ewige Nacht wandelt, er ist die Gestalt dessen, was dem Gewesen angehört. Er ist kein Nichts, er hat wesenhaften Bestand, aber seine Realität ist von einer besonderen Art. An ihm ist alles Vergangenheit, alles stehengeblieben, rückwärts gewandt, ohne Gegenwart und ohne Zukunft. So ist hier zum erstenmal in der Welt das Gewesensein, die Vergangenheit Idee geworden. Daß die Toten dauern, ist nicht mehr eine Nachahmung des Lebens; seine Wesenhaftigkeit haben sie ein für allemal verloren. Und doch stehen sie noch da, feierlich und in sich gekehrt, eine ewige Gestalt. Damit war die griechische Idee vom Tode gesetzt. Sie ist in Griechenland, trotz starker Gegenwirkungen, die herrschende geblieben, wenn anders der Glaube herrschend genannt werden darf, den die repräsentativen Geister bekannt haben. Den vollendetsten Ausdruck hat sie in der attischen Kunst des fünften Jahrhunderts gefunden, der es beschieden war, so vielen Homerischen Offenbarungen das sinnfälligste Leben zu geben. Da steht auf den Grabskulpturen das abgeschlossene Leben in seiner natürlichen Haltung als bleibende Gestalt, rührend-liebenswürdig oder mit ernster Würde, und das Auge, das durch nichts in die Zukunft gewiesen wird, schaut ergriffen die Ewigkeit des Vergangenen.

So ist denn der lichte Geist, von dem man sagen konnte, daß er in das Reich der Erloschenheit nicht zu blicken vermocht habe und für seine feierliche Größe blind gewesen sei, in Wahrheit weit über das Grab hinausgedrungen und hat dort Bedeutenderes gesehen als die Anbeter des Todes und der Vergangenheiten. Ihm hat das Gewesene zum erstenmal sein Geistergesicht entschleiert, und jenseits der naiven Begriffe des Menschheitsglaubens erkannte er allein, was es heißt, vergangen sein und doch ewigen Bestand haben. In den folgenden Jahrhunderten ist freilich die alte Meinung wieder hervorgetreten, und fromme Kreise haben sich zusammengeschlossen in der gewissen Aussicht auf ein erhöhtes Leben nach dem Tode. Aber die vom Homerischen Geiste geprägte Idee war und blieb doch immer die im eigentlichen Sinne griechische. Die Tragödie, die, als Dienerin des Dionysos, des Herrn der Toten, berufen schien, ihr den größten Abbruch zu tun, war in Wirklichkeit ihr neuer Sieg: denn sie feiert zwar die erhabenen Toten, aber sie feiert sie als vergangene Größen und nicht als dämonisch gegenwärtige. Über die Jahrhunderte hinweg und noch bei den großen Römern blieb der Gedanke mächtig, der bei Homer in der originalen Klarheit dasteht: der Tote kann kein handelndes Subjekt mehr sein, aber die Gestalt des Gewesenen ist nicht ausgelöscht.

„Ich bin an meines Lebens Ziel.
Vollbracht hab ich den Lauf, den mir das Los beschieden,
Jetzt fliehet aus des Lebens wildem Spiel
Mein großer Schatten zu des Grabes Frieden."

So läßt Vergil die sterbende Dido sprechen (Aen. 4, 683 nach Schiller). Der Schatten hat volle Realität. Er bleibt mit seinesgleichen „im tiefsten, allertiefsten Grund", dort, wohin nur ein Odysseus, von Götterweisheit beraten, den Weg fand, oder ein Faust mit Hilfe des Zauberschlüssels, den der Teufel ihm gab. Es ist von großer Bedeutung, daß der Homerische Gedanke nach Jahrtausenden noch einmal wiedergeboren worden ist im Geiste Goethes, als er Faustens Gang zu den Müttern dichtete:

Entfliehe dem Entstandnen

In der Gebilde losgebundne Räume;

Ergetze dich am längst nicht mehr Vorhandnen...

Nur ein Wunder führt in das Reich, wo im Grenzenlosen schweben

Des Lebens Bilder, regsam, ohne Leben.

Was einmal war, in allem Glanz und Schein,

Es regt sich dort; denn es will ewig sein.

Das ist es, was auch vom Menschen bleibt. Die Homerische Anschauung beweist ihre Wahrheitsgewalt bis auf unsere Tage. Sie ist die große Überwindung des Todesproblems, die in keiner Zeit überboten, sondern nur wiederholt werden konnte, mag es bewußt oder unbewußt geschehen sein; die echt griechische Überwindung des Todes, denn sie ist zugleich seine vollkommenste Anerkennung.

9.

Die berühmte Vorstellung, deren Sinngehalt wir geprüft haben, scheint von der lautersten Klarheit zu sein. Und doch hat sie eine geheimnisvolle Seite. Auch sie läuft ins Irrationale aus, auch sie wird von jenem dunklen Schauer umweht, der bei allen echten Todesgedanken zugegen ist. Daher ist sie nicht ganz von

Widersprüchen frei. Aber eben dadurch beweißt sie, wenn es ja noch nötig sein sollte, daß sie kein Werk des logischen Verßtandes ißt, sondern einem großen Blick in die Tiefen des Seins sich erschlossen hat.

Den Bildern vergangenen Lebens, die drunten im Dunkel hausen, wird zwar alle eigentliche Aktivität abgesprochen, und sie scheinen nicht mehr zu sein als das, was sie genannt werden: leere Schatten. Und doch ißt etwas von Regsamkeit in ihnen, das in den Bildern der Homerischen Unterweltsbeschreibung (Odyssee 11) einen tiefergreifenden Ausdruck findet. Sie drängen sich um den Besucher, der als Lebender den Weg zu ihnen gefunden hat, und wollen alle aus dem Blut der Opfergrube trinken, um zur vollen Besinnung aufzuwachen. Allen voran kommt die Mutter, von deren Tod den Odysseus noch keine Kunde erreicht hatte; erschütternd ißt es, wie sie ßteht und wartet, bis sie vom Blute trinken darf — sie ißt besinnungslos, sie erkennt den Sohn nicht, und doch ßteht sie vor ihm und wartet, während er mit wehem Herzen seine wichtigßte Aufgabe erfüllen muß, den Teiresias nach seiner Zukunft zu befragen. Sie hört nicht, was die beiden sprechen, und bleibt doch ßtehen. Freunde im Leben sind auch als Schatten beieinander: neben Achilleus wandelt sein Patroklos, und Antilochos ißt mit ihnen und Aias, „der vortrefflichßte aller Griechen nach dem Peliden" (467 ff.). — Es ißt natürlich genug, daß die Vorßtellung von der Bewußtlosigkeit der Toten nicht mit dogmatischer Strenge feßtgehalten wird. Spätere, wie Pindar, lassen die Verßtorbenen drunten mit dem „grabesdunklen Geißt" den Ehrenpreis vernehmen, der ihnen und ihren Nachkommen droben gesungen wird (Pindar, Ißthm. 5, 101 u. a.); und so denkt schon der Homerische Achilleus, daß sein Patroklos im Hades von der Auslieferung der Leiche des Hektor Kunde bekommen könnte, und bittet ihn, ihm nicht darob zu zürnen (Ilias 24, 591 ff.). Von dem Seher Teiresias heißt es sogar ausdrücklich, daß ihm vergönnt worden sei, auch drunten noch die Denkfähigkeit zu behalten (Odyss. 10, 492 ff.; 11, 91 ff.). Im zweiten Teile der Nekyia (Odyss. 11, 385 ff.) spricht der Dichter fast gar nicht mehr von vorhergegangenem Blutgenuß, wenn ein Verstorbener den Odysseus erkennt und zu ihm redet; wie denn auch Bakchylides (5, 67ff.) den Totengeist des Meleagros, ohne daß er Blut getrunken hätte, im Hades zu Herakles sprechen läßt (vgl. v. Wilamowitz, Die Rückkehr des Odysseus 194). Und in der zweiten Nekyia (Odyss. 24, 15 ff.) wird den Bewohnern der Unterwelt so viel Bewußtsein zugetraut, daß die Neuankömmlinge sich mit den Vorangegangenen über ihre Schicksale ohne weiteres unterhalten können. — Aber die konsequente, echt homerische Anschauung, daß die Totengeister normalerweise bewußtlos sind (vgl. Odyss. 10, 493 ff.), verlangt eine besondere Berührung mit dem Lebensstrome, wenn sie vorübergehend wieder zu sich kommen sollen. Und daß dies wirklich geschehen kann, ist unseres ernsten Nachdenkens würdig. Die Schatten der ehemals lebendigen Vergangenheit können durch einen Trunk frischen Blutes — aber wer bringt es ihnen? — für einen Augenblick zum Leben und zur Gegenwart erwachen. Zwar bleiben sie immer noch dünn und flüchtig wie ein Lufthauch; vergeblich versucht Odysseus die Mutter zu umarmen, immer wieder entgleitet sie seinen Händen wie ein Schatten oder ein Traum (Odyss. 11, 204ff.). Aber das stumme und bewußtlose Bild des vergangenen Lebens ist doch für einen Augenblick sehend geworden, hat den Sohn erkannt und zu ihm gesprochen. Nach wenigen Minuten wird es wieder zurücksinken in die alte Blindheit und nichts anderes mehr sein als ein Monument des Gewesenen. Spricht hier nicht das Geheimnis selbst zu uns? Nur ein Odysseus kommt leibhaftig ins Reich der Schatten. Aber erleben wir es nicht selber, daß die Gestalt des Gewesenen von unserem Blute trinkt und plötzlich aus der Vergangenheit in die Gegenwart tritt, lebenatmend — für einen flüchtigen Augenblick? In solchen Tiefsinn hat der Homerische Geist den uralten

Glauben verwandelt, daß sich der Tote an den Blutspenden erquicke, die man ihm in seine unterirdische Wohnstatt fließen lasse. Aber die versunkene Welt verrät noch Geheimeres. In dem Augenblick, wo der Schatten des Lebens zur Besinnung erwacht, erhebt er die Klage über das erloschene Lebenslicht. Man kann diesen erschütternden Ton nicht vernehmen, ohne zu fühlen, daß auch er dem Reich des Irrationalen angehört, aus dem die großen und mächtigen Gedanken über den Tod zu allen Zeiten gekommen sind. Noch keine Lehre hat es vermocht, den Worten Tod und Geschiedensein ihren eigenen dunklen Klang zu nehmen und sie auf einen helleren zu stimmen; es sei denn, daß sie den schwarzen Schatten auf das Leben zurückwarf und sein Jenseits für das wahre Dasein zu erklären wagte. Und selbst dann, wie wenig hat man schließlich gegen die Natur vermocht, die trotz allem immer wieder der Fröhlichkeit des Lebenstages die Schwermut der Todesnacht gegenüberstellt und dem Auge nur durch Tränen den Blick über Gräber hinaus verstattet! Auch der mystische Rausch des Todesverlangens bleibt immer verbunden mit der Ahnung weihevoller, ewig währender Wehmut. Wer das alles bedenkt, wird schwerlich noch den Mut haben, die seit unvordenklichen Zeiten den Todesfall begleitenden Trauergebräuche auf bloße Befürchtungen oder Wünsche zurückzuführen, statt ihren Ursprung in den Tiefen des Daseinserlebnisses zu suchen. Dieser schmerzliche Ton klingt nun auch aus der Homerischen Welt an unser Ohr. Das Bild des Verstorbenen, das nur noch nach rückwärts gerichtet ist und nichts mehr wirken kann, auch wenn es in der Begegnung mit dem Lebendigen zum klaren Bewußtsein erwacht, wird sich in diesem Zustande des Todes bewußt und trauert über das entschwundene Leben. Sein Bekenntnis ist um so ergreifender, weil es sich auf einen Schmerzensruf beschränkt und in keine Lebensphilosophie ausläuft. Die glänzendste Heldengestalt, die Krone der Ilias, Achilleus ist es, aus dessen Schattenmund das Geständnis kommt: „O sprich mir nichts Tröstliches vom Tode, Odysseus! Lieber möcht ich das Feld beackern um Lohn bei einem Armen, der selber wenig zum Leben hat, als König sein im ganzen Reiche der Toten" (Odyss. 11, 487). Der Widerspruch, in dem diese merkwürdigen Worte zu allem Übrigen stehen, beweist, daß hier die Tiefe selbst aus dem Dichter gesprochen hat. Seine Toten sind bewußtlos; weder Lust noch Leid bewegen sie; die Frage, ob das Leben unbedingt dem Tode vorzuziehen sei, hat für sie keine Bedeutung. Und doch — die Trauer umweht sie mit dunklen Flügeln. Wenn sie nur einen Augenblick ins Licht des Bewußtseins treten, hat auch die Schwermut sie schon ergriffen. Wie könnte es anders sein, da der Lebenshauch, der sie flüchtig durchweht, etwas von dem Duft der sonnigen Welt mit sich bringt? Aber dies Gefühl bleibt mit seinem tiefen Ernst allein. Es verflacht sich nicht zu dem Gedanken, daß man das Leben genießen solle, da es so kurz ist und in die traurige Armut des Todes ausmündet. Wenn der tote Achill seinem Schattenkönigtum das elendeste Tagelöhnerleben unter der Sonne vorziehen würde, so ist er weit davon entfernt, zu folgern, daß es eine Torheit sei, ewigen Ruhm statt langen Lebens zu wählen. Dieser hohe Geist ist viel zu stolz, um bei seiner Trauer zu verweilen. Ihr Ausbruch gleicht einer schmerzlichen Handbewegung zur Abwehr der Seligpreisung durch Odysseus. Nur eins ist ihm in der kurzen Spanne der Berührung mit dem Lebendigen wichtig: von dem alten Vater droben zu hören, ob er noch geehrt wird, und noch mehr, wie der Sohn, den er zurückgelassen, sich bewährt. Und auf die Nachricht von der Heldenehre seines Neoptolemos sehen wir den großen Schatten „freudig bewegt über die Totenwiese dahinschreiten".

So also hat die geheimnisvolle, uralt-ewige Totennähe, die aller Logik spottet, auch in der Homerischen Idee Anerkennung gefunden. Kein rationalistischer Vorwitz hat sie zerstört. Aber sie ist in die reinste Anschauung erhoben worden. Ihre Verbindung mit dem Erdhaften, mit der dumpfen Schwere des Elements, mit dem Ernst und der Heiligkeit des mütterlichen Grundes ist gelöst. Ihre Schwermut hat die primitive Unheimlichkeit verloren und ist sublim geworden. Erst spätere Geschlechter, unter denen der Glaube an eine sinnlich gegenwärtige Wirkung des vergangenen Lebens wieder mächtig geworden war, hatten Grund, die Berührung eines Toten zu fürchten, und brauchten Rituale zur Aufhebung der Unreinheit. In den Homerischen Erzählungen, wo doch der Tod jeden Augenblick ins Leben greift, ist von solchen Empfindungen keine Rede, und nur ein flüchtiger Hinweis, wie der, daß Odysseus nach dem Freiermord sein Haus mit Feuer und Schwefel reinigt, oder der Name Phoibos, der nur bedeuten kann, daß dieser Gott der Klarheit auch von der Unheimlichkeit dämonischer Befleckungen befreit, erinnern daran, daß sie einmal lebendig gewesen sind. Anders als der Euripideische (von dem vorhin die Rede war), trägt der Homerische Apollon keine Scheu, sich mit der Leiche eines Helden wie Sarpedon oder Hektor liebevoll zu beschäftigen (Ilias 16, 667 ff.; 23, 18 ff.).

10.

Durch seine Stellung zum Tode hat der Homerische Glaube seine Wesensart deutlich zu erkennen gegeben. Sein Geheimnis ist ihm nicht das Ehrwürdigste, Segensreichste und Verpflichtendste; denn es ist von der Gegenwart, in der alles Lebende atmet und die Götter sich offenbaren, ewig geschieden. Und doch ist seine Wesenhaftigkeit dem klaren Geiste nicht entschwunden, und seine uralte Heiligkeit spricht noch zu ihm, wenn auch aus einer anderen Region des Seins.

Danach können wir voraussehen, wie der neue Glaube sich zu den andern Mächten der erdgebundenen Sphäre verhalten mag. Die Schattenfürsten Hades und Persephone sind ihm fast ganz entfallen. Aber auch die andern, welche Namen sie immer tragen mögen, sind mit einer Seite ihres Wesens der Todesnacht zugewendet und können, ein jeder in seiner Art, Totengötter heißen. Wo die Toten in ein anderes Dasein entschwunden waren, mußten auch sie viel von ihrem Recht über das Leben verlieren. War doch ihr Segen, ihre Weisheit und ihr Gesetz immer zugleich auch der Segen, die Weisheit und das Gesetz der im Abgrund der Tiefe wachenden Toten gewesen. All dies heilig-dunkle Wesen, das den alten Geschlechtern aus den Höhlen der Nacht so nahe gekommen war, mußte jetzt scheu in seine Schatten zurückweichen. Es wurde überstrahlt von der Herrlichkeit der neuen Götter — aber es wurde nicht verdammt und verbannt, wie es andere Völker mit ihren alten Gottheiten beim Triumph der neuen gemacht haben. Das ist eines der beredtesten Zeugnisse für die Art des neuen Glaubens: seiner vornehmen Weisheit liegt das Eifern und Rechthabenwollen fern. Seine lichte Gottheit besitzt Größe genug zur Anerkennung der dunklen Wesenheit, die nicht ihresgleichen ist. So bleibt das Alte und Älteste in der Tiefe ehrwürdig bestehen, aber die Krone der wahren Göttlichkeit muß es einem höheren Reiche lassen.

Homer kennt und nennt fast alle Mächte der Tiefe, denen die Urfrömmigkeit mit Treue gedient hatte; aber sie sind verborgener und stiller geworden, ihr Gesetz beherrscht das Dasein nicht mehr, ihre Liebe ist nicht mehr der Quell alles Guten, und ihre alte Furchtbarkeit gleicht nur noch einem fernen Gewölke. Der heilige Grund, der ihre Heimat ist, hat alles Ungeheure verloren; die Notwendigkeit, die sie zur Einheit feierlich zusammenband, ist wie mit einem Lächeln zergangen, und einige von ihnen, wie die Chariten, die holden Töchter der Tiefe, sind selbst in das Olympische Licht getreten und die Gespielinnen seines Goldglanzes geworden. Andere behielten ihren alten Ernst; aber ihrer Ehrwürdigkeit stand nicht mehr die Allmacht der Finsternis zur Seite.

Noch ist *die Nacht* heilig, die „geschwinde Nacht" — im Süden bricht sie ja fast plötzlich herein. Das Bild der schweigenden

Königin, die mit dunklem Gesicht dahinstürmt und Todesschauer vor sich herjagt, steht noch lebendig vor dem Dichter. Er vergleicht mit ihm den zürnenden Apollon, wie er herniedersteigt, um die Griechen zu verderben (Ilias 1, 47), oder den Hektor, der unaufhaltsam ins Tor des Schiffslagers einbricht (Ilias 12, 463), oder den Schatten des toten Herakles, der noch im Hades Schrecken um sich verbreitet (Odyss. 11, 606). Ja, die große Nyx wird einmal (Ilias 14, 259) „Bezwingerin der Götter und Menschen" genannt, und wir hören, daß selbst Zeus einst den Schlafgott, der sich vor seinem Zorn zu ihr geflüchtet, schonen mußte, weil er sich scheute, „die geschwinde Nacht" zum Unwillen zu reizen. Aber ihr Name klingt fast wie eine Sage. Unter den Gottheiten, die verehrt werden, hat sie keine Stelle. Das Wesen des Göttlichen ist jetzt in einer ganz anderen Sphäre zu suchen.

Auch die furchtbaren Töchter der Nacht (Aischyl. Eumen. 322, 416), die *Erinyen*, deren Zugehörigkeit zur Erdtiefe auch in der ehrwürdigen Gestalt der Demeter Erinys zum Ausdruck kommt, sind dem Homerischen Gedankenkreis wohlbekannt. Sie verschließen dem Roß des Achilleus, das durch Hera plötzlich menschliche Stimme bekommen hatte, den Mund (Ilias 19, 418); sind sie doch, wie Heraklit (Fragm. 94 Diels) sagt, die „Schergen der Dike", die alle Übertretungen rächen, so daß aus Scheu vor ihnen „selbst die Sonne ihre Maße nicht überschreiten wird". Am meisten achten sie auf Schwüre und Flüche. Nach Hesiod sind sie die Ammen des jungen Eidgottes „den Eris gebar zum Verderben den Meineidigen" (Erga 803). Selbst „unter der Erde lassen sie die Menschen büßen, wenn einer einen Meineid geschworen" (Ilias 19, 260; vgl. S. 32). „Fluchgeister"(Arai) heißen sie zu Hause unter der Erde (Aischylos Eumen. 417). Sie hören, wenn ein Vater dem Sohne flucht (Ilias 9, 454) oder eine verzweifelnde Mutter (Ilias 9, 571). Den Oidipus verfolgten sie sein Leben lang, seit seine unglückliche Mutter und Gattin sich mit einem Fluch auf den Lippen erhängt hatte (Odyss. 11, 280).

Penelopes Fluch würde sie zu Telemachs Verderben herbeirufen, wenn er die Mutter mit Gewalt aus dem Hause schickte (Odyss. 2, 135). Wir erkennen es selbst bei Homer noch: es ist ein uraltes Recht, das sie vertreten und dessen Bruch sie mit „erbarmungslosem Herzen" verfolgen, das Recht des verwandten Blutes. Das gewaltigste Beispiel ist das Schicksal des Muttermörders Orestes. Homer freilich weiß von dieser Geschichte nichts; ihr schauerlicher Ernst ist erst später wieder aufgewacht. Aber seine Dichtung hat von dem alten Recht doch sogar solche Züge bewahrt, wie den, daß die Jüngeren den Willen der Älteren achten sollen, weil diesen „immer die Erinyen zur Seite sind" (Ilias 15, 204). Wenn man die Äußerungen alle zusammenhält, dann gibt sich eine heilige Ordnung der Vorzeit zu erkennen, die von der Ehrfurcht vor Blut, Geburt und Tod gestiftet war und ihre Sanktion erhielt durch die Göttlichkeit des mütterlichen Erdbodens, in dem Leben wie Tod ihre Heimstatt haben. Von dieser uralten Ordnung ist im zweiten Kapitel ausführlich gesprochen worden. Was die Homerische Welt, so wohl sie auch davon wissen mag, verschweigt, tritt gleich bei Hesiod deutlich hervor: die Erinyen sind die Dämonen des vergossenen Elternblutes; aus den niederströmenden Blutstropfen des Uranos, den der Sohn entmannte, hat die Erdgöttin sie empfangen und geboren (Hesiod, Theogonie 185), und Rheia erwartet von Zeus, den zu gebären sie im Begriffe steht, daß durch ihn „die Erinyen des Vaters" über Kronos kommen sollen (472). Für Homer aber besitzen diese Bindungen und der ganze erdenschwere Kreis, zu dem sie gehören, nicht mehr die höchste Heiligkeit. Der letzte Ernst ist nicht mehr bei den Mächten des Blutes, der Erde und des Dunkels. Sie haben ihre Unentrinnbarkeit verloren, denn befreiend strahlt der Glanz des Göttlichen aus den Augen der Athene und des Apollon, die bei Aischylos dem Orest selbst gegen die Stimme des vergossenen Mutterblutes im Namen eines geistigeren Gesetzes recht geben.

Ein sehr lehrreiches Zeugnis für diesen Geist, der das Alte und Älteste zwar nicht aufhebt oder gar verfemt, aber von seiner lastenden Schwere befreit und mit einer lichteren Welt in Harmonie bringt, bietet die Gestalt der *Themis*. Sie ist eine der ehrwürdigsten Erscheinungen der mütterlichen Erdgottheit (vgl. Aisch. Prometheus 209) und stellt sie dar als den Geist und Willen des Rechten. Daher ist sie es, die vor Apollon in Delphi Orakel gegeben haben soll, als Nachfolgerin der Gaia, wie die Priesterin im Eingang von Aischylos' Eumeniden sagt. Der Mythos gibt ihr mit tiefem Sinn die 3 Horen zu Töchtern, „Wohlordnung, Recht und Frieden" (Eunomie, Dike, Eirene), „die auf die Werke der sterblichen Menschen acht haben", und die Moiren, „die den sterblichen Menschen Gutes bescheren und Böses" (Hesiod, Theogonie 901 ff.). Mit diesen heiligen Mächten zusammen ist Themis in die Olympische Verklärung hinaufgenommen worden und hat sich mit dem himmlischen Zeus vermählt (Hesiod a. a. O.). Der 23. Homerische Hymnus zeigt sie auf dem Throne sitzend, an Zeus gelehnt, der mit ihr gedankenvolle Zwiesprache pflegt. In den Homerischen Epen aber, wo Zeus selbst aller Erkenntnis Meister ist, hat Themis nur das Amt, in seinem Auftrag die Götter zur Versammlung zu rufen (Ilias 20, 4), wie sie auch das Mahl der Götter eröffnet (Ilias 15, 95). Auf eine ernstere Wirksamkeit an der Seite des ratenden Zeus weist nur noch das feierliche Wort, mit dem sich Telemach beschwörend an die Versammlung der Ithakesier wendet: „Bei Zeus dem Olympier und Themis, die zum Rate die Männer versammelt und wieder entläßt!" (Odyss. 2, 68).

Auch unter ihrem deutlichsten Namen *Gaia* ist die Erdgöttin als heiliger Abgrund der Weisheit verehrt worden; war es doch in ältester Zeit ihr Wort, das die Stimme des Delphischen Orakels verkündete (Aischylos, Eumen. 1). Und die Erinnerung an ihre uralte Hoheit bewahrt nicht nur der theogonische Mythos, sondern noch manche Äußerung späterer Zeit. „Der Götter älteste, die ewige, unerschöpfliche Erde" singt der Chor in der Antigone des Sophokles (337). Den Preis dieser Allmutter, deren Huld Reichtum spendet, friedliche Ordnung, schöne Frauen und liebliche Kinder, vernehmen wir im 30. Homerischen Hymnus. Ihre Herrschaft über das entstehende Leben verbindet sich mit der über den Tod, denn alles, was sie gebiert, kehrt wieder in ihren Mutterschoß zurück. So hat ihr Charakter auch die dunkle und strenge Seite, die wir bei den Erinyen kennengelernt haben. Bei der Totenbeschwörung steht ihre Anrufung an der Spitze (Aischylos, Perser 629). In dem Heiligtum der unerbittlichen Göttinnen am Areopag stand ihr Bild neben Pluton und Hermes; dort opferten die Glücklichen, die der Blutgerichtshof mit einem Freispruch entlassen hatte (Pausanias 1, 28, 6). So treffen in der ehrwürdigen Gestalt der Gaia die Ideen von Geburt und Tod, von Segen, Fluch und heiligem Recht auf tiefsinnige Weise zusammen. Aber von all dem sind im religiösen Leben der Homerischen Welt fast nur Formeln übriggeblieben. Die große Erdgöttin mit ihrem Gemahl aus Urzeiten, dem Uranos, erscheint noch in dem feierlichen Schwur der Hera (Ilias 15, 36). Ihr und dem Helios wird beim Vertragsschluß der beiden Völker das Eidopfer dargebracht (Ilias 3, 104, 277).

Ganz besonders bemerkenswert ist es endlich, daß auch die zum königlichsten Glanz berufene Gestalt der Erdgottheit, die mit dem Namen *Demeter* das Muttertum unvergeßlich zum Ausdruck bringt, in der Homerischen Welt so gut wie gar keine Stelle hat, obgleich ihre Würde in die ältesten Zeiten zurückreicht und bis in späte Jahrhunderte die Krone behalten hat. In ihr hat die Einheit von Leben, Tod und heiligem Recht das ehrwürdigste Symbol gefunden. Aber Homer will nichts von ihrem Zusammenhang mit dem Totenreiche wissen. Er nennt zwar die Königin der Toten, „die erlauchte Persephoneia", oft genug, aber kein Wort verrät etwas von dem großen Mythos ihres Raubes aus der oberen Welt und daß sie das Lieblingskind der

Demeter ist, wie uns der sogenannte Homerische Hymnus zum erstenmal erzählt. Und doch kennt Homer eine so vielsagende, uralte Vorstellung von Demeter, wie sie in dem Mythos zum Ausdruck kommt, den Goethe im 12. Stück der Römischen Elegien erzählt:

„daß Demeter, die Große,
sich gefällig einmal auch einem Helden bequemt,
als sie dem Jasion einst, dem rüstigen König der Kreter,
ihres unsterblichen Leibs holdes Verborgne gegönnt."

Bei Homer gedenkt Kalypso dieser Geschichte (Odyss. 5, 125; vgl. Hesiod, Theogonie 969), und wenn sie hinzusetzt, das dreimal gepflügte Brachfeld sei der Göttin Hochzeitsbett gewesen, so tritt plötzlich das wundersamste Geheimnis der Erdreligion bildhaft vor unsere Augen. Homer weiß auch, daß Zeus die Demeter geliebt (Ilias 14, 326), und erwähnt einmal ihr Heiligtum in dem blühenden Pyrasos (Ilias 2, 696). Aber sie selbst tritt in der Homerischen Welt sehr wenig hervor, und ihr Walten ist ganz allein auf das Wachstum des Getreides beschränkt. Sie heißt die „blonde". Ein Gleichnis der Ilias (5, 500) stellt sie uns vor Augen, wie sie selbst auf der „heiligen" Tenne im Windeswehen die Spreu von der Frucht sondert; und nach ihr wird die Nahrung, die der Ackerboden spendet, benannt (Ilias 13, 322; 21, 76). Damit ist ihre Wirksamkeit und ihre Bedeutung für das Homerische Leben zu Ende.

Daß dieser Ausschluß hochheiliger und keineswegs ganz vergessener Mächte aus der Gemeinschaft der herrschenden Gestalten, dieses Geltenlassen ihrer Ehrwürdigkeit und Vorbeisehen an der Weite und Tiefe, vor allem aber an dem schauervollen Geheimnis ihres Wesens einer ganz bestimmten Wertung und einem entschiedenen Willen entspringt, wird am deutlichsten bei der überwältigendsten Figur dieses Kreises: *Dionysos*. Seine Männlichkeit reißt, wie J. J. Bachofen vorzüglich bemerkt hat, das Ewig-Weibliche dieser Sphäre unwiderstehlich mit sich und bleibt doch ganz in ihr verhaftet. Sein Geist glüht in dem berauschenden Trank, den man das Blut der Erde genannt hat. Urweltslust, Taumel, Auflösung des Bewußtseins ins Grenzenlose kommen sturmhaft über die Seinen, und den Verzückten tun die Schätze des Erdreichs sich auf. Auch um Dionys scharen sich die Toten und kommen im Frühjahr, wenn er die Blumen bringt, mit ihm. Liebe und wildeste Raserei, kalter Schauer und Seligkeit reichen sich in seinem Gefolge die Hand, und alle uralten Wesenszüge der Erdgottheit sind bei ihm ins Maßlose gesteigert, aber auch ins Tiefsinnigste. Diese hinreißende Göttergestalt ist dem Homer sehr wohl bekannt. Er bezeichnet den Gott als den „Rasenden", und die Wildheit seiner thyrsosschwingenden Begleiterinnen steht ihm lebhaft vor Augen. Aber all dies dient nur zum Gleichnis, wie da, wo er die Andromache, die in dunkler Ahnung des Geschehenen aus dem Hause stürzt, mit einer Mainade vergleicht (Ilias 22, 460; vgl. Hom. Hymn. Dem. 386), oder zur gelegentlichen Erzählung denkwürdiger Geschichten (Ilias 6, 130ff., Odyss. 11, 325). In der lebendigen Welt Homers gibt es keine Mainaden, und nach einer Rolle des Dionysos, selbst der bescheidensten, sucht man vergeblich. Der „freudenreiche" (Hesiod Erga 614) Dionysos ist ihr ebenso fremd wie der Schmerzensmann und Jenseitskünder. Das Übermaß, das ihm eigen ist, verträgt sich nicht mit der Klarheit, die hier alles wahrhaft Göttliche auszeichnen muß.

Von dieser Klarheit sind auch die andern Figuren des irdischen Kreises weit entfernt. Sie können von süßestem Zauber umwoben sein, sie mögen den hoheitsvollsten Ernst auf der Stirn tragen. Wissen und heiliges Gesetz stehen ihnen zur Seite. Aber sie sind mit dem Erdstoff verbunden und nehmen teil an seiner dunklen Schwere und Unfreiheit. Ihre Huld ist die des mütterlichen Elements, und ihr Recht hat die Starrheit aller Bindungen des Blutes. Und sie reichen alle in die Nacht des Todes hinein; oder vielmehr: der Tod und die Vergangenheit ragen durch sie in die Gegenwart und das Dasein der Lebenden. Es gibt kein Abtreten vom Schauplatz, keinen Übergang aus der gegenständlichen Existenz in eine Sphäre der Enthobenheit, keine Befreiung des Lebens- und Wirkungskreises von dem einmal Gewesenen. Alles, was war, bleibt immer stehen und erhebt seine Forderung immer mit derselben Sachlichkeit, vor der keine Freistatt eine Zuflucht bietet. Es ist nur eine Bestätigung dieses Charakters, wenn wir in der Götterwelt dieser Sphäre das *weibliche* Geschlecht bei weitem überwiegen sehen. In dem himmlischen Kreise der Homerischen Religion dagegen tritt es in einer Weise, die nicht zufällig sein kann, zurück. Die Götter, die dort an der Spitze stehen, sind nicht bloß *männlichen* Geschlechts, sondern sie repräsentieren mit aller Entschiedenheit den männlichen Geist. Wenn sich auch Athene mit Zeus und Apollon zur höchsten Dreiheit verbindet, so verleugnet gerade sie die weibliche Art ausdrücklich und macht sich selbst zum Genius der männlichen.

II.

So sind die neuen Götter scharf von den alten geschieden. Aber wir dürfen uns nicht mit Unterscheidungsmerkmalen begnügen, die, wie die bisherigen, fast nur negativ sind. Das eminent Positive des neuen Begriffes der Gottheit harrt noch der Deutung. Nur einen Augenblick müssen wir noch beim Negativen verweilen, um den Punkt zu finden, an dem sich die Aussicht auf das Positive eröffnet. Von den drei großen Mächten, die das All unter sich geteilt haben und die Göttlichkeit seiner Sphären repräsentieren, tritt der Beherrscher der Unterwelt ganz zurück. Diese Region hat für die Frömmigkeit fast alle Bedeutung verloren. In ihr ist das Göttliche, an das sie glaubt, nicht zu Hause. Auch im Reich der Erde wohnt es nicht. Mag die uralte Mutter Erde sich in noch so vielen denkwürdigen Gestalten dargestellt haben, sie alle verschwinden fast im Dunkeln, denn keine von ihnen vermag etwas von dem zu offenbaren, was jetzt im großen Sinne göttlich heißt. Und wenn wir uns nun von Unterwelt und Erdreich dem Machtgebiet des *Poseidon* zuwenden, so suchen wir auch hier vergeblich nach dem, was jener Sphäre versagt ist.

Das scheint fürs erste unglaubwürdig. Spielt nicht Poseidon in den Kämpfen um Troia als göttlicher Helfer der Griechen eine so große Rolle wie nur irgendeine andere Gottheit? Wir hören auch, was ihn zu einem unversöhnlichen Feind der Troianer gemacht hat: der König Laomedon, dem er die Mauern Troias gebaut, ist an ihm zum Betrüger geworden und hat ihm den versprochenen Lohn vorenthalten (Ilias 21, 442 ff.). Sein Haß verfolgt den Laomedonenkel Hektor noch im Tode; er ist einer von denen, die nichts davon wissen wollen, daß man die Leiche des Hektor der unmenschlichen Raserei Achills entziehen solle (Ilias 24, 26). In der Odyssee ist es bekanntlich sein Zorn, der den Helden jahrelang durch alle Meere verfolgt, bis er nackt und allein ans Gestade der Phaiaken ausgeworfen wird; ja noch über die Geschichten unserer Odyssee hinaus deutet die Weisung, die Teiresias dem Odysseus im Hades erteilt (Odyssee 11, 100 ff.): auch nach seiner Rückkehr in die Heimat, wenn er die Freier überwunden hat, soll er nicht vergessen, daß Poseidon ihm noch immer zürne, und soll unermüdlich wandern, bis er an den Ort gelangt, wo ihm die Erlösung von Poseidons Feindschaft bestimmt ist. Die Poseidonszenen – man denke nur an seine Meerfahrt im Anfang des dreizehnten Buches der Ilias – gehören zu den großartigsten und prachtvollsten Bildern der Homerischen Dichtung. Auch ist es bekannt genug, daß dieser Gott allezeit bei den Griechen ebenso in Ehren stand wie sein Element, das Meer, und in der Frühzeit eine Rolle gespielt hat, die kaum von irgendeinem andern übertroffen werden konnte. Aber eben hier erkennen wir die Grenze, die von der Homerischen Religion gezogen wird. Poseidon ist zu sehr mit dem Stoff verbunden, um die wahre Hoheit des Göttlichen, im Sinne der Homerischen Religion, zu besitzen. Daher ist es ihm ähnlich ergangen, wie der Demeter, die ihm ja auch so nahe gestanden hat: Die Weite seiner Wirksamkeit, die wir noch in vielen außerhomerischen Zeugnissen erkennen, ist ganz auf das Meer eingeschränkt worden. Zwar stereotype Beinamen wie Einosigaios, Enosichthon, Gaieochos und der Name Poseidon selbst dehnen seine Macht auch über die Erde aus, die er in ihren Grundfesten erschüttert, und stellen ihn als Herrn und Gatten neben die alte Erdgöttin. In der Beschreibung der Götterschlacht im 20. Buch der Ilias (57ff.) wird das Erdbeben, das sie begleitet, auf Poseidon zurückgeführt: Berg und Tal erzittern und in der Tiefe springt der Herr der Toten brüllend von seinem Throne auf, fürchtend, der Erschütterer Poseidon werde die Erde aufreißen und sein schauerliches Reich dem Lichte öffnen. Aber die Menschen der Ilias und Odyssee denken an Poseidon nur, wenn sie es mit dem Meere zu tun haben. Für sie ist seine Kraft nicht im Erdinnern, nicht im Wachstum, nicht in Tieren und auch nicht in der Wasserfülle der Ströme mächtig. Wenn man diese Rolle vergleicht mit der eines Hermes oder gar einer Athene, eines Apollon, die so viele Verhältnisse des menschlichen Lebens mit ihrer göttlichen Gegenwart schützen und heiligen, so ergibt sich ein höchst bedeutsamer Unterschied. In dem Sein eines echten Olympiers liegt für die Homerische Welt ein Sinn von unermeßlicher Tiefe und Weite. Die Machtsphäre des Poseidon dagegen engt sich ihr auf ein fest umschriebenes stoffliches Gebiet ein, und die Gewaltigkeit seines Namens klingt nach etwas Gewesenem und Veraltetem. Ja, es ist, wie schon früher bemerkt wurde, nicht zu verkennen, daß der Dichter dem Auftreten des Poseidon zuweilen einen Anstrich von altertümlicher Plumpheit und Gutmütigkeit verliehen hat. Man denke nur an seine biedere und umständliche Herausforderung des Apollon in der Götterschlacht Ilias 21, 435 ff., oder an das lächerliche Mißgeschick des verliebten Ares, über das er allein von allen Göttern nicht lachen kann, weil sein Mitgefühl zu groß ist (Odyssee 8, 344). So nimmt denn auch der Meeresherrscher, der einst die Erde in seinen gewaltigen Armen gehalten, an dem wahren Glanz der Göttlichkeit, wie sie dem Homerischen Zeitalter geoffenbart worden ist, nicht teil. Er ist zu sehr in die stoffliche Natur verstrickt, um es den echten Olympiern in ihrer Freiheit und Weite gleichtun zu können.

Aus demselben Grunde verstehen wir auch, weshalb es ein Gott wie *Hephaistos* überhaupt zu keiner Würde bringen konnte. Sollte man nicht glauben, daß gerade er, als Gott des Feuers, berufen gewesen wäre, die größten und sublimsten Ideen zu offenbaren? Und doch ist er im Kreise der Homerischen Götter nichts als der kunstreiche Metallhandwerker, worüber er im Grunde auch später niemals hinausgekommen ist. Er gehörte ja ganz zum Element des Feuers, ja er war eigentlich dieses Element selbst, mit dem Auge gläubiger Ehrfurcht angesehen. Bei Homer wird es nicht nur „die Flamme des Hephaistos", sondern geradezu „Hephaistos" genannt; so sehr sind sie beide eins. Darum bedeutet Hephaistos für die Homerische Religion so gut wie gar nichts; in den Götterszenen der beiden Epen aber spielt er nicht nur eine sehr untergeordnete, sondern eine entschieden unvornehme, ja lächerliche Rolle.

So ist also allen den Gestalten, die nach Homerischem Glauben die Krone vollkommener Göttlichkeit nicht besitzen, das gemeinsam, daß sie dem Stoffe verhaftet sind und die Heiligkeit ganz bestimmter Elemente in ihrer Person repräsentieren. Am bedeutendsten unter ihnen ist die Reihe der Erdgottheiten, deren Muttertum auch den Tod umfängt und heiligt. Wir haben ihren Ernst und ihre Tiefe verstanden; noch die Zeitgenossen des Aischylos konnten mit Erschütterung empfinden, was es bedeutete, daß sie einmal die Herrschaft an die neuen Götter abtreten mußten. „Wehe, junges Göttergeschlecht, das alte Recht habt ihr niedergestampft und aus den Händen mir gewunden!" — so rufen bei Aischylos die Eumeniden empört aus, ehe sie die Versöhnungshand Athenes annehmen; dann aber bleiben sie als ehrwürdige Hüterinnen des Rechts bei den Bürgern Athens und versprechen der Stadt der himmlisch und männlich gesinnten Zeustochter den Segen der mütterlichen Erdtiefe.

Diese Versöhnung und Anerkennung ist ein Symbol für die Herrschaft des neuen Geistes und wirft ein helles Licht auf sein Wesen. Die weiblichen Erdmächte würden, wenn sie gesiegt hätten, keine Verständigung gesucht haben. Rettungslos wäre der Andersdenkende ihrem blinden Haß zum Opfer gefallen. Denn in der Unbedingtheit liegt ihre Größe und ihre Furchtbarkeit. Ihr Gesetz ist gleich dem der Natur und des Blutes, die das Ihrige mit mütterlicher Zärtlichkeit umfangen, wenn sie aber gestört oder verletzt werden, von der erbarmungslosesten Konsequenz sind. Die neuen und himmlischen Götter dagegen sind frei genug, um das Alte nicht auszutilgen. Sie erkennen seine Wahrheit an und bekunden eben damit ihr höheres Wissen. Sie wollen nicht so, wie die neuen Götter anderer Völker, daß alle andere Anbetung von nun an als Gottlosigkeit gelten solle und alles, was sie nicht sind, für immer vergessen sein müsse. Sie, die Geister der Höhe, lassen dem Erdendunkel die Ehrwürdigkeit, die ihm gebührt; nur muß es in seinen Grenzen bleiben, denn über ihm hat sich ein Reich des Lichtes geöffnet, dem von nun an die erhabenste Liebe des Menschengeistes gehören soll. Die Götter, die jetzt das Leben als Führer und als Ideale regieren, gehören nicht mehr der Erde, sondern dem Äther an; und so ist von den drei Reichen und ihren Göttern, mit deren Verteilung wir diesen Abschnitt begonnen haben, nur eines als die Stätte der göttlichen Vollkommenheit übriggeblieben: *das Lichtreich des Zeus*.

Und doch sind die Bewohner des Himmels keine Bürger eines Jenseits, das ganz von dieser Erdenwelt gelöst wäre. Die Formen ihres Daseins sind dieselben wie auf der Erde — sie haben ja auch Menschengestalt — nur daß sie alles verklärt und vollkommen besitzen, was bei uns unvollkommen und flüchtig ist. Auch ihr Wirken auf das menschliche Leben hat nichts Übernatürliches und nichts von einer absoluten Macht, die ihr Gesetz zur Anerkennung bringen will. Ihr Sein und Schaffen bewegt sich ganz auf den Wegen der Natur. So erhebt sich die Frage, wie sie sich denn zum Reich des Stoffes und der Natur verhalten, da sie zwar ganz mit ihm einig sind, aber doch hoch über ihm ihre Heimat haben, als Angehörige zweier Welten, der Ätherhöhen und der schweren erdgeborenen Körperhaftigkeit.

Unter den Göttern des irdischen Wachstums und der Toten ist einer, dessen Ausschluß aus dem Kreis der großen Olympier besondere Beachtung verdient: Dionysos. Wie wir sahen, kennt Homer ihn und das Treiben seines Gefolges recht wohl, aber in der Homerischen Religion hat er auch nicht den allerbescheidensten Platz. Und er ist es doch, der den Menschen in heiliger Verzauberung über sich hinausreißt und mit dem Flammensturm seines Geistes ganz Griechenland erschüttert hat. Also muß gerade diese Art des Aufschwungs dem Geist des Göttlichen, wie Homer es verstanden hat, fremd gewesen sein. Kein Zweifel, ihm ist aller Überschwang zuwider und am meisten da, wo er sein größtes Wunder zu vollbringen glaubt: die Aufhebung der Grenzen zwischen dem Endlichen und dem Unendlichen, zwischen Mensch und Gott. Ein wichtiger Teil der dionysischen Religion ist der Totenglaube, und auch da läßt das erschütterte Gefühl keine unübersteigliche Grenze zwischen hier und dort gelten. Wie sehr hat sich dieser emotionale Glaube in der Klarheit des Homerischen Gedankens gewandelt! Zwischen Sein und Gewesen wurde die ewige Kluft sichtbar. Die Vergangenheit offenbarte zum erstenmal ihr spezifisches Wesen, das sie trotz aller Wünsche und Phantasien für immer von der Gegenwart trennt. Und doch behielt das Geheimnis sein heiliges Recht. Es wich in seine Tiefe zurück und kein Vorwitz folgte ihm dorthin. Erst im Widerstreit gegen das Licht gewinnt das Dunkel seine tiefste Tiefe. Der Geisteskraft, die männlich in die Klarheit strebt, ist es bestimmt, aus der Nacht der ewigen Abgründe Erschütternderes zu erfahren als je ein weiblich träumendes, in alles Geheimnisvolle verliebtes Gemüt. Diese Erfahrung, die man zu allen Zeiten machen kann, bestätigt sich auch beim Homerischen Totenglauben.

Damit ist außer allen Zweifel gesetzt, daß die Homerische Gottesvorstellung dem Reiche des *Geistes* angehört. Der Geist ist es, der dem uralten Totenglauben seine neue, ewig denkwürdige Gestalt gab; der Geist ist es, der die Schwärmerei der dionysischen Religion abwies. Wie oft wird dies bedeutungsvolle Wort unbedachtsam oder willkürlich verwendet. Man braucht es sogar mit Vorliebe für das Grenzenlose und Unsinnliche, für das Jenseits aller Form und Beschreibung. Aber wo Geist ist, da herrschen Klarheit und Gestalt. Sein Element ist so wenig das Übernatürliche und Übersinnliche, daß ihn vielmehr ein unlösliches Band mit der Natur verknüpft. Natur und Geist leben ineinander und zueinander. Die erste große Geistoffenbarung ist die Homerische Religion, und sie ist zugleich die erste große Offenbarung der Natur. Im späteren Griechenland ist der Geist auf vielfache Weise immer von Neuem hervorgetreten, aber niemals in so ursprungsechter Gestalt wie in dieser Religion des lebendigen Geistes. Mit ihr hat das Griechentum sein ewiges Wort über die Welt gesprochen.

Die Geistigkeit der neuen Göttergestalten ist verbunden mit der innigsten Naturtreue; und diese Naturtreue erst läßt uns ihre Geistigkeit ganz verstehen. Wie es den tiefsten Geist zur lebendigsten Natur zieht, das hat Friedrich Hölderlin mit seinen Worten über Sokrates und Alkibiades am größten gesagt:

„Warum huldigest du, heiliger Sokrates,
    Diesem Jünglinge stets? kennest du Größeres nicht?

> Warum siehet mit Liebe,
> Wie auf Götter, dein Aug' auf ihn?"
> Wer das Tiefste gedacht, liebt das Lebendigste.
> Hohe Tugend versteht, wer in die Welt geblickt,
> Und es neigen die Weisen
> Oft am Ende zu Schönem sich.

So mögen denn diese Verse als Motto über dem Folgenden stehen.

12.

Die uralte Verehrung des Elements und der Phänomene des Naturlaufs ist bei Homer noch deutlich spürbar und dem Griechentum überhaupt niemals verloren gegangen. Eine eigentümlich weite und große Andacht spricht zu uns, wenn wir in den Homerischen Gedichten die Nacht, den Tag und den Abend „heilig" oder „göttlich" nennen hören, wenn Meer und Ströme, Länder und Städte, Ackerfrucht, Ölbaum und Wein, ja selbst edle Menschenart durch solche Worte mit göttlicher Glorie gekrönt werden. Diese tiefe Herrlichkeit der Welt ist von den neuen Göttern nicht verleugnet worden. Sie hätten sich sonst in den schroffsten Gegensatz zu den alten Genien setzen müssen, und wo wäre dann die Ganzheit und Harmonie der Homerischen Welt? Die Heiligkeit der Natur ist in das Wesen der lichten Gottheiten aufgenommen und erscheint nun in ihnen als höherer Sinn und geistige Größe. Was das bedeutet, können wir von jeder der großen Götterpersonen lernen. Sie sind vom Erdhaften gelöst und doch in allen seinen Gestaltungen gegenwärtig. Aber *wie* sie gelöst und *wie* sie gegenwärtig sind, das ist des Nachdenkens wert.

Die neue Gottheit steht zur Welt nicht als eine Macht, die sie von außen in Bewegung setzt; sie ist mitten in ihr. Aber sie ist nichts Einzelnes in dieser Welt. Die Heiligkeit des Feuers konnte, als Genialität eines bestimmten Elements, wohl Ehrfurcht verdienen, aber nie den Rang des im großen Sinne Göttlichen.

Selbst die Majestät des Meeres vermag in diese Sphäre nicht hinaufzureichen. Immer ist die Gottheit eine *Totalität*, eine ganze Welt in ihrer Vollendung. Das trifft auch auf die obersten Götter, Zeus, Athene und Apollon, die Träger der höchsten Ideale, zu. Keiner von ihnen stellt eine einzelne Tugend vor Augen, keiner von ihnen ist nur in *einer* Richtung des vielbewegten Lebens anzutreffen, ein jeder will den ganzen Umkreis des menschlichen Daseins mit seinem eigentümlichen Geist erfüllen, gestalten und erleuchten. Wenn so die Gottheit auch für das Menschentum als solches niemals ein einziges Sollen oder Hoffen bedeutet, sondern immer ein Lebensganzes, so offenbart sie sich in der großen Welt, die alle Elemente und Lebewesen samt dem Menschen umfaßt, erst recht niemals auf einseitige Weise. Zwar ist sie nichts weniger als Weltseele, geheimnisvoller Lebensgrund aller Erdenwesen, sondern immer eine Größe von besonderem Charakter; aber dieser besondere Charakter ist jedesmal die Signatur einer in sich vollendeten Welt.

Das zeigt sich gerade da am schönsten, wo man eine streng umgrenzte und einseitige Wirksamkeit erwarten könnte. *Aphrodite* weckt das Liebesbegehren und schenkt ihm die Erfüllung. Von dieser Seite allein betrachtet, erscheint sie als Genius einer einzelnen Naturkraft. Aber sie ist unendlich viel mehr; sie gestaltet eine ganze Welt und beseelt sie mit ihrem Geiste. Von ihr kommt nicht so sehr der Rausch des Verlangens, als der Liebreiz, der es erregt und hinreißt. Sie ist die Wonne, die auf den Wesen ruht und mit ihrem Lächeln die Sinne bestrickt. Nicht bloß Menschen und Tiere, auch Pflanzen, unbeseelte Gebilde und Erscheinungen, ja selbst Worte und Gedanken haben von ihr die gewinnende, berückende, überwältigende Süße. Und so läßt ihr Zauber eine Welt erstehen, wo die Lieblichkeit dem Entzücken entgegenatmet und alles Entzweite selig verschmelzen will in der Einheit. Alle Gestaltungen sind darin beschlossen und alle Liebeswünsche, vom dunklen animalischen

Triebe bis zur Sehnsucht nach den Sternen. — Das Gleiche finden wir bei allen großen Gottheiten der neuen Ordnung. Sie bilden und offenbaren immer eine in sich vollendete Schöpfung. So oft die Welt eines ihrer großen Gesichter zeigt, ist es ihr Geist, der aus ihm hervorleuchtet. Eine völlig andere Welt, aber wiederum eine ganze Welt, ist die, in der sich die jungfräuliche Göttin *Artemis* bespiegelt. Hier weiß man nichts von der Wonne, die zur Umarmung hinreißt, zur Seligkeit des Einswerdens. Hier ist alles beweglich und entrückt und rein. Die Klarheit der Göttin schwebt auf Wiesen und Seen; ihr heller Geist webt in der Wildnis der Wälder, im einsamen Leuchten der Höhen; sie wirkt den geheimnisvollen Zauber der Natureinsamkeit und ihren atemlosen Schreck, ihre spielende Zärtlichkeit und die Härte, in die sie sich plötzlich umwandeln kann. Ihr gehören die Tiere des Feldes und der Waldestiefen, die sie in ihren Nöten mütterlich beschirmt und als Jagdwild mit unbändiger Lust zu Tode hetzt. Aber auch der Mensch gehört ihrem Reiche an. Ihre Offenbarung ist die herbe Süßigkeit des jungen Leibes und der jungen Seele, die Lieblichkeit, die nicht angehören will, die Zärtlichkeit, die vor der Glut des Begehrenden erschrickt und grausam wird, wenn man ihr zu nahe kommt; von ihr beseelt ist die Leichtfüßigkeit, die nur laufen und tanzen kann, von ihr das morgenfrische Wesen mit seinem Schimmer und seiner Klarheit, in der, wie in einem Tautropfen, die farbigen Feuer der Himmelsstrahlen blitzen. So ist auch sie der Sinn und Geist einer Wirklichkeit, die Mensch, Tier und Natur umfaßt und von der Göttin das ewige Gepräge ihres Wesens hat. — Wie verschieden davon ist der Ausdruck der Welt, dessen göttlicher Name *Hermes* heißt! Es ist ihr nächtliches Gesicht, das sie auch unter der Sonne zeigen kann, wenn alles geheimnisvoll und wunderbar zugeht, wenn man trotz der Tageshelligkeit ins Dunkle sieht. Nicht im Frieden der Nacht, nicht in ihrer Majestät gibt sich der Geist des Hermes zu erkennen, sondern in ihrer Gefährlichkeit und Gunst, ihrem plötzlichen Finden und Verlieren, ihrer Bangigkeit und süßen Lust; in ihren Seltsamkeiten, ihrem Gaukelspiel und ihrem Tiefsinn, dem alle Magie entsprungen ist. — So finden wir bei jeder Gottheit von neuem, daß sie auf das innigste mit den Dingen dieser Erde verbunden ist und doch niemals etwas einzelnes bedeutet, sondern eine ewige Gestalt des Seins im ganzen Umkreis der Schöpfung.

Auch der Spätgeborene wird ehrfurchtsvoll und andächtig, wenn diese Mächte ihr Wesen und damit die Reiche der Welt offenbaren, und mit Staunen wird er der Weite und Tiefe des Schauens inne, das diese Reiche ausgemessen hat bis ins heilige Dunkel des Geheimnisses, bis an die Grenze des Irrationalen, wo Liebreiz und Grauen eins sind. Eine wundervolle Erkenntnis, die man auch Erleben nennen kann, hat in großen Sphären des Seins den hohen Geist gesehen, der ihr ganzes Wesen in sich trägt und es dem erleuchteten Blicke offenbart. Da standen plötzlich die Gottheiten über den Lebensreichen, lebendige Erscheinungen des ewigen Sinnes, der jedes von ihnen durchwaltet und noch im Glanz des Sublimen ebenso gegenwärtig ist, wie im Erdhauch der Täler und Höhen, im Wachstum der Pflanzen und im Pulsschlag des animalischen Lebens.

Diese Mächte sind nicht von der Art, daß sich der Glaube an sie von bescheidenen Vorstellungen konkreter Einzelwirksamkeit allmählich erweitert und vergeistigt haben könnte, in dem Maße, als das Denken fortschritt und die Lebenswünsche wuchsen. Die wesenhafte Ganzheit, die aus einem Mittelpunkt geistreich ausstrahlende Vielfältigkeit war mit einem Schlage da, als die Gestalt eines Daseinsreiches, das in ihr seinen ewigen Gehalt aufschloß. So erschien die uralte Heiligkeit der Natur in einer höheren Wirklichkeit verklärt wieder. In der Geburtsstunde seiner echten Religion hat der griechische Geist dieser höheren Wirklichkeit seine erste und größte Verehrung erwiesen. Er sah und wußte: alles Individuelle ist unvollkommen und hinfällig, aber die Gestalt besteht. In ihr ruht der Sinn alles Seins und Geschehens. Sie ist die wahre Realität, sie ist das Göttliche. Überall gegenwärtig, ist sie eins mit allen Erscheinungen des Lebenskreises, den sie beherrscht. Aber als höchste Wesenheit und bleibendes Sein steht sie für sich und hoch über dem Irdischen im Ätherglanze.

Der moderne Mensch ist geneigt, die Allgemeingültigkeit solcher Vorstellungen mit abstrakter Begrifflichkeit zu verwechseln. Auch heute noch vermag der Religionsforscher hinter den göttlichen Personen des antiken Glaubens nur selten etwas anderes zu erkennen, als entweder Naturgegenstände und physische Kräfte, oder wesenlose Allgemeinbegriffe. Aber dieser zwischen Grobsinnlichkeit und Rationalismus hin und her schwankende Deutungswille wird an dem plastischen Leben der griechischen Göttergestalt immer zu Schanden. Sie zeugt von einer höheren Erkenntnis, in der Begreifen und Schauen eins und dasselbe sind. Diese Erkenntnis findet immer Totalitäten und erfaßt an ihnen gerade solche Züge, für die der logische Verstand keinen Maßstab besitzt: Erhabenheit und Majestät, Feierlichkeit, Pracht, Güte, Sprödigkeit, Seltsamkeit, Verschlagenheit, Grazie, Bestrickung und noch viele andere bedeutungsvolle und zugleich sinnfällige Werte, an denen das rationale Denken vorübergehen muß. Sie bedarf nicht einmal der Nennbarkeit, denn sie empfängt die Gestalt, die im Aufblitzen von Geist zu Geist immer wieder geboren werden kann. Ihre eigentliche Sprache ist die Bildschöpfung des Dichters und Künstlers; das darf uns aber nicht hindern, ihre eminente religiöse Bedeutung zu erkennen. Denn was wäre religiös, wenn nicht die Ergriffenheit des Menschen bei einem Blick in die Tiefen des Seins? Und hier spricht die Tiefe zu dem erleuchteten Geiste. Ein Augenblick kann anbetungswürdige Gestalten aufglänzen lassen, denen nie ein Tempel gebaut worden ist. So betet Pindar im 5. Isthmischen Gedicht zu einer Wesenheit, die nur hier und sonst nirgends mehr erscheint, obgleich er ihr den Namen der Heliosmutter Theia beilegt (vgl. v. Wilamowitz, Pindaros 201 ff.): es ist der gewaltige Zauber, der im Golde glüht; die Wunderpracht, die auf dem Meere die Regatten und die Pferde in der Rennbahn umleuchtet; die Glorie auf dem bekränzten Haupte des Siegers der Wettspiele — es ist der Glanz, das wesenhafte Strahlen, „die Göttliche", von deren Herrlichkeit die Sonne zeugt und auch die Menschenseele, wenn sie aufleuchtet in der Seligkeit des vollkommenen Augenblicks.

Dieses merkwürdige Beispiel, dem gar viele an die Seite gesetzt werden könnten, zeigt uns deutlich, in welcher Richtung der griechische Geist, nachdem er sich selbst gefunden, religiös gewesen ist. Seine Selbstfindung ist das große Ereignis der vorhomerischen Epoche. Damals ist ein Göttergeschlecht aus den Umrissen der vergänglichen Welt mit so überzeugender Klarheit hervorgetreten, daß es sich die höchste Verehrung erobern und erhalten mußte. Für das Verständnis der Personen dieser neuen Götter ist es gleichgültig, welche Bedeutung ihr Kult in Urzeiten gehabt hat. Die Geburtsstunde der spezifisch griechischen Gottesvorstellung war der geniale Augenblick, wo die Gottheit durch ihr Wesen den Sinn offenbarte, der jeweils in einer besonderen Daseinssphäre wirkt und ihr den ewigen Bestand, die Einheit und den Adel verleiht.

13.

Es ist der geistreichsten und produktivsten Menschenart würdig, daß sie sich in ihrer religiösen Genialitätszeit dazu bekannt hat, das Göttliche nicht in der Absolutheit von Macht, Weisheit oder Willen, sondern in den Urgestalten der Wirklichkeit zu erkennen und anzubeten; so legt ihre Religion dasselbe Zeugnis für die Einheit von Natur und Geist ab, wie ihre bildende Kunst.

Aus dieser Einheit ging auch die reine *Menschengestalt* hervor, in der die Gottheit seit der Homerischen Zeit dem Griechen vor

Augen steht. Ob die Homerische Dichtung zuweilen noch eine leise Erinnerung an die alten Tierformen verrät, braucht uns hier nicht zu kümmern. Durch gelegentliche Steigerung des göttlichen Bildes ins Kolossale, so wenn die schwörende Hera ihre Hände auf Erde und Meer legt (Ilias 14, 272) oder der zu Boden gestreckte Ares 9 Plethren mit seinem Leibe bedeckt (Ilias 21, 407), wird die Menschenähnlichkeit jedenfalls nicht in Frage gestellt; ganz abgesehen davon, daß solche Bilder selten sind und niemals festgehalten werden. Was diese menschliche Erscheinungsform und ihr Sieg über alle anderen zu bedeuten hat, das allein ist es, worüber wir uns klar werden müssen. An und für sich ist sie nichts neues, denn sie war der Vorzeit neben der Tierform ohne Zweifel längst vertraut. Jetzt aber wird sie einzig und ausschließlich; damit wendet sich der neue Glaube entschieden von dem alten ab.

Die tiergestaltige Offenbarung zeugt noch von einer ungeistigen, dem Element und Stoff verbundenen Gottheit und von ungeheuren, grenzenlosen Empfindungen, die in der Begegnung mit ihr aufgeregt werden. Die Menschengestalt dagegen verkündet eine göttliche Natur, die sich im Geiste vollendet. Mit dieser Geistigkeit nähert sich die neue Anschauung scheinbar der unserigen; aber sie entfernt sich so weit als möglich von ihr durch die Heilighaltung der Naturgestalt: ihre klare Bestimmtheit gilt ihr als echte Offenbarung des Göttlichen, und darum muß sich die Gottheit selbst in der vornehmsten aller Naturformen darstellen: der menschlichen.

Von solchem Anschauen des Göttlichen will die Religionsphilosophie unserer Zeit nichts wissen. Von einer ganz auf das Übersinnliche gerichteten Religion erzogen, durch die Seelennot und durch das Vorbild orientalischer Religionen auf alles Erlösungbringende hingewiesen, erwartet sie die echten Aufschlüsse über das, was heilig ist, nur von Gemütserschütterungen und ekstatischen Entrücktheiten. Wenn es schon äußerer Zeichen für sein schauervolles Geheimnis bedarf, so leuchtet ihr ein, daß Symbole wohl dazu dienen können, am allerwenigsten aber ein Menschenbild. Selbst den ungeheuerlichen Bildungen, die wir in den Religionen mancher Völker antreffen, muß sie den Vorzug geben, weil sie durch Sprengung der naturgegebenen Formen und Grenzen das Unerhörte, Unsagbare, Unfaßliche und Überwältigende ahnen lassen und so mit irdischen Mitteln das zum Ausdruck bringen, was der alleinige Inhalt des religiösen Erlebnisses sein soll.

Dieser Gesinnung steht der Geist, dem sich die göttliche Menschengestalt geoffenbart hat, diametral gegenüber. In der heiteren Klarheit, die sich so sinnfällig darbietet, vermag sie nur Oberfläche und Leichtsinn zu erkennen. Aber die freie Größe des griechischen Götterbildes, dessen Zeugen nicht Propheten und Weltflüchtige, sondern die großen Gestalter – und nicht bloß im Altertum! – gewesen sind, kann der Menschheit nicht mehr verloren gehen. Es ist, als protestiere es im Namen von Natur und Geist gegen die Ideen der Sorge, der Sehnsuchtsunstillbarkeit und der Todeslust; ja, als werfe es die Anklage auf den Gegner selbst zurück und erkläre, daß es in dem Hang zum Übernatürlichen gerade das Allzumenschliche bekämpfe, insofern es keinen menschlicheren Fehler gebe als den Übermut, die Führung der Natur abzuweisen und jenseits ihrer Grenzen auf eigene Faust zu denken und zu fordern. Darum steht hier, statt eines Gebildes von sinnverwirrender Ungeheuerlichkeit oder eines Symbols für das Absolute, die vollkommene Menschengestalt. Denn wenn alle Formen und Erscheinungen dieser Welt auf die Gottheit hinweisen, so muß die geistreichste ihr Ebenbild sein. Ein Gott sein heißt hier ja: allen Sinn eines Daseinsreiches in sich tragen, auf jedem seiner Gebilde als Glanz und Hoheit ruhen, an seiner vornehmsten Stelle aber die ganze Herrlichkeit und das wahre Gesicht offenbaren. Indem der Gott selbst menschliche Züge trägt, zeigt er das Reich, dessen Formen alle, vom Unbeseelten bis zum

Tierischen und Menschlichen, sich in ihm spiegeln, von seiner geistvollsten Seite. So bleibt sein Bild durchaus auf der Linie der Natur, aber es steht an dem höchsten Punkte dieser Linie.

Die Gottheit ist die Gestalt, die in allen Bildungen wiederkehrt, der Sinn, der alle zusammenhält und in der menschlichen, als der sublimsten, seine Geistigkeit zu erkennen gibt.

V. SEIN UND GESCHEHEN IM LICHTE DER GÖTTEROFFENBARUNG

1.

Mit der Idee vom Sein der Götter ist die von der Art und Weise ihres Hereinwirkens ins Menschenleben nahe verwandt. Auch sie ist niemals dogmatisch formuliert worden, aber alle Erzählungen von Göttern, die sich am Menschen offenbaren, lassen sie deutlich erkennen. Es ist die Grundidee, die der griechischen Religion niemals verlorengehen konnte. Mochten einzelne ihrer Ausprägungen seit der Aufklärungszeit Befremden und Widerspruch erregen, ihren zentralen Sinn hat die Kritik nicht erreichen können. Und ihre Wahrheit bestätigt sich auch heute noch, weil sie abseits von aller Begrifflichkeit nur dem lebendigen Bewußtsein von der Gegenwart des Göttlichen in dieser Welt die Ehre gibt, ohne für die menschliche Freiheit oder für die Regelmäßigkeit und Berechenbarkeit des Geschehens blind zu sein. Der von ihr getragene griechische Glaube ist das großartigste Beispiel einer gänzlich undogmatischen, keiner natürlichen Erfahrung widersprechenden und doch das ganze Dasein durchdringenden und umfassenden Religiosität.

Ihre größte und reinste Zeugin ist die Welt, von der uns die Homerischen Gedichte Kunde geben können. In ihr ist sie noch so lebendig, daß sie nirgends einer Rechtfertigung bedarf.

Es gibt keinen schlimmeren Irrtum als zu meinen, die erwachende Kritik bedeute ein Ernsterwerden und eine Vertiefung des religiösen Bewußtseins. Erst wenn dieses ins Wanken gerät, darf der Verstand seine Forderungen geltend machen; und daß es ins Wanken kommt, ist ein Vorgang, der niemals erklärt, sondern immer nur angezeigt werden kann durch das Bild schwindender Gottesnähe. Die Welt Homers aber steht noch ganz in ihrem Zauber.

Die Bedeutung, die das göttliche Walten für diese nichts weniger als kleinmütige und gedankenarme Welt besessen hat, muß völlig beispiellos genannt werden. Jeder Zustand, jedes

Vermögen, jede Stimmung, jeder Gedanke, jedes Tun und Erleben spiegelt sich in der Gottheit. Was der Sänger auch immer schildern mag, kein Zug kann ihm wichtig erscheinen, ohne daß der Name eines Gottes oder der Gottheit überhaupt von seinen Lippen fließt. Dies stete Gedenken des Göttlichen, dies immerwährende Innesein himmlischer Gegenwart, muß auch auf den, dem die Homerische Religion fremd ist, einen tiefen Eindruck machen. Mag auch der Hinweis auf die Götter in zahlreichen Fällen zur bloßen Formel geworden sein, auch so zeugt er noch für das lebendige Gefühl; und es bleibt dabei, daß es kein zweites Weltbild gibt, in dem das irdische und menschliche Dasein so voll von der Gegenwart des Göttlichen wäre, keine Gesellschaft, die – ohne Religionsgemeinschaft zu sein – der Gottheit mit solcher Treue und Ehrerbietung in jedem Augenblick ihres Daseins gedächte.

Und das Erstaunen über diese alles Erleben durchdringende Frömmigkeit wächst in dem Maße, in dem wir ihr Wesen kennenlernen. Je tiefer hier das Verständnis eindringt, um so kleinlauter muß unsere Kritik werden. So geht es mit allen Gestaltungen, die aus der Fülle des Erlebens geboren sind und ihre Rechtfertigung allein in sich selbst tragen. Der lebendige Sinn ihres Aufbaus weist selbst die fremden Maßstäbe zurück. Mag dieser Sinn uns vertraut oder fremd sein, wir müssen ihn stehen lassen so wie er ist. Und freilich kann er bei den Menschen unserer Zeit nur selten ein Echo und eine Antwort finden. Denn sie suchen in der Religion eine geheimnisvolle andere Welt, während es zum Grundcharakter der griechischen gehört, daß sie mit der schärfsten Beobachtung der Wirklichkeit die ehrerbietigste Anerkennung verbindet. Ihr Göttliches ist weder eine rechtfertigende Erklärung, noch eine Unterbrechung und Aufhebung des natürlichen Weltlaufs: es ist der natürliche Weltlauf selbst.

2.

Die Götter, deren Geist in allem Geschehen spürbar ist, wirken teils einzeln und unabhängig voneinander, teils als Gesamtheit und Einheit. Beides ist von gleich großer Bedeutung. Ihr Eigenwille bringt zwar oft eine Entzweiung in das irdische Dasein; aber darin spiegelt sich die Vielfältigkeit und der Widerstreit des Seins, die dem aktiven Menschen um so unauflöslicher erscheinen müssen, je lebendiger und reicher seine Erfahrung ist. Diese göttliche Uneinigkeit hätte durch rücksichtslose Hervorkehrung persönlicher Ansprüche unerträglich werden können. Aber das Persönliche war dem griechischen Denken nicht wichtig genug, um seinetwegen die Unterschiede und Gegensätze des Seins als ein eifersüchtiges Ringen um Macht und Prestige aufzufassen. Die Widersprüche zwischen den Göttern sind im Grunde gleichbedeutend mit den Spannungen, die zwischen den Urgestalten der Welt bestehen, und ihre Persönlichkeit war nicht dazu angetan, diese Spannungen zu verschärfen. Die mythische Vorstellung von einer Familie unter Führung eines königlichen Vaters läßt die Spannungen fortbestehen und gibt doch zugleich das symbolische Bild einer Harmonie. Die Harmonie wird zur Einheit in der Person des Zeus, wenn er nicht bloß als höchste Macht über den Göttern steht und die großen Geschicke nach seinem Willen lenkt, sondern als Exponent des göttlichen Waltens überhaupt erscheint, so daß er es ist, der in allem wirkt und zu dem alle Gebete emporsteigen. Diese ins Unendliche wachsende und im Unbegreiflichen ausmündende Größe des Zeus wird uns noch öfter begegnen. Hier müssen wir einer anderen und nicht weniger bedeutungsvollen Zusammenfassung des Göttlichen gedenken, die es als majestätische Wesenheit ganz und ungeteilt dem Menschen gegenüberstellt.

In vielen Fällen führt Homer — wie bekanntlich auch das spätere Griechentum — die Urheberschaft wichtiger Ereignisse ganz allgemein auf ‚Götter' (θεοί) oder ‚die Gottheit' (θεός) zurück. Mit dem letzteren Ausdruck ist nichts weniger als eine bestimmte Persönlichkeit, im monotheistischen Sinne, gemeint, sondern etwa dasselbe, wie mit dem ersten, nämlich: die Einheit der göttlichen Welt, wie sie sich, trotz der verschiedenartigsten Ausprägungen, dem lebendigen Gefühl darbietet. Wenn Diomedes (Ilias 9, 49) den Rat des Agamemnon, vom Kriege abzustehen, auf das Schärfste tadelt und für sich selbst wie für Sthenelos die feierliche Versicherung abgibt, daß sie in jedem Falle bis zum Ende kämpfen wollen, seien sie doch ‚mit der Gottheit' (σὺν θεῷ) gekommen, so spricht er im Vertrauen auf jene höhere Welt, die über dem Menschen steht. Sie meint der Dichter der Odyssee, wenn er sagt, daß dies und jenes ‚nicht ohne die Gottheit' (οὐκ ἄνευ θεοῦ) geschehen sei (5, 531; 2, 372). Weil ‚die Gottheit' mit ihm ist, hat Hektor die Übermacht, und Menelaos darf ihm, ohne sich zu schämen, ausweichen (Ilias 17, 99). Als keiner der griechischen Helden auf die Herausforderung des Hektor antwortet, sagt Menelaos, er werde es versuchen, ‚aber den Sieg halten droben die ewigen Götter in Händen' (Ilias 7, 101). Hektor weiß wohl, daß er dem Achill nicht gewachsen ist, ‚aber', sagt er, ‚die Entscheidung liegt im Schoße der Götter, ob ich dich, trotz meiner geringeren Kraft, mit meinem Speere zu Tode treffen werde' (Ilias 20, 435; vgl. auch 17, 514. Odyss. 1, 267 u. a.). Und nach seinem Fall hören wir aus dem Munde des Siegers, daß ihm ‚die Götter gewährt haben, diesen Mann zu überwinden' (22, 379). Hektor selbst hat es gefühlt, als er den Trug der Athene gewahr wurde, daß ‚die Götter ihn zum Tode riefen' (Ilias 22, 297; vgl. 16, 692). Zu der reuigen Helena sagt Priamos liebevoll: ‚Dir geb ich keine Schuld, die Schuld ist bei den Göttern, die das Leid dieses Krieges über mich verhängt haben' (Ilias 3, 164). Und auch für Agamemnon ist der Fall der Priamosstadt davon abhängig, daß ‚die Götter es geben' (Ilias 9, 136), so wie im Anfang der Ilias Chryses den Griechen wünscht:

‚euch mögen die Götter, die Olympischen, geben, des Priamos Stadt zu zerstören und glücklich nach Hause zu kommen' (Ilias 1, 18).

Häufig ist die Berufung auf ‚die Gottheit' (ϑεός) in der Odyssee. Mit frommem Schauder weist Telemach den Gedanken von sich, die Mutter gegen ihren Willen aus dem Hause zu schicken: ‚davor bewahre die Gottheit mich!' (Odyss. 20, 344; vgl. 17, 399). Von dem treuen Diener, den sein Herr liebt, sagt Eumaios, daß er fleißig arbeite und ‚die Gottheit sein Werk segne' (Odyss. 14, 65). Derselbe äußert sich beim Opfermahl mit frommer Ergebenheit: ‚die Gottheit wird geben und versagen, wie es ihr Wille ist; denn sie vermag alles' (Odyss. 14, 444). Nicht allen Männern, sagt Odysseus zu Euryalos, geben ‚die Götter' hohen Wuchs und Fähigkeiten des Geistes; ein Mann kann äußerlich unansehnlich sein, aber ‚die Gottheit' verleiht seinen Worten Reiz (Odyss. 18, 167). ‚Immer führt die Gottheit Gleich und Gleich zusammen', spottet Melantheus beim Anblick des Odysseus, der in Bettlergestalt den Sauhirten begleitet (Odyss. 17, 218). Sehr bezeichnend ist es, wie Odysseus sich der Göttin Athene gegenüber ausdrückt: solange der Krieg gegen Troia dauerte, sei er ihrer Nähe immer bewußt gewesen; aber von dem Augenblick an, als ‚die Gottheit' das Achaiervolk zerstreute, habe er von ihr, der Göttin, kein Zeichen mehr empfangen (Odyss. 13, 317). Als Eurykleia den Odysseus an seiner alten Narbe erkannt hatte, bedrohte er sie, den Mund zu halten über die Entdeckung, die ihr ‚die Gottheit' gegeben; sonst dürfe auch sie nicht auf Schonung rechnen, wenn ‚die Gottheit' durch seine Hand die Freier vernichten werde. Und da der Gedanke an diesen ersehnten Augenblick die Rachgier der Alten aufweckt, hält er sie zurück, gebietet ihr noch einmal Verschwiegenheit und heißt sie alles Künftige ‚den Göttern' überlassen (Odyss. 19, 485 ff.; vgl. 21, 279; 22, 288). Mühen und Leiden gibt ‚der Wille der Götter' den Menschen zu tragen (Odyss. 7, 214; 14, 198; 12,

190; 17, 119). Sie gewähren und versagen: ‚Die Götter' schenkten der Helena nach ihrer Rückkehr kein Kind mehr (Odyss. 4, 12). ‚Leicht vermögen die Götter, die droben im weiten Himmel wohnen, den sterblichen Mann bald glanzvoll, bald jämmerlich erscheinen zu lassen' (Odyss. 16, 211).

Besonders deutlich wird diese Einheit der Himmlischen, wenn ‚die Götter', wie in der Odyssee häufig geschieht, als Schicksalsmacht wirken und ihre Fügung mit einem Worte ausgedrückt wird, das eigentlich das Spinnen des Schicksalsfadens bezeichnet (ἐπικλώθω). Davon wird später noch die Rede sein. Von Odysseus heißt es, daß ‚die Götter' das Jahr bestimmt haben, in dem er heimkehren soll (Odyss. 1, 17); ‚die Götter' sind es, die über die Menschen den Untergang verhängen (Odyss. 8, 579) und ihnen allerlei Leiden zuteilen (11, 138). Auch die einfachen Naturordnungen haben sie gesetzt: Noch lange könnte ich dir so zuhören, sagt Penelope zu dem noch nicht erkannten Gatten, ‚aber es ist dem Menschen nicht gegeben, den Schlaf ganz zu vergessen, denn jedem Ding haben die Götter sein Teil verordnet im Menschenleben' (Odyss. 19, 592).

Die einzelnen Götter behalten ihre Besonderheiten und die Spannungen zwischen ihnen bleiben bestehen. Sie sind ja die Welt, und die Welt ist vielgestaltig. Und dennoch weiß der Mensch von der Einheit des Göttlichen. Er weiß von ihr, aber er kann sie mit keiner Anschauung mehr ergreifen. Sie ist keine Gestalt mehr. Aber eben deshalb, weil sie jenseits des Gestalteten steht, konnten die moralischen Ideen gerade an sie anknüpfen.

3.

Wo und wie greifen die Götter ins irdische Dasein ein? Wer so fragt, fragt immer zugleich auch: was kann, was wirkt denn der Mensch von sich selber aus? Jede Idee vom Walten der Gottheit ist, soweit sie den Menschen betrifft, die Kehrseite einer bestimmten Psychologie, und man kann die Gedanken eines Volkes über seine Götter nicht verstehen, ohne zu verstehen, was es über den Menschen gedacht hat. Nicht, als ob die menschliche Selbsterkenntnis das erste wäre und auf sie die Erkenntnis der Gottheit folgte. Keine Auffassung kann verkehrter sein als diese. Aber falsch wäre es auch, das Bewußtsein von der Gottheit an den Anfang und vor das Selbstbewußtsein zu setzen. Keines ist ohne das andere. Im frommen Erleben sind beide auf einmal da und sind eins und dasselbe.

Von jeher war dem Menschen bewußt, daß ihm seine Entschlüsse und Taten, seien sie gut oder schlecht, nicht ganz zugerechnet werden können. Die Vorgänge der äußeren Welt bestimmen seine Ziele und Handlungen offenkundig und zwingen ihn oft zu Taten, die er gerne vermieden hätte. Und wie vieles vollzieht sich in ihm selbst, Segensreiches und Verhängnisvolles, zu seiner eigenen Überraschung, da er sich weder eines Willens noch einer Kraft dazu bewußt ist.

Das griechische Daseinsgefühl ist von der Art, daß es an all diesen Punkten einer göttlichen Gegenwart inne wird. Aber damit ist noch zu wenig gesagt. Es könnte scheinen, als ob das Göttliche sich ihm nur da einstellte, wo auch wir wie durch ein Wunder überrascht und erschüttert werden können: bei plötzlichen, unbegreiflichen Geschehnissen, bei ungewöhnlichen Gedanken und Leidenschaften, die uns gewissermaßen überfallen. Der Grieche empfindet auch das, was er mit klarem Bewußtsein wählt und tut, als etwas ihm Gegebenes, und sein Lebensgefühl rührt an die Gottheit, wenn wir nichts anderes im Sinn haben als die wohlbekannte Regelmäßigkeit des Geschehens oder unser eigenes Überlegen und Können. Und doch ist der Mensch kein bloßes Werkzeug der Götter, sein Dasein nicht nur der Spielplatz ihres Tuns. Er ist selbst etwas, und sein eigenes Tun wird gefordert. Die lebendige Regsamkeit des Menschen trifft auf das

Wunder der verzauberten Welt, die ihn mitverzaubert. Fülle der Welt und Fülle des Menschen sind beide auf einmal da. Auf die Frage, wo denn das Menschliche aufhöre und das Göttliche beginne, kann keine Antwort gegeben werden, weil der Glaube in der Erfahrung wurzelt, daß eines vom andern erfaßt wird und beide zusammenfallen. An Stelle begrifflicher Formulierung stehen die Bilder des Geschehens, die wir im folgenden kennenlernen werden.

Das griechische Bild göttlich-menschlichen Wirkens steht in einem bemerkenswerten Gegensatz zu der uns selbst vertrauten Anschauung. Die Gottheit wirkt hier nicht von einem Jenseits her ins Innere des Menschen, in seine auf geheimnisvolle Weise mit ihr verbundene Seele. Sie ist eins mit der Welt und kommt dem Menschen aus den Dingen der Welt entgegen, *wenn er auf dem Wege ist* und an ihrem bewegten Leben teilnimmt. Nicht durch Insichgehen erfährt er von ihr, sondern durch Hinausgehen, Ergreifen und Handeln. Dem Tätigen und Unternehmenden stellt sie sich mit der unmittelbarsten Lebendigkeit dar, sei es fördernd oder hemmend, erleuchtend oder verwirrend. Sie ist es, die den Entflammbaren aus den Augen der Schönheit mit verzehrender Glut anblickt, und die Verfehlungen, in die er hineingerissen wird, sind ebenso ihr Werk, wie das seine. Ja, mehr noch das ihrige. Und so fällt denn mit der Selbstgewißheit bei großen Taten auch der bitterste Teil der Selbstverurteilung bei bedenklichen weg. Fast unbegreiflich ist uns die Seelenruhe, mit der man hier die Gottheit verantwortlich machen darf, wenn ein großes Unrecht geschehen ist. Helena, die mit ihrem Buhlen Mann und Kind verläßt und über zwei Völker namenlosen Jammer bringt, tadelt sich selbst zwar bitter, aber die eigentliche Schuld trifft doch die Göttin Aphrodite, und Helena bleibt die edle Frau, die sie war.

Der Fernerstehende sieht in dieser Ausprägung griechischen Glaubens eine Entehrung der Gottheit und zugleich eine ernste Gefahr für die Sittlichkeit. Welch eine Verführung zur Sünde, wenn man die Verantwortung den Göttern zuschieben darf! Aber es gibt doch zu denken, daß man erst später, als dieser Glaube schon ins Wanken gekommen war, über Leichtfertigkeit und Sittenlosigkeit zu klagen hatte. Wenn wir die Frage der Verantwortung schärfer ins Auge fassen, so erkennen wir eine Anschauung, die sich von der unseren zwar sehr beträchtlich, aber sicherlich nicht durch geringeren Ernst unterscheidet. Kein Gedanke daran, daß der Mensch die Folgen seines verkehrten Tuns nicht zu tragen hätte. Im Gegenteil, sie kommen mit einer Unerbittlichkeit über ihn, die uns erschreckt. Die Tragödie, die ihre Gegenstände aus dem alten Epos genommen hat, ist voll von diesen erschütternden Konsequenzen. Und das eben ist das Tragische, daß es keinen Ausweg gibt, und daß nach der Güte des Willens nicht gefragt wird. Was geschehen ist, muß sich auswirken. Keine Reue, keine Demütigung vor Gott hebt diese Fortwirkung auf. Aber dafür hat die Reue ihren giftigsten Stachel verloren. Ob die Tat gut oder böse war, ob der Mensch sich dafür loben oder tadeln muß, in keinem Falle kann er glauben, daß er allein sie vollbracht habe, daß ein souveräner Wille in ihm wohne, von dessen Güte oder Bosheit allein es abhing, was er tat und was er unterließ. Dadurch verliert das Unrecht nichts von seiner Bedenklichkeit, so wenig wie von seinen Folgen. Aber das Gefühl der Erbärmlichkeit bleibt fern. Der Täter hat jene Demut nicht, die dem eigenen Willen die ganze Schuld aufläd, aber die andere, sich nicht als einzige Ursache des Geschehenen zu wissen. Und darum kann er groß und stolz bleiben, auch im Untergang. Was geschehen ist, auch wenn es ihn zerstören muß, gehört schließlich, wie alles in der Welt, zu den höheren Fügungen; ja die Leidenschaft, die es herbeiführte, hat unter den Göttern ihr wundervolles und ewiges Gesicht, zu dem er auch aus der Zerschmetterung aufblicken darf.

Solange diese Anschauung ihren vollen Ernst besaß, das heißt, solange sie mit dem festen Glauben an die Göttlichkeit der Welt verbunden war, konnte sie der Sittlichkeit nicht gefährlich werden. Es war die Zeit, da der Mensch die Welt und sein eigenes Dasein im Spiegel des echten Mythos schauen durfte. Als später das selbstherrlich gewordene Denken dagegen protestierte, daß von höheren Mächten andere als sittliche und segensreiche Impulse ausgehen sollten; als der prüfende Blick sich ins Innere des Menschen senkte und dort den Grund für alle Verfehlungen suchte, da wurde einer Helena entgegengehalten:

„Dein eigner Sinn ist's, der zur Liebesgöttin ward
Bei Paris' Anblick!" (Euripides, Troerinnen 988.)

Die Schuldigsprechung des menschlichen Herzens ist viel älter als die Tragödie. Sie gehört der theosophischen Mystik an, die an die Stelle des großen, echten Mythos einen zweiten setzte. Wir können nicht mit Sicherheit sagen, wo sie entstanden ist. Gewiß war ihre Bedeutung in den nachhomerischen Jahrhunderten keine geringe. Aber man dürfte nie vergessen, daß sie dem Geiste, der sich in den hohen griechischen Schöpfungen ausprägt, ganz fremd ist. Ihre Lehre war, daß die menschliche Natur im Grunde verderbt sei. Dieser traurige Zustand deutete nach rückwärts auf einen uralten Bann des ganzen Geschlechts. Es gab eine göttliche Welt, der es auf geheimnisvolle Weise zugehörte, und aus der es in diese Nacht des Irrtums und des Bösen herabgesunken war. Aber das göttliche Reich wollte ihm wieder zur Rückkehr verhelfen und offenbarte ihm für diesen Aufstieg einen heiligen Weg. Der Glaubenswandel, dessen Umriß hier gezeichnet ist, hat sich in verschiedener Form bei mehreren Völkern vollzogen. Für die meisten Religionshistoriker bedarf es keines Beweises, daß er einen entschiedenen Fortschritt bedeutet, eine Klärung und Vertiefung des religiösen wie des moralischen Denkens. Die Vorstellung von der Gottheit scheint größer und reiner, die vom Menschen selbst ernster geworden zu sein. Und doch sollte schon das Pathos, das aus dieser Sphäre ertönt, darauf hinweisen, daß hier etwas zerbrochen und zerrissen war und nur in Not und

Kampf wieder zum Ganzen gefügt werden konnte. Solange die ursprüngliche Ganzheit bestand, blieb der Mensch vor der Ergründung seines eigenen Inneren bewahrt, weil er den großen Mythos, in den er selbst miteinbezogen war, ein- und allgestaltig draußen fand. Wie diese Sicherheit, die der Aufgehobenheit des Kindes in Mutterarmen gleicht, verloren gehen konnte oder mußte, soll nicht gefragt werden. Aber sie selbst und ihr Daseinsreich muß uns vor Augen treten.

Inmitten dieser Welt, die von göttlichen Gestalten erfüllt ist, steht der Mensch da, nicht als ein Fremdling, sondern mit allen Organen auf sie gerichtet, an sie gebunden, von ihr Erkenntnis und Entscheidung, Erfolg und Fehlschlag, Genuß und Leiden empfangend und erwartend. Freilich ist er sich der Kräfte seines Geistes und Gemütes so gut bewußt wie der seines Körpers. Er kennt etwas in seinem Innern, das wir Seele nennen; er nennt es θυμός. Diesen inneren Menschen unterscheidet er deutlich vom äußeren. Er spricht sogar in Augenblicken der Not zu ihm, so wie man zu einem Bruder und Genossen spricht (vgl. z. B. Ilias 11, 603). Odysseus hat einmal zu seinem Herzen geredet, als es, in der Nacht vor dem Freierkampf, aus Empörung über das freche Gelächter der Mägde ‚bellte', wie eine Hündin, die im Begriff ist, um ihrer Jungen willen einen Fremden anzufallen: ‚Trag es doch, mein Herz! Du hast ja schon Schlimmeres getragen' (Odyss. 20, 17; vgl. v. Wilamowitz, Die Rückkehr des Odysseus 189 ff.). Aber dieses Innere selbst hat keine Sprache; es gerät in Erregung, aber es redet den Menschen niemals an. Es hat keine Welt für sich, es fehlt ihm gewissermaßen die Tiefendimension. Seine Welt ist das große Lebensreich draußen. Darum gibt es keinen Mythos der Seele und kann keinen geben, da die Seele gleichsam nur ein Gesicht nach außen hat, in die gestaltete Welt, nicht nach innen, in ein unanschaubares, ihr allein zugängliches Reich. Der Angehörige einer späteren Kultur kann sich nur schwer von dem Vorurteil befreien, daß dieser Zustand von einem Mangel an Tiefe und Einsicht herrühren müsse. Er nennt ihn pimitiv oder kindlich und betrachtet die Vorstellungen, die in der Folgezeit hervorgetreten sind, als Ergebnis einer Entwickelung und Vervollkommnung. Aber der Mangel liegt nicht in der ehemaligen Denkweise, sondern in unserem Verständnis. Jenem alten Bild vom Dasein fehlt nichts; es ist rund und in sich vollendet. Die Züge, die man unter dem Denkzwang einer ganz anderen Weltanschauung an ihm vermißt, hätten es zerstört. Sie sind nicht, wie man es sich so gerne vorstellt, als Bereicherung und Vertiefung zu ihm hinzugetreten: erst nach seinem Zerfall vermochten sie durchzudringen, als Wesensbestandteile eines neuen Weltbildes mit neuem Zentrum und neuen Maßen. Wenn in der alten Daseinsauffassung der innere Mensch keinen Mythos für sich hat, so bedeutet dies, daß er völlig in den Mythos von der Welt verflochten und verwoben ist zu einer einzigen geschlossenen Gestalt. Was er erlebt, ist kein Eigentum seiner Seele, in tiefen Einsamkeiten oder in einem seelenverwandten, gestaltlosen Jenseits verankert, sondern ein Stück der Welt, das in ihrem großen Mythos seine Stelle und seinen lebendigen Sinn hat. Daher fehlt es ihm nicht, wie uns scheinen will, an Tiefe. Denn das Feingefühl, mit dem wir ihm in der Seelentiefe nachspüren, ist hier auf die Welt und ihre Gestaltungen gerichtet und vermag in ihrem Bilde die Züge des Erlebten so treulich zu erkennen, daß auch wir, die wir doch ganz anders zu denken gewohnt sind, von der Wahrheit des Geschauten ergriffen werden. Und da bemerken wir denn mit Staunen, daß es einmal möglich gewesen ist, das, was wir selbst durch Versenkung in unser Inneres verstehen wollen, aus der groß und tief erfaßten Umwelt zu deuten; und bemerken mit Bewunderung, daß dabei sein Gehalt nichts verloren hat, sondern vielmehr ins Großartige erhoben worden ist — während wir mit unserer Seelenkunde beständig in Gefahr sind, uns ins Kleinliche, ja ins Nichtige zu verlieren.

Dieses Zeitalter ist sich ganz klar darüber, daß der Mensch, solange er nicht unter äußerem Zwange steht, von Neigungen und Überzeugungen bestimmt wird. Aber diese Regungen weisen nicht nach innen auf ein Gefühlszentrum, einen Grundwillen, sondern hinaus ins Große der Welt. Was wir im Augenblick der Entscheidung als Motive erleben, sind hier für den Erkennenden die Götter. Bei ihnen, nicht im menschlichen Gemüte, ist die Tiefe und der vornehmste Grund von allem Bedeutenden, das sich im Menschen vollzieht. Das heißt, daß er sich von einem großen Sein und seinen lebendigen Gestalten umgeben weiß. Wer diese Gestalten sind, das ist die wichtigste Frage. Wenn er sie kennt, kennt er sich selbst; denn die Berührung mit ihnen ist das Entscheidende, das er bald nach dieser, bald nach jener Seite hin erlebt. Weit entfernt also, im Subjektiven sich zu verengen und festzufahren, unsicher und eigensinnig zugleich zu werden, weitet er sich aus ins Objektive und Wesenhafte, ins Sein der Welt und damit in das Göttliche. Und das gilt gleichermaßen für Glück und Unglück, für Gutes und Böses. Auch die bedenkliche und verhängnisvolle Sphäre, die ihn anzieht, ist Reich und Gestalt eines Gottes, und wenn ihr Zauber ihn von Ordnung und Pflicht weggerissen hat, so darf er sich, in der Trauer über das Geschehene, auf ihre Macht berufen und an ihre Größe denken. Wie bitter er sein Tun beklagen mag, das Gewissen braucht ihn nicht zu martern, denn die Entscheidung war keine Niederlage des verborgenen guten Willens im Kampf mit bösen Neigungen.

Auch das Rechte, das Geziemende, das Liebevolle und alles, was im Namen des Guten vom Menschen gefordert wird, hat seine objektive Realität über dem Menschen und ist daher weniger die Sache von Gesinnung, Gemüt und Wille, als vielmehr der Einsicht. Und diese ist verdunkelt, wenn der Mensch einem Zauber folgt, der im Reich der Götter seine Würde hat, aber seinem Leben und seiner Ehre Schaden bringen muß.

Man hat sich oft genug darüber gewundert, daß der Grieche geneigt ist, das Motiv der moralischen Entscheidung nicht im Willen, sondern in der Erkenntnis zu suchen. Das Urteil über diese Auffassung lautet heute, daß sie falsch sei. Sonderbar! Als ob sie allein für sich dastünde und beurteilt werden könnte ohne Rücksicht auf das Ganze einer Weltanschauung, in dem sie, als ein Teil davon, ihre sinnvolle Geltung hat. Wer die Objektivität der altgriechischen Weltanschauung versteht, wer der Blickrichtung nach außen statt nach innen, in den Weltmythos statt in den Seelenmythos, zu folgen vermag, wird es nur folgerichtig finden, daß man hier die Erkenntnis betont und nicht den Willen oder das Gefühl. In der Welt der objektiven Gestaltungen sind Gerechtigkeit und Ehrenhaftigkeit, Bedachtsamkeit und Ebenmaß, Zartheit und Anmut nicht in erster Linie subjektive Stimmungen und persönliche Verhaltungsarten, sondern *Realitäten*, bleibende Gestalten des Seins, die dem Menschen in jedem bedeutenden Augenblick mit göttlicher Wesenhaftigkeit gegenübertreten können. Darum ist es dem Griechen nicht so wesentlich, daß dies und jenes im Gefühl ist, wie daß es *gekannt* und *verstanden* wird. Der liebevoll, edel oder rechtmäßig Handelnde „*weiß*" vom Liebevollen, Edlen und Richtigen. Sie sind für ihn etwas, von dem er Kenntnis besitzt, während andere sie nicht besitzen. Es ist möglich, daß auch er sie nicht immer besessen hat, daß sie ihm einmal durch Lehre oder Erfahrung, wie wir sagen, „aufgegangen" ist. Unsere eigene Sprache mahnt uns, daß uns diese Auffassung gar nicht ganz fremd ist, daß wir ihr vielmehr in manchen Stücken heimlich anhangen, uns also wohl auch tiefer in sie hineinzudenken vermögen. In der griechischen Sprache dagegen ist sie, schon bei Homer, die ausschlaggebende. Hier wird das moralische Verhalten weniger mit den Begriffen des Empfindens oder des Beschaffenseins, als mit denen des Wissens und Verstehens begründet. Wie wir von einem sagen, daß er billig ‚denke' so heißt es bei Homer, daß er „Billiges wisse". Dieselbe Ausdrucksweise gilt für alles, was wir unter dem Begriff der Gesinnung zu fassen gewohnt sind. Der freundlich Gesinnte ist ein Mann, der „Freundliches weiß". So macht es im Ausdruck keinen Unterschied, ob jemand die wünschenswerte Gesinnung besitzt, oder ob er etwa guten Rat „weiß".

Es braucht kaum gesagt zu werden, daß damit kein begriffliches Verstandeswissen gemeint war. Sollte es nicht noch ein anderes geben, — eben jene „andere Art der Erkenntnis" (ἄλλο γένος γνώσεως), die nach Aristoteles mit der Tugend untrennbar verbunden ist (vgl. v. Arnim, Das Ethische in Aristoteles' Topik. Sitzungsberichte der Akademie der Wissensch. in Wien 1927, S. 30)? Ein Erfassen, das nicht rational ist, aber doch scharf geschieden von Empfindung und Begehren, und dem Reich des Geklärten, des Einsichtigen, der Erkenntnis angehörig. Daß diese Seite des moralischen Problems es war, der das Griechentum seine vornehmste Aufmerksamkeit schenkte, weist wahrhaftig nicht auf Befangenheit im Rationalen: hier haben wir das schönste Zeugnis für die Objektivität seines Anschauens und Denkens. Es besitzt nicht einmal ein spezifisches Wort für den Willen; der Ausdruck, der eigentlich die Einsicht bedeutet (γνώμη), gilt hier zugleich für die Entschließung.

Dies „Wissen" nun ist es, das verdunkelt war oder ganz fehlte, wenn der Mensch sich ins Ungehörige oder Verhängnisvolle hineinreißen ließ. Der Homerische Grieche denkt nicht an böse oder sündige Neigungen. Der Wille, zu genießen und mächtig zu sein, ist ihm weder gut noch böse, sondern natürlich. Auch der Edelste besitzt ihn, und er mag sich zur Leidenschaft steigern, die alles zu überrennen droht. Aber er hat ein höheres Wissen von edlen und sinnvollen Gestaltungen des lebendigen Daseins, eine Erkenntnis, die nicht dem rechnenden Verstande angehört, sondern dem schauenden Geiste, ein Bewußtsein vornehmer und ewiger Realitäten — oder Götter! —, das, sobald es nur deutlich ist, auch sofort zum Willen wird und den Begierden des

Herzens Grenzen setzt. Doch es kommen Augenblicke, wo dies Bewußtsein verdunkelt wird oder völlig verlöscht. Dann gerät der Mensch in Schuld und Verhängnis. Die Blendung aber ist, so gut wie alles Entscheidende, ein Werk der Gottheit.

Die Denkart, die hier als eine nach außen gerichtete charakterisiert wurde, ist keine andere als die mythische. Ihre Gegenständlichkeit schließt auch den Menschen und seine Erlebniswelt mit ein. In seinen Freuden und Leiden, seinen Begierden und Einsichten spiegeln sich Urgestalten. Aber der Wille, der gute und der böse, bleibt im Wesenlosen. Das Göttliche ist die reine Gestalt der Welt, ihre Deutung, ihr Mythos. Hier kann der Gedanke gar nicht aufkommen, sich von der Welt ab und dem Göttlichen zuzuwenden. Das Dasein der Welt geht nicht in der Gottheit unter. Der Mensch, an dem sich die Gottheit offenbart, ist kein bloßer Durchgangspunkt für eine höhere Welt. Es ist nicht so, als ob ein anderer aus ihm spräche und handelte, ihn mit einem Gefühl, einem Willen, einer Erkenntnis heimsuchte, die nicht die seinigen sind. Dadurch würde das Geheimnis der Berührung von Göttlichem und Menschlichem zerstört. Wir erkennen den wunderbar klaren Geist des Griechen an seinem Mythos, dem Mythos von *eben dieser* Welt und *eben diesem* Menschen. Seine Bilder des Geschehens, wenn sie von Göttern und Göttertaten zeugen, haben auch für uns noch unwiderstehliche Überzeugungskraft, und ihr Wahrheitscharakter bleibt, ob wir selbst an diese Götter und ihre Macht glauben mögen oder nicht. Wenn in andern Religionen die Berufung auf die Gottheit nur allzuoft eine Verfälschung der Erfahrung bedeutet, so sehen wir hier das Wunder einer vollen Übereinstimmung zwischen Erkennen und Glauben. Das getreuste Bild der Wirklichkeit ist zugleich das lebendigste Zeugnis für das Dasein der Götter.

4.

Für die religiöse Deutung natürlicher Begebnisse, von der im Vorhergehenden die Rede war, folgen nun Beispiele aus Homer.

Traurig und sorgenvoll sah Odysseus (Ilias 2, 169 ff.) auf die Heerhaufen der Griechen, die in wilder Eile zur Abfahrt drängten. Nur um sie zu versuchen, hatte Agamemnon geraten, das sinnlose Unternehmen aufzugeben und in die liebe Heimat zurückzukehren. Der Dichter charakterisiert den Odysseus hier mit einem Worte, durch das seine Klugheit und Erfindsamkeit geradezu neben die des Zeus gestellt wird (169 Διὶ μῆτιν ἀτάλαντος). Aber jetzt scheinen sie ihn im Stich gelassen zu haben — nein, sie sollen sich gerade in diesem Augenblick glänzend bewähren. Und das geschieht, indem an die Seite des Mannes, dessen Klugheit der des Zeus vergleichbar ist, die kluge Tochter des Zeus tritt, sie, die „der Meister des Rates" (μητίετα) aus seinem Haupte geboren hat und die unter allen Göttern „den Preis des Scharfsinns und der Klugheit empfängt" (Odyss. 13, 298). Sie stellt ihm die Schmach der feigen Heimfahrt lebhaft vor Augen — aber das war es ja gewesen, was ihm selbst das Herz so schwer gemacht hatte; und sie fordert ihn auf, augenblicklich und ohne Bedenken unter die Leute zu treten, sich einen nach dem andern vorzunehmen und sie mit gewinnender Rede von ihrem Vorhaben zurückzuhalten. Er tut das, wie im folgenden erzählt wird, mit großem Geschick und Erfolg. So bewährt sich seine sprichwörtliche Klugheit, von der man rühmte, daß sie ihm in jedem schwierigen Augenblick den rechten Gedanken eingebe. Aber was man als Einfall bezeichnen kann, ist in Wahrheit die Inspiration des Klugen durch seine himmlische Begleiterin, die Göttin mit den scharfen, klaren Augen. Er vernimmt ihre Stimme und schreitet sofort zur Tat. Von ihrem Anblick und von ihrem Weggang hören wir nichts.

Auf dieselbe Weise läßt Athene einen andern Liebling, den Diomedes, den richtigen Entschluß fassen (Ilias 10, 507 ff.). Mit Odysseus zusammen hatte er bei Nacht das Lager des Rhesos überfallen. Während er die schlafenden Krieger erschlug, schirrte Odysseus die Rosse des Königs vom Wagen und führte sie hinaus. Jetzt war es Zeit, sich in Sicherheit zu bringen, und Odysseus gab dem Gefährten ein Zeichen. Aber Diomedes überlegte noch, ob er den Wagen des Königs wegschleppen oder das Morden unter den Thrakern fortsetzen solle. Während er das erwog, trat plötzlich Athene zu ihm und mahnte ihn zu schleunigem Aufbruch: jeden Augenblick könnten ihm die Troer auf den Hals kommen. Auch ihn trifft die Göttin, während er im Ungewissen ist. Im gefährlichen Moment gibt sie den entscheidenden Gedanken, den rettenden Entschluß. Unverzüglich — von der Göttin ist nicht mehr die Rede — macht Diomedes sich mit Odysseus davon. Es war die höchste Zeit. Schon erwachte ein vornehmer Thraker aus dem Schlaf und rief durch sein Wehklagen die Troer herbei.

Ebenso und zum Teil mit denselben Worten wird erzählt, wie Athene zu dem wild erregten Achilleus mit der Stimme der Vernunft spricht (Ilias 1, 193 ff.), nur daß diesmal die Erleuchtung bis zur Vision gesteigert ist. Der gereizte Löwe fühlt sich plötzlich von hinten angerührt, wendet sich um und sieht in das Flammenleuchten der göttlichen Augen. Sofort erkennt er Athene und vertraut ihr sein racheglühendes Herz an. Sie aber rät ihm zu weiser und würdiger Selbstbeherrschung. Und der Gewaltige gehorcht. All das war die Sache eines Moments. Kein anderer konnte die Göttin sehen, keiner bemerkte die Zwiesprache. Ehe sie begann, lockerte Achill schon sein Schwert in der Scheide; als sie endete, stieß er es wieder zurück und Athene entschwand. Sie hatte ihn das Verständige wählen lassen. Aber auch diesmal war sie gekommen, als er unschlüssig war, was er tun solle, und die eine seiner Alternativen war eben das gewesen, was ihr göttliches Wort ihm empfahl und einleuchtend machte. So bezeichnet ihr Eingreifen den Ausschlag auf der Wage der Empfindungen und Gedanken.

Von besonderem Interesse ist es, wie die klug ratende Göttin in Telemachos den Gedanken weckt, daß es die höchste Zeit sei,

Sparta zu verlassen und in die Heimat zurückzukehren (Odyss. 15, 1 ff.). Er ist auffallend lange als Gast bei Menelaos geblieben, den er besucht hatte, um nach seinem verschollenen Vater zu fragen. Inzwischen hatte das Treiben der Freier auf Ithaka seinen Fortgang genommen, und wer konnte wissen, ob sich nicht gar etwas ereignete, was nicht mehr gut zu machen war. Da trat Athene des Nachts plötzlich an das Lager des Jünglings und schalt ihn, daß er so lange von der Heimat fernbleibe, unbekümmert um die bedenklichen Zustände im Vaterhause. Er müsse sich beeilen, wenn er die Mutter noch daheim antreffen wolle, denn sie werde von den Verwandten schon ernstlich zur Heirat gedrängt. Wie leicht könne es geschehen, daß sie gegen seinen Willen etwas vom Familienbesitz mitnehme; er wisse ja doch, wie unzuverlässig der Sinn des Weibes sei, wenn sie sich einem andern Manne zugewandt habe. Nach diesen Vorhaltungen gibt die Göttin dem Telemach noch ausführliche Ratschläge für die Heimreise, worauf sie entschwindet. Sogleich weckt der Erschrockene seinen Reisegefährten. Er will keinen Augenblick mehr warten, sondern noch diese Nacht abfahren, ohne auch nur Abschied genommen zu haben. – Man hat diese Erzählung getadelt. Unbegreiflich, sagt man, sei es, wie Athene die Penelope in solcher Weise verdächtigen könne; unbegreiflich auch die Kopflosigkeit des Telemachos, mitten in der Nacht, wie ein Dieb und Bösewicht, sich davonmachen zu wollen. Und doch ist dies alles von einer wunderbaren Wahrheit, sobald wir uns in die Seele des jungen Mannes versetzen und die Vorgänge von innen her betrachten. Zunächst ist wichtig, daß auch hier die Göttin nicht unvorbereitet erscheint, sondern einem Gedanken Worte gibt, der schon vorher auf dem Wege ist. Es ist Nacht; der Freund des Telemach liegt an seiner Seite in tiefem Schlafe, er selbst aber kann nicht schlafen, weil er immerfort an den Vater denken muß, an den schwer Vermißten, um dessenwillen er diese Reise unternommen hat – das wird vom Erzähler ausdrücklich bemerkt. Da fällt es ihm plötzlich schwer auf die Seele, wie lange er schon von Hause weg ist und welche Zustände er dort zurückgelassen hat. Die Nacht dehnt alles ins Grenzenlose und macht aus Besorgnissen riesenhafte Gespenster. Ist es ein Wunder, daß dem Schlaflosen der Kopf heiß wird, und daß er in seinen Befürchtungen so weit geht, der Mutter eine Handlungsweise zuzutrauen, die ihm am nüchternen Tage unglaublich und lächerlich erscheinen würde? Ist es ein Wunder, daß er schließlich den Kopf völlig verliert und auf der Stelle abreisen will, ohne auch nur den Tagesanbruch und einen höflichen Abschied von seinen Gastgebern abzuwarten? Ich denke, der Dichter hat hier ein vorzügliches Seelengemälde geschaffen. Und er hat gegen den Schluß (45) den Gemütszustand seines Helden durch einen kleinen Zug trefflich charakterisiert, den man jedoch seit alter Zeit für einen unechten Zusatz hält, weil er in der Ilias (10, 158) wörtlich wiederkehrt und angeblich nur dort sinnvoll sein soll. Nach der Rede der Göttin weckt Telemach den Freund mit einem Fußtritt auf. Warum, fragt man, da er doch neben ihm liegt und ihn wohl mit der Hand anfassen könnte? Bei dem alten Nestor der Ilias, der vor dem am Boden schlafenden Diomedes steht und sich nicht bücken mag, sei es ganz begreiflich, daß er ihn durch einen Tritt aufwecke. Kein Zweifel. Aber dafür ist Telemach in der heftigsten Erregung und darum stößt er den Schlafkameraden mit dem Fuße, statt ihn manierlich am Arm zu fassen. Deutlicher kann uns nicht gezeigt werden, wie ihm zu Mute ist. Und Athene? Was hat sie getan, um in Telemachos den Willen zur Rückkehr so mächtig werden zu lassen? Sie hat dem Gedanken an die Heimat hinreißende Kraft gegeben. Ihre göttliche Stimme und das Lautwerden dieses Gedankens sind im Grunde eines und dasselbe. Der Moderne aber muß sich das, was sich hier mit dem Menschen ereignet, erst in seine psychologische Vorstellungsweise übersetzen, um seine Wahrheit recht zu erkennen.

Wir sehen, daß es hier eine Alternative zwischen menschlicher Selbständigkeit und Beeinflussung oder Förderung durch die Gottheit eigentlich gar nicht geben kann. Was der Mensch will und tut, ist er selbst und ist die Gottheit. Beides ist wahr und letzten Endes das Gleiche. Hier ist es undenkbar, der Helena entgegenzuhalten, wie es bei Euripides geschieht: „Dein eigner Sinn ist's, der zur Liebesgöttin ward, als du Ihn sahst; denn alle Torheit heißt uns Aphrodite" (s. o.). Wenn in der Odyssee (4, 712) Medon zu Penelopeia sagt, er wisse nicht, ob dem Telemachos ein Gott den Anstoß zur Reise gegeben oder sein eigener Sinn ihn dazu getrieben habe, so schwebt ihm die Möglichkeit irgendeines göttlichen Befehls vor, ohne daß er leugnen wollte, daß auch das, was er den eigenen Sinn des Telemachos nennt, seinen entscheidenden Impuls von der Gottheit empfangen haben könnte (vgl. auch Odyss. 7, 263; 9, 339). Daß eben das, was von dem Menschen „selbst" ausgeht, seinen Ursprung bei den Göttern hat, drückt der Sänger in der Odyssee (22, 347) sehr schön mit den Worten aus: „Keinen Lehrer hab' ich gehabt, Gott ist es, der mir den Reichtum des Sanges ins Herz gepflanzt hat". In diesem Sinne nennt er sich einen „Autodidakten". (Vgl. auch Odyss. 1, 384.) Zuweilen wird neben dem Willen des Menschen noch außerdem der göttliche Antrieb hervorgehoben. Diomedes sagt von Achilleus, er werde in den Kampf treten, wenn „sein Herz in der Brust ihn dazu dränge und die Gottheit ihn antreibe" (Ilias 9, 702). „So soll dein Sinn nicht sein" mahnt der alte Phoinix den Achilleus und setzt hinzu: „möge Gott auf diesen Weg dich nicht führen" (Ilias 9, 600). Diese Nebeneinanderstellung setzt nicht voraus, daß der Mensch unter Umständen völlig auf sich allein gestellt sei. Das ist auch in der Mahnung, die Peleus selbst seinem Sohne auf den Weg gibt, nicht gemeint: „Mein Kind, Kraft werden Athene und Here dir geben, wenn es ihr Wille ist; du aber bändige dein stolzes Herz in der Brust..." (Ilias 9, 254). Denn an anderer Stelle wird gerade die

Gemütsbeherrschung sehr wirkungsvoll auf ein plötzliches Eingreifen der Gottheit zurückgeführt. Die Erwähnung des göttlichen Anstoßes hebt den Moment der Entscheidung heraus, ohne damit die etwa schon vorher bestehende Geneigtheit zu eben diesem Tun als etwas rein Menschliches vom Gottgewirkten unterscheiden zu wollen. In diesem Sinne muß man es verstehen, wenn Ilias 15, 603 erzählt wird, wie Zeus, um seinen Willen durchzuführen, „den Hektor, der selbst schon von Kampflust glühte, zum Sturm auf die Schiffe der Griechen antrieb". Nach dem Mißlingen des Versöhnungsversuches erklärt Aias, es sei nun Zeit, zu gehen: „Verhärtet hat Achilleus den stolzen Sinn in seiner Brust und die Freundlichkeit seiner Gefährten rührt ihn nicht." Gleich darauf aber drückt er sich, zu Achilleus selbst gewendet, so aus: „Dir haben die Götter unversöhnlichen und bösen Sinn in die Brust gelegt allein um dieses Mädchens willen" (Ilias 9, 629, 636). Die zweite Formulierung des Tatbestandes ist nur feierlicher und ernster als die erste, der sie in keiner Weise widersprechen will: die Herzenshärte des Achilleus ist darum nicht weniger gottgewirkt, daß er selbst sich verhärtet.

Man begreift, daß eine solche Auffassung, so fest sie auch den Menschen an die Gottheit bindet, dennoch nicht bedeutet, daß er im eigentlichen Sinne unfrei sei. Und der Eindruck der Unfreiheit kann hier um so weniger aufkommen, als man das Tun des Menschen vorzüglich mit dem Stande seiner Einsicht in Zusammenhang bringt. Kein fremdes Wollen und Empfinden hat von ihm Besitz genommen, als er das Schlechte wählte; auch waren es nicht seine edleren Gefühle, die sich gegenüber den roheren Neigungen ohnmächtig gezeigt haben. Sondern der klare Blick des Geistes für das Schöne, das Rechte, das Vernünftige – diese drei großen Realitäten – ist ihm getrübt worden. So konnte eine edle Frau wie Helena fallen; Aphrodites Gürtel hat eine Zaubergewalt, die auch dem Verständigsten die Besinnung raubt (Ilias 14, 214). Die rätselhafte Verdunkelung des geistigen Auges, das ist der Weg, auf dem die Gottheit den Menschen, der fallen soll, in den Abgrund führt. Das spricht der Chor in Sophokles' Antigone unvergeßlich aus (620):

„Weisheitsmund war's,
Der das gepriesene Wort gesprochen,
Daß das Schlechte vortrefflich erscheinen
Müsse dem Manne, dessen Sinn
Gott zum Unheil lenke."

Dazu führen die Scholien den Spruch an:

„Wenn Gott dem Menschen Böses schaffen will,
Verwirrt er ihm zuerst den Sinn, mit dem er denkt."

Ein berühmter Fall ist die Beleidigung des Achilleus durch Agamemnon, die den Griechen namenloses Unglück gebracht hat. Bei der feierlichen Versöhnung nach Patroklos' Tode — dieses Opfer des Liebsten hatte Achill selbst für seine Unversöhnlichkeit zahlen müssen — erklärt Agamemnon den versammelten Griechen (Ilias 19, 85 ff.), er habe schon oft genug bittere Vorwürfe wegen seines damaligen Verhaltens von ihnen hören müssen; „aber" sagt er, „nicht ich bin schuld, sondern Zeus und die Moira und die dunkelwandelnde Erinys; sie haben in der Ratsversammlung meinen Geist mit böser Verblendung geschlagen, an jenem Tage, als ich dem Achilleus sein Ehrengeschenk entriß. Was konnte ich tun? Die Göttin bringt alles zum Ende, Zeus' ehrwürdige Tochter ‚Verblendung' ("Ατη), die alle betört, die unselige!' Und er erzählt, wie Zeus selber einmal ihrem Trug zum Opfer gefallen sei und schwer über sie geseufzt habe, als er die Folgen ihres grausamen Spiels mitansehen mußte. „So mußte auch ich, als der gewaltige Hektor die Griechen bei ihren Schiffen schlug, immerfort der Verblendung gedenken, die einst mich befallen. Aber da ich nun einmal gefehlt und Zeus mir den Verstand genommen, will ich Genugtuung leisten..." Und Achilleus selbst bekräftigt diese Auffassung (270): „Vater Zeus", ruft er nach Empfang der Sühne aus, „mit wieviel Geistesumnachtung schlägst du die Menschen! Nimmermehr hätte der Atride mein Herz so furchtbar empört und das Mädchen im Trotze von mir gerissen. Aber Zeus wollte, daß viele Achaier in den Tod gehen sollten." — Unfaßbar bleibt es der Helena, wie sie Heimat, Mann und Kind verlassen konnte, um dem schönen Fremdling ins unbekannte Land zu folgen. Nur eine Gottheit konnte so ihren Sinn verwirren: Aphrodite, deren Zauber die Herzen hinreißt; und hinter dieser Macht stand der Wille der Götter, die den Krieg beschlossen hatten. In der Odyssee (4, 260 ff.) gedenkt sie der Zeit, wo sie sich aus Troia in die Heimat zurückgesehnt: „und ich beweinte die Blindheit, mit der Aphrodite mich geschlagen, als sie mich vom Heimatlande weg in jene Ferne führte, mein Kind vergessen ließ und das Ehegemach und den Gatten, dem es doch weder an Geist gebrach noch an Stattlichkeit der Erscheinung". Und in der mit Recht vielbewunderten Szene der Ilias, wo die troischen Ältesten im Angesicht des blutgetränkten Schlachtfeldes die Schönheit der verhängnisvollen Frau anstaunen, redet der greise Priamos sie an (3, 162): „Komm, liebes Kind, und setze dich zu mir, damit du deinen früheren Gatten sehen kannst und die Verwandten und Freunde. Dir geb ich die Schuld nicht, den Göttern geb ich die Schuld, die mir den tränenreichen Krieg der Achaier geschickt haben." Helena selbst braucht in der Ilias die bittersten Worte für sich und ihre Tat, aber auch sie findet hier den wahren Ursprung des Übels bei den Göttern (6, 344 ff.). — So wird auch die Untreue der Klytaimestra beurteilt. Mit seinen Verführungskünsten vermochte Aigisthos sie nicht zu bewegen, denn sie besaß edlen Sinn — bis endlich „der Götterwille sie in seine Hand gab" (Odyss. 3, 264 ff.).

Wenn aber der Mensch sich für das Rechte entscheidet, dann war es wiederum die Gottheit, die ihn erleuchtet hat. Der alte Phoinix, der in der Ilias (9, 448 ff.) zu Achilleus spricht, hat einmal in seiner Jugend diesen göttlichen Eingriff deutlich erfahren.

Er litt unter dem Fluche seines Vaters und ging damit um, ihn aus Rache zu ermorden. „Aber ein Gott machte meinem Groll ein Ende, denn er ließ mir schwer aufs Herz fallen, wieviel Böses die Menschen über mich sagen würden und wie schrecklich es wäre, den Namen eines Vatermörders unter den Achaiern zu tragen." Der Zorn wollte ihn blindlings in die Tat hineintreiben, aber der Gedanke an den Greuel der vollbrachten Tat stellte sich dazwischen und besiegte die Leidenschaft. Dieser Gedanke, der seine Seele mit solcher Macht befiel, war von der Gottheit gewirkt.

Auch außerhalb der moralischen Sphäre steht die Gottheit hinter allen bedeutenden Entschließungen des Menschen, mögen sie ihm Glück oder Unglück bringen. Davon haben wir schon einige Beispiele kennengelernt. Odysseus sagt seinem Sohne, er werde ihm am Entscheidungstage durch Kopfnicken das Zeichen zum Wegschaffen der Waffen geben; das wird geschehen, „sobald mir die Ratgeberin Athene den Gedanken eingibt" (Odyss. 16, 282). Die Ilias erzählt, daß es dem Hektor gelungen wäre, die Schiffe der Griechen zu verbrennen, „hätte nicht die Here den Agamemnon auf den Gedanken gebracht", in eigener Person die Achaier zum Widerstande anzufeuern (8, 218). Der schiffbrüchige Odysseus, der sich schwimmend nach Scheria rettete, hätte durch den Wogenanprall an der Felsenküste elend zerschellen müssen, „wenn die Göttin Athene ihm nicht den richtigen Gedanken eingegeben hätte", wie er sich benehmen müsse, um die Wucht der Brandung auszuhalten; und nachher wäre er sicherlich in den Wellen umgekommen, „hätte ihm nicht Athene die Geistesgegenwart gegeben", mit der er den Weg zur Rettung aus dem Meere fand (Odyss. 5, 427, 437). Wie oft aber wählt der Mensch im entscheidenden Augenblick das Verkehrte und reißt so sich selbst und andere ins Verderben. Auch dies ist das Werk der Gottheit. Wie die guten, so läßt sie auch die schlechten und verhängnisvollen Gedanken und Wünsche im

Herzen mächtig werden. Achilleus hatte dem Patroklos die Mahnung mitgegeben, sich mit der Befreiung des Schiffslagers zu begnügen und den Feind nicht in die Ebene hinaus zu verfolgen, weil ihm dort Gefahren drohten, denen er nicht gewachsen sei. Aber, vom Siege berauscht, vergißt Patroklos den guten Rat und stürmt den Troern nach. „Der Verblendete! Hätte er der Worte des Peliden gedacht, dann wäre das Verhängnis des Todes an ihm vorübergegangen. Aber der Plan des Zeus steht hoch über dem menschlichen Denken. Er wars, der dem Patroklos das Herz im Busen entflammte" — damit er in sein Verderben rennen sollte (Ilias 16, 685 ff.). Nach Patroklos' Fall, als Achilleus sich wie ein brüllender Löwe erhoben hatte, gab Polydamas in der Troerversammlung den verständigen Rat, man solle das Feld räumen und sich hinter die Mauern der Stadt zurückziehen. Hektor aber, den der Sieg zuversichtlich gemacht hatte, wies den Vorschlag mit Entrüstung zurück und „die Troer schrien ihm Beifall; die Toren! denn Pallas Athene nahm ihnen den Verstand, so daß sie dem Hektor zustimmten, der schlecht geraten, keiner aber auf Polydamas und seinen trefflichen Rat hören wollte" (Ilias 18, 310).

Die Homerische Auffassung macht aus dem menschlichen Entschluß keinen Zwang. Er bleibt das, was der Mensch selber an sich erlebt und der Seelenkenner beschreiben kann. Aber eben als solcher kommt er von Gott. Der Mensch ist es selbst, der sich entscheidet, und er ist es nicht. In diesem frommen und zugleich großen und freien Sinn begegnet Homer dem ewigen Problem der Freiheit und Verantwortung, ohne vorwitzig und rechthaberisch an ihm zu deuten. Der Fehlende muß sich anklagen, er muß auch die Folgen seiner Werke tragen. Aber er braucht sich nicht zu quälen, denn trotz aller Verantwortung und Konsequenz ist seine Tat dennoch aufgehoben im Schoße der Götter.

Wenn so der Mensch mit seinem Wollen und Denken in die göttliche Weltgestaltung eingeordnet ist, wieviel mehr mit seinem Können. Alles Gelingen liegt bei Gott, so sagen auch wir. Und jeder weiß, wie Vieles in den Sagen und Geschichten der Völker von höheren Mächten bewegt wird. Aber das Gottesbewußtsein des Heldengeschlechtes, das wir durch Homer kennenlernen, hat in der ganzen Welt nicht Seinesgleichen.

Zwar, daß jeder der berühmten Heroen seine erhabene Schutzgottheit an der Seite hat, auf deren Rat und Hilfe er bei allen Unternehmungen vertraut, ist nichts Einzigartiges. Ähnliches erzählen auch andere Völker; und dem allgemeinen Empfinden entspricht auch die Überzeugung, daß der Selbstsichere, der ohne die Gottheit fertig zu werden glaubt, zu Fall kommen müsse. Dafür gibt uns Sophokles in seinem Aias nach alter Sage ein Beispiel (758 ff.). Als der junge Held in den Krieg zog und der Vater ihn mahnte, seinen Siegeswillen immer an die Gottheit zu binden, da erwiderte er stolz, mit den Göttern im Bunde könne auch der Elendeste mächtig sein; er aber habe das Selbstvertrauen, diesen Ruhm auch ohne sie zu gewinnen. Und später, in der Schlacht, als Athene ihn zum Angriff ermuntern wollte, rief er ihr in frevelhaftem Trotze das Wort zu: „Herrin, kümmere du dich nur um die andern Argiver, denn wo ich stehe, ist die Schlachtreihe undurchbrechbar!" Den unglücklichen Ausgang dieses Gewaltigen, der Götterhilfe nicht nötig zu haben meinte, führt uns die Sophokleische Tragödie erschütternd vor Augen. Aber, wie gesagt, dieser Gedanke ist auch den andern Religionen wohlvertraut.

Was den Griechen unterscheidet, ist das stets rege Bewußtsein von der Nähe des Göttlichen, das ihn weder bei planmäßigem Tun, noch im leidenschaftlichsten Hochgefühl der Heldenkraft verläßt. Diese stolzen und unbändigen Kämpfer vergessen es nie, daß kein Wurf und kein Stoß ohne die Götter gelingen kann, und sprechen es in Augenblicken aus, wo der Gedanke daran, nach unserem Gefühl, kaum mehr mit dem Heldentum vereinbar ist. Ein Beispiel. Achill steht dem Hektor gegenüber, der ihm den liebsten Freund erschlagen hat. Er will nichts hören von einem Versprechen, daß der Sieger den Leichnam des Besiegten schonen wolle; so wenig wie zwischen Wölfen und Schafen kann es zwischen ihnen beiden eine Übereinkunft geben. Aus Achills wegwerfenden Worten spricht die wildeste Rachgier, die endlich ihr Opfer in Reichweite vor sich hat, eine Beute, deren der Überlegene völlig sicher sein kann. Und in dieser Stimmung geschieht es, daß er dem Gegner zuruft, er solle alle Kraft zusammennehmen, jetzt gebe es kein Entrinnen mehr — „augenblicklich wird Pallas Athene dich durch meinen Speer überwältigen" (Ilias 22, 270). Aber Hektor versteht es, seinem Wurf auszuweichen. „Gefehlt!" ruft er ihm höhnisch zu. „So war denn dein Wort vom Götterwillen nichts als hinterlistiges Gerede, um mich ängstlich und schwach zu machen. Denke nur nicht, daß ich dir feige den Rücken wenden werde; nein, ich gehe gerade auf dich los, und du mußt die Brust mir durchbohren, wenn die Gottheit dir das gegeben hat!" Und nun tut er seinen Wurf. Aber der Speer prallt von Achilleus' Schild ab, und Hektor hat keinen zweiten. Er ruft seinem Waffenbruder zu, den verworfenen Speer zu holen und sieht sich plötzlich allein: Athene war es gewesen, die ihn in Freundesgestalt getäuscht hatte. Jetzt weiß er: „Die Götter haben mich zum Tode gerufen. Früher waren Zeus und sein pfeilgewaltiger Sohn mir Freund und Schutz, jetzt aber trifft mich meine Bestimmung. Doch nicht kraft- und ruhmlos will ich untergehen, sondern nach großem Tun, von dem noch die kommenden Geschlechter hören sollen!" Mit diesen Worten zieht er das Schwert und stürzt sich auf den Gegner.

So denkt hier der wehrhafte Mann, dessen Ruhm die späten Nachkommen noch singen werden, von seinen Taten. Mit übermenschlicher Größe und Furchtbarkeit jagt Achilleus im 21. Gesange der Ilias die Troer vor sich her, und die Stadt scheint rettungslos verloren. Da entschließt sich Agenor, dem Gewaltigen, dem kein anderer gleicht, standzuhalten. „Ist nicht auch er verwundbar und hat nur ein einziges Leben? Aber Zeus der Kronide ist es, der ihm Herrlichkeit verleiht" (570). Wo immer Kraft und Geschicklichkeit sich erweisen sollen, richtet der Blick sich auf die Götter, die das Gelingen geben und versagen. Dafür bieten die Wettkämpfe, die Achilleus zu Ehren des gefallenen Patroklos veranstaltet, ein Beispiel nach dem andern. Jeder Erfolg und Mißerfolg wird hier mit der Teilnahme der Götter begründet.

Aber damit nicht genug. Diese ruhmliebenden Menschen schreiben den Göttern nicht bloß das Glück, dessen sie bedürfen, zu, sondern auch ihre Kräfte und Eigenschaften, auf die sie stolz sind. Gottgeschenkt heißt ihnen der Augenblick des Hochgefühls, da eine wunderbare Lebendigkeit alle Bewegungen beflügelt; gottgeschenkt aber auch jedes Vermögen, mannhaft und sinnvoll zu handeln, ja, selbst die Gemütsempfindung, durch die sie ihre edle Natur beweisen können. So ergibt es sich, daß auch das, was wir als Ausdruck des persönlichen Wesens ansehen, unmittelbar aus den Händen der Götter fließt. Muß sich dieses Wesen doch jederzeit durch die Tat bewähren, und in ihr, nicht in einem festgegründeten inwendigen Sein, hat es für die altgriechische Weltanschauung seine Wirklichkeit. Alle Tat aber ist auf die Weltkräfte des Geschehens angewiesen, deren ewige Gestalten die Götter sind.

„Schönheit und bewunderungswürdige Manneskraft" haben die Götter dem Bellerophontes geschenkt (Ilias 6, 156). Dem Hektor wird (Ilias 13, 726 ff.) vorgeworfen, daß er meine, weil die Gottheit ihn zum Kriegshandwerk geschickt gemacht habe, auch im Rate die andern zu übertreffen. Aber „dem einen schenkt Gott die Werke des Krieges, dem andern legt Zeus vorzüglichen Verstand ins Herz, der vielen Menschen zugute kommt". So hat Athene der Penelope „ihr Talent zu wundervollen Arbeiten, ihren guten Verstand und ihre schlaue Erfindsamkeit" geschenkt (Odyss. 2, 116). „Landbau und Häuslichkeit liebte ich nicht" — so sagt Odysseus zu Eumaios, dem er sich als Kreter von vornehmer Abkunft vorstellt (Odyss. 14, 227); „meine Lust waren Ruderschiffe, Kämpfe und Speere und Pfeile, böse Dinge, die andern ein Greuel sind; aber mir waren sie lieb, da mir die Gottheit den Sinn dafür gegeben; so hat der eine an dem, der andere an jenem Gefallen." In der Ilias (5, 51) heißt Strophios, des Skamandrios Sohn, ein „Kenner der Jagd" und „vortrefflicher Jäger", den „Artemis selbst gelehrt, alles Wild, das der Bergwald ernährt, zu treffen". Phereklos (Ilias 5, 61) besaß Handfertigkeit zu allem kunstreichen Werke, „denn in besonderem Maße liebte ihn Athene"; von dem Metallgießer, der die entzückenden Gegenstände herzustellen vermag, ist es gewiß, daß „Hephaistos und Pallas Athene ihn seine vielgewandte Kunst gelehrt haben".

5.

Als Odysseus nackt und verwildert aus dem Gebüsche hervortrat, flohen Nausikaas Mädchen erschrocken nach allen Seiten, nur die Königstochter selbst blieb stehen, „denn Athene legte ihr Mut ins Herz und nahm die Ängstlichkeit aus ihren Gliedern" (Odyss. 6, 139). „Kraft werden dir Athene und Here, wenn es ihr Wille ist, geben", sagt der Vater Peleus zu dem jungen Achill, der mit Agamemnon gegen Troia ziehen soll (Ilias 9, 254). Vom Pfeilschuß des Pandaros verwundet, betet Diomedes zu Athene, und sie „füllt ihm die Brust mit dem unerschrockenen Mannesmut seines Vaters Tydeus", der einst ihr Liebling gewesen war (Ilias 10, 5; 125). Ein anderes Mal gibt sie ihm zur rechten Zeit die Kraft, einen Flüchtling einzuholen (Ilias 10, 364); und als Odysseus ihn beim nächtlichen Anschlag auf das Lager des Rhesos mahnte, alle seine Tapferkeit zu zeigen, da „beseelte ihn Athene mit Mut" (Ilias 10, 482). Weil Zeus beschlossen hat, dem Hektor vor seinem Ende noch einen glorreichen Augenblick zu gewähren, „zieht der Schlachtengeist mit seiner Gewaltigkeit bei ihm ein und seine Glieder schwellen von Wehrkraft und Macht" (Ilias 17, 210).

Kühnheit und Verzagen, eines wie das andere, kommt im entscheidenden Augenblick von den Göttern. Um den Leichnam des Sarpedon, der von der Lanze des Patroklos gefallen ist, kämpfen die feindlichen Helden. Da beschließt Zeus, dem Patroklos noch einmal Sieg zu geben und die Troer in die Flucht zu treiben. „Hektor war der erste, dem er das Herz in der Brust verzagt machte; auf den Wagen stieg er und eilte davon und rief den Troern zu, sie sollten flüchten; denn er wußte, was Zeus beschlossen" (Ilias 16, 656). So bleibt die Leiche des lykischen Fürsten, um deren Rettung Glaukos so flehentlich gebeten hatte, schutzlos liegen. Im Hinblick darauf machte später Glaukos dem Hektor, als er sich beim Kampf um Patroklos' Leichnam vor Aias zurückzog, die bittersten Vorwürfe. Aber Hektor antwortet ihm: „Ich muß dich unverständig nennen, wenn du sagst, daß ich dem gewaltigen Aias nicht standhalte. Wahrlich, mir bangt nicht vor der Schlacht und dem Donner der Wagen. Aber in allem regiert der Ratschluß des Zeus: er läßt auch den Tapferen fliehen und den Sieg verlieren, sobald er nur will; dann wieder treibt er selbst ihn zum Kampf an" (Ilias 17, 173).

Also darf sich der Kämpfer von Rechts wegen nicht einmal seines Mannesmuts und seiner Standhaftigkeit rühmen, so wenig als der Rechtschaffene seines guten Willens. Der Mensch, was er ist und vermag, das heißt: was sich in und aus ihm gestaltet, gehört dem großen Schauplatz des Seins an, der im göttlichen Mythos seine Deutung empfangen hat.

Und dieser Mythos bewährt seinen Charakter als echte Deutung des Weltgeschehens dadurch, daß er nur selten etwas einführt, was, von außen betrachtet, als Wunder bezeichnet werden müßte. So wunderbar alles, von innen gesehen, sich darstellt, so natürlich steht es vor den Sinnen, und umgekehrt: was wir als Natürliches sehen und zu begreifen suchen, *ist das Göttliche.*

Das trifft selbst auf die besonderen – später noch eigens zu besprechenden – Fälle zu, wo ein Gott seinem sterblichen

Schützling in leibhafter Erscheinung entgegentritt und zu ihm spricht wie ein Freund zum Freunde.

Die Begegnung des Odysseus mit Athene nach seiner Ankunft auf Ithaka (Odyss. 13, 221 ff.) gehört zu den feinsinnigsten und liebenswürdigsten Bildern vertraulicher Götternähe und erinnert lebhaft an so manches Werk der Malerei oder Plastik, das die Göttin teilnehmend und aufmunternd an der Seite ihres Helden zeigt. Odysseus war von den Phaiaken schlafend auf der Heimaterde niedergelegt worden. Als er erwachte, sah er sich allein in unbekanntem Lande, denn die Göttin hatte die Luft um ihn neblig gemacht, so daß er die langersehnte Heimat nicht wiedererkannte. Da klagte er laut, daß die Phaiaken ein ruchloses Spiel mit ihm getrieben, und jammerte um sein verlorenes Vaterland. Während er so betrübt am Meeresufer wandelte, trat ihm plötzlich Athene in Gestalt eines vornehmen Jünglings entgegen, der die väterlichen Herden hütet. Erfreut über die Begegnung eines Ortskundigen bittet Odysseus um Auskunft, wo er sich denn befinde. Der Fremde scheint sich über diese Unkenntnis zu verwundern. Er beschreibt ihm voll Stolz die Trefflichkeit seines weithin berühmten Landes und nennt endlich den Namen Ithaka. Aber der Vielgeprüfte muß seine Freude zurückhalten. Aus Vorsicht erzählt er dem Unbekannten eine erfundene Geschichte von seiner Herkunft aus Kreta und wie er nur durch einen unglücklichen Zufall hierher verschlagen worden sei. Da lächelt Athene und streichelt ihn liebevoll. Sie hat plötzlich ihre wahre Gestalt angenommen und schilt ihn, daß er, trotz seiner großen Klugheit, die göttliche Freundin nicht erkannt habe. Nun aber beschwört Odysseus sie bei ihrem himmlischen Vater, ihm die Wahrheit zu sagen, denn er fürchte, sie habe ihn nur irreführen wollen mit der Versicherung, daß er jetzt endlich wieder auf Ithaka sei. Und die Göttin ist nicht böse, sie freut sich vielmehr über die kluge Vorsicht des Freundes und gesteht, daß gerade diese Eigenschaft sie im Unglück immer mit ihm verbinde. Darauf läßt sie den Nebel zergehen, und mit überströmender Freude erkennt Odysseus die lieben alten Stätten der Heimat eine nach der andern wieder. Darauf setzen sich beide unter einem Ölbaum nieder und Athene fordert ihren Helden auf, darüber nachzudenken, wie er mit den rücksichtslosen Freiern fertigwerden wolle, die in seinem Hause schon seit Jahren die Herren spielen, während die Gattin nur nach seiner Rückkehr seufze und die Zudringlichen mit trügerischen Hoffnungen hinhalte. Mit Entsetzen wird dem Odysseus klar, wie es ihm ergangen wäre, wenn die Göttin ihm nicht die Augen über diese Verhältnisse geöffnet hätte. Athene selbst möge einen Plan zur Rache ersinnen und ihm als Kraftspenderin immer zur Seite stehen. Sie verspricht den treusten Beistand; jetzt aber wolle sie sein Aussehen ins Greisenhafte und Bettelmännische verändern, damit er für niemand zu erkennen sei. Dann solle er zuerst zu dem Sauhirten Eumaios gehen, der ihm treu geblieben sei, und sich von ihm alles erzählen lassen. Sie selbst werde sich inzwischen nach Sparta begeben, um den Telemachos abzurufen, der auf Kundschaft nach dem Vater ausgezogen sei. Befremdet fragt Odysseus, warum denn sie, die doch alles wußte, ihn nicht selber aufgeklärt habe, statt ihn den Gefahren des weiten Meeres auszusetzen, während sein Hab und Gut von andern aufgezehrt wurde. Aber Athene beruhigt ihn: sie selbst habe ihn geleitet, und ihre Absicht sei gewesen, daß er sich edlen Ruhm erwerben sollte. In Sparta gehe es ihm gut und auf der Heimfahrt werde er aller Gefahr entrinnen. Nach diesen Worten berührt sie Odysseus mit dem Stab und verwandelt ihn in die Gestalt eines alten Bettlers. Darauf entfernt sie sich. — Diese Erzählung ist, äußerlich betrachtet, voller Wunder. Sehen wir aber genauer zu, so tritt das eigentlich Wunderbare immer mehr zurück und dafür rückt das Naturwahre überzeugend in den Vordergrund. Wie ergreifend ist das Erwachen des Odysseus, der nach so langen Irrfahrten zum ersten Male wieder auf dem Heimatboden geschlafen hat und doch nicht weiß, daß er zu Hause ist. Er blickt sich um. Die Gegend sieht ihn fremd an. Wie oft schon sind seine schönsten Hoffnungen grausam getäuscht worden! Da fällt es plötzlich wie Schuppen von seinen Augen und er erkennt Ort für Ort mit glückseliger Gewißheit. In der tieferen Auffassung, die wir bei dem Dichter lesen, geschieht dies alles durch die Göttin, die den Ort zuerst unkenntlich macht, weil sie selbst den Schützling über alles aufklären will (so 190 f., nach Aristophanes' Lesung; vgl. v. Wilamowitz, Die Rückkehr des Odysseus). Da begegnet er denn einem Einheimischen, der ihm die Insel beschreibt und den Namen Ithaka nennt. Aber die Augen überzeugen ihn noch nicht. Das geschieht erst, nachdem hinter der Jünglingsgestalt die Göttin leibhaftig hervorgetreten ist. Einsam, von niemandem belauscht, erlebt der jahrzehntelang Herumgeworfene in der wunderbaren Stunde der Rückkehr den Anblick seiner Göttin. Sie war der freundliche Unbekannte gewesen. Was ihr eigener Mund ihm nun sagt, hätte der Fremde als echter Mensch sehr wohl auch sagen können. Die Göttin aber gibt allem mehr Gewicht. Der wesentliche Gewinn, den die Zwiesprache mit ihr dem Odysseus bringt, ist die Gewißheit, daß sie ihm helfen werde, wenn es zum Kampf kommt. Für die gefährliche Unternehmung gegen die Übermacht der Freier gibt sie ihm keine Weisungen. Sie läßt ihn nur fühlen, wie notwendig es sei, einen Anschlag zu ersinnen, und auf seine Bitte, sie selbst möge den Racheplan schmieden und ihm nahe sein, antwortet sie nur mit der Versicherung ihrer Gegenwart. So erscheint hier Natürliches als Wunder und Wunderbares natürlich. Nur zuletzt geschieht etwas Unbegreifliches. Die Göttin weiß, daß Odysseus, um die Verhältnisse in seinem Hause kennenzulernen und den richtigen Augenblick für seine Tat zu wählen, unkenntlich sein muß. Daß sie ihn verwandelt, ist das einzige Wunder, das mit ihm geschieht. Athene tut es unmittelbar, ehe sie verschwindet. Als armseliger Greis bleibt Odysseus zurück und braucht nicht zu fürchten, daß ihn in seinem eigenen Hause jemand als den Herrn erkennen könnte. Wie nahe bleibt auch dies der einfachen Natürlichkeit! Waren doch Jahrzehnte des Krieges, der Irrfahrten und Leiden seit seinem Weggang verflossen.

Solche Darstellungen können uns einen Begriff geben, was die Wirksamkeit der Götter für diese Weltanschauung bedeutet. Wir sind oft versucht, das Wort Glück — aber in seiner tiefen und weiten Bedeutung, so wie es Schiller meinte in seinem gleichnamigen Gedicht — an die Stelle der Götternamen zu setzen. „Wie sich Verdienst und Glück verketten", das ist es ja doch, was uns die vielen Schilderungen auf immer neue Weise zu denken geben. Hier kommt es wirklich auf Verdienst an. Um seiner Klugheit willen liebt Athene den Odysseus und ist ihm immer nahe; das sagt sie selbst zu ihm (Odyss. 13, 331). So gewiß es sein mag, daß solche Vorzüge ebenfalls den Göttern zu verdanken sind, so muß doch immer etwas vom Menschen selbst ausgehen, damit die Gottheit eintreten und sich ihm anschließen kann. Sie ist nicht inwendig im Herzen des Menschen, sondern draußen auf dem Wege, und der Mensch muß sich aufmachen, wenn sie ihm begegnen soll. Die schönsten Erzählungen von deutlicher Götterhilfe machen dies anschaulich und wirken eben darum so wahr. Der Ungläubige mag das, was wunderbarerweise zu geschehen scheint, den entscheidenden Zufall nennen. Es läßt sich ja nicht logisch abgrenzen, wo das menschliche Wirken sein Ende hat und das göttliche einsetzt. Aber dem Erwählten und Erleuchteten tritt es an einem Punkte seiner Bahn mit überwältigender Gewißheit entgegen und erhebt ihn in besonderen Fällen zu unmittelbarem Anschauen der Gottheit.

6.

Der Erleuchtetste ist der Dichter. Er sieht den Geschehnissen auf den Grund, auch wenn die Beteiligten selbst nur die Oberfläche sehen. Und oft, wenn sie nur empfinden, daß eine göttliche

Hand sie anrührt, weiß er den Namen des Gottes zu nennen und kennt das Geheimnis seiner Absicht. Diese Unterscheidung zwischen seinem eigenen tieferen Verstehen und dem Bewußtsein der Handelnden selbst ist einer der schönsten Beweise für die Lebenswahrheit seiner Religion. Das Wunderbare liegt viel mehr in dem, was er seinen Hörern offenbart, als in den Erfahrungen der beteiligten Personen selbst. Sie ahnen etwa ein Übermenschliches, oder sie finden alles ganz einfach und natürlich. Und so mag es sich auch, wer will, zurechtlegen; er wird nicht irregehen, denn auch das ist wahr.

Wie der inspirierte Dichter – und nur er – den göttlichen Hintergrund der Ereignisse sieht, sollen nun einige Beispiele zeigen.

Nach der großen Heeresversammlung ordnen sich die Scharen für den Kampf. Noch vor kurzem hatten sie die Aufforderung zur Heimkehr, mit der Agamemnon sie bloß versuchen wollte, jubelnd aufgenommen und die ganze Beredsamkeit des Odysseus war nötig gewesen, um sie wieder für den Krieg zu gewinnen. Jetzt aber dachten sie nur noch an ihn. Das war, wie der Dichter erzählen kann, das Werk der Athene, die ungesehen die Reihen der Achaier mit ihrer Aigis durchflog und jedem das Herz entflammte. „Da ward es ihnen süßere Lust, zu kämpfen, als heimzukehren übers Meer ins Land ihrer Väter" (Ilias 2, 446 ff.). — Am Vorabend des Entscheidungstages erscheint Penelope unerwartet im Männersaal, wo sich, von niemandem außer Telemach gekannt, auch Odysseus befindet. Die Freier sind hingerissen von ihrem Anblick. So schön schien sie noch nie, und jedem glüht das Herz von sehnsüchtiger Begier. Odysseus sieht sie in diesem Augenblick zum ersten Male wieder und sieht sie mit stolzem Entzücken. Er hört sie verheißungsvoll zu den Freiern reden, aber er weiß, daß ihr Herz anders denkt. So steht nun die Frau, um die am folgenden Tage auf Tod und Leben gekämpft werden soll, als wunderwürdigster Preis vor den Augen der ungestümen Bewerber und des eigenen Gatten und bezaubert beide. Das war die Absicht der Athene gewesen. Der Dichter kann uns erzählen (Odyss. 18, 158 ff.), wie sie der Penelope den Gedanken eingegeben hat, sich den Freiern zu zeigen. Plötzlich lachte sie sonderbar und sagte zu der anwesenden Dienerin, heute zum ersten Male verlange es sie, vor die Freier hinzutreten, so verhaßt sie ihr seien. Sie wolle ihrem Sohne ein Wort sagen über den bedenklichen Umgang mit ihnen. Die Schaffnerin rät ihr, doch vorher die Tränen abzuwaschen und sich zu salben. Aber Penelope will nichts davon wissen und befiehlt nur, zwei Dienerinnen zu schicken, die sie begleiten sollen. So bleibt sie einige Minuten allein. Da läßt Athene einen süßen Schlummer über sie kommen; sie sinkt in den Stuhl zurück, ihre Glieder lösen sich im Schlafe. Und während sie ruht, reibt Athene ihr Gesicht mit der köstlichen Salbe ein, deren Aphrodite sich bedient, wenn sie zum Reigen der Chariten gehen will. Größer und voller läßt sie ihre Gestalt erscheinen, weißer die Haut als Elfenbein. Jetzt kommen die Dienerinnen laut schwatzend zur Türe herein und Penelope erwacht. Sie streicht sich mit den Händen übers Gesicht und wundert sich, daß sie geschlafen. Niemand weiß, was in der kurzen Spanne Zeit geschehen ist. Aber die königliche Frau strahlt von Schönheit, wie sie inmitten der Dienerinnen unter die Tür des Männersaales tritt. Was hat sich hier ereignet, ein Wunder oder das Allernatürlichste? Der plötzliche Wunsch, über den Penelope selbst sich verwundern mußte, kam aus der tiefen Weisheit ihrer Frauennatur, und eben dies war der Weg der göttlichen Vorsehung. Und der Schlaf, ist er nicht immer etwas natürlich-wunderbares, in seinem Wesen wie in seinen Wirkungen? Als Odysseus, nach unendlichen Leiden und Mühsalen, am Phaiakenstrande geborgen war, da goß, wie er selbst erzählt, ein Gott unendlichen Schlaf über ihn (Odyss. 7, 286). Der Dichter aber berichtet dasselbe mit den Worten: „Ihm aber goß Athene Schlaf über die Augen, daß er, die Lider verhüllend, alsbald seine Leiden beende" (5, 491).

Ein anderes Bild. Im Toben der Schlacht kann auch den Gewaltigsten plötzlich einmal ein großes Erschrecken überfallen. So ging es dem riesigen Aias (Ilias 11, 544ff.). Betroffen blieb er stehen, warf den Schild auf die Schultern und zog sich Schritt für Schritt zurück. Er wich gemessen und wandte sich immer wieder um, aber er wich doch. Das heißt bei dem Dichter, daß Zeus in Aias' Herzen den Drang zur Flucht erweckt habe (544). Aias vermochte sich in Sicherheit zu bringen. Aber Patroklos fiel wehrlos in die Hand des Feindes (Ilias 16, 787ff.). Mitten im kühnsten Sturm trat ihm plötzlich Apollon entgegen. Er sah ihn nicht, er fühlte nur die mächtige Hand, die ihn von hinten auf die Schultern schlug, daß der Schwindel ihn ergriff und seine Augen sich im Kreise drehten. Den Helm schleuderte ihm Apollon in den Staub, die Lanze zerbrach in seinen Händen, von den Schultern fiel der Schild zu Boden, und auch den Panzer löste ihm der Gott. Verwirrt, an den Gliedern gelähmt, starren Auges stand er da – und Euphorbos' Speer traf ihn mitten in den Rücken. Noch einen letzten Versuch konnte er machen, sich zu retten, aber schon sprang Hektor vor und rannte ihm die Lanze durch den Leib. Das war das Ende seines glänzenden Siegeslaufs. Das Schicksal des Patroklos hat etwas Schauerliches, das um so tiefer ergreift, weil es so wahr ist. Kein Gegner hätte ihn überwinden können, wenn er nicht vorher durch eine dämonische Erschütterung zusammengebrochen wäre. Vor seinen Augen kreist es, der Helm kollert in den Staub, der Speer bricht in Stücke, die Rüstung löst sich auf. Was wir dämonisch nennen – das furchtbare Zusammentreffen inneren und äußeren Versagens – das ist hier die Tat der Gottheit. Den vom Schicksal Geforderten stellt sie als widerstandsloses Opfer vor die Waffe des Feindes. Und die Stelle, wo diese trifft, ist genau dieselbe, die zuvor von der göttlichen Hand so geschlagen worden war, daß dem Unbesiegbaren die Sinne vergingen (791 und 806; vgl. auch 816). Er hat den Todbringer nicht gesehen; aber sterbend weiß er es und kann es dem frohlockenden Hektor sagen, daß Zeus und Apollon ihn wehrlos gemacht haben (845).

Auch Achilleus hat bei dem, was ihm Ilias 20, 320 ff. zustößt, das Walten der Gottheit nicht beobachten können. Nur das Erstaunliche läßt ihn darauf schließen, daß hier Göttliches mit im Spiele sei. Mitten im Zweikampf mit Aineias, auf dessen Schild er eben seine Lanze geschleudert hatte, vermochte er plötzlich nicht mehr deutlich zu sehen. Als seine Augen wieder klar wurden, war der Gegner verschwunden, und die Lanze, die sich in seinen Schild gebohrt hatte, lag vor seinen Füßen am Boden. Da machte er große Augen und mußte sich gestehen, daß „auch Aineias die Freundschaft der unsterblichen Götter genoß". Was eigentlich vorgegangen war, blieb ihm ein Geheimnis. Aber der Dichter vermag es zu sagen. Poseidon war plötzlich herzugetreten, hatte ihm die Augen umnebelt und den Speer, der in seines Gegners Schild steckte, vor die Füße gelegt. Den Aineias hatte er im Nu an den Rand des Schlachtfeldes entrückt und war ihm dort erschienen, um ihm vorzustellen, welch ein Wahnsinn es sei, mit dem weit überlegenen Achilleus zu kämpfen. Dann hatte er, ungesehen, den Nebel vor Achills Augen wieder zerstreut. Die Geschichte gibt viel zu denken. Merkwürdiges begibt sich, wenn Krieger zusammenprallen, und merkwürdig sind die Erlebnisse des leidenschaftlich aufgeregten Gemüts. Wo ist da die Grenze zwischen dem Natürlichen und dem Wunderbaren? — Das fragen wir auch bei der sehr ähnlichen Erzählung des Zweikampfes zwischen Achilleus und Hektor, Ilias 20, 438 ff., die aber damit endet, daß Achilleus weiß, wer der Gott ist, der ihn um den Sieg betrogen hat. Mit furchtbarem Schrei stürzt er auf Hektor los, um ihm den Todesstoß zu versetzen — aber der Gegner ist verschwunden. Dreimal springt er vor, dreimal stößt er in die leere Luft. Da weiß er, daß Hektor von seinem Beschützer Apollon in Sicherheit gebracht worden ist. Der Gott hatte ihn, wie der Dichter erzählt, in dem Augenblick, als Achilleus ihn anrannte, durch eine Nebelhülle unsichtbar gemacht und vom Kampfplatz entrückt. Die Beschreibung ist ähnlich und zum Teil wörtlich übereinstimmend mit Ilias 5, 432 ff., wo Diomedes, dem Athene die Augen für die Götter geöffnet hat, dreimal auf den von Apollon beschützten und in Nebel gehüllten (345) Aineias losstürmt und dreimal von dem Gott zurückgeworfen wird, bis ihn beim vierten Male der Gott mit einem Donnerworte in Schrecken setzt. An unserer Stelle sagt der Dichter nichts davon, daß Achilleus den Gott am Werke gesehen habe. Das Opfer, dessen er schon sicher zu sein meinte, entschwindet ihm ganz unerwartet; bei jedem neuen Ansturme stößt er ins Leere, und da weiß er denn, wer ihn genarrt hat. Apollon ist ja auch bei der letzten Auseinandersetzung zwischen den beiden Helden der Helfer Hektors, nur daß er ihn in dem Augenblick, wo das Schicksal gesprochen hat, verlassen muß (22, 213). Und jedesmal steht Athene dem Achilleus zur Seite.

Besonders packend ist die Szene Ilias 21, 595 ff., in der Achilleus ebenfalls seinen Gegner gerade in dem Moment, als er über ihn herfallen will, verliert und sich immer weiter und weiter verlocken läßt in dem Wahne, ihm dicht auf den Fersen zu sein. Und hier tritt mit einem Male das Wunderbare ganz unverhüllt aus dem Hintergrunde hervor: in der einsamen Weite sieht Achilleus plötzlich dem Gott, dessen Trug ihn dahin gelockt hatte, in die Augen. Die Erzählung des Dichters verläuft folgendermaßen: um den Furchtbaren aufzuhalten, gab Apollon dem Agenor solchen Mut ins Herz, daß er sich entschloß, dem Achill entgegenzutreten. Natürlich wäre er ihm beim ersten Zusammenstoß erlegen. Aber Apollon entraffte ihn plötzlich ungesehen und lief selbst, in Agenors Gestalt, vor dem verfolgenden Achill, der jeden Moment ihn zu erhaschen glaubte, immer weiter und weiter von der Stadt weg in die Ebene hinaus. Inzwischen konnten sich die verängsteten Troer hinter den Mauern in Sicherheit bringen.

Draußen aber in der Ferne wendet der Gott sich plötzlich um und spottet seines Verfolgers: „Was folgst du mir, o Sohn des Peleus, mit fliegendem Fuß? Du Menschenkind, ein Gott ist es, den du verfolgst! Das kam dir nicht in den Sinn, als du so wild vorwärtsstürmtest. Hast du die Troer denn ganz vergessen, die vor dir flohen? Jetzt sind sie drin in der Stadt, und du bist hieher verschlagen!" Was hier geschah, spielte sich nur zwischen Achilleus und dem Gotte ab. Daß ein Mensch lange einem Trug nachläuft, ist dem Leben der Kämpfe und Stürme bekannt genug. Hier aber geschieht es, daß der Trug dem Verführten in der Einsamkeit plötzlich ein ewiges Gesicht zeigt und ihn erkennen läßt, daß sein rasender Wille nur der Weg eines höheren Waltens war. Das ist so groß und wahr, daß wir bereit sind, an das Wunder zu glauben.

7.

Die tiefsinnige Verbindung des Natürlichen mit dem Wunderbaren, die beiden ihr Recht läßt, hat in den berühmten Erzählungen von Göttern, die *in Menschengestalt* auf dem irdischen Schauplatz erscheinen, ihren klassischen Ausdruck gefunden. Scheinbar geht es ganz natürlich dabei zu. In einer Situation, deren Ernst die Beteiligten vielleicht gar nicht ahnen, mischt sich plötzlich ein guter Freund oder irgendein Bekannter ein und sagt oder tut das Entscheidende. Nur der Dichter weiß, daß sich hinter der unauffälligen Erscheinung ein Gott verbirgt, der die Gestalt dieses Menschen angenommen hat. Auf die Beteiligten übt diese Dazwischenkunft immer eine große Wirkung aus. Sie werden auf etwas aufmerksam, dessen Bedeutung ihnen sofort einleuchtet, und wenn ihre Tatkraft erfordert wird, so durchströmt sie auch schon ein Feuergeist von Mut und Stärke.

Als Aineias durch Diomedes kampfunfähig geworden war (Ilias 5,461ff.), mischte sich Ares in Gestalt des Thrakerfürsten Akamas unter die Troer, um ihnen Mut zu machen. Den Priamossöhnen aber rief er zu, ob sie denn warten wollten, bis die Griechen vor den Toren der Stadt stünden; am Boden liege der gewaltige Aineias, den gelte es jetzt aus dem Schlachtgetümmel zu retten. Niemand antwortet dem Sprecher, von dessen Person im folgenden nicht mehr die Rede ist. Man möchte sagen: er ist ganz und gar *Wirkung*. Denn unmittelbar, nachdem er gesprochen, hat die Lage sich verändert. Alle sind leidenschaftlich erregt. Was der Gott in Menschengestalt gesagt hatte, sagt, wie aus eigenem Antrieb, Sarpedon zu Hektor. Und diesem geht es wie ein Stich durchs Herz. Augenblicklich springt er vom Wagen und feuert die Troer zu neuem Widerstand an. Ares aber schirmt das Volk und kämpft in Menschengestalt (604) an der Seite Hektors, bis die Griechen endlich ins Wanken kommen. Da beschließen Hera und Athene, unter Zustimmung des Zeus, den Griechen gegen Ares beizustehen. Hera naht ihnen in der Gestalt Stentors, der von allen die gewaltigste Stimme besaß (785), und schreit in das Gedränge hinein, es sei schmachvoll, wie wenig sie den Troern standzuhalten vermöchten, seit Achilleus sich zurückgezogen habe. Das zündet. Augenblicklich schlagen die Herzen wieder höher. Diomedes allein ist erwählt, seine Göttin zu sehen. Athene steht plötzlich vor ihm und redet ihn an. Ja, sie steigt sogar auf seinen Wagen und lenkt die Rosse gerade auf Ares zu (793 ff.).

Sehr lehrreich ist es, wie ein anderes Mal das Eingreifen des Apollon geschildert wird (Ilias 16, 698 ff.). Es ist die Stunde, wo sich Patroklos' Schicksal erfüllen soll. Er hat die Warnung des Freundes vergessen. Siegestrunken stürmt er fort auf Troia zu, Tod und Schrecken nach allen Seiten verbreitend. „Die Götter haben ihn zum Tode gerufen" (693), aber sein Stern glänzt noch vor dem Verlöschen am hellsten. Fast hätte er die Mauer der Stadt erstiegen. Da aber trat Apollon ein. Nur dem Patroklos selbst begegnete seine göttliche Majestät. Zuerst geschah es an der Stadtmauer, wo die Donnerstimme des Gottes ihn mit Entsetzen davonjagte, und dann draußen in der Feldschlacht. In der

Zwischenzeit sandte er den Mann gegen ihn aus, der ihm den Todesstoß geben sollte. Das war Hektor. Dem aber erschien er in Menschengestalt, als ein älterer Verwandter, ein Bruder seiner Mutter, Asios mit Namen, und sprach zu ihm: „Hektor, du tust nicht recht, dich vom Kampfe fernzuhalten. Wär ich nur um soviel dir überlegen, als deine Kraft die meinige übertrifft, dann sollt' es dir übel ergehen, daß du dich dem Kriege entziehst. Auf jetzt! Lenke den Wagen auf Patroklos zu und versuche, ob Apollon dir den Ruhm gibt, ihn niederzuwerfen!" (715 ff.). Also ein Verwandter, die unauffälligste Erscheinung von der Welt, hat den Hektor auf Apollons Gunst aufmerksam gemacht, und aus diesem Menschen hat Apollon selbst gesprochen. Ohne ein Wort zu erwidern, fährt Hektor in die Schlacht und gerade auf Patroklos zu. Was der Gott durch Menschenmund angekündigt, wird wahr. Zwar zuerst muß Patroklos noch den Gipfel seiner Herrlichkeit erreichen. Ein Steinwurf von ihm tötet den Wagenlenker Hektors und um seine Leiche entspinnt sich ein furchtbarer Kampf, der mit dem Siege der Griechen endet. Und schon stürzt sich Patroklos von neuem auf den Feind — da trifft ihn jener furchtbare Schlag von Apollon, der ihn wehrlos seinen Feinden preisgibt und Hektor mühelos den Ruhm gewinnen läßt, den Apollon in Gestalt des Asios vorausgesagt hatte.

Nach dem Falle des Patroklos verfolgt Hektor seinen Kriegswagen mit den göttlichen Rossen, die unter Automedons Lenkung davonjagen. Inzwischen gerät Euphorbos mit Menelaos in Kampf um die Leiche des Patroklos (Ilias 17, 1 ff.). Euphorbos fällt, und Menelaos ist im Begriffe, ihm die Rüstung abzunehmen. In diesem Augenblick sieht Hektor plötzlich den Kikonenfürsten Mentes neben sich. „Was für eine Torheit," ruft er aus, „den Rossen des Achilleus nachzulaufen, die doch keinem andern gehorchen als ihm! Inzwischen aber hat Menelaos, als Schützer des Patroklos, den besten der Troer erschlagen, den Panthoossohn Euphorbos!" Hektor hört es und wildes Wehe ergreift sein Herz.

Er sieht sich um: da liegt der Freund in seinem Blute und Menelaos ist damit beschäftigt, ihm die Rüstung abzuziehen. Ein lauter Aufschrei Hektors, der gleich darauf mit seinem Kriegshaufen heranrückt, scheucht den Menelaos zurück. Wenn man sie so erzählt, haben die Ereignisse nichts Wunderbares. Es war ein Glück für die Troer, daß Hektor durch einen Kriegsgefährten gerade noch zur rechten Zeit auf den Fall des Euphorbos aufmerksam wurde und an den Ort der wichtigen Entscheidungen zurückkehrte. Aber dieser Kriegsgefährte, der das bedeutende Wort gesprochen, war in Wirklichkeit, wie der Dichter weiß, Phoibos Apollon; er hatte für diese Begegnung die Gestalt des Mentes angenommen. So sind die Götter nicht bloß Veranstalter des Entscheidenden: sie selbst sind das Entscheidende. Als solches begegnen sie dem Menschen auf seinem Wege, und die wohlvertraute Gestalt, die im bedeutenden Augenblicke diesen Weg kreuzt, ist nur die Hülle eines Gottes. Auch in der eben wiedergegebenen Erzählung ist die göttlich-menschliche Dazwischenkunft nichts als *Wirkung*. Hektor antwortet nicht, er fühlt nur den Stich im Herzen und kehrt um. Der Sprecher aber ist verschwunden.

Wieder tobt der Kampf um die Leiche des Patroklos (17, 543 ff.). Da beschließt Zeus, die Griechen zu ermutigen, und sendet ihnen Athene. In eine leuchtende Wolke gehüllt steigt sie vom Himmel und wandelt unerkennbar durch die Reihen. Da wacht die Kampflust in allen Herzen auf. Der erste, auf den sie trifft, ist Menelaos. Aber er sieht nicht die Göttin vor sich, sondern den wohlbekannten alten Phoinix, der ihm vorstellt, welche Schande es wäre, wenn der Mann, den der große Achilleus am meisten geliebt, den troischen Hunden zum Fraß hingeworfen würde. Auf sein Zureden, mannhaft standzuhalten und alles Kriegsvolk anzufeuern, antwortet Menelaos: „Wenn doch Athene mir Kraft gäbe und mich beschützte! Dann wollte ich wohl dem Patroklos schirmend zur Seite stehen. Blutet mir doch das Herz, daß er fallen mußte. Aber Hektor tobt ja wie verzehrendes Feuer, denn Zeus ist's, der ihn erhebt." Da freut sich Athene, daß der Held ihrer vor allen Göttern gedacht. Sie erfüllt ihn mit Kraft und macht sein Herz so fest, daß ihn nichts mehr erschrecken oder beirren kann. So schreitet er zum Angriff und erschlägt einen dem Hektor besonders nahestehenden Krieger. Er kann sogar die Leiche des Gefallenen aus dem Bereich der troischen Waffen ungestört zu seinen eigenen Leuten hinüberschleppen. Auch Hektor hat ihn nicht daran gehindert (582 ff.). Hat er gar nicht bemerkt, was geschehen ist? Kurz vorher ist er vor den beiden Aias zurückgewichen (534). Jetzt jedenfalls wird er energisch darauf aufmerksam gemacht. Sein Freund Phainops steht vor ihm und sagt ihm ins Gesicht, er mache sich zum Gespött der Griechen, daß er einem Manne wie Menelaos ausweiche. Nun habe er ihm den treusten Gefährten erschlagen, den unerschrockenen Fechter Podes, und trage ganz allein die Leiche hinweg. Bei diesen Worten senkt sich das Leid wie eine dunkle Wolke über Hektor herab. Unheildrohend schreitet er in den Kampf. – Diese beiden Bilder lassen uns das Wesen und den Sinn des göttlichen Auftretens und Wirkens besonders deutlich erkennen. Da ist nichts, das uns nicht vertraut wäre, aber alles ist auf echtgriechische Weise erlebt und angeschaut. Hektor sieht, wie Menelaos den Leichnam seines geliebten Freundes wegschleppt. Ein namenloses Wehe überfällt ihn und zugleich die tiefste Beschämung. Dieser Jammer und diese Anklage seines Herzens, sie sind die Stimme Apollons, der unerkannt zu ihm spricht. So werden sie denn auch unverzüglich zur Tat. Von dem Menschen, durch dessen Mund die Gottheit sprach, ist nicht mehr die Rede. Auch Menelaos quält sich in dem durchbohrenden Gefühl seiner Tatenlosigkeit. Aber was kann er, der geringere Held, gegen den gewaltigen Hektor und sein Glück unternehmen! So antwortet er denn der mahnenden Stimme, die in Wahrheit die der Athene ist, mit einem Gebet an eben diese Göttin. Und augenblicklich sind alle seine Glieder vom Geist der Heldengöttin beseelt. Der Gebetswunsch ist nicht eigentlich das, was die göttliche Hilfe herbeizieht; seine Aussprache ist vielmehr das Zeichen, daß die Gottheit selber nahe ist.

Dasselbe erkennen wir in der Erzählung von Aineias, Ilias 20, 79 ff. Er, der durch eigene Erfahrung Grund genug hatte, dem Achilleus aus dem Weg zu gehen, tritt ihm hier mit dem stolzesten Mute entgegen und weist die Warnung des gewaltigen Gegners, der ihn selbst auf die Ungleichheit des Zweikampfs aufmerksam macht, mit Verachtung zurück. Diese Kühnheit ist das Werk Apollons, der dem Aineias plötzlich in den Weg getreten war, ohne von ihm erkannt zu werden. Für Aineias war es ein Mann aus seiner Verwandtschaft, der Priamossohn Lykaon. Er fragte ihn spöttisch, wo denn nun die großen Worte seien, mit denen er sich beim Wein vermessen habe, es mit Achilleus selbst aufzunehmen. Aineias antwortet, Lykaon müsse doch wissen, daß für ihn nicht daran zu denken sei, mit Achilleus anzubinden. Immer sei ein Gott ihm an der Seite und schütze ihn. Das habe er selber erfahren, als er den furchtbaren Händen nur mit Gottes Hilfe durch die Flucht entkommen sei. Ja, wenn der Himmel beiden Teilen gleiche Chancen geben wollte, dann würde Achilleus schon seinen Mann finden! Darauf erwidert der vermeintliche Lykaon bedeutungsvoll: „Wohlan, wende auch du dich an die Götter. Hast nicht auch du eine göttliche Mutter, und ist sie nicht vornehmer als die des Achilleus? Tritt ihm gerade entgegen und laß dich nicht durch Drohungen einschüchtern!" Mit diesen Worten läßt der Gott sein Herz von gewaltiger Kampflust erbeben, und schon schreitet der Held herausfordernd durch die erste Reihe der Krieger. So die Erzählung des Dichters. Auf die letzten Worte hat Aineias nicht mehr geantwortet. Auch von dem Freunde, der zu ihm gesprochen, verlautet nichts mehr. Nur eine wunderbare *Wirkung* ist da: der eben noch verzagte Aineias ist plötzlich von Heldenmut erfüllt. Das hat die Gegenwart der

Gottheit getan. Wir hören auch nicht, daß Aineias, wie ihm geraten wird, zu den Göttern betet. Die göttliche Nähe ist es auch hier, die diesen Gedanken bringt, und zugleich das Hochgefühl, in dem Gebet und Erfüllung eins sind.

Mit besonderer Feinheit stellt die Odyssee an mehreren Stellen das persönliche Eingreifen der Gottheit auf eine Weise dar, die das Wunderbare natürlich und das Natürliche wunderbar erscheinen läßt.

Hilflos und nackt ist Odysseus am Phaiakenstrand angekommen. Da hat ihn Nausikaa gekleidet und gespeist und ein Stück Weges mitgenommen. Aber beim Hain der Athene mußte sie ihn seinem Glück überlassen (6, 321 ff.) und konnte ihm nur noch den Rat geben, im Königspalaste, den er sich zeigen lassen müsse, rasch den Saal zu durchschreiten und sich vor ihrer Mutter, der Königin, die am Herde throne, schutzflehend niederzuwerfen. Nach ihrem Wunsch wartet Odysseus noch eine Zeitlang, ehe er sich nach der Stadt aufmacht. Den Weg dorthin legt er zurück, ohne von jemandem angesprochen oder belästigt zu werden. Das Königshaus wird ihm gezeigt, und nachdem er eine Zeitlang betrachtend stillgestanden hatte, tritt er über die Schwelle. Im Saal sind die Männer beim Abendtrunk versammelt, aber niemand achtet auf ihn. So kommt er ungehindert bis an die Herdstelle, und jetzt erst gewahrt man den fremden Mann, der zu den Füßen der Königin liegt, und seine flehentliche Bitte um Geleite in die Heimat bringt eine außerordentliche Wirkung hervor. Der König erhebt ihn mit der Hand und führt ihn zu einem Ehrensitz. Der Wehrlose ist aufgenommen, sein Schicksal entschieden. Hier hat eine Gottheit gewaltet. Schon der Weg in die Stadt und zum Königspalast, wie viele lästige, ja gefährliche Begegnungen konnte er einem rechtlosen Fremdling bringen. Wir hören ja, daß die Phaiaken nicht sehr liebenswürdig gegen Fremde gesonnen seien (7, 32). Zwar war die Sonne schon untergegangen (6, 321), und im Schutze der Dunkelheit konnte man möglicherweise unbeachtet bleiben. Aber dazu war Glück notwendig. Und wie sehr war der Unbekannte auf gutes Glück angewiesen, wenn er mit seiner Frage nach dem Weg zum Palast nicht gerade auf die ungeeignetste Person stoßen sollte. Dieses Glück ist — so erzählt uns Homer — das Werk der Göttin Athene. Ja, sie ist selbst das Glück, und es bestätigt sich hier im eigentlichen Sinn des Wortes, daß die Götter das Förderliche sind, das dem Unternehmenden auf seinem Wege begegnet. Im Hain der Athene betet Odysseus, ehe er aufbricht, zu der Göttin, sie möge geben, daß er Freundlichkeit und Erbarmen bei den Phaiaken finde (6, 327). Wie er sich nun auf den Weg zur Stadt begibt, macht sie das Dunkel um ihn — es ist ja schon Nacht — so dicht, daß kein Begegnender aufmerksam werden und ihn aufhalten kann. Beim Eintritt in die Stadt aber, wo er eines Führers bedarf, trifft er plötzlich ein junges Mädchen, das mit einem Krug zum Wasser geht. Das Mädchen ist gerne bereit, ihm den Weg zu zeigen. Ehe er in das Königshaus tritt, spricht sie ihm noch Mut zu und gibt ihm einige wertvolle Fingerzeige: er werde die Fürsten drinnen beim Mahle treffen; aber zuerst solle er sich an die Königin wenden; wenn diese freundlich zu ihm sei, dann dürfe er hoffen, die Heimat endlich wiederzusehen. Odysseus tut, wie sie ihn geheißen. Im Saale wird man nicht auf ihn aufmerksam, bis er die Knie der Königin umklammert. Das macht die undurchdringliche Luft, in die ihn Athene gehüllt hat, und die sie erst jetzt zerstreut, so daß der Anblick des knieenden Fremdlings sprachloses Staunen hervorruft. Aber sie war auch das freundliche Mädchen gewesen, das ihn so gut geleitet und beraten hatte. Er selber ahnte von alle dem nichts, so wie auch wir, wenn uns der Dichter nicht einen Wink gäbe, die ganze Erzählung ohne Befremden lesen würden und nicht mehr dabei empfänden, als daß ihr Held vom „Glück" begleitet sei. Dieses „Glück" bleibt ihm auch am folgenden Tage, in der Ratsversammlung und Spielgemeinschaft der Phaiaken, treu; und auch hier steht hinter jedem fördernden Geschehnis die Göttin Athene selbst (8, 1 ff.). Der Herold des Königs geht am Morgen durch die Stadt und fordert die Ratsleute auf, zum Versammlungsplatz zu kommen, wo Alkinoos sie erwarte, um ihnen einen Gast vorzustellen. Der Fremde sei wohl kennenswert, schon sein Anblick gemahne an einen Gott; und er habe auf dem weiten Meere gar viel durchgemacht. So sind die Phaiakenführer von vornherein für Odysseus interessiert. Wie sie ihn aber vor sich sehen, können sie nur staunen, denn die Göttin hat seiner Erscheinung die seltenste Schönheit und die hinreißendste Gewalt gegeben. So billigen denn alle den Willen des Königs, ein Schiff zu seiner Heimfahrt auszurüsten. Dann findet im Königshaus ein festlicher Empfang statt, und nach dem Mahle werden Wettkämpfe veranstaltet. Hier sollte nach dem Plane Athenes der Fremdling, dessen Schönheit, Klugheit und Anstand alle Herzen gewonnen hatte, mit beispielloser Manneskraft imponieren. Seine anfängliche Ablehnung wird von einem übermütigen jungen Mann als Zeichen des Unvermögens gedeutet. Da greift er zornig zu dem wuchtigsten Diskus und schleudert ihn weit hinaus über das Ziel, das der beste unter seinen Vorgängern erreicht hatte. Schon das Sausen der gewaltigen Scheibe bewirkt ein allgemeines Zusammenfahren. Wie sie aber am Boden ankommt, da ist ein Mann zur Stelle, der ein Zeichen setzt und mit lauter Stimme ausruft: „Dein Zeichen kann auch ein Blinder finden, so weit ist es von allen andern entfernt; in dieser Kunst wird keiner dir die Meisterschaft streitig machen!" Und Odysseus freut sich, einen Freund in der Kampfversammlung zu besitzen. Er hatte Grund, ihm dankbar zu sein, denn erst durch ihn ist seine Tat ins rechte Licht gesetzt worden. Dieser Mann aber war in Wirklichkeit Athene (293). Und sie war auch jener Herold gewesen, der die Ältesten zum Versammlungsplatz entboten und durch seine bewundernden Worte auf Odysseus aufmerksam gemacht hatte. So sind auch hier die göttlichen Wunder der Hintergrund von lauter unauffälligen, aber entscheidenden Ereignissen. Und dem Dichter, den die Gottheit erleuchtet, ist es vorbehalten, diesen Hintergrund zu erkennen, während die Beteiligten nur das Natürliche zu bemerken vermögen.

8.

Aber im besonderen Augenblick und für den besonderen Menschen tritt die Gottheit selbst aus diesem Hintergrund hervor und zeigt sich dem Auserwählten in ihrer wahren Gestalt. So geschah es dem Odysseus, als er von den Phaiaken schlafend in die Heimat gebracht worden war und beim Erwachen sein Ithaka nicht erkannte. Da kam ihm, wie er klagend am Meeresufer hin- und herwandelte, ein junger Mann von edlem Aussehen in den Weg und sagte ihm, wo er sei (13, 221 ff.). Plötzlich aber, während er sich alle Mühe gab, den Unbekannten über seine eigene Person und Herkunft zu täuschen, fühlte er die Berührung einer liebevollen Hand, und vor ihm stand, statt des Jünglings, eine lächelnde Frau — Athene! Was sie ihm sagt und von welcher Bedeutung ihr Auftreten ist, haben wir oben ausführlich besprochen.

Von solchen leibhaftigen Erscheinungen göttlicher Wesen erzählen die Homerischen Gedichte nicht selten. Ehe wir uns aber mit der Frage beschäftigen, unter welchen Umständen und in welchen Formen sie auftreten, müssen wir noch eine andere Art göttlicher Offenbarung genauer kennenlernen, die darin besteht, daß der Mensch die Nähe der Gottheit zwar bemerkt und empfindet, aber erst nachdem sie sich abgewandt hat, und ohne sich über ihre Person klar zu sein.

In der furchtbaren Not des Kampfes um die Schiffe, wie Hektor eben seine Scharen mit wildem Geschrei zum Angriff führt, tritt plötzlich Poseidon in Gestalt des Kalchas zu den erprobtesten Griechenhelden, den beiden Aias, von deren Widerstandskraft nunmehr alles abhängt (Ilias 13, 43 ff.). Es mangelt ihnen nicht an Kampflust; aber der hinter dem Freunde verborgene Gott muß ihnen den Ernst der Lage mit großer Lebhaftigkeit vor Augen stellen und zugleich an ihr Selbstvertrauen appellieren. Er tut dies sehr fein, indem er sie auf die Gottheit hinweist: „Möchte doch ein Gott euch begeistern, als Helden standzuhalten und andere zu ermuntern! Dann brauchte es uns vor Hektor nicht bange zu sein." Und nun schlägt er sie mit seinem Stabe, und alsbald ist ihre Brust von kühnem Mut erfüllt und alle Glieder werden leicht und frei. Im nächsten Augenblick ist er verschwunden. Es war fast wie das Entschweben eines mächtigen Vogels (62). Der Oileussohn wird zuerst auf das Wunderbare aufmerksam. „Ein Gott vom Olymp", sagt er zu seinem Gefährten, „heißt uns kämpfen; das ist nicht Kalchas gewesen, ich sah's an der Bewegung seiner Füße und Schenkel, als er sich entfernte: unverkennbar sind die Götter. Und mir selbst schwillt das Herz von neuer Lust zum Kampf und voll ungestümen Dranges sind mir die Füße und Hände." Worauf der andere: „Ja, so geht es auch mir. Mit wilder Begierde greifen meine Hände den Speer und es kocht mir im Busen; die Füße wollen nicht mehr stehen bleiben, mich treibt's, auch ohne einen Kameraden ganz allein mit dem rasenden Hektor zu fechten." So groß ist die unmittelbare Wirkung der göttlichen Gegenwart. Aber nur einer von beiden hat ihr Wunderbares in der Hülle des Natürlichen deutlich erkannt; und auch dieser weiß nur, daß es „ein Gott" war, der gesprochen hat. Der Dichter allein kann sagen, daß es Poseidon gewesen ist. Er erzählt uns auch, daß Athene dem Odysseus, als er sich endlich an den Phaiakenstrand gerettet hatte, einen erlösenden Schlummer auf die Augenlider sinken ließ (Odyss. 5, 491), während Odysseus selbst (7, 286) nur zu sagen weiß, „die Gottheit" habe einen tiefen Schlaf auf ihn fallen lassen. Und diese bedeutungsvolle Unterscheidung begegnet uns bei Homer oft genug. Im Verlauf der Erzählung, die mit dem Erlebnis der beiden Aias anhebt, werden noch mehrmals troische

Helden von Poseidon angefeuert, teils in Kalchas', teils in anderer (Ilias 13, 216) Gestalt; aber niemand bemerkt, daß der Sprecher, dessen Worte so zündend wirkten, mehr als ein Mensch gewesen ist.

Auch in der Telemachosgeschichte (Odyss. 3, 329 ff.) wird die in Menschengestalt gegenwärtige Gottheit im Augenblick des Verschwindens erkannt. Der alte Mentor, der als Telemachs Begleiter den Nestor besuchte, war in Wirklichkeit Athene. Das Abenddunkel ist schon hereingebrochen (329, 335), und man erhebt sich vom Opfermahl, dessen Gäste die Fremden gewesen sind. Nestor lädt sie ein, in seinem Hause zu übernachten. Aber Mentor lehnt für sich selbst ab; Telemach möge die Einladung annehmen, er selber gedenke bei der Schiffsmannschaft zu schlafen und mit Tagesanbruch seine Reise fortzusetzen. Er empfiehlt noch Telemach dem Nestor – und ist plötzlich verschwunden. Es war wie das Wegfliegen eines großen Seevogels (372), und fassungsloses Staunen ergriff alle Anwesenden. Der alte Nestor findet das Wort: ein Gott war es, der den Telemachos begleitet hat, und kein anderer als die hohe Tochter des Zeus, die Beschützerin seines edlen Vaters. Und er schließt mit einem Gebet an die Göttin. Beim Abschied hat das Wunderbare sich verraten, diesmal für eine ganze Anzahl von Zeugen. Aber es ist ja auch die Stunde der Seltsamkeiten, die erste Dunkelheit, die alles Nahe mit einem Male unsicher macht und entschwinden läßt. Gewiß will der Dichter nicht sagen, daß Athene die Gestalt Mentors plötzlich mit der eines Seeadlers vertauscht habe. Sein Bild dient nur der Veranschaulichung jenes erstaunlichen, aber gerade den Wundern des Dunkels eigentümlichen Verschwebens. – Bei seiner ersten Begegnung mit Athene (Odyss. 1, 103 ff.) hatte Telemachos keinen Deuter, wie Nestor es war, zur Seite. Und doch erkannte er bei dem eigentümlichen Weggang des Mentes, in dessen Gestalt sie erschienen war, daß ein Gott zu ihm gesprochen, freilich ohne zu wissen, wer (323). In Gedanken versunken saß er unter den spielenden und trinkenden Freiern seiner Mutter; das Bild des großen Vaters schwebte ihm vor und er dachte, wie herrlich es wäre, wenn er plötzlich käme und die frechen Eindringlinge aus seinem Besitztum vertriebe (115). Da sah er einen Gast eintreten. Mit ritterlichem Anstand führte er ihn zum Ehrenplatz und setzte sich selbst an seine Seite. Sein Gedanke war, ihn nach dem verschollenen Vater zu fragen (135). Der Fremde, der sich als Taphierfürsten Mentes und alten Freund des Hauses zu erkennen gab (180), sprach bald genug von Odysseus und versicherte, er lebe und werde in kurzem wiederkommen; so spreche eine göttliche Stimme in seinem Herzen. Er läßt sich von dem Treiben der Freier erzählen und wünscht, Odysseus möchte plötzlich hereintreten und jedem von ihnen ein bitteres Ende bereiten (255 ff.). So genau trifft er mit den Gedanken und Bildern zusammen, die im Augenblick seiner Ankunft den Telemachos beschäftigt hatten. Dann redet er ihm ernstlich zu, ein Mann zu sein. Er solle versuchen, sich der Freier zu entledigen, und dann auf Kundschaft nach dem Vater zu Nestor und Menelaos fahren. Er sei nun alt und kräftig genug, um selbständig zu handeln. Und er wisse doch, wie ruhmvoll Orestes vor der ganzen Welt dastehe, weil er den Mörder seines Vaters erschlagen habe (296 ff.). Nach diesen Worten verabschiedet der Gast sich. Telemachs Bitten vermögen ihn nicht zu halten — und plötzlich ist er verschwunden, während Telemachs Brust von Kraft und Kühnheit schwillt und das Bild des Vaters lebhafter als je vor seinen Augen steht. Staunend wird Telemach des Wunders inne und ahnt, daß er mit einem Gotte gesprochen. Der Dichter vergleicht das seltsame Verschwinden der Göttin mit dem Auffliegen eines Vogels (320). Aber nur Telemachos hat etwas Wunderbares erlebt. Die Freier waren, wie der Dichter am Anfang und am Ende des göttlichen Besuches ausdrücklich bemerkt (155, 325), eifrig beschäftigt, dem Sänger zuzuhören. So hatten sie für den Fremden kein Auge. Nur

Eurymachos fragt später den Telemach (405 ff.), wer denn das gewesen sei. Es ist ihm aufgefallen, daß er plötzlich aufsprang und fort war, ehe man ihn nach seiner Herkunft fragen konnte. Aber an ein Wunder denkt er nicht. Das war dem Telemach allein vorbehalten, denn nur ihn ging es an. Ja, es wuchs so aus der Natürlichkeit seines augenblicklichen Erlebens heraus, daß wir es in diese Natürlichkeit miteinbeziehen müssen. Auch hier, wie in vielen Fällen, die wir schon kennengelernt haben, ist das Wunderbare kein fremder Eingriff in die Natur, sondern ein momentanes Hervortreten ihres Hintergrundes, das die Seele des Auserwählten plötzlich erschüttern und in ihr eine Ahnung, ja unter Umständen sogar eine klare Erkenntnis des Göttlichen erwecken kann. Was hat Athene in Gestalt des Mentes dem Telemachos gesagt, das nicht nach unserer Auffassung sein eigenes Herz zu ihm gesprochen haben könnte? Er saß inmitten der verhaßten Freier und das Bild des königlichen Vaters stieg vor ihm auf: o daß er doch kommen und dem ruchlosen Treiben ein jähes Ende bereiten wollte! Und als Athene ging, war sein Herz mehr als je von dem Gedanken an den Vater erfüllt. Sie hat die Hoffnung, daß er wiederkommen werde, neu belebt; sie hat den Manneswillen in ihm erweckt und ihn auf den Gedanken gebracht, in Pylos und Sparta nach dem Vermißten zu fragen. Für unsere Denkweise hat sein Sinnen und Träumen ihn ganz von selbst auf diesen Punkt geführt und in diese erhobene Stimmung versetzt. Für den Griechen aber sind so entscheidende Gedanken und Gemütsverfassungen immer durch die Gegenwart eines Gottes bewirkt; und in unserem Falle ist das, was sich in dem Menschen vollzieht, so bedeutend, daß er der göttlichen Nähe inne wird. Er sieht den Gastfreund, der eben noch zu ihm gesprochen hatte, weggehen und im nächsten Augenblick, noch ehe er die Türe erreicht hat, verschwinden, wie ein Vogel, der plötzlich auffliegt und weg ist. Und von dem Gehörten schlägt ihm das Herz so hoch! Kein Zweifel, das muß ein Gott gewesen sein! Man hat die Beschreibung von Athenes Weggang unpassend gefunden. Aber das Bild, das der Dichter gebraucht, ist hier ebenso überlegt und treffend, wie in den früher besprochenen Szenen, wo die göttliche Person an der wundersamen Art ihres Verschwindens als solche erkannt wird. Bei Nestor allerdings vollzieht sich das Seltsame nach Anbruch der Dunkelheit, während es hier noch heller Tag ist. Aber Telemach, dem der Besuch galt, ist auch der einzige, der ein Wunder sah. Die Freier haben nichts bemerkt. – Immer folgt auf die Berührung mit der Gottheit unmittelbar die entscheidende Tat. Telemachos mischt sich sofort unter die Freier, um zu handeln (324). Er gibt ihnen Auskunft über Namen und Person des nicht mehr gegenwärtigen Gastes, während er selbst wohl weiß, daß er mehr als ein Mensch war (420). Am folgenden Tag spricht er mit mannhaftem Freimut öffentlich zu den Ithakesiern und begibt sich, erregt über den Mangel an Wohlwollen, dem er bei ihnen begegnet ist, zum Meere, um dort zu beten: „Höre mich, der du gestern, ein Gott, in unser Haus kamst und mich auf Kundschaft nach meinem Vater zu Schiff übers Meer fahren hießest! Die Achaier erschweren es mir, vor allem aber die Freier mit ihrem bösen Übermut (2, 262)." Kaum hat er so gesprochen, da steht Mentor, der eben noch in der Versammlung lebhaft für ihn eingetreten ist (225 ff.), vor ihm. Er war es, dem Odysseus, als er in den Krieg zog, die Sorge um sein ganzes Haus ans Herz gelegt hatte. Durch kraftvolle Worte stärkt er das Selbstvertrauen des Jünglings und verspricht ihm, ein Schiff zu besorgen, auf dem er selbst als Begleiter mitfahren wolle. Daß auch diesmal eine Gottheit sich hinter dem Freunde verbarg, merkt Telemach erst später und wiederum beim Abschied, in Pylos nämlich, wo Nestors Wort ihn zu der Erkenntnis bringt, daß es Athene war, die ihn begleitet hat. Denn wenn der Dichter schon vorher ihren Namen genannt hat (2, 261), so lag es ihm fern, damit auf ein Wissen des Telemachos selbst hinzuweisen.

In einem hochbedeutenden Augenblick des Kampfes zwischen Odysseus und den Freiern tritt Athene wiederum in Gestalt des Mentor auf (Odyss. 22, 205). Die Szene ist vielen befremdlich erschienen. Aber sie ist notwendig, denn sie markiert in echt homerischem Sinne einen der großen Wendepunkte des Geschehens durch das Eintreten einer Gottheit. Die scheinbaren Mängel verschwinden denn auch, sobald man dem Dichter aufmerksam und ohne Voreingenommenheit folgt. Odysseus hat seine Pfeile verschossen. Zum letzten Entscheidungskampf gerüstet steht er auf der Schwelle, an seiner Seite Telemachos mit den beiden Hirten. Wie klein ist ihr Häuflein im Vergleich mit der Schar der Freier! Gleich werden die Speere fliegen. In diesem Augenblick steht plötzlich Athene in Mentors Gestalt an Odysseus' Seite. Erfreut über das unerwartete Erscheinen des Freundes fordert Odysseus ihn auf, brüderlich mitzukämpfen, eingedenk der Freundschaftsbeweise aus alten Zeiten; sind sie doch Altersgenossen. Eine Ahnung aber sagt ihm, daß der Freund in Wirklichkeit Athene sei (210). Mentor kehrt sich nicht an die Drohworte der Freier. Er erinnert den Odysseus an sein Heldentum vor Troia, wo sein Schwert so viele Krieger erschlug und die Stadt des Priamos durch seinen klugen Rat zu Falle kam; und all das sei doch nur der Helena wegen geschehen, während er jetzt, wo es sein eigenes Haus und Besitztum gelte, vor diesen Freiern da verzage. „Hier stell dich zu mir!" ruft er, „und sieh zu, damit du erkennst, wie Mentor dir vor dem Feinde deine Wohltaten zu vergelten weiß!" (233.) Jetzt erwartet man eine Tat. Aber es geschieht nichts, sondern der Sprecher ist mit einem Male verschwunden. Das mag zunächst sonderbar erscheinen, aber nach kurzer Überlegung begreift man, daß der Vorgang durchaus sinnvoll ist. Odysseus sollte der letzten Entscheidung mit frohem Mute entgegenblicken. Was Athene ihm vorstellt, die viel gewaltigeren Werke der troischen Zeit und die Unvergleichbarkeit dessen, was damals und was jetzt für ihn auf dem Spiele steht, all das würde ein neuerer Darsteller dieses schicksalsschweren Augenblicks im Geiste des Odysseus selbst aufblitzen lassen. Bei Homer gehen so entscheidende Vorstellungen von der Gottheit aus. Sie werden also von Mentor, der in Wahrheit Athene ist, dem Odysseus entgegengebracht. Und dieser Mentor will ihm auch zeigen, wie tatkräftig in solcher Lage ein Freund aus bloßer Dankbarkeit handeln würde (233). Damit ist die Stimmung, die der Augenblick erfordert, erreicht. Einer Tat des scheinbaren Mentor bedarf es nicht mehr. Odysseus hat ja auch gefühlt, wer sich hinter diesem Mentor verbarg. Und nun ist er plötzlich verschwunden. Das macht die Gegner selbstsicher – und eben dies war die zweite Absicht der Athene gewesen. Ein regelrechter Kampf sollte beginnen. Sie wollte ja die Kraft und Wehrhaftigkeit des Odysseus und seines Sohnes erproben (237). „Mentor hat ihn nach leerem Geprahle verlassen!" triumphiert derselbe Freier, der dem vermeintlichen Mentor vorher gedroht hatte (249). Der Dichter aber erzählt (239), daß die Göttin, wie eine Schwalbe auffliegend, zum Dachgebälk entschwebt sei und sich dort niedergelassen habe. Ihr Verschwinden ist also von ähnlicher Art, wie Odyss. 1, 320. Ganz gewiß hat der Dichter nicht sagen wollen, Athene, bzw. Mentor, habe sich wirklich in eine Schwalbe verwandelt. Der Vergleich soll hier, wie an den im Vorhergehenden besprochenen Stellen, nur die Art ihres Entschwindens anschaulich machen. Unsichtbar sitzt sie droben im Dachgebälk und unsichtbar (wie Apollon, Ilias 15, 318, vgl. 308) erhebt sie dort die furchtbare Aigis, worauf die Katastrophe hereinbricht (297). Der Freier, der später dem Agamemnon in der Unterwelt diese Geschichte erzählt, weiß nur zu sagen, daß „ein Gott" dem Odysseus beigestanden haben müsse (24, 182).

9.

Odysseus hat die Athene hinter der Erscheinung des Mentor erkannt, aber er benimmt sich ganz so, als wenn es wirklich

Mentor wäre. Die andern alle bemerken nichts Übermenschliches. Und sie sollen es auch nicht, denn die deutliche Offenbarung eines göttlichen Wesens ist für Homer nur denkbar als Erlebnis eines einzelnen Auserwählten. Solche Begegnungen sind in den beiden Epen durchaus nicht selten. Aber wenn wir etwa erwarten, daß hier nun das Wunder in offenen Gegensatz zum natürlichen Vorgang treten werde, so täuschen wir uns sehr. Auch hier wächst das Wunderbare aus der natürlichen Situation heraus und zeigt dem Erlebenden — der aber auch der einzige Zeuge bleibt — ihr ewiges und göttliches Gesicht. Niemals ist die Einführung der Gottheit notwendig, um das Geschehen in unserem Sinne verständlich zu machen. Man könnte regelmäßig ohne den geringsten Hinweis auf die Gottheit erzählen, und die Geschichten würden keine gegenständlichen Veränderungen erfahren. Der Geist der Homerischen Welt aber macht diese Hinweise notwendig, denn er muß alles Entscheidende, so leicht verständlich es uns auch erscheinen mag, unmittelbar an das Göttliche anknüpfen.

Dafür denn zum Schluß noch einige charakteristische Beispiele.

Die Erscheinung der Athene in der Streitszene des ersten Buches der Ilias (193 ff.) hat uns schon früher (vgl. S. 234) beschäftigt. Achilleus ist empört aufgefahren. Einen Moment überlegt er noch, ob er den Agamemnon niederschlagen oder sich mit Gewalt beherrschen solle, und schon lockert er sein Schwert in der Scheide. In diesem Augenblick fühlt er sich von hinten angerührt, wendet sich um, und sein Blick trifft auf die flammenden Augen der Göttin. Sie rät ihm zur Selbstbeherrschung, und er stößt das Schwert wieder in die Scheide zurück. Achill allein hat die Göttin gesehen (198) und gehört, und dies unmittelbar vor der Entscheidung, als Vernunft und Leidenschaft sich in seinem Herzen stritten und der Würfel noch nicht gefallen war — das Hereintreten der Gottheit, das eben war, nach echt griechischer

Denkweise, die Entscheidung. Alle andern sahen nur das Aufspringen des Achilleus, seinen Kampf mit sich selbst und seine plötzliche Gefaßtheit.

Wie hier die Erscheinung der Gottheit dem menschlichen Willen die Wendung zum Einsichtsvollen und Würdigen gibt, so läßt sie die Lebenskräfte im kritischen Augenblick über Siechtum und Mattigkeit triumphieren. Von Aias' Steinwurf war Hektor bewußtlos zusammengebrochen. Es gelang noch, den Ohnmächtigen in Sicherheit zu bringen. Fern vom Feinde versuchten einige Getreue ihn wieder zu beleben (Ilias 14, 409 ff.). Die Griechen dachten nicht anders, als daß es aus mit ihm sei, und frohlockten. Plötzlich aber sank ihnen das Herz: der Totgeglaubte tauchte wieder in den Feindesreihen auf, frisch und kühn, als ob ihm nichts zugestoßen wäre (15, 269 ff.). „Hier hat ein Gott eingegriffen", sagte einer von ihnen, „und dies wunderbare Wiedererstehen bedeutet für uns Schlimmes" (290 ff.). Wie es in Wirklichkeit zugegangen ist, das weiß nur Hektor selbst und der Dichter. Und der erzählt es uns auf eine solche Weise, daß wir das Wunder ganz im Einklang sehen mit der Natur. Apollon ist plötzlich zu Hektor getreten und hat ihn mit neuer Kraft und Kampflust beseelt. Aber er trat nicht zu dem Bewußtlosen, Halbtoten. Er hat dem Verlorengegebenen nicht aus göttlicher Machtvollkommenheit das Wort: „lebe!" zugerufen. Hektor war schon wieder zu sich gekommen. Er lag nicht mehr, sondern saß aufrecht und erkannte die Getreuen, die um ihn standen. Der Wille des Zeus, sagt der Dichter, hatte ihn wieder aufgerichtet (242). In diesem Augenblick sah er einen Gott vor sich stehen und hörte ihn sagen: „Was ist dir, Hektor? Warum sitzest du so kraftlos hier?" Hektor wußte nicht, wer dieser Gott sei, und wunderte sich, wie er so fragen könne. Mit seinen schwachen Kräften erzählt er, wie Aias ihn mit dem Steinblock getroffen und er geglaubt habe, daß sein letztes Stündlein gekommen sei. Da gibt Apollon sich ihm zu erkennen. Er solle

Mut fassen, sagt er zu ihm, und die troischen Kriegswagen kühn gegen die Schiffe der Griechen führen. Er selbst, Apollon, werde vorangehen. Darauf haucht er ihm Heldenmut ein (262), und plötzlich ist alle Mattigkeit verschwunden. Er, der doch eben erst aus der Ohnmacht aufgewacht war, stürmt fort wie ein junges Roß, das sich losgerissen hat, und steht wieder als Anführer unter den Seinen. Die wundervolle Wiederkehr der Lebensfrische, die Beseligung des Gesundens, das Aufflammen des Heldengeistes, – das war der Gott. Und der Genesende hat ihn mit Augen gesehen und seine Stimme gehört. Aber nur er allein. Von einer Wirkung auf seine Freunde, die doch in allernächster Nähe waren, hören wir nichts. Und auch für ihn selbst geht die Erscheinung im lebendigen Geschehen wieder unter, so wie sie aus ihm plötzlich aufgetaucht war: sobald Apollon ihn mit Kraft und Mut erfüllt hat, stürzt er sich in den Kampf, und von dem Gotte ist nicht mehr die Rede. Später, wie er, seinem Versprechen gemäß, den Troern voranzieht, ist er unsichtbar (308).

Ein anderes Mal mahnt Apollon den Hektor zur Vernunft, so wie Athene den Achill gemahnt hat (Ilias 20, 375). Er ist entschlossen, sich dem rasenden Achilleus kühn entgegenzustellen, und ruft die Seinen zum Angriff auf. Schon ertönt das Schlachtgeschrei – da steht Apollon neben ihm und warnt ihn, aus den Kriegshaufen zum Vorkampf herauszutreten, weil er sicherlich dem Achilleus erliegen würde. Erschrocken zieht Hektor sich in die Menge zurück (380) – und schon ist der Schreckliche mit einem Sprunge da und erschlägt den edlen Iphition (382). Hier ist dem Krieger im letzten Moment noch klar geworden, in welcher furchtbaren Gefahr er sich befinde. Dies plötzlich aufblitzende Bewußtsein war die Offenbarung Apollons. Aber gesehen hat ihn nur der, dem die Warnung galt. Und der tut augenblicklich, was der Gott ihm nahegelegt, während von diesem nicht mehr die Rede ist.

Besonders wirkungsvoll und überzeugend zugleich wird in der Odyssee 20, 30ff. die Beruhigung des schlaflos daliegenden Odysseus als Folge einer Göttererscheinung dargestellt, während doch das, was die Erscheinung ihm sagt, nur der Abschluß seiner eigenen Überlegung ist. Das Vertrauen auf die Gottheit, deren Beistand ihm gewiß ist, macht der peinvollen Unruhe ein Ende, und der Erlöste sinkt in den Schlaf. Aber eben dies Vertrauen ist die Wirkung göttlicher Gegenwart. Es ist die Nacht vor dem Kampf mit den Freiern. Odysseus wirft sich auf dem Lager hin und her, denn die Sorge um den morgigen Tag läßt ihn nicht schlafen. Plötzlich steht Athene in Gestalt eines menschlichen Weibes vor ihm. Er erkennt sie sofort. „Was liegst du denn schlaflos?" fragt sie ihn. „Bist du nicht zu Hause bei deinem Weib und deinem Sohne, und hast du nicht Grund, mit dem Sohn zufrieden zu sein?" Odysseus teilt ihr seine Sorgen und Zweifel mit, sie aber schilt seinen törichten Kleinglauben: „Vertraut nicht ein Mann seinem Freunde, der ihm Hilfe verspricht, auch wenn er nur ein Mensch ist? Und dir steht eine Göttin zur Seite! Ich sage dir, wenn auch viele Rotten von Kriegern dir entgegenstünden, du würdest sie doch überwinden. So schlafe doch endlich und überlasse die Sorgen dem morgigen Tage!" Mit diesen Worten senkt sie ihn in Schlaf und verschwindet (54 f.).

Kurz vorher war Athene dem Odysseus in dem Augenblicke erschienen, als er sich seinem Sohn zu erkennen geben sollte (Odyss. 16 155 ff.). Odysseus saß, einem Bettler gleichend, im Haus des Schweinehirten. Eben hatte Eumaios sich entfernt und Vater und Sohn waren Auge in Auge allein. Da sah Odysseus Athene draußen stehen und ihm winken. Sie hatte die Gestalt eines schönen, großgewachsenen Weibes. Telemachos merkte von ihrer Anwesenheit nichts, „denn nicht allen zeigen die Götter sich sichtbar" (161). Außer Odysseus nahmen nur die Hunde die Göttin wahr. Sie bellten nicht, sondern zogen sich winselnd zurück. Auf den stummen Wink der Göttin tritt Odysseus hinaus. „Nun ist es Zeit," sagt sie, „dich dem Sohne zu offenbaren; wenn das geschehen ist, sollt ihr gemeinsam den Anschlag gegen die Freier beraten und so vorbereitet in die Stadt gehen, wo ich euch im Kampf zur Seite stehen will." Nach diesen Worten berührt sie ihn mit dem goldenen Stabe. Das Bettelmännische und Greisenhafte verschwindet und vom Zauber der Jugend umflossen, mit edler Gewandung angetan, kehrt Odysseus in den Wohnraum zurück, wo ihn Telemachos mit maßlosem Staunen betrachtet. „Ich bin dein Vater!" sagt er zu ihm. Aber der Sohn kann nicht glauben. Er fürchtet, daß ein Gott sein Spiel mit ihm treibe, denn nur ein Gott könne das Wunder einer solchen Verwandlung, wie er sie vor sich sehe, hervorbringen (197). Da erklärt ihm Odysseus, daß dies Athenes Werk sei, die wohl Macht habe, ihn bald als Bettler, bald als wohlgekleideten jugendlichen Mann erscheinen zu lassen. „Denn ein Leichtes ist es den Göttern, die den weiten Himmel bewohnen, Schönheit sowohl dem Menschen zu geben wie Ungestalt"(211). Da fällt Telemachos ihm schluchzend um den Hals. Als Eumaios zurückkam, trat Athene wieder zu Odysseus, der eben dabei war, mit dem Sohne zusammen die Abendmahlzeit zu bereiten. Mit einem Schlag des Stabes machte sie ihn wiederum greisenhaft und zog ihm das Bettlergewand an, denn der Schweinehirte sollte ihn jetzt noch nicht erkennen (454 ff.). Auch hier ist das Wunderbare, trotz Zauberstab und Verwandlungsmärchen, in seinem wesentlichen Bestande nicht unnatürlich. Unter höherer Beleuchtung erkennen wir die echten Züge der Natur wieder, die durch sie in die plastischste Erscheinung getreten sind. Der bedeutende Augenblick war gekommen: Odysseus, der bis dahin, um nicht erkannt zu werden, den bettelhaften Greis gespielt hatte, sah sich dem Sohne allein gegenüber. Jetzt mußte der Vater sich zu erkennen geben. Dieser große Moment, dies plötzliche Wissen, daß es an der Zeit sei, dies überwältigende Erlebnis des Wiederkommens im wahrsten Sinne – das alles war göttlich, war die Gottheit selbst, war Athene. Etwas davon spricht auch die Helena des Euripides aus, als sie in dem Fremden plötzlich ihren Gatten wiedererkennt: „Ihr Götter! ist doch auch das Wiedersehn ein Gott" (560). Die ganze Szene steht unter dem Zeichen des Göttlichen. Odysseus fühlt: jetzt muß Telemachos den Vater erkennen! Er entfernt sich einen Augenblick und kehrt mit jugendfrischem, königlichem Ansehen zu dem sprachlos Staunenden zurück. Das bedeutet, daß Athene ihm den erleuchtenden Gedanken eingegeben und ihn verwandelt hat. Daß sie dabei zaubert, ist für die Wirkung ihres Tuns nicht wesentlich. Für das Homerische Verständnis liegt das Wunder, das verehrungswürdig ist, nicht in der sensationellen Vergewaltigung der Natur, sondern in der unendlichen Hoheit der bedeutenden Stunde.

Mit dieser Szene vergleiche man das schon früher (vgl. S. 150f.) besprochene glückliche Zusammentreffen des Odysseus mit Hermes, Odyssee 10, 277 ff. In der Einsamkeit der unbekannten Gegend, nahe dem Hause der Kirke, wo seine Gefährten verschwunden sind, begegnet ihm plötzlich ein Jüngling und fragt mit offenbarer Besorgnis nach seinem Vorhaben. Er klärt ihn auf, daß die Frau dieses Hauses eine böse Zauberin sei, die seine Freunde verwandelt habe und es mit ihm selbst nicht besser machen werde, wenn er ihr nicht mit Vorbedacht begegne und sich vor ihren Künsten durch ein Zauberkraut schütze. Das Zauberkraut wächst gerade zu seinen Füßen und der Jüngling, in dem Odysseus ohne weiteres den Hermes erkannt hat, gräbt es ihm aus. Auch hier ist die leibhafte göttliche Erscheinung nichts anderes, als der erleuchtete Augenblick selbst in seiner höchsten und ewigen Wesenhaftigkeit. Odysseus war allein ausgezogen, um seine Gefährten wiederzufinden. Er wußte nur von dem Hause einer Frau, die am Webstuhle sang und deren Einladung sie gefolgt waren, ohne wiederzukehren (254ff.). Trotz der flehenden Bitten des Boten, dem es graute vor dem Gedanken, noch einmal dorthin zu gehen, stürzte der Held sich allein in das Abenteuer. Schon wurde er des Hauses ansichtig — da, in der seltsam gefährlichen Nähe, gingen ihm plötzlich die Augen auf und er wußte alles: daß eine Hexe dort wohne, die seine Abgesandten verzaubert habe, und daß sie auch ihn zu verderben drohe. Und der gütige Augenblick läßt ihn nicht bloß mit einem Schlage das richtige Verhalten der unheimlichen Frau gegenüber erkennen, sondern zeigt ihm auch das Zauberkraut, das dicht neben ihm aus der Erde wächst. Das alles, was wir so gut verstehen und so leicht in unserer Sprache sagen können, war die göttliche Person, und die Stimme der Erkenntnis ihr lebendiges Wort. Was wir gestaltlos erleben, tritt dem Weltsinn des Griechen als Begegnung in seinen Weg. Hier ist es Hermes, der hohe Geist des günstigen Augenblicks und seiner überraschenden Weisheit, der sich dem Einsamen offenbart. Wie er dem alten König Priamos auf seiner gefährlichen Nachtfahrt plötzlich begegnete, ist an seinem Ort ausführlich erzählt worden. Auch damals kam er als Jüngling; aber beim Scheiden hat er sich seinem Schützling zu erkennen gegeben. Ehe Achilleus ihn sehen konnte, war er verschwunden, „denn ein unsterblicher Gott darf nicht so sichtbar um Menschen besorgt sein" (Il. 24, 463 f.).

Auch der um sein Leben Kämpfende, wenn er in der höchsten Not plötzlich wunderbare Sicherheit und Kraft verspürt, kann eine Gottheit leibhaftig vor sich sehen. Verzweifelt ringt Achilleus mit den Wogen des Skamandros und klagt die Götter an, daß sie ihn eines so elenden Todes sterben lassen wollen. Da sind plötzlich Poseidon und Athene an seiner Seite, ergreifen seine Hand und versichern ihm, daß Zeus ihn schütze und der Strom ihm nichts anzuhaben vermöge. Im Umsehen sind die Göttererscheinungen verschwunden. Aber Achilleus, dem vorher der Mut so tief gesunken war, schreitet unverzagt vorwärts, mit der Festigkeit und Kraft, die ihm die Gottheit gegeben (Ilias 21, 284 ff.). Er hat Poseidon und Athene von Angesicht zu Angesicht gesehen, sie selbst haben ihm ihre Namen genannt. Aber das Wunder, das durch sie geschah, ist kein anderes, als das, von dem der Hoffnungslose zu sagen weiß, der mitten im Schwall des Verderbens plötzlich aufatmend die Lebensluft der Kraft und des Sieges spürt. Achilleus antwortet den göttlichen Freunden mit keiner Silbe; sie erwarten es auch gar nicht, sondern entschwinden ebenso unvermittelt, wie sie gekommen sind. Was bleibt, ist nur die *Wirkung* in seiner Seele und in seinen Gliedern. Der Mühsal und des Kampfes ist er nicht überhoben, aber er kämpft mit dem Hochgefühl des Überwinders.

Ist das vielbesprochene Auftreten der Athene als Beistand Achills im Kampf mit Hektor (Ilias 22, 214 ff.) nicht von derselben Art? In dem Augenblick, da die Wage des Zeus den Untergang des Hektor anzeigt, verläßt ihn Apollon (213). Noch eben hatte er ihn mit so lebendiger Kraft beseelt, daß Achilleus ihn im Laufe nicht einzuholen vermochte (203). Jetzt aber muß er für immer von ihm weichen. In demselben Augenblick aber stellt Athene sich zu Achilleus (214). Den einen flieht das Glück, dem andern tritt es zur Seite — so sagen wir mit dem dunkeln Gefühl einer Macht, deren Wesen und Wirken unserer Klugheit spottet. Für den großen Sinn des Griechen sind es Götter, die sich auf der Höhe des Geschehens dem einzigen Ausersehenen sogar sinnfällig darstellen können und deren Tun doch nichts anderes ist, als der natürliche Lauf der Dinge und jene unheimliche Konsequenz, die sich unter guten oder bösen Vorzeichen vollziehen muß. Achilleus sieht die Göttin — er allein — und hört von ihr mit Entzücken, daß *jetzt* der Augenblick seines Triumphes gekommen sei. Er brauche sich nicht mehr mit Laufen abzumühen, denn Hektor selbst werde sich ihm stellen. Und das geschieht: es ist der erste Zug des Verhängnisses. Hektor glaubt einen Genossen neben sich zu sehen, der an seiner Seite dem Schrecklichen begegnen werde. Aber der Trug, der ihm schmeichelt, ist sein Schicksal, ist die Göttin: das Glück des Achill, das ihm zum Unglück wird. Mit wahrhaft edlem Stolz tritt er zum Zweikampf an; und im ersten Waffengang darf er sich sogar zu froher Zuversicht erheben, denn Achills Lanze fliegt über ihn hinweg und bohrt sich in den Boden. Also war es eitle Prahlerei gewesen, wenn Achilleus das göttliche Glück für sich in Anspruch genommen und ihm prophezeit hatte: „Jetzt gibt es kein Entrinnen mehr, denn alsbald wird Pallas Athene durch meinen Speer dich verderben!" (270, vgl. 279 ff.). Aber das Unheil ist längst auf dem Wege. Auch was gelungen scheint, ist in Wahrheit ein Mißlingen, während dem Gegner auf wunderbare Weise alles gelingen muß. Athene gibt dem Achill seine verworfene Lanze wieder (276). Wie das geschieht, erfahren wir nicht, und Hektor bemerkt nichts von dem Vorgang. Genug, er hat sie plötzlich wieder in der Hand. Jetzt schleudert Hektor seine Waffe und trifft — aber sie prallt weit ab vom Schild des Peliden (291f.). Und ihm ist sie verloren. Denn so laut er auch rufen mag, der Kampfbruder, dem er vertraut hatte, ist spurlos verschwunden (295). Jetzt weiß er alles: die Götter haben ihn zum Tod gerufen. Die Erscheinung des Bruders war ein Trug der Göttin Athene (297ff.). Nun bleibt nur noch ein heldenhafter und ruhmvoller Untergang (304f.). Er reißt das Schwert aus der Scheide und stürzt sich auf den Gegner — gerade in seine Lanze; denn die Rüstung läßt eine gefährliche Stelle am Halse frei, und dahinein bohrt sich das Erz. Diese Geschichte ist ebenso wahr wie groß. Wir können die Göttergestalten wegdenken, ohne daß ihr Ablauf sich ändert. Dann ist er nur noch naturgetreu. Aber durch die Einführung des Göttlichen verschwindet alles Zufällige. Die Einzelgeschehnisse und ihre Gesamtheit spiegeln sich im Ewigen, und doch geht nichts verloren von dem Blut und Atem der lebendigen Gegenwart.

Nirgends in der Ilias greift eine Gottheit wieder so persönlich und so konsequent in den Gang der Ereignisse ein, wie es Athene zugunsten des Diomedes im 5. Buche tut. Sie will ihren

Liebling mit Ruhm krönen (2f.). Darum erfüllt sie ihn mit Kraft und Kühnheit. Wie brennendes Feuer leuchten seine Waffen, und so wirft sie ihn mitten hinein ins dichteste Kampfgewühl (4ff.). Sein erster Lanzenschuß streckt einen angesehenen Troer nieder. Dann stürzt er wie ein reißender Strom durch das Schlachtfeld und zersprengt die Heerhaufen der Feinde (85 ff.). Da trifft ihn der Pfeil des Bogenschützen Pandaros (95 ff.). Der Gegner jubelt; er glaubt, dem Furchtbaren ein sicheres Ende bereitet zu haben (103 f.). Aber Diomedes läßt sich von Sthenelos den Pfeil ausreißen und betet zu Athene (115 ff.): „Höre mich, Tochter des Zeus, des Donnerers, Atrytone! Wenn du je meinem Vater mit freundlichem Sinne zur Seite tratest im blutigen Streite, dann hilf auch mir nun, Athene! Laß den Mann mich erlegen, laß ihn auf Schußweite mir nahekommen, der zuerst mich getroffen und frohlockend verkündet, daß nicht lange mir mehr das Licht der Sonne vergönnt sei." Und Athene erhört ihn. Sie gibt seinen Gliedern wundervolle Leichtigkeit (122). Ja, sie selbst erscheint vor ihm und sagt ihm, sie habe den starken Geist des Vaters in sein Herz gelegt; er solle nur unverzagt in den Kampf gehen; vor Göttern in Menschengestalt brauche ihm nicht bange zu sein, denn sie habe ihm die Augen hellsichtig gemacht, Götter von Menschen zu unterscheiden; die Unsterblichen müsse er meiden, mit Ausnahme der Aphrodite: wenn die auf dem Kampfplatze erscheine, solle er sie mit der Schärfe des Erzes treffen (124 ff.). Athenes Worte werden unmittelbar zur Tat; sie selbst ist mit dem letzten verschwunden, Diomedes stürzt sich auf die Feinde. Wenn er sich zuvor schon nach dem Kampfe gesehnt hatte, jetzt war er von dreifachem Heldengeist beseelt (135) und dem Löwen gleich, der in eine Schafhürde einbricht (136). Wo er sich hinwendet, bricht ein Troer unter seinen Hieben zusammen. Aineias erkennt ihn nicht. Er beobachtet ihn mit Entsetzen und fordert den Pandaros auf, seinen Bogen auf ihn zu richten (174). Zugleich aber fürchtet er, es möchte ein

Gott sich in der Gestalt des menschlichen Wüterichs verbergen. Pandaros glaubt, den Diomedes zu erkennen — aber den hat er ja doch vorhin mit seinem Pfeile, wie er meint, tödlich getroffen. Ist er es wirklich, dann muß ein Gott ihn unsichtbar begleiten und vor allem Übel bewahren. Und Pandaros verwünscht seinen Bogen, der ihm doch nur trügerische Erfolge bringen könne. Aber Aineias redet ihm zu: sie wollen beide zusammen diesem Manne begegnen. Er läßt Pandaros auf seinen Wagen steigen, nimmt selbst die Zügel in die Hand, und so fahren sie auf Diomedes los (240). Diomedes wird von seinem Lenker Sthenelos auf die Gefahr aufmerksam gemacht. Aber der Rat, sich zurückzuziehen, empört ihn nur. Er will den Wagen gar nicht besteigen, sondern so wie er ist, den beiden entgegengetreten. „Athene läßt mich nicht feige sein!" (256). Und er sagt voraus, daß wenigstens einer von beiden sein Schicksal erfüllen werde; wenn aber Athene ihm den herrlichen Ruhm vergönne, beide zu erschlagen (260), dann solle Sthenelos die Rosse des Aineias als Beute aus der Schlacht wegführen. Der Kampf beginnt. Athene lenkt die Lanze des Diomedes, und Pandaros stürzt tödlich getroffen nieder (290 ff.). Aineias springt vom Wagen, um den Leichnam des Freundes zu schützen (298). Da trifft ihn ein Steinwurf des Diomedes. Er sinkt in die Knie, Nacht bedeckt seine Augen, und nur das eilige Kommen Aphrodites rettet ihn vom Verderben. Sie legt die Arme um den Sohn, deckt ihn mit dem Gewande und trägt ihn so hinweg (312 ff.). Aber Diomedes, der Worte Athenes eingedenk, folgt ihr nach und trifft die Hand der Göttin mit der Lanze. Aphrodite schreit auf, läßt den Sohn fallen (343) und geht klagend in den Olymp. Da nimmt sich Apollon des Schutzlosen an und rafft ihn in einer dunklen Wolke fort (344). Aber Diomedes, der den Gott wohl erkennt (434), läßt auch jetzt nicht ab, bis Apollon ihn mit dem Donnerworte in Schrecken setzt: „Bedenke, Tydeussohn, und weiche, und miß dich nicht mit Göttern; denn nicht von gleicher Art sind die ewigen Götter und die erdenwandelnden Menschen!" (440 ff.) Diomedes weicht zurück, und der Gott entführt den bewußtlosen Schützling in sein troisches Heiligtum, wo Leto und Artemis ihn pflegen. Die Troer und Griechen aber läßt er um ein Trugbild des schwergetroffenen Aineias kämpfen (449). Dann lenkt Apollon die Aufmerksamkeit des Ares auf Diomedes; er solle ihm, der selbst Götter anzugreifen wage, mit Macht entgegentreten und den Rasenden aus dem Gefechte entfernen (456). Der Kriegsgott läßt sich das nicht zweimal sagen. Er nimmt die Gestalt des Troers Akamas an (462) und ruft den Troern zu, sie sollten sich doch endlich als Männer zeigen. „Am Boden liegt der große Aineias! Auf, laßt uns den edlen Genossen aus dem Kampfgewühle retten!" (469). Der Ruf wirkt zündend. Eine grimmige Schlacht entbrennt. Und wunderbar — Aineias, der Niedergeschmetterte, um dessen ohnmächtigen Leib man eben noch zu kämpfen glaubte, erscheint plötzlich wieder unter den Seinigen. Apollon hat ihn aus seinem Heiligtum zurückgesandt und ihm die Brust mit lebendiger Kraft gefüllt (512 ff.). Doch davon weiß niemand etwas. Die Freude ist groß, aber keiner fragt, weil die Schlacht alle in Atem hält. Von Ares und Enyo (592) geführt, stoßen die Troer vorwärts. Diomedes, der allein die Gabe hat, in dem stürmenden Akamas den Gott zu erkennen (604), erschrickt und rät den Seinen, sich kämpfend zurückzuziehen. Da wird viel Blut vergossen durch das Dreinschlagen des Hektor und des Ares (704), bis endlich Hera und Athene mit Zustimmung des Zeus (765) den notleidenden Griechen persönlich zu Hilfe kommen. Sie tun das in der bekannten Weise, daß die Menge keiner göttlichen Gegenwart inne wird und nur ein einziger Auserwählter im bedeutendsten Augenblick sie erleben darf. Hera erscheint bei den Griechen in der Gestalt des Stentor (785) und ihre ungeheure Stimme ruft Schande über sie, daß sie so feige geworden, seit Achilleus nicht mehr unter ihnen sei. Athene aber tritt zu Diomedes, der ermüdet bei seinem Wagen steht und seine Wunde kühlt. Sie faßt das Joch der Pferde an und spricht (799): „Wie wenig gleichst du doch deinem Vater Tydeus! Stehe ich dir nicht schützend zur Seite, heiße ich dich nicht frohen Mutes gegen die Troer kämpfen? Dich aber lähmt die Erschöpfung oder die Angst. So bist du denn nicht der Sohn des trefflichen Tydeus!" Der so Angeredete erkennt die Göttin (815). „Tochter des Zeus", erwidert er, „nicht Furcht, nicht Trägheit hält mich zurück, sondern dein eigenes Wort. Ich sollte ja keinem Gott entgegentreten, außer der Aphrodite. Darum allein habe ich die Griechen gewarnt und mich selbst zurückgezogen, weil ich den Ares im Heere der Feinde erkannte." Jetzt blickt Athene gütig. „Sohn des Tydeus", redet sie ihn an, „Liebling meines Herzens! Fürchte den Ares nicht, denn ich kämpfe an deiner Seite!" (826, 828). Und nun türmt sich das Geschehen ins Ungeheure. Die Göttin stößt den Lenker von Diomedes' Wagen und steigt selbst hinauf an die Seite ihres Helden (815). Die Achse kracht, trägt der Wagen doch die gewaltige Göttin und den besten Mann (839). Athene ergreift die Zügel, um den Wagen gerade auf den furchtbaren Gegner hin zu lenken (841). Ares ist eben dabei, einen Erschlagenen zu entwaffnen. Da zieht sich Athene die Hadeskappe über, um von ihm nicht gesehen zu werden (845). Wie er des Diomedes ansichtig wird, läßt er den Leichnam liegen und schreitet auf den Gegner los (849). Mordlustig schleudert er die Lanze nach ihm, aber die unsichtbare Athene greift sie mit der Hand und läßt sie über den Wagen hinweg ins Leere fliegen (853). Wie aber Diomedes den Speer zückt, da stößt sie ihn gegen die Weiche des furchtbaren Gottes (856). Der Speer dringt in seinen Leib, ein wilder Schrei macht Griechen und Troer erbeben (852f.). Dann sieht Diomedes den Gott in einer finsteren Wolke zum Himmel ziehen (867).

Die Geschichte von der Aristie des Diomedes ist voll von außerordentlichen Begebenheiten und kann einem Leser, der die heiligen Bücher der Menschheit mit ihren tausend Mirakeln im Gedächtnis hat, den Eindruck eines rechten Wunderberichtes machen. Dann hat er sie aber nur oberflächlich und vorurteilsvoll aufgefaßt. Denn bei aufmerksamem Eindringen muß man über die Unbeirrbarkeit staunen, mit der auch hier die ungeheuren Erlebnisse nur dem Hochgefühl eines Einzigen zugeschrieben werden, während sie sich außerhalb seiner Sphäre in lauter natürliche und wohlbekannte Vorgänge auflösen.

Für die religiöse Betrachtung ist es bedeutsam, daß hier gerade das Gewaltigste, was der Mensch tut, mit voller Deutlichkeit als eine Tat, die in Wahrheit der Arm eines Gottes vollbringt, angesehen wird. Der unaufhaltsam stürmende Held erscheint dem Feinde so groß, daß er ihn für eine Gottheit in Menschengestalt halten kann (177). Wenn er aber den Gegner mit seinem Speere zu Tode trifft, so geschieht es nur dadurch, daß Athene dieser Waffe die treffsichere Richtung gibt (290). Und bei dem ungeheuersten Wagnis sehen wir die Göttin selbst an seiner Seite stehen und den Speer, den seine Hand zückt, selbst gegen den Leib des Ares stoßen, so daß er ihn mit schwerer Verwundung trifft (856).

Der das ganze Epos beherrschende Glaube, daß jedes Gelingen — und sei es auch nur der Hieb, der sitzt, oder der Pfeil, der trifft — ein unmittelbares Eingreifen göttlicher Mächte anzeige, hat also hier den höchsten Ausdruck gefunden: die Göttin steht leibhaftig neben ihrem Helden, sie greift mit eigener Hand zu, und er sieht sie, er spricht mit ihr. Wenn wir aber das, was der erleuchtete Dichter zu berichten weiß, von dem, was Diomedes selbst erlebt, unterscheiden, so erkennen wir, daß es nur zwei Zeitpunkte sind, in denen ihm ein Schauen und Hören der Gottheit widerfährt. Und wir bemerken nicht bloß, daß es gerade die Augenblicke der höchsten Erregung sind, sondern daß es wirklich nur Augenblicke sind, deren Wunderbares sofort wieder verschwindet oder sich ins Unanschauliche auflöst. Mit unsichtbarer Einwirkung der Göttin hebt die Geschichte an: sie begeistert den Diomedes zum Kampf, läßt seine Rüstung wie Feuer leuchten und treibt ihn mitten ins dichteste Gewühl. Erst in der Not, als der Blutende den glücklichen Schützen triumphieren sieht und mit der ganzen Inbrunst seines Herzens zu ihr, die einst seinen Vater geliebt hat, betet, sie möge ihm den Erzfeind in die Hände geben, da erfrischt sie ihn nicht bloß, sondern steht plötzlich sichtbar vor ihm (123) und redet ihn an. Und was spricht sie zu ihm? In der großen Bedrängnis hatte er sich plötzlich seines Vaters erinnert, der mit dem Beistand Athenes so Gewaltiges vollbringen konnte. „Kämpfe getrost!" sagt sie, „ich habe dir deines Vaters Geist ins Herz gegeben." Selbst vor dem Übermenschlichen braucht er sich nicht zu fürchten, denn Athene hat seine Augen hellsichtig gemacht, damit er Götter, wenn sie am Kampfe teilnehmen, erkennen und meiden könne. Der Göttin Worte und ihre sichtbare Erscheinung, was sind sie anderes als eine überschwengliche, ja völlig ekstatische Gewißheit der Gebetserfüllung? Diomedes antwortet nicht. Er kann nicht antworten: die göttliche Sprecherin ist verschwunden, die himmlischen Gesichte sind unmittelbar ins große Geschehen, in die Tat übergegangen. Er kämpft, seine Leidenschaft ist verdreifacht, er gleicht einem Löwen. Er sieht Götter am Werke, wo andere nur Menschliches erkennen, Aphrodite, Apollon und schließlich Ares. Vor Ares tritt er zurück und rät den Griechen, sich in Sicherheit zu bringen. Da sieht er die Göttin zum zweiten Male. Diesmal betet er nicht. Und doch ist es deutlich, daß die göttliche Erscheinung auf die Not seines Herzens antwortet. Ja, ihre Rede ist wie ein Lautwerden seiner Bekümmernis und zugleich ihre glorreiche Auflösung. Man erinnert sich an das Erlebnis des Odysseus nach der Heeresversammlung, im zweiten Buche der Ilias. Alles drängt nach den Schiffen, um augenblicklich heimzufahren; umsonst sollten alle Mühen und Hoffnungen der vielen Jahre gewesen sein; Troia sollte triumphieren und den ruhmlos heimziehenden Griechen ein Hohngelächter nachschikken — durfte das wirklich geschehen? Von diesen Gedanken gequält und verwirrt schaut Odysseus dem Treiben zu. Da steht plötzlich Athene vor ihm, und was sie spricht, sind eben diese Gedanken, aber zugleich auch die Lösung: er muß dazwischentreten, zu einem und zu allen reden und sie überzeugen, daß ihr Tun ein Wahnsinn ist. So auch in unserem Fall. Diomedes sieht sich gezwungen, feige abseits zu stehen, während das Unheil gewaltig hereinbricht. Wie er vorhin in der Bedrängnis seines großen Vaters gedacht hatte, so hält ihm jetzt Athene vor, daß er nicht wert sei, der Sohn des immer unerschrockenen Tydeus zu heißen. Das ist ja der Gedanke, der ihm am Herzen frißt! Aber er weiß doch auch, daß er mit seinem unrühmlichen Rückzug nur dem Gebot der Athene gehorcht, die ihm untersagt hat, einem in Menschengestalt kämpfenden Gotte zu begegnen. Und jener Akamas, der den Troern vorangeht, ist Ares. Das spricht er aus. Und nun löst sich die Qual der Zweifel in wundervolle Gewißheit auf: das ungeheure Wagnis ist nicht zu groß für ihn, denn Athene will selbst seine Mitkämpferin sein. Und er sieht sie auf den Kriegswagen springen, an seine Seite; der Wagenlenker Sthenelos verschwindet, die Göttin nimmt selbst die Zügel und im Sturm geht es auf Ares los, der vom Speer des Helden getroffen in dunkeln Wolken verschwindet. In diesem Augenblick senkt sich der Vorhang über die irdischen Dinge. Wir hören von Diomedes nichts mehr. Und schon vorher hat sich ein Schleier über das Erleben des Helden gelegt. Der Dichter weiß, daß Athene neben ihm stand, und erzählt, was sie tat. Aber sie ist selbst für den Gott Ares unsichtbar geworden, wie viel mehr für Diomedes. Er fühlt die göttliche Gegenwart, aber er handelt ganz als wäre er allein. Mit so überlegenem Wissen und mit so vollendetem Takt macht der Dichter uns zu Zeugen eines Wunders. Ganz allein Diomedes erfährt dieses Wunder. Und wie er es erfährt, sehen wir jetzt. Für alle andern ist eben das, was Diomedes wunderbar erlebt, ein natürliches Geschehen;

und wir können nicht genug staunen, mit welcher Naturtreue und Folgerichtigkeit der Dichter uns auch dies vor Augen führt. Diomedes hat den Aineias mit einem Steinwurf so schwer getroffen, daß er zu Boden sinkt und seine Augen sich umnachten. Wie er sich aber anschickt, ihn vollends zu überwältigen, da sieht er ihn in Aphrodites schützenden Armen seinem Angriff entgleiten. Aber er gibt nicht nach, er folgt der Göttin und verscheucht sie mit Gewalt. Doch sein Opfer entweicht ihm auch jetzt: er sieht Aineias unter dem Schutze Apollons, der ihn in einer dunklen Nebelhülle davonrafft. Trotzdem will er sich auf ihn stürzen, da donnert der Gott ihn mit furchtbarer Stimme zurück und entschwindet mit seinem Schützling. Von alledem wissen die andern Krieger nichts. Für sie liegt Aineias bewußtlos am Boden, und Freund und Feind kämpfen erbittert um ihn. Der Dichter allein kann sagen, daß dies nicht Aineias selbst, sondern ein Scheinbild von ihm gewesen sei. Auch die Athene sieht niemand bei Diomedes. Die grandiose Szene, wo sie, an seiner Seite stehend, die Rosse auf Ares zulenkt und den Speer des Helden in den Leib des Gottes stößt, spielt sich für die feindlichen Heere als natürlicher Zweikampf ab. Denn sie sehen nicht, wie Diomedes, den Ares, sondern den Thrakerfürsten Akamas; und Athenes Gegenwart bleibt ihnen völlig verborgen. Der Ausgang des Kampfes, in dem ein Gott unterliegt, ist für das allgemeine Schlachtfeld ein Ungeheures, in dem sich Natürliches und Wunderbares vermischen. Der getroffene Gott schreit auf, — man glaubt das Gebrüll von Zehntausenden zu hören, und ein Schauern geht hüben und drüben durch die Schlachtreihen.

10.

So erkennen wir gerade in den erstaunlichsten Bildern göttlicher Offenbarung am deutlichsten, wie fremd dem Geiste echt griechischer Frömmigkeit das Wunder im landläufigen Sinne und so, wie es andere Religionen suchen und heilighalten, ist.

Um so bedeutsamer, als derselbe Geist alles, vom Größten bis zum Kleinsten, durch die Götter bewirkt, ja geradezu von ihnen selbst getan werden läßt, und sich dieses Zusammenhangs dermaßen bewußt ist, daß er nie vergißt, ihn zu betonen, selbst dann, wenn die Großtaten der bewundertsten Helden gefeiert werden sollen. Die Gottheit, die hier geglaubt wird, ist kein unumschränkter Gebieter der Natur, der sich am erhabensten offenbart, wenn er ihr das Widersprechendste abnötigt. Sie ist die Heiligkeit des Natürlichen selbst und mit seinem Walten einig, in allem Erfahrbaren mit ihrem Geiste gegenwärtig und von der frommen Seele ehrfürchtig empfunden. Von ihr zeugt das Schlichteste und Regelmäßigste so gut wie das Erstaunliche und Erschütternde, das nur ein großes Herz zu erleben vermag. Und freilich ist es das Außerordentliche, das uns im Epos, wo die gewaltigen Menschen handeln und leiden, immer wieder vor Augen geführt wird. Aber überall stellt es sich im gleichen Sinne dar: nicht als Mirakel des über die Natur triumphierenden Gottes, sondern als ein Erlebnis des großen Herzens, dem auf der Höhe des Seins und Geschehens die Gottheit selbst aus den Linien der Natur entgegentritt – ihm allein.

Demgegenüber will es wenig heißen, wenn in der Ilias einmal die Sonne – das heißt der Sonnengott – von Hera zu rascherem Untergang genötigt wird (18, 239). Der Augenblick ist bedeutend genug. Nach verzweifeltem Kampfe war es den Griechen endlich gelungen, den Leichnam des Patroklos vor den Feinden zu bergen. Man bahrt ihn im Lager auf, um ihn stehen die Freunde klagend und unter ihnen weint der große Achilleus, der seinen Liebling nur als Leiche wiedersehen sollte. Da sinkt die Sonne, von Hera getrieben, „wider Willen", und auf dem Schlachtfeld wird es stille. – In einem nicht weniger bedeutungsvollen Augenblick der Odyssee (23, 242) hält Athene die Göttin Morgenröte zurück und läßt die Nacht länger dauern. Es war die Nacht, in der Penelope den heimgekehrten Gatten wiedererkannte und sich an ihm nicht sattsehen, ihre Arme nicht von seinem Halse lösen konnte. Hier endeten seine Irrfahrten und ihre einsamen Tränen. Aber das sind ganz vereinzelte Kühnheiten des Dichters, und wer fühlt nicht auch in ihnen die natürliche Wahrheit, die eben auch der Grund für ihre unsterbliche Wirkung ist. Sie zeigen eine Lebensstunde in ihrer schicksalhaften Größe; vor ihr sollen wir ergriffen stehen bleiben, nicht vor der schrankenlosen Macht eines Gottes.

Von wunderbarem Tun des Apollon wird in der Ilias einmal erzählt (15, 307 ff.). Aber es ist unverkennbar, welches Sturmerlebnis in diesem Bilde seinen erhabenen Hintergrund findet. Die Massen der Troer fluten in das griechische Schiffslager hinein. Erdwall, Graben und Mauer haben die stürmenden Kriegswagen nicht aufhalten können. Also geht Apollon ihnen voran. Das Schütteln seiner Aigis hat die Griechen in solchen Schrecken versetzt, daß sie feige davonliefen (320 ff.). Beim Ansturm auf Graben und Mauer tritt er, voranschreitend, den Erdwall mit den Füßen in den Graben, dann wirft er die Mauer ein, leicht, wie ein spielendes Kind seine Sandburg am Strande, so daß die Haufen der Troer sich ins griechische Lager ergießen können (355 ff.). Zu Anfang dieser Schilderung wird ausdrücklich bemerkt, daß der Gott unsichtbar gewesen sei (308).

Gegen den überwältigenden Eindruck einer Fülle von Zeugnissen vermögen schließlich ein paar abweichende Kleinigkeiten nichts zu besagen. Das Epos spricht seine Auffassung vom göttlichen Walten mit der vollkommensten Deutlichkeit aus. Die Bilder, von denen wir lernen müssen, sind freilich Schöpfungen eines Dichters. Aber es wäre kurzsichtig, in ihnen nur die Gedanken eines Einzelnen oder einer kleinen Gemeinschaft zu erblicken. Sie bringen gegenüber dem, was in Vorzeiten gedacht worden sein muß, eine Umwälzung des Denkens zum Ausdruck, deren Bedeutung nicht hoch genug angeschlagen werden kann und die sich notwendigerweise schon vollzogen haben muß, ehe

Dichtungen von der Art der Homerischen möglich waren. Denn je erstaunlicher uns der spezifische Charakter des Homerischen Gottesglaubens bei genauerer Prüfung erscheinen muß, um so beachtenswerter ist es, daß er ohne jedes Pathos, ohne Kritik und Rechtfertigung als etwas Natürliches und Selbstverständliches auftritt. Hier spricht ein neues Geschlecht, das seiner Weltauffassung völlig sicher geworden ist, das Verjährtes und Abgetanes — und wie vieles, das einmal bedeutend war, ist dem Homer noch bekannt! — als Märchen gelegentlich mit Seelenruhe aus dem Hintergrunde hervortreten lassen kann, ohne sich um den fremdartigen Geist zu kümmern, der auch zu uns noch vernehmbar daraus spricht. Und wenn es noch eines Beweises bedürfte, daß wir es hier nicht bloß mit Dichtungen zu tun haben, sondern mit dem griechischen Weltgedanken, so müßte die Haltung des griechischen Geistes in der nachhomerischen Zeit uns davon überzeugen. Denn was ist diese Haltung anderes als die Anerkennung einer Natur, die dem Göttlichen und Ewigen nicht entgegengesetzt, sondern mit ihm eins ist! Die außerordentliche Wirkung des Homerischen Epos auf das griechische Denken und Schaffen ist oft genug hervorgehoben worden. Es hätte nicht Wegweiser für die Zukunft werden können, wenn es nicht der Ausdruck des wahrhaft griechischen Geistes gewesen wäre. Aus uralten Gesichten siegreich aufgetaucht, hat er sich hier sein erstes und ewiges Denkmal geschaffen.

VI. GOTT UND MENSCH

I.

Daß der Mensch nach Gottes Bild geschaffen sei, sagt die Genesis mit Stolz. Demselben Gedanken begegnen wir auch in der griechischen Schöpfungslehre. „Als das junge, vom hohen Äther soeben geschiedene Erdreich noch Keime des verwandten Himmels in sich barg, da mischte es Prometheus mit strömendem Wasser und formte es nach dem Bilde der allgewaltigen Götter"

finxit in effigiem moderantum cuncta deorum
(Ovid. Met. 1, 82 ff.).

Das göttliche Wesen besitzt also die Vollkommenheit, von der das menschliche ein Abglanz ist.

Was ist denn nun, im Spiegel des griechischen Geistes, die lauterste Erscheinung des Menschenwesens oder seine höchste Verklärung, in der sich zugleich das Bild der Gottheit offenbart? Welches Ideal des Menschen blickt uns aus dem Göttergesicht groß und bedeutend an?

Die Züge, die Wesenhaftes von Grund auf bestimmen, lassen sich niemals durch direkte Aussagen nachweisen. So zahlreich die ausdrücklichen Zeugnisse über den Charakter einer Gottheit auch sein mögen, sie geben doch fast immer eine einseitige und übertriebene Auffassung. Selbst bei entschieden lehrhaften Religionen verdanken wir das Tiefste den Verkündern, die mit plastischer Sehkraft begabt sind, weil sie die Gottheit lebendig vor uns erscheinen lassen. Und dies Bild ist am überzeugendsten, wenn es nicht beabsichtigt, die Welt zu bessern, zu beschämen oder zu trösten, sondern nur Zeugnis ablegen will für das Größte, Herrlichste und Verehrungswürdigste, das der Geist zu schauen und zu glauben vermochte. Bei den Griechen nun sind die genialen Gestalter nicht, wie bei anderen Völkern, nur sekundäre und unverantwortliche Zeugen der göttlichen Wahrheit; in dieser natürlichen und undogmatischen Religion sind gerade sie die berufenen Propheten.

Dem Dichter stellen sich die Götter in Handlungen und Worten dar; der bildende Künstler führt sie unmittelbar vor Augen. Die Werke der großen Plastik pflegen denn auch den stärksten Eindruck auf den Beschauer hervorzubringen. Aber er denkt nicht leicht daran, sich über diesen Eindruck klarzuwerden. Sonst wäre er genügend davor gewarnt, die altgriechische Gottesvorstellung nach anmutigen und leichtfertigen Geschichtchen, wie sie in späterer Dichtung erzählt worden sind, zu beurteilen. Denn jene Bildnisse atmen eine Hoheit und Größe, die ehrfürchtig stimmen müssen und nur in alten Gesängen oder in den bald erschütterten, bald jubelnden Anrufungen der Tragödie ihresgleichen finden. Gelingt es, den Sinn dieser Hoheit und Größe zu begreifen, dann ist die Frage beantwortet, wie der altgriechische Geist die Vollkommenheit des Menschen und damit zugleich auch das Bild der Gottheit gesehen hat.

Die Götter und ihre Reiche, deren Bedeutung wir seinerzeit eingehend untersucht haben, zeugen von dem überaus lebendigen und geöffneten Sinn, mit dem der Grieche das Göttliche in den vielerlei Gestalten des natürlichen Seins, den ernsten wie den spielenden, den gewaltigen wie den liebenswürdigen, den offenen wie den rätselhaften, zu erkennen vermochte. Nirgends war es der Flug menschlichen Träumens und Verlangens, immer und überall war es die Macht der Wirklichkeit, der Odem, Duft und Schimmer des umflutenden Lebens, die ihn in den purpurnen Glanz des Göttlichen tauchten. Wenn ihm nun die Gottheit menschenähnlich entgegentrat, wenn er sich selbst in ihrem Bilde geadelt und verherrlicht wiederfand, so werden wir nichts von alledem erwarten, was die Natur – aus welchem Grunde auch immer – zu überwinden und von ihr loszukommen strebt, sondern sie selbst, die Natur, in so aufrichtiger, unbeirrbarer und seliger Wesenhaftigkeit, wie nur ein Gott sie besitzen kann und darf.

Uns Menschen von heute wird es nicht leicht, dem Griechen auf diesem Wege zu folgen. Die religiöse Tradition, in der wir erzogen wurden, erkennt in der Natur nur den Kampfplatz frommer Tugenden, deren Geisterheimat jenseits ihrer Blüten, ihres Wachstums und ihrer Gestalten liegt. Die mechanische und technische Denkweise aber hat aus der gestalteten und erfüllten Welt ein Getriebe unanschaubarer Kräfte gemacht. Alles Sein ist in einen Wirbel von Funktionen und Strebungen aufgelöst; der Mensch ist nur noch ein wollendes oder wünschendes Wesen, mit großen oder kleinen Fähigkeiten begabt. Wenn der Grieche bei jeder Wegrichtung des Lebens in ein Göttergesicht blickte, wenn er noch im Tode unter den Bildern des selbstgenugsamen Lebens ruhte, die mit einfacher Wahrheit sein Grabmal schmückten, so ist für uns alle Existenz ein Laufen nach immer ferneren Zielen und der Wert des Menschen seine Energie. Das größte Menschliche muß am weitesten entfernt sein von der Einfachheit und Geradheit des Daseins, das wir mit geringschätzigem Ausdruck bloß natürlich nennen. Die Schwierigkeiten, die es in sich selbst findet, der Widerspruch gegen die umgebende Welt, die Unentwirrbarkeit der Verkettungen und Motive, das lange Wehe des Suchens und Anstoßens machen es uns erst eigentlich interessant. Neben diesem Ideale erscheinen die griechischen Bilder, so gerne wir auch ihre Schönheit anerkennen, viel zu kindlich, zu unkompliziert, zu unproblematisch. Nur das aus Kampf Geborene nennen wir bedeutend und tief. Von dem Blütenhaften der griechischen Erscheinung können wir uns entzücken lassen, aber unsere Verehrung sparen wir auf für das Ringende, titanisch Wollende und Fordernde, für alles Unbedingte, ins Grenzenlose und Ungeheure Drängende, für alles Unberechenbare und Labyrinthische der Menschheit. Diese Lebensauffassung findet naturgemäß an den griechischen Gestalten allzuwenig zu ergründen. Sie verschließt sich ja gegen die großen Seinsformen, die dem altgriechischen Geiste so viel zu sagen hatten. Während wir dem Subjektivsten zugewandt sind — sei es der gute und böse Wille in seinen gewaltigsten Erscheinungsformen, oder das Gehemmte, Auswegsuchende, in Qual und Not sich Durchsetzende —, war es die Art des griechischen Genius, die ewigen Gestalten des Wachsens und Blühens, des Lachens und Weinens, des Spiels und des Ernstes als die Realitäten des menschlichen Daseins zu erkennen. Seine Aufmerksamkeit war nicht auf Kräfte gerichtet, sondern auf lauter Sein, und die Seinsgestalten des Menschlichen traten ihm in solcher Wesenhaftigkeit gegenüber, daß er sie als Götter verehren mußte.

2.

Unter den Kostbarkeiten des römischen Thermenmuseums befindet sich der Kopf einer Schlafenden. Man hat sie mit verschiedenen falschen Namen bezeichnet, bald als Meduse, bald als Furie. Es muß Ariadne sein oder eine Tänzerin, die sich aus dem Schwarm des Dionysos verirrt hat. Die Herrliche schläft. Heilig ist die stille Fläche der Stirne, heilig die tiefe Verschlossenheit der Augen, heilig der bewußtlose Mund, durch dessen halbgeöffnete Lippen das beruhigte Leben leise hin und wieder atmet. Aber diese Heiligkeit, wir können sie nicht Unschuld nennen, nicht Erlösung, nicht Seelentiefe. Weder Lust noch Leid, weder Güte noch Trotz reden aus diesen aufgelösten Zügen: nur allein der göttliche Abgrund des Schlafes. Seine zeitlose Größe ist mit der ganzen Wesensgewalt so hinreißend in die Erscheinung getreten, daß der bloße Gedanke an Symbolik oder Vergeistigung eine Entweihung wäre. Blicken wir doch in die enthüllte Tiefe des Daseins und erleben dort die Begegnung mit dem Unendlichen und Göttlichen. Nur die antike Dichtung hat Worte, die dem gleich sind. Properz hat seine schlummernde Geliebte so gesehen — „Wie Ariadne am verlassenen Gestade schlief, oder die Mänade, die erschöpft vom unendlichen Tanze unter den Blumen des Stromufers zusammenbrach" (1, 3). Er stand gebannt vor der Hoheit vollendeter Natur und gewahrte eine Göttin, die zu groß war für das Lob eines guten Herzens, mit dem

Goethe in seinem durch Properz angeregten Gedichte dem geliebten Mädchen huldigen mußte:

„Auf den Lippen war die stille Treue,
Auf den Wangen Lieblichkeit zu Hause,
Und die Unschuld eines guten Herzens
Regte sich im Busen hin und wieder."

So wandelt sich das Ausmaß des Göttlichen unvermerkt ins Gemütvolle. Die Vision des römischen Dichters erschreckt uns fast, denn sie reißt uns plötzlich aus Empfindsamkeit und Bürgerlichkeit in die Höhen hinauf, wo das griechische Götterbild steht. Wer hier sehen gelernt hat, vermißt, angesichts des geöffneten Urgrunds und der Krone lebendiger Natur, die Seeleninnigkeit nicht mehr, so wenig wie den erdfernen Ausdruck der Heiligkeit, der für das echteste Zeichen des Göttlichen gehalten wird.

Die naturhafte Größe der menschlichen Urgestalt ist zugleich ein Bild der Gottheit. Nur der Unverstand kann meinen, daß sie dadurch herabgezogen werde; denn gerade die fragwürdigen Züge des Menschlichen sind es, die ihr gänzlich fernbleiben. Dies Bild ist nicht bloß von den Fehlern frei, die das menschliche Individuum entwürdigen können, sondern — was viel schwerer wiegt — von aller eifernden Unfreiheit und Enge, also von dem, was in Wahrheit allzu menschlich ist und doch so oft als göttliche Vollkommenheit gepriesen wird. Sein Gesicht blickt uns mit einer Klarheit an, die von keinem Fanatismus weiß. Sein Stolz hat nichts von der Feierlichkeit der Selbstverkündigung. Wir fühlen, daß es Ehrerbietung fordert, aber ebenso, daß ihm der Wunsch nach ewiger Lobpreisung fernliegt und daß es nicht gesonnen ist, nach dem Grade der Selbsthingabe seine Gunst zu bemessen. Wo immer wir seine Individualität verfolgen wollen, zieht sie sich ins Urwesenhafte zurück. Wie verschieden auch die göttlichen Einzelcharaktere sein mögen, immer trifft uns ein Blick großartiger Ruhe. Kein Gesicht ist von der Einzigkeit eines Gedankens oder einer Empfindung beherrscht. Keines will eine bestimmte Tugend und Wahrheit, oder Tugend und Wahrheit überhaupt verkünden. Nirgends prägt sich das Entscheidende eines Ereignisses oder Entschlusses im Blick der Augen, im Spiel der Lippen aus. So viel der Mythos von Schicksalen erzählen mag: Freude und Leid, Sieg und Bescheidung, alle Geschehnisse bedeuten für ihr Dasein nichts. Markante Persönlichkeitszüge würden den Ausdruck nur stören, in dem sich das lebendige Sein mit allmächtiger Ursprünglichkeit offenbart. Diese Gestalten haben keine Geschichte — weil sie *sind*. Die Urtümlichkeit und Ewigkeit ihres *Seins* ist übermenschlich in der vollkommensten Menschenähnlichkeit.

Das göttliche Gesicht ist kein Willensgesicht. Jede Art von Gewaltsamkeit und Wildheit ist ihm fremd. Auf seiner Stirn ist nicht der Schreck geschrieben, sondern die Klarheit, vor der alle barbarischen Ungeheuerlichkeiten in nichts zerfließen. Keine Seltsamkeiten flackern in diesem Blick, kein mystisches Rätsel spielt verwirrend um diese Lippen, kein Überschwang zerreißt die große Prägung des Ausdrucks und entrückt ihn ins Phantastische. Die göttliche Erscheinung hat nichts von dem maßlosen Ausbruch der Kraft im Kolossalen; sie trägt nicht, nach asiatischer Art, die Riesenhaftigkeit der Potenz durch groteske Bildung und Vervielfältigung zur Schau. All diese monströse Dynamik wird gleichsam hinweggelächelt durch die reine Größe der Natur.

Es könnte uns nicht in den Sinn kommen, mit einem Wesen dieser Art wie mit einem Vertrauten oder Geliebten auf du und du zu verkehren. Klein, ja beschämt und gedemütigt würden wir uns vor ihm fühlen, wenn nicht die Daseinsgewalt des großen Antlitzes vielmehr das Selbstgefühl auslöschte und das verschüttete Leben wieder ans Licht riefe. Ein Augenblick der Versenkung in dies Gesicht ist wie ein Bad der Wiedergeburt in ewigen Wassern, die alles Allzumenschliche abwaschen. Seis auch nur für den Traum eines Moments — in diesem Traum verschwindet der ungöttliche Mensch, den nicht Sünde und Begier entwürdigt haben, sondern sein kleinsinniger Eifer und die Not seiner selbstgeschaffenen Bindungen; er, der Sklave der eigenen Verständigkeit, gleich engherzig und zaghaft, ob er sich um den Alltag oder um Tugend und Seligkeit Sorge macht. Und wenn die Enge gesprengt wird durch das Ungemeine, wenn selbst das Streben nach Heiligung nur noch als Erdenrest erscheint, dann spiegelt sich der Gott im Menschen und der Mensch im Gotte.

Die Einheit von Gott und Mensch in der Urwesenhaftigkeit, das ist der griechische Gedanke. Und hier erst enthüllt sich uns die ganze Bedeutung der Menschenform, in der das Göttliche sich dem Griechen offenbart. Auch für andere Völker ist die Idee des Essentiellen im Menschen ein und dasselbe mit der Erkenntnis der Gottheit. Während sie aber das Göttliche in der Vollkommenheit menschlicher Vermögen suchen, als absolute Macht, Weisheit, Gerechtigkeit oder Liebe, hat es sich dem Griechen in der Naturgestalt des Menschen selbst dargeboten. Wir wissen, daß es ihm allein vorbehalten war, den Menschen als Menschen zu sehen und zu begreifen, und daß er allein sich die Aufgabe setzen konnte, ihn zu keinem andern Ziele als zu sich selbst zu erziehen. Das ist nicht erst die Idee der Philosophie: sie gehört dem Geiste, der das Bild der Olympischen Götter empfangen hat und damit für die Richtung des griechischen Denkens entscheidend geworden ist. Diesem Geiste wurde, wie Bäume und Tiere, so auch der Mensch Gestalt, als eine Form ewiger Prägung, deren reine Züge die der Gottheit sind. Statt seine Kräfte und Tugenden mit frommer Phantasie ins Himmlische zu steigern, schaute er in den geschlossenen Linien seiner Natur den Umriß der göttlichen. So bleibt alles, was gegen den ‚Anthropomorphismus' der griechischen Religion gesagt wird, ein leeres Gerede. Sie hat nicht die Gottheit menschlich gemacht, sondern das Wesen des Menschen göttlich gesehen. „Der Sinn und das Bestreben der

Griechen", schreibt Goethe, „ist, den Menschen zu vergöttern, nicht die Gottheit zu vermenschen. Hier ist ein Theomorphism, kein Anthropomorphism!" (Myrons Kuh, 1812.) Das bedeutendste Werk dieses Theomorphismus ist die Entdeckung der menschlichen Urgestalt, die, als sublimste Offenbarung der Natur, auch der echteste Ausdruck des Göttlichen sein mußte.

3.

Die Gestalt der Gottheit weist den Menschen vom Persönlichen weg auf die Wesenhaftigkeit der Natur. Durch keinen ihrer Züge macht sie auf sich selbst aufmerksam; keiner erzählt von einem Ich mit eigentümlichem Willen, eigentümlichen Empfindungen und Schicksalen. Wohl prägt sich ein bestimmtes Sein in ihr aus; aber dies Sein ist nichts Einmaliges und Einziges, sondern ein ewiger Bestand der lebendigen Welt. Darum müßte sie die Wünsche liebebedürftiger Seelen nach einem Herzensbunde mit ihr immer enttäuschen. Ihr zärtliches Verlangen würde erkältet, wenn es, statt auf ein Ich, das zu lieben oder zu hassen bereit ist, auf das zeitlose Sein stieße, das ihrer einmaligen Existenz keinen absoluten Wert beimessen kann. Nur wen diese Realität selbst als höchster und heiligster Sinn aus den göttlichen Zügen anspricht, den ziehen sie in Verehrung und Liebe zu sich hinauf.

Aus diesem Grunde konnte es in Griechenland niemals zu einem entschiedenen Monotheismus kommen. Auch in später Zeit, als man mit dem Gedanken vertraut war, daß alles Sein und Geschehen schließlich aus einem einzigen Urgrund entspringen müsse, hielt man es nicht für wichtig, dieses Einen immer zu gedenken, und man verstand die Bedenken der Juden und Christen nicht, die es für eine unerhörte Beleidigung des Einen hielten, wenn man nicht ihm, sondern den vielen lebendigen Erscheinungen seines Wirkens Ehre erweise. Dem griechischen Gott ist die Selbstbetonung, die keinen andern neben sich sehen mag, immer fremd. Niemals stellt er sich der Welt mit den selbstbewußten Worten „ich bin der und der" vor, deren Ton für die orientalischen Gottheiten so charakteristisch ist (vgl. E. Norden, Agnostos Theos). Selbst die hymnischen Verherrlichungen, die sonst ihren Gott so gerne ins Grenzenlose steigern, vergessen hier nicht, daß er andere Götter neben sich kennt und mit Vornehmheit gelten läßt. Das schönste Beispiel gibt der Gott, der lange Zeit den größten Einfluß auf das religiöse Leben Griechenlands ausgeübt hat und doch seine Macht nie zur Unterdrückung anderer Götter benützen wollte: *Apollon*. Jahrhundertelang haben die Griechen aller Landschaften in religiösen und weltlichen, in öffentlichen und privaten Angelegenheiten an seinem Orakelsitz in Delphi Rat gesucht, ja, seine Autorität reichte weit über die griechischen Grenzen hinaus nach Osten und Westen in Länder anderer Nationalität, Sprache, Kultur und Religion. Viele von den Sprüchen, die in seinem Namen den Fragestellern aus aller Herren Ländern zuteil wurden, sind uns bekannt, und noch heute redet seine Weisheit zu uns durch den Mund eines Pindar. Aber welch ein Unterschied zwischen der Apollinischen Prophetie und der des alttestamentlichen Jahwe! Hier die leidenschaftlichste Verkündigung des Gottes und seines hochheiligen Namens, dort das vornehmste Zurücktreten der göttlichen Person. Zeus, durch den Apollon Orakel gibt, offenbart das Rechte, aber nie sich selbst. Und so spricht auch Apollon nicht von sich und seiner Größe. Er fordert nicht mehr als die selbstverständliche Achtung vor seiner Gottheit und den schuldigen Dank für die Offenbarung der Wahrheit. So oft man ihn auch in Sachen der Religion und Moral befragt hat, nie wies er den Fragesteller auf sich selbst als den höchsten Gegenstand der Verehrung hin; weder Griechen noch Ausländern hat er je etwas anderes angeraten, als daß sie ihren angestammten Gottheiten treu bleiben sollten. Den griechischen Göttern lag der Eifer für die eigene Person um so ferner, je größer sie waren. Wenn anderwärts die Persönlichkeit des göttlichen

Wesens, je mehr die Religion sich vertieft, um so ernſter und heiliger wird, so löſt sie sich hier im höchſten Gottesdienſte wieder auf. Apollon hat den Sokrates, wie dieser vor dem Tode feierlich bekennt (vgl. Platon, Apol. 21ff.), auf eine heilige Größe hingewiesen, aber nicht auf seine eigene, sondern auf die der Vernunft. Und damit meinte er weder Glauben noch Gesichte, sondern die klare Erkenntnis des Wesenhaften.

Dieselbe Überlegenheit des Wesenhaften über das Persönliche finden wir bei *Athene*. Lieder und Bildwerke zeigen sie an der Seite der beſten Kämpfer. Herakles, Tydeus, Achilleus, Odysseus und viele andere Gewaltige vertrauen auf sie. Im Augenblick der Entscheidung fühlen sie ihren göttlichen Anhauch, und oft ſteht sie, im Enthusiasmus des höchſten Wagnisses, leibhaftig vor ihren Augen. Sie blickt auf ihren Helden, sie deutet auf das Ziel, sie leiht selbſt ihren göttlichen Arm, und das Unglaubliche iſt geschehen; ein Lächeln der Göttin begrüßt den Unerschrockenen als Sieger. Wo Besonnenheit nottut, wo der Kluge zu Rate geht, ſteht sie wachen Geiſtes hinter ihm, und der rechte Gedanke iſt ihre Eingebung. Wer denkt da nicht an die Helden anderer Völker und Zeiten, die auch mit einer göttlichen Frau verbunden waren und unter ihren Augen und mit ihrem Beiſtand ihre Taten vollbrachten? Aber der Unterschied iſt überraschend. Dort kämpft der Ritter zu Ehren der himmlischen Herrin und will ihr mit seiner Kraft und Kühnheit wohlgefallen. Aber Athene iſt niemals die göttliche Dame ihres Ritters, und nie geschehen seine Taten ihr zu Liebe und zu Ehren. Gewiß fordert sie, wie jeder andere Gott, daß man ihre Macht und Weisheit anerkenne und sich nicht vermesse, ihres Beiſtandes entraten zu können. Aber sie macht ihre Gnadenerweisungen nicht davon abhängig, daß man sich mit Inbrunſt oder gar ausschließlich ihrem Dienſte widme. Wo ein großes Herz im Sturm pocht, wo ein Gedanke befreiend aufblitzt, da iſt sie zugegen, von der heldischen Bereitschaft mehr als von demütigen Bitten herbeigerufen. Wir hören es aus ihrem eigenen Munde, daß der Tüchtige selbSt sie anziehe, nicht sein guter Wille oder seine Hingebung an ihre Person. Die Männer, die am sicherSten auf sie rechnen können, bringen ihr durchaus keine ungewöhnliche Verehrung dar, und es wäre gar nicht auszudenken, daß sie einmal ihre Huld mit dem exemplarischen Gehorsam des Schützlings motivieren könnte. In der berühmten Unterredung mit Odysseus (Odyss. 13, 287 ff.), in der sie sich als Göttin zu erkennen gibt und den Klagenden belehrt, daß sie seiner niemals vergessen habe, sagt sie es gerade heraus, daß sein überlegener GeiSt es sei, der ihr gefalle und sie so feSt mit ihm verbinde: Dem EinsichtsvollSten und ErfindungsreichSten kann die helläugige Göttin nicht fern sein (296 ff.). Und wie der vielgeprüfte Mann auch der Göttin nicht glauben will, daß dies Land wirklich sein Ithaka sei, da denkt sie nicht daran, sich in ihrer heiligen Person gekränkt zu fühlen, und iSt dem Zweifler nicht böse, sondern freut sich über den neuen Beweis seiner wachsamen Klugheit und bekennt, daß sie ihn eben darum nicht im Stiche lassen könne.

Es wäre ein MißverSständnis, die Erzählungen von der Rache einer vergessenen oder gar gehöhnten Gottheit als Beweise eifersüchtiger Persönlichkeit anzusehen. Empfinden nicht auch wir noch eine Herausforderung in der SelbStgefälligkeit und fürchten das Unglück zu berufen, wenn wir allzulaut von unserem Glück sprechen? Die Unausrottbarkeit dieser Scheu beweiSt, wie tief sie in der Natur begründet iSt. Und nun gar der Übermut, als Mensch sich mit Göttern zu messen! Davor warnen viele Mythen. Niobe, die Mutter von zwölf herrlichen Kindern, hat im Übermute die Göttin Leto verlacht, daß sie nur zwei geboren (Ilias 24, 603 ff.). Dafür verlor sie mit einem Schlag alle und wurde zum ewigen Monument trauernder Vereinsamung. Andere Mythen zeigen den furchtbaren Sturz des Menschen, der eine der himmlischen Mächte vergessen oder sich gar vermessen hat, ohne ihren

Beistand fertig zu werden. Wer gegen höhere Gewalten blind ist, den stoßen sie in den Abgrund. Die Lebenswahrheit dieser typischen Erzählungen läßt sich nicht verkennen. Von besonderer Bedeutung ist es, wenn eine Gottheit dafür Rache nimmt, daß sie um einer anderen willen gering geachtet wurde. Hera und Athene, die beim Parisurteil zu kurz kamen, sind die Todfeinde Troias geworden. Wir brauchen uns hier nicht darum zu kümmern, wie das Märchen vom Schönheitsstreit der Göttinnen ehemals erzählt worden sein mag. Für den Homerischen Geist hat es einen sehr ernsthaften Sinn. Wenn Paris die Hera und die Athene verschmähte, so hat er sich damit für die Verbuhltheit (vgl. Ilias 24, 30) und gegen die Würde und das Heldentum entschieden. Die Geister, die er verwarf, mußten sich gegen ihn wenden. Wir denken gewiß im Sinne der Homerischen Weltanschauung, wenn wir sagen: es war sein Schicksal, daß er wählen mußte. Jede Macht des Lebens ist eifersüchtig, nicht wenn man andere neben ihr anerkennt, sondern wenn man sie um anderer willen verwirft und gering achtet. Paris hat die Genien der Vornehmheit und der Tat zurückgewiesen. Umgekehrt ist es bei Hippolytos, so wie Euripides ihn uns darstellt. Und hier läßt der Mythos das Schicksal nicht mehr von außen, als aufgezwungene Wahl, an den Menschen herantreten: sein eigener Charakter ist es, der die Entscheidung getroffen hat und so die Tragödie in Bewegung setzt. Mit der ganzen Inbrunst seines reinen Herzens ehrt der junge Königssohn die morgenfrische Göttin Artemis, von deren Glanz die Blumenauen schimmern. Wie die Jungfräuliche alles Schmachten und Umfangen verachtet, so schaudert seine Unschuld beim bloßen Gedanken an die Göttin der süßen Nächte (Eurip. Hippol. 99ff.). Aber er schaudert nicht bloß, er wendet ihr hochmütig den Rücken. Sein Eigenwille kennt keinen Respekt vor der göttlichen Gewalt, die alles Lebendige in die Arme des Lebendigen reißt. Stolz und hart richtet er über das unglückliche Weib, das an seiner Glut verbrennt.

Seine Tugend bleibt unberührt von der sublimsten Huld Aphroditens, dem wissenden und noch im Versagen lieblichen Geist (vgl. v. Wilamowitz, Euripid. Hippolytos, Einleitung). So wird sie ihm zum Verhängnis. Der Liebling einer Göttin zerbricht, ohne daß sie ihn retten kann, an der vermessenen und unmenschlichen Verachtung einer anderen. An diesem Beispiel zeigt es sich, welcher Abstand den Menschen von der Gottheit, so menschenähnlich sie erscheinen mag, trennt. In der himmlischen Sphäre stehen die Gestalten sich rein und groß gegenüber. Da darf die unberührbare Artemis mit kühler Befremdung auf die Zärtlichkeit Aphroditens blicken. Aber der Mensch kommt in Gefahr, wenn er auf dem Gipfel der Einzigkeit zu stehen versucht und so unbedingt sein will, wie nur die Götter sein können. Sie verlangen es nicht von ihm; sie wollen, daß er sich bescheide in der Sphäre, die ihm gemäß ist, wo alle Gottheiten zusammenwirken und keiner die Achtung vorenthalten werden darf.

Die Unterscheidung des Göttlichen und des Menschlichen, das ist denn auch der Inhalt der Lehren und Mahnungen, die von den Göttern ausgehen. Sie reden zum Menschen nicht von geheimnisvollen Ursprüngen und Bestimmungen, sie zeigen ihm keinen Weg aus der natürlichen Form seines Wesens hinaus in einen übermenschlichen Stand der Vollkommenheit und Seligkeit. Gerade umgekehrt warnen sie ihn vor überheblichen Gedanken und Forderungen und schärfen seinen Blick für die Ordnungen der Natur. Zwar glaubten dionysische und orphische Sekten ein höheres Wissen durch Offenbarung zu besitzen und den heiligen Weg zu kennen, der zur Vollendung führen sollte. Aber sie standen abseits von der Frömmigkeit der großen Jahrhunderte. Die Olympier, die von Homer bis Sokrates der Religion das Gepräge geben, sie, die durch den Mund eines Aischylos und Pindaros noch heute zu uns sprechen, waren weit davon entfernt, den Menschen in überweltliche Geheimnisse einzuweihen und ihm ihr verborgenes Götterwesen zu enthüllen.

Nicht den Himmel, sondern sich selbst sollte er erforschen. Das bedeutet keine Gewissensprüfung und kein Sündenbekenntnis. „Erkenne dich selbst!" — diese Mahnung, die schon der Homerische Apollon, wenn auch nicht mit diesen Worten, ausspricht, will sagen: Achte auf die heilige Gestaltung der Natur, bedenke die Grenzen der Menschheit; erkenne, was der Mensch ist und wie weit der Abstand, der ihn von der Herrlichkeit der ewigen Götter trennt!

4.

Was unterscheidet Götter von Menschen?

Die Götter sind groß an Macht und Wissen; ihr Leben kennt keinen Abstieg und kein Versinken. Aber mit alledem ist der Kardinalpunkt nicht getroffen. Denn trotz ihrer Menschenähnlichkeit sind sie nichts weniger als vergötterte und ewig lebende Menschen. „Unsterblich" ist zwar die stehende Bezeichnung, mit der sie von den Menschen unterschieden werden; und der Mythos kann von Menschen erzählen, die durch Verleihung der Unsterblichkeit ins Übermenschliche erhoben wurden. Aber die Idee des göttlichen Seins ist nicht von der Art, daß ein Mensch durch Steigerung und Verlängerung seines Daseins zum Gott werden könnte. Das Wesentliche spricht man hier, wie überall, nicht aus.

Der Mensch ist ein widerspruchsvolles Wesen, das an vielen Gestalten des Daseins teilhat. Tag und Nacht, Glut und Kälte, Klarheit und Sturm nehmen ihn in Anspruch. Diese Vielfältigkeit, die seine Lust und seine Qual ist, macht ihn zum beschränkten und vergänglichen Wesen. Er ist alles, und keines ganz: ganz, im positivsten Sinne — nicht in dem negativen der bloßen Ausschließlichkeit —, mit der selbstgenugsamen Ganzheit und Fülle der lebendigen Gestalt. Ihm wird alle Einzigkeit zur Not und Einbuße des Lebens. Nur im Wechsel atmet er Freiheit und Kraft. Es wäre widersinnig, diese Natur ins Göttliche emporgehoben zu denken, das Zeitliche ins Zeitlose, das Widersprüchliche ins Widerspruchslose. Nur vorübergehend wird sein Wesen ganz in den Zauber eines einzigen Seins hineingerissen. Dann rührt er ans Vollkommene, ans Göttliche. Sei's Lust, sei's Erkenntnis — die höhere Welt ist angebrochen, und zum Zeichen, daß sie da ist, sind Ich und Persönlichkeit ausgelöscht, denn sie gehören der vergänglichen an. Aber die irdische Natur kann in dieser Herrlichkeit des Einzigen und Ganzen nicht bleiben. Das vermag nur der Gott. Ja, er ist selbst diese Herrlichkeit und Fülle. Der Mensch aber, der nie vergessen soll, daß er nur Mensch ist, darf doch immer wieder aus den kleinlichen Verstrickungen und Verführungen des vergänglichen Daseins untertauchen in das große Urbild der Gottheit.

Wer die Größe dieses Unterschieds zwischen Menschen und Göttern bedenkt, kann sich nicht wundern, wenn das Dasein der Götter in vielen Stücken einem andern Gesetze folgt als das der Menschen. Das ist es, was das engherzige Urteil hervorgerufen hat, daß es um die Sittlichkeit der griechischen Götter bedenklich stehe. Freilich kann nicht geleugnet werden, daß die Sage vieles von ihnen erzählt, was mit den Pflichten ehelicher Treue und außerehelicher Keuschheit unvereinbar ist. Zur Entschuldigung solcher Freiheiten wollen wir uns nicht darauf berufen, daß viele erotische Mythen ihren bedenklichen Charakter erst dadurch erhalten haben, daß die unterschiedlichen Formen und Namen, unter denen die Göttersage ehemals erzählt worden war, im Laufe der Zeit miteinander verbunden worden sind: ein Gott, dessen Throngenossin an verschiedenen Orten mit verschiedenen Namen angerufen wurde, mußte in der zusammengefaßten Tradition als ein sehr unsteter Liebhaber erscheinen. Die Homerischen Griechen haben an dem naturhaften Liebesleben ihrer Götter keinen Anstoß genommen. Und die Wahrheit ist, daß die Idee der Olympischen Gottheit sich mit dem Gedanken an eheliche Verbindung schwer verträgt. Das ist sehr bemerkenswert, da doch die alten Kultstätten den Gott mit der Göttin verbanden, und die Heilige Hochzeit zu den ehrwürdigsten Feiern des alten Kultes gehört hat. Hera, die göttliche Weihe des Ehebundes und der Frauenwürde, kann freilich nicht unvermählt gedacht werden. Aber es läßt sich nicht verkennen, daß sie viel mehr Gattin ist, als Zeus Gatte. Das ist kein Spiel der Dichter und keine Freigeisterei der Moral, sondern die notwendige Konsequenz des echt homerischen Glaubens, der die Götter wohl in den leidenschaftlichsten Liebesverbindungen, aber nicht nach menschlicher Art verheiratet denken mochte. Erst als dieser Glaube zu wanken begann, und gar als man mit der Göttersage spielte, bekamen die Liebesabenteuer den Charakter leichtfertiger Genußsucht. Es ist nicht zu verwundern, daß die Kritik schon ziemlich früh in Griechenland selbst laut geworden ist. Die abstrakte Spekulation und der Rationalismus, die überhaupt an der menschlichen Gestalt und Art des Göttlichen Anstoß nahmen, haben sich durch solche Überschreitungen am meisten verletzt gefühlt; und so machte bekanntlich schon Xenophanes den Göttern Homers und Hesiods aus ihren „Ehebrüchen" den schwersten Vorwurf.

Aber in der alten, frömmeren Zeit erwartete man von den Ewigen, die sich in reiner Menschlichkeit darstellten, nur das Ungemeine. Und wahrlich, selbst die derbste Naturhaftigkeit ist nicht imstande, das Göttliche bis zu dem Grade zu entzaubern, wie die gutbürgerliche Ordnung und Wohlanständigkeit. Die alten Adelsgeschlechter, die sich von der Verbindung ihrer Ahnfrau mit einem Gotte herleiteten, stellten sich nicht vor, daß der Beglückende selbst durch ein persönliches Verhältnis gebunden sei und mit seiner Liebe seine Ehre aufs Spiel setzen könnte. Sie gedachten mit frommem Schauer der großen Stunde, da die Herrlichkeit des Himmels zu einem irdischen Weibe liebend herabgestiegen war. Und daß die Liebesnacht der Gottheit zugleich dem wundervollsten Plane dienen könne, bringt schon das Hesiodische Schildgedicht zu einem schönen Ausdruck. Der Vater der Menschen und Götter, heißt es da (27 ff.), ging mit sich zu Rate, wie er Göttern und Menschen einen Nothelfer erwecke. „Und er stieg vom Olymp, mit heimlich verschlagenen Sinnen, schmachtend nach der Umarmung der Herrlichen...." Die Frucht dieser Liebe war Herakles, der Heilbringer, das Vorbild allen Heldentums.

5.

Da hält man uns nun entgegen, daß das Homerische Zeitalter selbst die Ehrfurcht vor seinen lebensfrohen Göttern verloren und einen rechten Spaß daran gefunden habe, sie sich in bedenklichen und unrühmlichen Situationen vorzustellen. Als bester Beweis dafür muß seit alters die *Erzählung von Ares und Aphrodite* dienen, mit der Demodokos die Phaiaken und den Odysseus ergötzt (Odyss. 8, 267 ff.): wie der betrogene Hephaistos die Göttin und ihren Buhlen mit unsichtbaren Fesseln festbannte und so ihre Liebesumarmung dem Gelächter der Götter preisgab.

Schon im Altertum haben manche, unter ihnen bekanntlich auch Platon, an dieser Geschichte Anstoß genommen, und in der neueren Zeit gilt sie allgemein als frivole Burleske. Aber wenn ihr Gegenstand auch gewagt erscheinen mag, so ist es doch schwer zu begreifen, wie man sie unter die schlüpfrigen rechnen und aus ihr den Eindruck gewinnen konnte, daß die Gesellschaft, der sie erzählt wurde, mit ihren Göttern leichtfertig umgegangen sei.

Ares, dessen Verlegenheit den Gegenstand des Gelächters bildet, ist kein vornehmer Gott; ja, er ist kaum als ein echter Gott zu betrachten. Keinen der andern Götter könnte man sich auch nur einen Augenblick in seiner Lage vorstellen, nicht einmal den Hermes, obgleich er sagt, daß er ohne weiteres mit ihm tauschen würde. In diesem Falle also kann von Frivolität nicht die Rede sein. Wenn irgendeine der mythischen Figuren einen geistreichen

Witz herausfordern durfte, so war es dieser maßlose Wüterich, in dem die echten Olympier nicht Ihresgleichen sahen. Und Aphrodite? Wenn man die Erzählung nachträglich überdenkt, fällt plötzlich auf, daß ihrer Person überhaupt keine Beachtung geschenkt worden ist. Alles Interesse hat der unrühmlichen Rolle, die Ares spielt, gegolten. Wie fern muß es also dem Dichter gelegen haben, den Respekt gegen sie zu verletzen. Sie ist in der epischen Tradition mit Hephaistos vermählt, während sie an vielen griechischen Kultstätten als Gattin des Ares gegolten hat. In Wirklichkeit aber trifft auf sie, als Olympische Gottheit, das, was vorhin über Götterehen überhaupt gesagt worden ist, in ganz besonderem Maße zu. Sie ist eigentlich gar nicht vermählt zu denken. Sie ist ja die Macht des Reizes und des Verlangens, der Zauber, der das Herz in Brand setzt und alle Besinnung untergehen läßt in der Wonne des Umfangens. Zu ihrem Reiche gehören auch die Bedenklichkeiten des Liebeslebens, samt dem bösen Leumund und dem Gelächter. Und wenn sich einer in ihrem Netze verstrickt hat, so mag ihn das Gespötte treffen, nicht aber sie, denn ihr gehört der Triumph. Man hätte niemals verkennen dürfen, wie lebendig dieser Dichter, den man aus konventionellen Gründen für frech und gottlos hält, den wahren Sinn der göttlichen Urgestalt empfindet. Auch in einer so novellenhaften und so übermütigen Erzählung vergißt er nicht, wer sie ist; er kann nicht denken, daß sie sich etwas vergebe mit dem, was ihres Wesens ist; und indem er ihre Person fast verschwinden läßt, zeigt er das Werk ihrer ewigen Macht. Den verliebten Kriegsmann dagegen gibt er dem Gelächter preis. Aber das, worüber die göttlichen Zuschauer so von Herzen lachen, ist nicht die Unanständigkeit, sondern das gelungene Kunststück des betrogenen Krüppels, dessen Erfindsamkeit den Schnellfüßigen überholt und das Wort wahr gemacht hat, daß Unrechttun nicht gedeiht (329 ff.). Je verfänglicher der Gegenstand erscheint, um so bemerkenswerter ist es, daß der Erzähler gerade an dem Pikanten vorübergegangen ist und nur am Geistreichen und Witzigen Gefallen gefunden hat. Daß der Anblick, zu dem der empörte Gatte die Götter herbeirief, den Anstand verletze, wird nur durch das Fernbleiben der Göttinnen angedeutet (324). Mit keinem Wort wird auf das Schauspiel hingewiesen, das die galante Gruppe darbieten mußte, oder auf die Empfindungen, die sie bewegen mochten. Natürlich hat die Erzählung nichts von einer Moralpredigt. Aber darum braucht sie nicht frivol zu sein. Über beides ist sie erhaben durch den Ton überlegenen Humors. Und dieser erreicht seine glänzendste Wirkung in dem Schlußstück, das die Gefühle der drei großen zuschauenden Götter, Apollon, Hermes und Poseidon, offenbart. Von dem Anblick der hilflosen Buhlen erfahren wir nichts; statt dessen äußern sich die drei Götter über die Unerfreulichkeit eines solchen Loses, und durch die wenigen Worte, die sie sprechen, wird ihr Bild mit vollendeter Meisterschaft vor unsere Augen gestellt. Poseidon, der zuletzt hervortritt, empfindet ganz einfach Mitleid; die Lage des Ares geht ihm so nahe, daß er nicht lachen kann, sondern dem Hephaistos keine Ruhe läßt, bis er den Armen endlich freigibt, und er ist so gutmütig, sich sogar für ihn zu verbürgen. Vorher aber hat ein Gespräch zwischen Apollon und Hermes stattgefunden. Der vornehme Gott der Einsicht ist geistreich genug, dem Bruder die Frage vorzulegen, ob er wohl selber an Ares' Stelle sein möchte, und diese Frage mit einer feierlichen Anrede an die Gottheit des Gefragten einzuleiten; er weiß ja schon im voraus, was dieser Schelm unter den Göttern empfinden muß. Und der Gott aller Diebereien und Glücksfunde antwortet ihm denn auch, mit Zurückgabe der hochzeremoniellen Anrede, daß ihn dreimal so viele Fesseln und das Gelächter des gesamten Götterhimmels nicht stören sollten in der Wonne am Herzen der goldenen Aphrodite. Der Sänger, der den Hermes so sprechen läßt, tritt seiner Ehre nicht zu nahe; vielmehr charakterisiert er ihn genau so, wie er vor dem Geiste des Griechen steht, diesem freien und weiten Geist, der auch im Glückhaften und im Schelmentum ein Göttliches zu verehren vermag, weil auch dies eine der ewigen Gestalten des lebendigen Daseins ist. Wie falsch also versteht man diese innerlich wahre und von Esprit blitzende Geschichte, wenn man aus ihrem Tone den Schluß zieht, daß eine Zeit, die ihn ertragen konnte, geringschätzig von den darin auftretenden Göttern, oder gar von den Göttern überhaupt, gedacht haben müsse. Was aus dieser selben Geschichte bei einem Dichter wird, der das Pikante wirklich liebt, und dem das Leben der Götter nur noch ein Spiel der Phantasie ist, zeigt uns Ovid, der sie als lehrreiches Exempel in seine Liebeskunst einfügte (2, 561—592). Da werden wir denn freilich für den Anblick der gefesselten Buhlen auf das lebhafteste interessiert: Venus kann die Tränen kaum zurückhalten; sie und ihr Liebhaber würden gerne mit den Händen ihr Gesicht und ihre Blöße bedecken, wenn nur die Fesseln es zuließen. Hier ist das Augenmerk nicht mehr auf die Überlistung des Starken und Behenden durch den Lahmen gerichtet, sondern einzig auf das Erotische und Verfängliche, und die Lehre ist, daß ertappte Sünder in Zukunft nur ungenierter sein werden.

6.

Nun wird man fragen, ob denn solche Gottheiten dem Menschen einen moralischen Halt zu geben haben, und welche Art von Halt das wohl sein könnte?

Die alten Christen haben diese Frage selbstverständlich mit Nein beantwortet. Von den Religionsforschern ist sie selten ausdrücklich und ernsthaft gestellt worden. Leider, denn im Hintergrunde ihrer Untersuchungen hat sie immer gestanden und, da sie nicht selbst zum Gegenstand des Nachdenkens gemacht wurde, hat sie den Blick nur trüben können. Denn man war enttäuscht, daß die Stützen und Antriebe, die andere Religionen, und vor allem die christliche, ihren Gläubigen geben, in der altgriechischen fehlen; aber man dachte nicht an die Möglichkeit ganz anderer Kräfte, die unsere Achtung, vielleicht sogar unsere Bewunderung verdienen könnten.

Freilich offenbart die griechische Gottheit kein Gesetz, das als absolute Größe über der Natur steht. Sie ist kein heiliger Wille, vor dem die Natur erschrickt. Aus ihr spricht kein Herz, dem die Seele des Menschen sich ganz hingeben und anvertrauen könnte. Ihr großer Blick fordert Ehre und Anbetung, aber sie selbst bleibt in vornehmem Abstand. Wie gerne sie auch helfen mag, auf ihrem Gesicht ist nicht geschrieben, daß sie die unendliche Liebe sei, die sich dem Menschen schenken und ihn aus allen Nöten erlösen will.

Hier weht ein schärferer Wind. Hier heißt es: alles Große ist gefährlich und kann den Menschen, der nicht auf seiner Hut ist, zuschanden machen. In den Reichen der Götter wohnt die Gefahr; sie selbst, als die ewigen Gestalten dieser Reiche, sind die Gefahr. Sie brechen oft, wie ein Sturm, in das wohleingerichtete Menschenleben herein. Aphrodite kann es in solchen Aufruhr setzen, daß die heiligsten Bande zerreißen, das Vertrauen geschändet wird und Taten geschehen, die dem Täter selbst später unbegreiflich erscheinen. Artemis hat den unschuldigen Hippolytos zu Fall gebracht. Während er ganz in dem Zauber ihrer reinen, jungfräulichen Welt befangen war und für das Reich der Liebe nur Verachtung hatte, ist dies Reich ihm mit seinem schrecklichsten Gesicht entgegengetreten und hat ihn vernichtet. Da helfen nur Wachsamkeit und Kraft.

Aber der Wachsame findet einen mächtigen Beistand. Das Wesen der Gottheit selbst wird ihm zur Erleuchtung. Die große Welt, deren Gestalt sie ist, umschließt ja den ganzen Reichtum des Seins, von der dumpfen Urgewalt bis zu den ätherklaren Höhen der Freiheit. Und an diesem höchsten Punkt offenbart sie ihr vollkommenes Bild. Die Hand des Künstlers hat es festgehalten, und vor diesem Anblick erleben unsere Augen noch heute das Wunder der Vermählung reiner Natur mit sublimem Geiste. Die Gottheit ist und bleibt die Natur; aber als ihre Gestalt ist sie geistig, und als ihre Vollendung ist sie Hoheit und Würde, deren Glanz ins Menschenleben strahlt.

Das bedeutet für den Griechen in erster Linie *Einsicht* und *Sinn*. Ohne sie ist das wahrhaft Göttliche nicht denkbar.

Man könnte erwarten, daß unter den mannigfachen Gestalten der Homerischen Religion auch die Wildheit, der Fanatismus, die Ekstase ihren Platz hätten. Aber das Ideal des Sinnvollen steht im Gegensatz zu allem blinden Vorwärtsstürmen und zu jeder Art von Maßlosigkeit. Es ist bekannt, daß andere Völker sich ihre Götter, zumal wenn sie kriegerisch waren, oft als jähzornig und in ihrem Grimme alles niederschmetternd gedacht haben. Und so zeichnen sich auch ihre gefeierten Helden durch tolle Raserei, ja durch eine Art von Besessenheit im Kampfe aus. Ganz anders die Homerischen Griechen. Welche Lust diese Gesellschaft an Kampf und Heldentum hatte, zeigt uns die Ilias, die mit ihrer Verherrlichung des größten Kriegshelden die gewaltigste Dichtung des Griechentums geblieben ist. Aber aus ihr spricht ein Geist, der auf die blinde Entfesselung der Riesenkraft mit vornehmer Geringschätzung herabsieht. Ja, wir bemerken mit Erstaunen, daß diese kampfesfrohe Männerwelt, die doch die Grundgestalten ihres Daseins im Glanze göttlicher Wesenhaftigkeit anzusehen gewohnt ist, von einem Kriegsgott im eigentlichen Sinne gar nichts wissen will.

Freilich kennt jeder Homerleser den *Ares* und erinnert sich wohl, daß die Achaier seine „Diener" genannt werden. Aber dieser blutdürstige (vgl. Ilias 20, 78) Geist des Schlachtengewühls, der dämonisch in den Menschen eindringt (vgl. Ilias 17, 210), dessen Gewalt noch im Nachzittern des Lanzenschaftes wuchtet (vgl. Ilias 17, 529), hat es niemals zu der vollen Würde eines Gottes gebracht, so alt auch zweifellos der Glaube an seine furchtbare Gegenwart ist. Nur selten tritt er in mythischen Erzählungen mit ganzer Persönlichkeit auf. Man braucht sein Bild nur mit dem der kriegerischen Athene zu vergleichen, und es zerfließt in das grauenhafte Dunkel des Dämonischen. Die Helden beten nicht zu ihm, obgleich sie „Areslieblinge" heißen, vor allem Menelaos. Und wenn die Olympische Götterfamilie ihn zu den Ihrigen rechnet, so tut sie es nur widerwillig und geht mit keiner Person so achtungslos um, wie mit der seinigen. Nur Ares wird von einer Olympischen Gottheit im Zweikampf niedergeschmettert, und man fühlt die Genugtuung, daß das rohe Ungetüm endlich einmal die Übermacht einer edleren Kraft auf demütigende Weise erfahren mußte. Athene ist es, die Göttin des echten, des sinnvollen Heldentums, die ihm ihre Überlegenheit mit einem einzigen Steinwurf zu fühlen gibt; Athene, die Freundin des Überwinders Herakles, der helle Geist geadelter Männlichkeit. Durch diesen Triumph wird der Götterstreit, der dem entscheidenden Zusammentreffen zwischen Achilleus und Hektor vorangeht (21, 385 ff.), großartig eingeleitet. Schon vorher einmal ist Ares der Athene erlegen: neben ihrem Schützling Diomedes auf dem Wagen stehend hat sie seinen Lanzenwurf mit leichter Hand unwirksam gemacht und ihn selbst durch den Speer des Helden so schwer getroffen, daß er mit Gebrüll das Schlachtfeld verlassen mußte (Ilias 5, 851 ff.). Und da hören wir denn, was der Göttervater, vor dem er Klage führt, von ihm denkt. Er nennt ihn (890) den „verhaßtesten aller Götter, die den Olymp bewohnen", weil er „ewig Streit liebt und Kriege und Schlachten". So sind die andern also nicht. Sie wollen nicht „ewig" den Kampf. Die Figur des Ares stammt aus der überwundenen Erdreligion. Dort hat seine Wildheit im Kreise der Unerbittlichen ihren ehrwürdigen Platz gehabt. Er ist der Geist des Fluches, der Rache, des Blutgerichts (vgl. Kretschmer, Glotta XI, 195 ff.). Als Dämon des mörderischen Schlachtens ist er noch für Homer eine furchtbare Größe, um so furchtbarer, je weniger er als Persönlichkeit hervortritt. Sein Element ist das Totschlagen –

heißt er doch „Verderber", „Menschenvertilger" — seine Genossin Eris, die „Streitsucht", „die haßstiftend durch die Massen schreitet und das Männergestöhne hervorruft" (Ilias 4, 440 ff.). Er wütet unter den Troern nicht weniger als unter den Griechen (vgl. z. B. Ilias 24, 260). Sein Name bedeutet oft nicht viel mehr als den mörderischen Kampf. Darum schilt ihn Zeus als den Charakterlosen, der mit allen oder vielmehr gegen alle ist (Ilias 5, 889). Auf dem Schild des Achilleus war eine Kriegsszene dargestellt: vor dem Heerhaufen her schritten Ares und Pallas Athene (Ilias 18, 516). Diese Vorstellung entspricht dem echten Glauben besser als seine entschiedene Parteinahme für die Troer in einzelnen Episoden der Ilias. Eine solche Rolle vermag er nicht festzuhalten, weil er im Grunde doch nur ein Dämon ist und die blinde Wildheit sein Wesen ausmacht. Welch ein Abstand gegen Athene, die auch kriegsgewaltig ist, aber als Göttin des Sinnes und der vornehmen Haltung erst das wahre Heldentum im Himmelsglanze offenbart. Er dagegen geht auf in der Ekstase des Blutvergießens, und so fehlt ihm die Tiefe und Weite gänzlich, die das Wesen aller echten Gestalten dieser Religion auszeichnen.

Auch die Maßlosigkeit kann eine echte Offenbarung des Göttlichen sein. *Aphrodite* ist für Homer eine hohe Göttin, und doch ist ihr Werk und Wesen die Entfesselung elementarer Leidenschaft. Frauen wie Helena, Phaidra, Pasiphae sind Zeugen ihrer furchtbaren, aller Gesetzlichkeit und Ordnung, aller Scham und Scheu spottenden Macht. Aber, im Gegensatz zu einem Wesen wie Ares, spricht aus ihr ein unendlicher Sinn des Lebendigen. Als Geist des hinreißenden Glanzes, als Entzünderin der ekstatischen Wonne des Umfangens und Umfangenseins, hat sie an der Blindheit und Wildheit des Dämonischen keinen geringen Anteil. Mag aber das, was sie anrichtet, im einzelnen Fall noch so toll erscheinen, es gehört doch zu den ehrwürdigen Urformen des Lebens, und die verzauberte Welt, die sich in ihrer göttlichen Gestalt spiegelt, reicht mit ihrem ewigen Sein von der Lust des

Wurmes bis hinauf in das sublime Lächeln des Gedankens. Darum steht sie, trotz aller Dämonie ihres Wesens, in leuchtender Ruhe vor unseren Augen. Im großen Sinn des Lebens findet die Maßlosigkeit ihr Gleichgewicht. Die Gestalt, der andere Völker die Züge animalischer Brunst und Üppigkeit geben, sieht der Grieche nicht zügellos, sondern als vornehme Göttin, weil sie ihm nicht die Oberfläche, sondern die wundervolle Tiefe der Welt deutet. Und so bewährt sich auch hier die Geistigkeit seiner Religion.

An den Bildern Aphrodites und der anderen Götter, wie sie die plastische Kunst, ganz im Geiste Homers, geschaffen hat, erkennen wir den griechischen Gedanken: Das Geistige ist der Natur nicht fremd; in ihr selbst ist der Sinn geboren, der sich in der menschlichen Gottesgestalt als Adel und Hoheit ausprägt. Das Natürliche darf die ganze Fülle und Lebendigkeit behalten und doch eins sein mit dem Geistigen, das nichts anderes sein will, als seine Vollendung. Unmittelbare, leibhafte Gegenwart, und zugleich ewige Gültigkeit — das ist das Wunder der griechischen Gestaltschöpfung. Und in dieser Einheit von Natur und Geist tritt das Erdhafte, ohne etwas von seiner Frische und Wärme zu verlieren, mit der Freiheit des Ebenmaßes und des Feinsinns als vollkommene Natur hervor. Maß, Takt und Geschmack bestimmen Haltung und Gebärden, und zeugen für das sinnvolle Sein der göttlichen Person. Es ist unmöglich, mit dem Anblick eines echten griechischen Götterbildes auch nur den leisesten Gedanken an Unvornehmheit, Widersinn und Barbarei zu verbinden.

Dieser Adel spricht schon in der ersten Götterszene der Ilias zu uns. *Thetis* steigt zum Olymp hinauf, um Ehre für ihren großen Sohn zu erbitten, dem ein so früher Tod bestimmt ist. Am Meeresufer war sie auf sein Rufen erschienen und hatte mit ihm geweint über den Schimpf, den man ihm angetan. Nun sollte sie den Götterkönig daran erinnern, daß sie es gewesen, die ihn einst aus schwerster Not gerettet habe, und ihn um ihres Sohnes willen bitten, er möge die Griechen von den Troern bei ihren Schiffen zusammenhauen lassen, damit Agamemnon erkenne, welche Verblendung es war, dem Besten der Griechen die Ehre zu versagen (Ilias 1, 393 ff.). Sie sinkt vor dem einsam thronenden Kroniden nieder, umschlingt seine Kniee mit der Linken und rührt mit der Rechten bittend an sein Kinn. In dieser Stellung spricht sie ihren Wunsch aus. Aber sie sagt nichts von der erlösenden Tat, die sie einstmals in einem schrecklichen Augenblick getan, und an die sie der Sohn mit allen Einzelheiten erinnert hatte, sondern nur: „Vater Zeus! Wenn ich dir je im Kreise der Götter von Nutzen war, so erfülle mir meine Bitte!" Und diese Bitte enthält nichts von den grausamen Rachevorstellungen des Sohnes; sie will nur Genugtuung und Ehre: „Ehre mir den Sohn, der doch so viel schneller als andere dahingehen muß...! Solange gib den Troern Sieg, bis die Achaier ihn mit Ehren erhöhen." Sie hält seine Kniee fest umfangen, und da er lange schweigt, beginnt sie noch einmal: „Zuverlässig versprich und neige dein Haupt zur Gewährung, oder versage — was hast du zu scheuen? — damit ich erkenne, wie ich so gar nichts bin im ganzen Kreise der Götter!" Und Zeus spricht und nickt mit seinem göttlichen Haupte.

Gewiß wird im Olymp manchmal gedroht oder an eine frühere Gewalttätigkeit erinnert (vgl. Ilias 1, 539 ff., 587 ff.; 8, 10 ff.; 15, 16ff.); aber es geschieht nie etwas Rohes oder Ungebührliches. Ja, es ist fast, als sollten die Äußerungen, die es als möglich erscheinen lassen, die schöne und würdige Haltung der Götter, wie sie wirklich ist, erst recht ins Licht setzen. Als *Zeus* erkannte, daß Heras Zärtlichkeit nur eine List war, um ihn blind zu machen gegen das, was auf dem Schlachtfelde vor sich ging, da rief er ihr mit grimmigen Worten ins Gedächtnis zurück, wie hart sie früher einmal bestraft worden sei und mit ihr alle Götter, die ihr zu Hilfe kommen wollten. Aber auf ihren Schwur, daß nicht sie den Poseidon zu seinem Tun angestiftet, lächelt der

Göttervater und wünscht mehr, als daß er es glaubte, daß seine Gattin eins mit ihm sei (Ilias 15, 13 ff.). Dann geht Iris in seinem Auftrage zu *Poseidon* und gebietet ihm, das Schlachtfeld zu verlassen (173 ff.). Auch in dieser Szene macht das anfängliche Ungestüm der Worte nur um so deutlicher, von welchen Motiven sich die Götter tatsächlich leiten lassen. Auftragsgemäß droht Iris dem Poseidon mit der überlegenen Gewalt des Zeus, falls er seinem Willen zuwiderhandle. Dieses Argument weist der Meeresbeherrscher mit Empörung zurück: er habe genau so Anteil an der Welt, wie sein Bruder, der sich die Drohungen für seine Töchter und Söhne sparen möge; denn er selbst sei stark genug, sie nicht zu fürchten. Aber Iris will diese feindselige Antwort gar nicht annehmen. „Der Edle läßt sich durch ein gutes Wort umstimmen; du weist doch, daß dem Älteren immer die Fluchgeister zur Seite stehen." Damit erinnert sie ihn an die Heiligkeit uralter Ordnung. Und augenblicklich ist Poseidon gewonnen: „Wie gut, wenn die Botin das Rechte weiß!"

So enden die Götterzwiste in würdiger Form. Ja, sie laufen in Freude und Innigkeit aus, wovon das erste Buch der Ilias mit seinem Abschluß ein schönes und bedeutungsvolles Beispiel gibt. Es ist gar nicht zu denken, daß die Götter sich hemmungslos und brutal gegeneinander gebärden könnten. Das Geziemende bestimmt ihre Haltung und ihr Benehmen. Ares zwar wird von *Athene* mit rücksichtsloser Gewalt behandelt; aber eben das ist sinnvoll, wie wir im Vorhergehenden gesehen haben. Mit feiner Absicht hat der Dichter des 21. Gesangs der Ilias die sogenannte Götterschlacht so gestaltet, daß es, abgesehen von dem Zusammenprall zwischen Athene und Ares, überhaupt nicht zum Kampfe kommt und *Apollon* das vornehme Wort zu Poseidon sprechen kann, daß es töricht wäre, wenn der Gott mit dem Gotte um der Menschen willen sich schlagen wollte (Ilias 21, 461 ff.). Nur *Hera*, die heftigste aller Olympischen Gottheiten, geht gegen Artemis von Scheltworten zu Handgreiflichkeiten über, wie sie die reife

Frau einem allzu kecken jungen Mädchen zuteil werden läßt (479ff.). Aber gerade ihre Animosität und die häufige Bitterkeit ihrer Ausbrüche, die von den Beurteilern des Olympischen Götterlebens mit Recht hervorgehoben werden, sollten uns darauf aufmerksam machen, daß sie sich niemals zu unüberlegten oder unwürdigen Handlungen hinreißen läßt. Es wäre oberflächlich, darin nur die Hoffnungslosigkeit des Widerstandes gegen den Willen des Zeus zu erkennen. Wie viel Maßloses, im Großen und im Kleinen, wäre dadurch noch keineswegs ausgeschlossen! Das Ideal sinnvoller und vornehmer Haltung ist auch in Hera lebendig. Wenn Athene den zornglühenden Achilleus zur Besinnung ruft, so fordert sie von ihm die Würde, die für eine Hera selbstverständlich ist. Unmittelbar, ehe die vielberufene Götterschlacht anhebt, gibt sie selbst einen Beweis dafür. Sie hatte den Feuergott Hephaistos aufgerufen, um den Xanthos, dessen Wogen den Achill in Gefahr brachten, zu bedrängen. Aber in dem Augenblick, wo der Flußgott bereit ist, nachzugeben, hält sie auch den Hephaistos zurück; und sie, deren Worte oft so unversöhnlich und grausam sein können, spricht hier fast so, wie Apollon in der darauffolgenden Götterschlacht: „Unziemlich ists, einen unsterblichen Gott um der Menschen willen so zu mißhandeln!" (Ilias 21, 379.)

Größer aber ist das Ideal, das die obersten Gottheiten, Apollon und Athene mit Zeus, dem Menschen offenbaren. In *Apollons* Gestalt verehrt er den Adel der Klarheit und Freiheit, das sonnenhafte Licht, das nicht zu seligen Geheimnissen leuchtet, sondern zu mannhafter Lebenserkenntnis und würdevollem Tun. Seine vornehme Haltung im Götterstreit, das großartige Wort, mit dem er den Tydeussohn in die Schranken des Menschlichen wies, den flammenden Protest gegen die Unmenschlichkeit des Achilleus und die Mahnung, daß der Edle auch im tiefsten Schmerze Maß und Würde bewahren müsse, – diese echten Äußerungen seines Wesens sind in dem ihm gewidmeten Abschnitt gebührend gewürdigt worden (vgl. S. 84f.). So hat *Athene* sich von dem sterbenden Tydeus, den sie dermaßen liebte, daß sie ihm den Trank der Unsterblichkeit bringen wollte, mit Entsetzen abgewandt, weil sie ihn durch eine rohe Tat entwürdigt sah; und den Achilleus traf ihr Flammenblick gerade in dem Moment, als er in Gefahr war, sich zu einer sinnlosen und seiner unwürdigen Zornestat hinreißen zu lassen, und ihr Wort mahnte ihn, die Fassung zu bewahren. Mit diesen bedeutsamen Geschichten haben wir uns schon früher beschäftigt (vgl. S. 61f.), und dabei des modernen Vorurteils gedacht, daß das ursprüngliche Wesen der Athene, so wie wir es aus der Ilias kennen, von sittlichen Motiven noch nicht berührt sei. Sie stellt dem Achilleus freilich in Aussicht, daß er später dreifache Genugtuung empfangen werde, wenn er jetzt imstande sei, sich zu beherrschen. Aber sie mahnt ihn doch zur Würde der Haltung. Und sollte diese ihren sittlichen Wert durch das Bewußtsein verlieren, daß der Würde des Tuns auch ein würdevoller Erfolg entspricht, während das zügellose Dreinschlagen schließlich nur einen barbarischen Sieg erfochten haben wird? Nur ein enger und ganz traditioneller Begriff von Sittlichkeit kann zu der Meinung führen, daß erst die jüngere Dichtung der Athene andere Motive zugetraut hätte, als den Willen zum Sieg. Widerspricht nicht ihr Bild, so wie es Ilias und Odyssee – man möchte sagen: vor die Ewigkeit hingestellt haben, mit der ganzen Hoheit seines Wesens diesem Urteil? Soll es für das Ideal bedeutungslos sein, wenn sie dem Ares gegenübergestellt wird, die Göttin der besonnenen Kraft dem wilden Mordgeist? Hat es mit Sittlichkeit nichts zu tun, daß sie immer die vornehmste Mannesnatur ihrer göttlichen Freundschaft würdigt und sie in den Augenblicken der höchsten Spannung ihrer Kräfte und Gedanken die Nähe ihres Geistes spüren läßt? Atmen die Heldenwerke des Herakles, die sinnreichen Taten des Odysseus und die Proben, die er männlich besteht, nicht den Adel ihres Wesens? Man müßte denn unter Moral nur die Beachtung gewisser kategorischer Gebote verstehen, alles übrige aber für sittlich indifferent erklären. Dann allerdings hätte Athene, wie die Olympischen Götter überhaupt, für alles andere mehr Sinn als für Sittlichkeit. Denn diese Unsterblichen verpflichtet ihre Gottheit nicht zur Überwachung bestimmt formulierter Sittengesetze und noch weniger zur Aufstellung eines Kanons dessen, was ein für allemal recht und unrecht, gut und böse heißen soll. Wie viel sich eine kraftvolle Natur im gegebenen Falle erlauben darf, bleibt offen. Und doch erhebt sie eine Forderung und stellt sie dem Menschen durch ihr eigenes Sein als lebendiges Ideal vor Augen. Wir dürfen sie im höheren Sinne sittlich nennen, denn sie ist nicht auf einzelnes gerichtet, sondern auf die Haltung des ganzen Menschen. Aus ihr soll man die veredelte und der Freiheit fähige Natur erkennen, die weder blindlings den Trieben folgt, noch den kategorischen Forderungen einer Moralgesetzgebung unterworfen ist. Nicht dem Pflichtgefühl oder Gehorsam, sondern der Einsicht und dem Geschmack bleibt die Entscheidung überlassen; und so verbindet sich überall das Sinnvolle mit dem Schönen.

Man wird sagen, dieser edlen Auffassung Athenes widerspreche die grausame Irreführung des dem Tod verfallenen Hektor (vgl. Ilias 22, 214ff.), die man in neuerer Zeit nicht bloß unmoralisch, sondern geradezu teuflisch genannt hat. Aber den wahren Sinn dieser Geschichte, die uns schon einmal über die Art und Weise des göttlichen Wirkens Aufschluß geben mußte (vgl. S. 281), werden wir erst im Zusammenhang mit der Schicksalsidee ganz verstehen lernen (vgl. S. 358), und dann wird sie kein Befremden mehr hervorrufen, sondern nur Schauer und Ehrfurcht. Athene ist hier nichts anderes als der Weg und Vollzug der höheren Notwendigkeit; ihr Trug, mit dem sie das Vertrauen Hektors täuscht, der Trug des Schicksals. Es ist töricht, die Gewaltigkeit dieses Geschehens mit dem Maßstab der Moralität messen zu wollen und von der Schicksalsmacht zu verlangen, daß sie der Treue und Redlichkeit die Ehre geben solle, als wäre sie ein Mensch, der seinem Nächsten gegenübersteht. Nicht ohne Grauen sehen wir zu, wie die höheren Mächte der menschlichen Einsicht spotten. Aber aus dem schicksalhaften Dunkel bricht der Glanz des Göttlichen hervor. Auf dem Wege des Geschickes verführt Athene den Hektor; als Göttin aber bringt sie ihn zu Ehren. Wann war seine Rolle würdiger: vor dem göttlichen Eingreifen, als er wie von Sinnen davonlief, oder nachher, als er männlichen Widerstand leistete? Wenn schon sein Untergang bestimmt war, hätte die Gottheit besser daran getan, ihn von Achill auf der Flucht einholen und niedermachen zu lassen? Die Gottheit geht nicht geringschätzig mit dem Großen um, den sie vernichten muß. Ihr Blendwerk, so grausam es uns erscheinen mag, stellt die Heldenehre Hektors wieder her. Er weiß jetzt, daß sein Schicksal besiegelt ist, aber er weiß auch, daß die Nachwelt seines Ruhmes voll sein wird. Dieser Erfolg des göttlichen Waltens ist nicht zufällig, sondern ein wertvolles Zeugnis für seinen Geist.

7.

Die größten Gottheiten, Zeus, Athene und Apollon, zeigen in dreifacher Gestalt das Ideal geadelter *Männlichkeit*.

Eine von ihnen ist Frau, und zwar gerade diejenige, in deren Bild der kampfesmutige, tatenfrohe Mannessinn vergöttlicht erscheint. Diese Merkwürdigkeit hat uns schon früher, bei der Betrachtung des Athenebildes, zu denken gegeben (vgl. S. 70f.). So sei hier nur dies noch bemerkt: Die Freiheit des Erkennens und Bildens, das geistige Schöpfertum, gehört ganz dem Reiche der Männlichkeit an und hat daher, als Gottheit, rein männlichen Charakter. Aber die Energie und Wucht des tätigen Lebens, wenn sie sich über das Brutale erheben soll, bedarf der Verklärung durch das Weibliche. Alle großen Männer der Tat haben einen weiblichen Zug, der die Härte mildert und die Kraft vornehm macht. Das ist die Bedeutung des Weiblichen in diesen Höhen der griechischen Religion. Darüber hinaus aber hat es seine Macht verloren. Nicht der leiseste Hauch von Frauenliebe mischt sich in die Verehrung der Göttin Athene.

Wenn Nietzsche sagt, es sei der Wille des Griechen gewesen, das Weib im Menschen zu überwinden, so bewährt sich dieser Satz schon hier. Es ist eine bekannte Eigentümlichkeit alter Religionen, daß sie sich ihre großen Gottheiten als ein Paar oder als Dreiheit vorstellen. In beiden Fällen pflegt das weibliche Element eine bedeutende Rolle zu spielen. In östlichen Kulturkreisen nimmt es oft die erste Stelle ein, und der Mann oder, wenn es drei Personen sind, die beiden Männer sind dem erhabenen Weibe untergeordnet. Im altgriechischen Dreiverein dagegen hält sich die weibliche Natur nicht einmal im Gleichgewicht gegen das andere Geschlecht. Ja, sie ist in gewissem Sinne gar nicht vorhanden, denn von ihren charakteristischen Zügen besitzt Athene nur den sublimsten Glanz. Liebe und Mütterlichkeit fehlen ihr; sie ist Jungfrau, aber durchaus nicht von der mädchenhaften Sprödigkeit einer Artemis, die augenblicklich in mütterliche Wärme und Zärtlichkeit umschlagen kann. Ihr Sinn ist männlich, und es entspricht ganz der Vorstellung, die das Homerische Epos von ihr gibt, wenn Aischylos sie in den Eumeniden von sich selbst sagen läßt, sie stehe mit Herz und Sinn auf seiten des Mannes und fühle sich ganz als Tochter des Vaters (735 ff.). Während also andere Religionen auch der männlichen Gottheit oftmals Züge unverkennbarer Weiblichkeit verleihen, bestätigt die griechische ihre männliche Gesinnung noch in dem weiblichen Mitgliede der obersten Götterdreiheit.

Die Frau ist elementhafter als der Mann, und viel mehr als er auf das individuelle Dasein hingewiesen. Ihr physischer Organismus legt ihr eine Beachtung des Körperlichen nahe, die der Mann selten begreift. Die ganze Sphäre des Sinnlichen und Konkreten wird von ihr mit einer Andacht und Ehrfurcht behandelt, die dem männlichen Empfinden natürlicherweise fremd bleiben. Ihre Macht liegt in ihrer Erscheinung und Person. Während der Mann ins Allgemeine, Unpersönliche und Unsinnliche strebt, konzentriert ihre Kraft sich ganz im Einmaligen, im Persönlichen, in der gegenständlichen Realität. Wie der Mann, im Augenblick der Entzückung, in ihr sein Idol anbetet, so ist sie selbst von Natur dazu geschaffen, ihre Einzigkeit zu fühlen und mit allen Kräften auf sie bedacht zu sein.

Es ist von großem Interesse, zu bemerken, wie viele bedeutende Züge der verschiedenen Religionen und Weltanschauungen sich dem einen oder anderen dieser Grundcharaktere zuordnen lassen. Die männlich gesinnte griechische Gottheit hebt ihre Persönlichkeit nicht mit dem Eifer anderer Götter hervor. Sie erwartet nicht, daß der Mensch lebe, um ihr zu dienen, und seine besten Taten vollbringe, um hire Person zu verherrlichen. Die Ehre, die sie für sich in Anspruch nimmt, ist nicht von der Art, daß kein anderer neben ihr Anerkennung finden darf. Sie freut sich an der Freiheit des Geistes und fordert von dem Menschenleben viel mehr Sinn und Einsicht, als Bindung an bestimmte Formeln, Akte und Gegenständlichkeiten.

Durch nichts unterscheidet sich die spezifisch griechische Religiosität von anderen augenfälliger, als durch ihre Stellung zum Element und zur konkreten Gegenständlichkeit. Die Welt der Urstoffe und der Urkräfte ist ihr heilig. Aber ihre Gedanken vom Göttlichen sind hoch darüber hinausgeflogen. Während in andern Religionen und Kulten die Bindung an das Stoffliche in seiner gegenständlichen Realität unauflösbar bleibt, bekennt sich der echt männliche Glaube des Griechen zur Freiheit und Geistigkeit. Wie er, in seiner Homerischen Form, keiner Fortdauer des gegenständlichen Leibes und der gegenständlichen Seele bedarf, um Vergangenheit, Gegenwart und Zukunft in einer großen Idee zusammenzufassen, so vermag er es, die

Daseinstiefe alles Konkreten in der ewigen Gestalt anzuschauen und anzubeten.

Diese *Geistigkeit* der Religion tritt bei den höchsten Gottheiten unverhüllt hervor. Zu ihren Reichen hat von allen irdischen Wesen nur der Mensch Zugang. Aber auch ihr Sein ist Gestalt, nicht absoluter Geist, dem die Natur als etwas Minderwertiges gegenüberstünde.Keine von ihnen offenbart sich dem Erkennen oder Ahnen, das über diese Welt hinausstrebt. Keine unterscheidet kategorisch zwischen Gut und Böse, um die Natur durch ein für alle Male gegebene Vorschriften zu meistern. Sie wollen die Natur, die sich selbst durch Einsicht und Hochsinnigkeit vollendet. Und diese Vollendung der Natur ist in ihnen selbst göttliche Gestalt geworden und steht als vollkommenes Sein über der Mangelhaftigkeit und Flüchtigkeit des Menschenlebens.

So verewigen auch sie wiederum eine ganz bestimmte Wirklichkeit, in diesem Falle eine geistige: das höhere Menschentum.

8.

Die Hoheit, durch die Zeus, Apollon und Athene die andern Olympier überragen, ist überall deutlich. Ihre Erscheinung ist von dem höchsten Glanz umgeben. Ihr Auftreten ist immer entscheidend. Wo ein großer Wunsch an die göttliche Macht gerichtet wird, stellen diese drei Namen, formelhaft verbunden, sich ein. So in den Homerischen Gedichten (z. B. Ilias 2, 371), und ähnlich später in der religiösen Sprache Athens. Die Unvergleichlichkeit der Zeuskinder Athene und Apollon hat gegen Ende der Ilias einen gewissermaßen symbolischen Ausdruck gefunden in der schon mehrfach erwähnten Götterschlacht des 21. Buches, wo zuerst Athene den rasenden Ares mit großartiger Überlegenheit niederwirft, und dann Apollons hoher Sinn es ablehnt, der Menschen wegen als Gott mit Poseidon handgemein zu werden. Diese drei obersten Gottheiten haben zum Sinn und zur Schönheit noch die *Größe*.

Die Folgezeit neigte immer mehr dazu, den höchsten Erweis des Göttlichen in der allgemeinen Fürsorge und Gerechtigkeit zu sehen. „Wenn ich die Schlechten untergehen sehe,
Dann glaub' ich, daß ein Gott im Himmel lebt",
so läßt Euripides im Oinomaos (Fragm. 577) eine seiner Personen sprechen. Der bäuerliche Hesiod, in seinem schweren Kampf gegen Untreue und Rechtsverfälschung, kann sich nicht denken, daß der Gottheit etwas anderes werter sein sollte als das, was ihm in seiner Existenz das Ehrwürdigste ist. Darin erkennen wir die Gesinnung eines in Abhängigkeit und Bürgerlichkeit geratenen Lebens. Die Religionshistoriker sprechen von Klärung und Vertiefung der Religiosität. Aber der Ruf nach Gerechtigkeit ist vielmehr ein Zeichen der beginnenden Entgöttlichung der Welt. Der Rechtsanspruch auf Glück, den der Einzelne zu haben glaubt, erhebt sich über das sinkende Bewußtsein göttlicher Gegenwart. Gewiß, man glaubt auch in der Homerischen Welt an die siegreiche Gerechtigkeit des Zeus. Nach dem verräterischen Bogenschuß, der die heiligen Eide umstürzt, ruft Agamemnon aus, daß der Tag des Untergangs für Ilion und Priamos und sein ganzes Volk gewiß sei, denn sicherlich werde der Ingrimm des Zeus sie einmal büßen lassen für ihren Frevel, wenn es auch nicht auf der Stelle geschehe (Ilias 4, 160ff.). Auch Menelaos, an dem das erste Unrecht geschehen ist, hält trotz der schwersten Anfechtungen an dem Vertrauen auf die Gerechtigkeit des Himmels fest (Ilias 13, 622ff.). Ein berühmtes Gleichnis gedenkt des Zornesausbruchs, mit dem Zeus die ungerechten Richter heimsucht (Ilias 16, 384ff.). Ja, der Dichter des 24. Gesanges der Odyssee läßt den alten Laertes auf die Kunde vom Untergange der Freier ausrufen: „Vater Zeus! Also lebt ihr Olympischen Götter noch, wenn wirklich die Freier ihren frevelhaften Übermut büßen mußten!" (351.)

Aber solche Gedanken stehen nicht im Vordergrund des Homerischen Glaubens. Wie könnte das auch sein in einer Welt, deren glänzendste und geliebteste Menschengestalt nicht durch langes glückliches Leben gesegnet wird, sondern schon in der ersten Jugendblüte dahinsinken muß, der schönste der Erdensöhne, dessen kurzer Lauf nichts anderes war als Kampf und Trennung vom Liebsten und Tränen — und der doch diesen flüchtigen Glanz einem langen ungetrübten Leben vorgezogen hat um der Größe willen (Ilias 9, 410 ff., vgl. auch Platon, Symposion, p. 179 E).

„Nicht errettet den göttlichen Held die unsterbliche Mutter,
Wenn er, am skäischen Tor fallend, sein Schicksal erfüllt.
Aber sie steigt aus dem Meer mit allen Töchtern des Nereus,
Und die Klage hebt an um den verherrlichten Sohn.
Siehe, da weinen die Götter, es weinen die Göttinnen alle,
Daß das Schöne vergeht, daß das Vollkommene stirbt.
Auch ein Klaglied zu sein im Mund der Geliebten ist herrlich,
Denn das Gemeine geht klanglos zum Orkus hinab."

(Schiller.)

Für diesen Menschengeist, der nicht Glück, sondern Größe will, ist die Folgerichtigkeit des göttlichen Waltens eine andere, als sie sich der Bauer und Bürger in seinem auf Besitz und Gewinn gestellten Dasein wünschen möchte. Von Otto Gruppe ist fein bemerkt worden, welche große Linie durch die Homerische Ilias hindurchgeht (vgl. Griechische Mythologie und Religionsgeschichte S. 1013). Zeus erfüllt dem Achilleus seinen Wunsch, daß die Griechen, während er allein grollend zurückbleibt, in verzweifelte Not kommen sollen (Ilias 1, 409); aber eben dies muß er selbst mit dem tiefsten Leide bezahlen, denn die Not der Griechen zieht seinen liebsten Freund in den Tod, und da er, um ihn zu rächen, sich mit den Griechen wieder versöhnt, ist sein eigener Untergang besiegelt; unmittelbar auf Hektors Fall muß der seinige folgen (Ilias 18, 96). — Der Mensch darf wählen. Was er wählt, erfüllt sich an ihm — und am Ende ist es viel Leid und Verzicht gewesen. Dann kann er wohl, wie Achilleus, mit dem Feinde brüderlich sitzen und weinen (Ilias 24, 509 ff.). Aber er hat ja nicht den Lebensgenuß gewählt, sondern die Größe — — —. Dieses große Menschentum könnte den Geschlechtern, deren Religion angeblich reifer und ernster geworden ist, zurufen: Was klagt ihr über Ungerechtigkeit und richtet den Himmel, wenn ihr meint, daß euch nicht nach Verdienst geschehe? Hat euer Besitz- und Erwerbsleben mit dem Recht, das euch festigen soll, nicht auch das Unrecht gewählt, das euch erschüttert?

Die Gerechtigkeit ragt nicht über das Allzumenschliche hinaus. Aber die Größe! Sie kann jenseits von Glück und Unglück, Recht und Unrecht, Liebe und Haß dem Bedeutenden Ehre geben und weiß wohl, daß Augenblicke ein ganzes Leben aufwiegen. Sie kann dem Feinde die Hand reichen, sie kann den Schuldigen und den vom Schicksal Gezeichneten in einer Glorie sehen, aber nicht weil sie liebt oder demütig ist, sondern weil ihre eigene Hoheit Regionen kennt, wo die Maße und Wertungen versagen. Diese Größe beweist der höchste Olympische Gott dem Hektor gegenüber im 17. Buche der Ilias (198 ff.). Hektor muß fallen. Der Sturz des Patroklos war der Gipfel der troischen Triumphe. Jetzt hat das Geschick sich gewandt. Im Sterben verkündet es Patroklos seinem Überwinder: „Schon ist der Tod dir nahe und das unbezwingliche Schicksal..." (16, 852 ff.). Aber Hektor glaubt nicht. Im Hochgefühl des Sieges denkt er selbst den Achilleus zu überwältigen (860). Seine letzten großen Stunden kommen, zugleich die dunkelsten für die Achaier. Die Rüstung des Achill, die dem toten Patroklos abgenommen worden, trägt man als Siegeszeichen nach Troia (17, 130); aber Hektor, der selbst den Auftrag dazu gegeben, eilt den Trägern nach: er will „die göttliche Wehr des Peliden Achilleus, das Geschenk der Himmlischen" (194), selbst anlegen, um so, im Glanz des höchsten Triumphes, in die Schlacht zu stürmen. Wir wissen, was ihm bevorsteht, und so wird uns sein Stolz zum jammervollsten Bild

333

menschlicher Blindheit. Aber der Göttervater denkt größer, als der selbstgerechte Mensch es von der Gottheit gerne haben möchte (198 ff.). Das Schicksal muß seinen Lauf haben. Er wird nicht heimkehren aus der Schlacht, keine liebende Hand wird ihm diese Rüstung abnehmen. Aber dafür soll er jetzt den höchsten Augenblick erleben. „Ihn sah Zeus aus seinen Wolkenhöhen, wie er sich die Waffen des göttlichen Achilleus anlegte. Und er bewegte sein Haupt und sprach bei sich selbst: Du Armer! denkst nicht an den Tod, der dir doch so nahe ist; kleidest dich in die göttliche Rüstung des Helden, vor dem alle zittern! Hast du ihm nicht den Freund erschlagen, den lieben, starken, und die Rüstung ungebührlich ihm von Haupt und Schultern genommen? Aber heute noch will ich dir den Glanz der Größe schenken, dafür daß dir die Heimkehr versagt ist und Andromache dir die herrliche Wehr des Peleussohnes nicht mehr abnehmen wird."

Das ist der Zeus, dessen gewaltiges Bild der Dichter uns im Eingange der Ilias zeigt, wie er der bittenden Thetis nach langem Schweigen antwortet und der Berg, auf dem er thront, vom Neigen seines Hauptes erbebt (1, 528).

Die unvergeßlichste Erscheinung der göttlichen Größe steht am Anfang der Ilias, und sie schließt mit einem Bilde der menschlichen. Die Götter wollen, daß Hektors Leiche dem Vater Priamos ausgeliefert werden solle, und Achilleus, der den Mörder seines Lieblings noch über den Tod hinaus mit entsetzlicher Grausamkeit verfolgte, gehorcht ohne Widerrede. Echt Homerisch ist es, daß die Güte gegen den Feind keinem Akt autonomer Selbstverleugnung entspringt, sondern ihren Antrieb aus dem Göttlichen empfängt. Und doch sind Gefühl und Tat das Eigentum des Menschen; denn nie hat ein Mann seinen Feind mit natürlicherer Menschlichkeit und Größe empfangen. Der Unversöhnliche sieht plötzlich den Greis zu seinen Füßen, die mörderischen Hände küssend, die ihm so viele Kinder getötet (24, 478). Und er weint mit dem Alten. Der König des feindlichen Volkes, der Vater des Kriegsstifters Paris und jenes Verhaßten, der ihm das Liebste genommen, ist nur noch ein Mensch, zum Leiden und Weinen geboren, wie er selbst und alle, alle. Und er erfüllt seinen Wunsch, er schützt ihn selber sorglich vor den Augen der Griechen; ja, er verspricht ihm Waffenruhe für die ganze Dauer der Totenehren in Troia. Und mit der dunklen Glut dieser Leichenfeier, deren ungestörter Vollzug von dem unversöhnlichsten Feinde gewährleistet wird, schließt die Ilias.

VII. DAS SCHICKSAL

1.

Die dunkelste Sphäre des Daseins ist noch übrig, und wenn wir den Göttern auch hier begegnen, so scheinen sie selbst dem lichten Eindruck, den wir von ihnen empfangen haben, zu widersprechen.

Wie? Die Genien des Lebens, der Fülle, des Glücks, sie sollten zugleich der Grund der Not, des Verhängnisses, des Untergangs sein? Kann das Leben sich so gegen sich selbst kehren? Daß die lebendige Macht dem, der ihrer spottet, zum Verhängnis werden muß, verstehen wir. Aber wie sollen wir uns damit abfinden, daß sie selbst den Menschen verwirrt und in den Abgrund stürzt; daß sie also nicht bloß Licht und Wärme ist, sondern zugleich jener dunkle, kalte Schatten, der so unheimlich auf das Leben fällt? Sollten jene Götter doch nicht die leuchtenden Gestalten der lebendigen Welt sein, als die sie uns erschienen sind, sondern überweltliche Mächte, die selbstherrlich das Leben wie den Tod bestimmen?

Der Widerspruch löst sich auf, wenn wir das eigenartige Bild kennenlernen, in dem der altgriechische Geist die Nachtseite der Existenz und ihre Wirkung auf das Verhalten der Götter aufgefaßt hat. Diese Nachtseite ist der Tod und alles, was mit Notwendigkeit zum Tode führt. Hier, wo das Leben verwirkt ist, hat auch die Wesenskraft der Götter ein Ende, und sie verschwinden. Das Unheimlichste aber ist, daß es einen Punkt gibt, wo ihre Lebensgestalten selbst ins Dämonisch-Feindselige umschlagen und so zu Schicksals- und Todesmächten zu werden scheinen — aber nur scheinen, wie sich im letzten Teil dieser Betrachtungen zeigen wird.

Es heißt zwar zuweilen, daß die Götter „alles können". Aber ein Blick in die Göttergeschichten lehrt, daß dies nicht wörtlich zu nehmen ist. Die Möglichkeit zu Allem würde ja auch ihrer Einheit mit der Natur widersprechen. Die Menschen scheuen sich nicht, in einer verzweifelten Lage offen auszusprechen, daß hier auch die Götter nicht helfen könnten. Auf Nestors Wunsch, daß es dem Telemachos mit Athenes Hilfe gelingen möge, der Freier Herr zu werden, antwortet dieser (Odyss. 3, 228): „nie wird sich mir diese Hoffnung erfüllen, selbst wenn die Götter es wollten!" Wie auch die Ohnmacht der Götter in diesem besonderen Falle zu begründen sein mag, es gibt eine feste Grenze für ihre Macht, ein grundsätzliches „bis hierher und nicht weiter!" Das ist der Tod. Kein Gott kann einen, der einmal tot ist, wieder mit Leben beschenken, kein Götterwille reicht hinüber in das Schattenreich des Vergangenen. Aber das gilt auch für andere Religionen, selbst für die des alten Testaments. Die griechische Anschauung geht viel weiter und hat noch einen anderen, tieferen Sinn. Hier besitzt die Gottheit nicht bloß keine Macht über die Toten: sie kann auch die Lebenden vor dem Tod, der ihnen bestimmt ist, nicht beschirmen.

„Nicht errettet den göttlichen Held die unsterbliche Mutter,
Wenn er, am skäischen Tor fallend, sein Schicksal erfüllt."

Mit diesen Worten trifft Schillers Nänie den echt griechischen Gedanken genau. Athene selbst sagt in der Odyssee (3, 236 ff.): „Den Tod vermag auch die Gottheit von dem Manne, den sie liebt, nicht abzuwenden, wenn die verderbliche Moira („Bestimmung") des Todes ihn niederwirft." Und Thetis bittet (Ilias 1, 505 ff.) den Zeus für ihren Sohn, dem ein so früher Tod bestimmt ist, um Ehre, die der Himmelsherrscher mit erhabenem Kopfnicken gewährt; daß sie um Verlängerung seines Lebens bitten könnte, daran denkt weder sie, noch der große Gott, in dessen Macht es nicht liegt, eine solche Bitte zu erfüllen. Wie Hektor sich die Waffenrüstung Achills anlegt, da jammert es Zeus des Blinden, der nicht weiß, wie nahe ihm der Tod ist (Ilias 17, 198 ff.), und er will ihm jetzt noch Glanz geben, weil er aus dieser Schlacht nicht lebend heimkehren wird; diese finstere Bestimmung selbst vermag er, trotz allen Mitleids, nicht aufzuheben.

Apollon, der dem Hektor so treulich beigestanden, verläßt ihn in dem Augenblick, wo die Schicksalswaage anzeigt, daß er dem Tod verfallen ist (Il. 22, 213).

Diese Beispiele genügen, um die Begrenzung der Götter zu zeigen. Es gibt einen Spruch, den die Abgesandten des Kroisos von der Delphischen Pythia hörten (Herod. 1, 91), und der in der späteren Literatur oft wiederholt wird (vgl. Platon, Leg. 5, p. 741 A): daß der Schicksalsbestimmung oder der Notwendigkeit gegenüber auch der Götter Macht versage. Ja, von ihnen selbst wird zuweilen gesagt, daß sie ihrer Satzung unterliegen (vgl. Aischyl. Prom. 515 ff. und mehrere berühmte Mythen; dazu Ilias 15, 117 und Hesiod. Theog. 220). Diese „Bestimmung" aber ist nicht bloß dem göttlichen Herrschaftsbereich ein für alle Male entzogen: sie ist auch ihrem Wesen nach ganz verschieden von den Fügungen der Götter.

Göttliche Art ist es, zu schenken, zu helfen, zu erleuchten. Bisweilen zwar kann es so erscheinen, als teile auch die Schicksalsbestimmung dem Menschen ein positives Gut zu; aber die Gesamtheit ihrer Wirkungen macht es unzweifelhaft, daß ihr Wesen nicht positiv, sondern *negativ* ist. Sie setzt der Dauer die Grenze, dem Wohlstand die Katastrophe, dem Leben den Tod. Katastrophe, Aufhören, Begrenzung, alle Formen des „bis hierher und nicht weiter" sind Formen des Todes. Und der Tod selbst ist der oberste Sinn des Geschickes. Wo der Name der Moira ausgesprochen wird, denkt man zuerst an die Notwendigkeit des Todes; und in dieser Notwendigkeit wurzelt auch ohne Zweifel die Idee von einer Moira.

Wir müssen uns erst an den Gedanken gewöhnen, daß die bedeutsamste und entscheidenste aller Schickungen, der Tod, von einer andern Gewalt, als der göttlichen, abhängig sein soll. Ist er denn nicht der Inbegriff aller der Leiden und Schrecken, vor denen die Götter den Menschen gnädig bewahren sollen. Und wenn hier ihre Macht versagt, wozu ist sie dann noch nütze?

Wo die Katastrophen, die Ausgänge, der Tod unverrückbar festgesetzt sind, bleibt da noch Raum für göttliche Hilfe?

Für einen Glauben, dessen Gottheit von außen her in das natürliche Dasein hereinwirkt, kann die Antwort auf diese Fragen nur negativ lauten. Wo aber das Göttliche mit der Lebensfülle eins ist, da muß der Tod durch eine tiefe Kluft von ihm getrennt sein. Denn das Lebendige empfindet den Tod als das Fremdeste und vermag nie zu glauben, daß er im Sinn und Plan des Lebens selber liegen könnte.

So verstehen wir es, daß die Mächte des Lebens und das Gesetz des Todes nicht dieselben sind. So begreifen wir die unendliche Fremdheit, mit der sie sich gegenüberstehen.

Gewiß wird zwischen Göttern und Moira eine Brücke geschlagen durch die Vorstellung, daß die Götter, im Gegensatz zu den Menschen, wissen, was die Moira bestimmt hat. Aber wir sehen sie oft mit Leid vom Schicksal Kenntnis nehmen und sich höchst ungern seiner Bestimmung fügen. Sie dürfen, ja sie können nicht anders. Je lebhafter das zum Ausdruck gebracht wird, um so deutlicher ist es, daß ihr Wesen hier mit einem andern, das ihm fremd ist, zusammenstößt.

„Siehe, da weinen die Götter, es weinen die Göttinnen alle,
Daß das Schöne vergeht, daß das Vollkommene stirbt."

(Schiller.)

Die Erfahrung des Daseins zeigt dem Geist und Gemüt des Griechen zweierlei: das sich entfaltende Leben, dem auf allen Wegen seiner Entfaltung die lebendige Gottheit begegnet, — und die strenge Notwendigkeit, die das Wachstum an dem von ihr bestimmten Punkt durchschneidet. Die Götter gehören auf die Seite des Lebens. Um ihnen zu begegnen, muß das Lebende sich rühren, vorwärtsschreiten, tätig sein. Dann umfassen sie es mit ihrer Kraft und Herrlichkeit und zeigen ihm gar, in plötzlicher Offenbarung, ihr himmlisches Angesicht. Darum kann dem, der nicht mehr auf dem Wege ist, auch die Gottheit nicht mehr begegnen. Mit den Toten, deren ganzes Sein ein Gewesen ist, mit den Gestalten des Vergangenen, die von aller Gegenwart abgetrennt sind, kann die Gottheit nichts mehr zu schaffen haben. Aber sie begegnet auch dem nicht mehr, dessen Weg geendet sein soll. Hier schneiden sich die beiden Kreise. Was sich in dieser Überschneidung vollzieht, bleibt für das rationale Denken Geheimnis. Aber es treten bildhafte Vorstellungen auf, die unverkennbar aus lebendigster Erfahrung stammen.

2.

Der Gedanke einer Bestimmung, die den Untergang und Tod festsetzt, hat seine Wurzel in dem vorzeitlichen Glauben, dessen erdhafte Gestalten die Homerische Religion in vielen Fällen nur aus dem Vordergrund zurückgeschoben und zu ihrem eigenen ehrwürdigen Hintergrund gemacht hat. Die Moira war ein Dämon des Verhängnisses und Todes. Der Name bedeutet Zuteilung oder Anteil, und das sagt genug. Es ist eine weibliche Form zum Namen des Μόρος, der ebenfalls Tod und Verhängnis bedeutet, und bei Hesiod (Theog. 211) als Eigenname eines göttlichen Wesens erscheint, das, wie Moira selbst, die „Nacht" zur Mutter hat. Gestalten dieser Art treten gern in der Mehzahl auf – man denke an die Keren, die Erinyen usw. – und so nennt Hesiod im Gegensatz zu Homer, bei dem nur ein einziges Mal eine Vielheit der Moiren vorkommt (Ilias 24, 49), drei Moiren, Töchter des Zeus und der Themis (Theog. 904ff. In Delphi waren es zwei: Paus. 10, 24, 4. Plut. de ei ap. Delph. 2). Die Sphäre, in der diese dunklen Wesen zu Hause sind, wird unmißverständlich angezeigt durch die andere Genealogie, die wir ebenfalls bei Hesiod finden (Theog. 211ff.): sie sind Töchter der Urgöttin Nacht; sie hat auch den Moros hervorgebracht und die Erinyen, die auch bei Aischylos die Schwestern der Moiren, von Mutterseite her, heißen (Eum. 960). Auch der 59. orphische Hymnus nennt sie Töchter der Nacht. In denselben Kreis der

Gedanken und Bilder führt ihre Verknüpfung mit Uranos und Gaia, mit Kronos und mit Aphrodite. Kinder des Uranos und der Gaia nennt sie die orphische Theogonie (Fr. 57 Kern). Bei Epimenides (Fr. 19 Diels) sind Kronos und Euonyme die Eltern der Moiren, der Aphrodite und der Erinyen. Aphrodite Urania wird als die „Älteste der Moiren" bezeichnet (Pausanias 1, 19, 2). Die Verwandtschaft mit den Erinyen tritt auch im Kult hervor: im Hain der Eumeniden zu Sikyon hatten die Moiren einen Altar, wo ihnen ähnliche Opfer wie jenen dargebracht wurden, nämlich solche, die für Erdgottheiten und Unterirdische charakteristisch sind (Paus. 2, 11, 4).

Aus all dem geht deutlich hervor, daß wir es mit Angehörigen jener uralten Götterwelt zu tun haben, die sich durch ihre Erdhaftigkeit und Erdgebundenheit von den Olympiern scharf unterscheidet. Wie so manche Gestalten dieser düster-ernsten Sphäre, sind auch sie Walterinnen einer heiligen Ordnung und unerbittliche Rächerinnen ihrer Übertretung. Nach Hesiod (Theog. 220) verfolgen die Moiren und die Keren der Menschen und Götter Übertretungen und ruhen nicht, bis sie dem Frevler sein verdientes Teil gegeben. Nach arkadischer Legende, die Pausanias 8, 42, 3 erzählt, hat Zeus, als Demeter in ihrer Trauer das Wachstum der Erde vernichtete, die Moiren zu ihr geschickt, und durch ihr Zureden wurde der wilde Zorn der Göttin besänftigt. In diesem Sinn kann Pindar von ihnen sagen, daß sie sich abwenden, wenn Blutsverwandte in Fehde miteinander liegen (Pyth. 4, 145). Und der Hymnus eines unbekannten Dichters (Diehl, Anthol. II, p. 159) betet zu ihnen, den Töchtern der Nacht, sie möchten die „Ordnung" (Eunomia) senden und ihre Schwestern, „Recht" (Dika) und „Frieden" (Eirena). Darum erscheinen sie so oft im Mythos in Gemeinschaft mit den alten Mächten der Ordnung, mit Erinyen und Horen und vor allem mit Themis. Wie vielsagend ist, was die Ilias 19, 408 ff. erzählt: das Roß des Achill sprach plötzlich, und es sprach von der

„gewaltigen Moira"; aber nicht lange, denn die Erinyen verschlossen ihm den Mund.

Anfang und Ende, Geburt und Tod sind die großen Zeiten dieser Moiren, und dazu als dritte die Hochzeit. Sie führen dem Zeus die Themis als Gattin zu (Pind. fr. 30), sie vermählen die olympische Hera mit ihm (Arist. Vögel 1731). Singend treten sie bei der Hochzeit des Peleus und der Thetis auf (Catull. 64; vgl. die Darstellung der Françoisvase). Bei Aischylos bitten die versöhnten Eumeniden sie, ihre Schwestern, „den lieblichen Mädchen die Ehe zu stiften" (Eum. 957ff.). Als Geburtsgottheiten stehen sie neben der Eileithyia (vgl. Pind. Ol. 6, 42; Nem. 9, 1. Anton. Lib. 29). Mit den Eileithyien sehen wir sie noch beim Säkularopfer verbunden. Berühmt ist ihre Erscheinung bei der Geburt des Meleagros. „Sie geben den Menschen, wenn sie geboren werden, Gutes und Böses" (Hesiod. Theog. 218f.). Nach bekannter und sicherlich ururalter Vorstellung „spinnen" sie dem Neugeborenen sein Schicksal — das aber bedeutet vor allem den Tod. In diesem Sinne wird das Bild auch von Homer gebraucht. Heute, sagt Hera (Ilias 20, 127), soll dem Achill kein Unheil begegnen, „später aber wird er leiden müssen, was ihm die ‚Bestimmung' (Aisa — dieser Begriff ist gleichbedeutend und wechselt oft mit Moira) bei seinem Eintritt in die Welt gesponnen, als seine Mutter ihn gebar". Die Mutter selbst sagt von ihrem Sohn Hektor, dessen Leiche sich in den grausamen Händen Achills befindet (Il. 24, 209), daß sich an ihm erfüllt habe, „was ihm die gewaltige Moira beim Eintritt in die Welt gesponnen, als ich ihn gebar". Die Phaiaken wollen den Odysseus (Od. 7, 195 ff.) sicher an seinen Heimatstrand fahren, so daß ihm kein Unglück zustößt, ehe er die vaterländische Erde betritt; „dort wird er dann leiden müssen, was ihm die Bestimmung und die furchtbaren Spinnerinnen (Klothes) beim Eintritt in die Welt gesponnen haben, als die Mutter ihn gebar". „Mit böser Bestimmung habe ich Dich geboren", sagt Thetis zu dem trauernden

Achill, dem das Schicksal einen so frühen Tod bestimmt hat (Il. 1, 418).

So stehen die Moiren als dunkle Mächte der Todesbestimmung im Kreis der alten Erdreligion. Todesbestimmung — das ist der eigentliche Sinn des Begriffes der Zuteilung oder des Anteils, der in dem Namen Moira liegt. Wenn dieser Name auch durchsichtig war und blieb, so sind doch seine Trägerinnen in der vorhomerischen Religion als persönliche Gestalten gedacht worden. Daran wird niemand, der die vorgebrachten Zeugnisse erwägt, auch nur einen Augenblick zweifeln können. In der Gigantomachie scheinen die Moiren mit der Keule, die auch andere Schicksalsgottheiten führen, gekämpft zu haben (vgl. Apollod. 1, 6, 2). Wie derb sinnlich sich die primitive Phantasie ihre Existenz ausmalen konnte, zeigt die sicherlich sehr alte Erzählung, daß Apollon sie einmal betrunken gemacht habe (Aisch. Eum. 728). Bei Homer, wo der Ausdruck μοῖρα so oft in unpersönlichem Sinne gebraucht wird, ist von der alten persönlichen Vorstellung, neben formelhaften Wendungen, noch das denkwürdige Wort μοιρηγενής („Moirasohn") übrig geblieben, mit dem Priamos (Ilias 3, 182) den Agamemnon preist.

3.

Im Gedankenkreis der Homerischen Gedichte wirkt das uralte Bild von der Moira, die den Tod „zuteilt", noch mächtig nach, aber es ist hier, wie alles Alte, das noch Geltung hat, wesentlich umgestaltet.

Es kann zwar zunächst so scheinen, als wäre die Moira als persönliche Gestalt für Homer noch so lebendig, wie je zuvor. Er stellt sie neben die persönlichen Götter und läßt sie, wie diese, handelnd ins menschliche Dasein eingreifen. „Nicht wir haben Schuld", sagt das plötzlich sprechende Roß zu Achill, dem es seinen nahen Untergang verkündet (Ilias 19, 409 f.), „sondern der große Gott und die gewaltige Moira". Der sterbende Patroklos hält dem Hektor, der über seinen Sieg triumphiert, entgegen (Ilias 16, 849): „die mich erschlugen, das waren Moira, die verderbende, und der Sohn der Leto; von den Menschen aber Euphorbos, und du kommst nun als Dritter, mir die Rüstung zu nehmen"; und er fügt hinzu: auch du wirst nicht lange mehr leben, „schon stehen in deiner Nähe der Tod und die gewaltige Moira". Neben Zeus nennt Agamemnon die Moira und die Erinys als die Verursacher seiner verhängnisvollen Verblendung (Ilias 19, 87). Ihr Tun wird mit lebhaften Farben geschildert. Ilias 5, 613: Amphios besaß in seiner Heimat viele Güter; „aber ihn führte die Moira" als Bundesgenossen des Priamos nach Troia, wo er von Aias' Hand fiel. 21, 82f.: den Lykaon hat „die verderbliche Moira" dem Achill „in die Hände gegeben". 5, 629: den starken Tlepolemos „trieb die gewaltige Moira" gegen Sarpedon, dessen Speer er erliegen sollte. 13, 602: Peisandros schritt auf Menelaos los; „ihn führte die böse Moira zum Tode", denn er sollte von Menelaos erschlagen werden. 22, 303: „jetzt ereilt mich die Moira"; so sagt Hektor, der weiß, daß ihn „die Götter zum Tode gerufen haben". 4, 517: den Dioreus „bannte die Moira", denn der Thraker Peiroos traf ihn mit einem Steinwurf und machte ihm mit der Lanze den Garaus. 22, 5: während alle andern vor Achilleus in die Stadt flohen, „bannte den Hektor die verderbende Moira", draußen vor dem skäischen Tore stehen zu bleiben. Die Moira erscheint geradezu als die Macht, die – ähnlich wie der persönlich gedachte Tod – den Menschen anfällt und in Nacht versinken läßt. So heißt es von einem tödlich Getroffenen: „ihm bedeckte die Augen der dunkle Tod und die gewaltige Moira" (Il. 5, 82f.; 16, 333f.; 20, 476f.; vgl. auch 12, 116). Wenn der Mensch sterben muß, so „wirft ihn die verderbende Moira des Todes nieder" (Odyss. 2, 100; 3, 238; vgl. 17, 326). – Auch das Spinnen der Moira ist dem Homer ein vertrautes Bild, wie die schon angeführten Stellen aus Ilias und Odyssee zeigen können. Er hat sogar einen Ausdruck bewahrt, den die spätere

Literatur nicht mehr zu kennen scheint, und der die Lebendigkeit ihres Wesens besonders deutlich hervorhebt: Μοῖρα κραταιή, d. i. die starke oder gewaltige (vgl. Ilias 5, 82, 629; 16, 853; 19, 410; 20, 477). Er erinnert an den Namen der Krataiis: so heißt bei Homer (Od. 12, 124) die Mutter der furchtbaren Skylla, deren Zugehörigkeit zur Unterwelt unverkennbar ist, und die nach anderen von Hekate abstammen soll. Wer denkt da nicht an die Verbindung der Moira mit Nyx, Erinyen und anderen Wesen der finsteren Sphäre?

Und doch ist die Homerische Moira ganz und gar nicht dasselbe, wie jene uralte und noch in nachhomerischer Zeit volkstümliche Gestalt. Zunächst muß bemerkt werden, daß ein bedeutungsvoller alter Zug, der die Moira mit einer Reihe von Mächten der Ur- und Volksreligion verbindet, bei der Homerischen gar nicht mehr hervortritt: sie ist nicht Stifterin und Hüterin der irdischen Ordnungen. Auch ist es nicht ihre Art, Gaben zu verleihen und zu segnen, wie die Moiren des Volksglaubens tun, die dem Menschen „Gutes und Böses geben" (Hesiod. Theog. 904ff.). Nur das alte Wort μοιρηγενής („Kind der Moira"), das neben ὀλβιοδαίμων („Liebling des reichen Gottes") steht, sagt noch etwas von der segnenden Göttin (Il. 3, 182). Was sich schon bei der alten Moira als Grundton deutlich erkennen läßt, ist hier für das ganze Wesen in allen seinen Auswirkungen entscheidend. Die Fügungen der Homerischen Moira sind durchaus *negativ:* sie fügt den Sturz, den Untergang. In einzelnen Fällen kann es, aus leicht begreiflichen Gründen, so scheinen, als ob sie auch Positives zuteilte. Aber das ist wirklich nur Schein. Man braucht nur die Stellen zu vergleichen, wo von den Fügungen der Götter die Rede ist, um den Unterschied sofort zu bemerken. Auch von dem Los, das die Götter bestimmen, kann die dichterische Sprache bekanntlich sagen, daß sie es „spinnen" (ἐπικλώθω: Ilias 24, 525. Odyss. 1, 17; 3, 208; 4, 207; 8, 579; 11, 139; 16, 64; 20, 196). Aber da heißt es denn auch, daß

„Zeus einem Manne Glück ‚spinnt', bei Hochzeit und Geburt, so wie er dem Nestor gegeben, selbst in Behaglichkeit zu altern und sich verständiger Söhne zu erfreuen" (Odyss. 4, 207; vgl. auch 3, 208). Von der Schicksalsmacht aber wird nur an jener einzigen Stelle, wo nach volkstümlicher Weise an eine Mehrzahl von Moiren gedacht ist (Il. 24, 49), gesagt, daß sie dem Menschen etwas *gegeben* habe: „Duldsamen Sinn haben die Moiren ins Herz der Menschen gelegt". Von der echten Homerischen Moira gilt das nicht. Ihr Spruch heißt: Nein! Dieses Neinsagen setzt den Tod — der „Tag der Bestimmung" (αἴσιμον, μόρσιμον ἦμαρ: Il. 21, 100; 15, 613) ist der Tod —, aber es führt auch die großen Katastrophen und Verirrungen herbei: so den Fall Troias oder Agamemnons unglückselige Entzweiung mit Achilleus.

Freilich lesen wir zuweilen, daß es diesem und jenem „bestimmt" gewesen sei, ein erwünschtes Ziel zu erreichen. Dem Odysseus ist es bestimmt (μοῖρα oder αἶσα), wohlbehalten in seine Heimat zurückzukehren (Od. 5, 41, 288, 345; 9, 532). Allein auf einem Floße soll er fahren, sagt Zeus zu Hermes, als er ihn zu Kalypso schickt, und soll viel leiden, bis er zu den Phaiaken kommt, die ihn reichlich beschenkt in seine Heimat zurückbringen werden; „denn *so* ist es ihm bestimmt (μοῖρα), seine Lieben wiederzusehn und nach Hause zu kommen" (Od. 5, 41). Aber Hermes drückt sich der Kalypso gegenüber folgendermaßen aus (Odyss. 5, 113): „Ihm ist es *nicht* verordnet (αἶσα), hier, von den Lieben fern, zu sterben, sondern er soll (μοῖρα) noch seine Lieben wiedersehen und in sein Haus zurückkehren". So sagt der erleuchtete Helenos (Ilias 7, 52), daß Hektor den Kampf ruhig wagen könne, denn es sei ihm *jetzt nicht* bestimmt (μοῖρα), zu sterben und sein Schicksal zu erfüllen. Für Odysseus tritt eine besondere Bestimmung (μοῖρα) ein, die zwar nicht auf den Tod gerichtet ist, aber dennoch den negativen Charakter der Moira sehr deutlich verrät: er muß noch schwere Leiden durchmachen und *erst wenn* er das Land der Phaiaken erreicht hat, wird es ihm möglich sein, die Heimat wiederzusehen (vgl. auch Od. 5, 206). Auch hier ist die Bestimmung hemmend, haltgebietend. „Nicht eher als bis —" das ist der echte Ton der Moira, und die Bedingung ist so schwer, daß einem Manne das Herz brechen kann (Od. 4, 481). Menelaos, der dies von sich selbst erzählt, hat hören müssen, daß es ihm *nicht* vergönnt (μοῖρα) sei, die Heimat wiederzusehen, *ehe er nicht* wiederum die beschwerliche Fahrt nach Ägypten zurückgelegt und dort den Göttern geopfert habe (4, 475 ff.). So ist es nur ein oberflächlicher Schein, daß die Moira dem Menschen auch ein Gut oder einen Erfolg zuspricht; in Wirklichkeit ist ihre Fügung immer ein Versagen.

Wenn es von Aineias heißt, es sei ihm „bestimmt" (μόριμον), mit dem Leben davonzukommen (Il. 20, 302), so bedeutet das, daß ihm das „Schicksal" (μοῖρα) *nicht* verordnet hat, im Kampfe zu fallen (20, 336). Um zu verhindern, daß es dennoch geschieht, tritt Poseidon ein. Es wäre ein Geschehnis, das *„über das Geschick"* (ὑπὲρ μοῖραν) hinausginge, wie an der zweiten Stelle (336) gesagt wird. Also ist es an und für sich wohl denkbar, daß etwas geschieht, das *„über das Geschick hinaus"* (ὑπὲρ μόρον) geht. Das heißt aber, wie man sieht, nicht etwa, daß das Schicksal unerfüllt bleiben könnte und ein Gott im rechten Augenblick eingreifen muß, um es zu vollziehen. Der Inhalt der „Bestimmung" ist immer ein Nein, also ein Sturz oder eine schmerzliche Beeinträchtigung; und was über sie hinausschreitet, hebt sie nicht auf, sondern verschärft sie. Nicht: „gegen die Bestimmung" lautet die Formel, sondern „noch über sie hinaus" (ὑπὲρ μόρον, ὑπὲρ μοῖραν).

Wenn also zu befürchten steht, daß ein Sturz sich ereignet, der nicht oder noch nicht bestimmt ist, treten Götter auf den Plan, um dem Übermaße zu wehren. Wie genau gerade dies ihrem Wesen entspricht, werden wir bald erkennen. — Es gibt aber nicht bloß absolute, sondern auch bedingte Festsetzungen, die insofern Schicksal heißen können, als sie einem bestimmten

Tun eine bestimmte Folge mit unerbittlicher Strenge zuordnen, ohne daß zuvor ausgemacht wäre, ob der erste Schritt geschehen wird oder nicht. Dafür kennt der Mythos eine Reihe berühmter Beispiele. *Wenn* Metis einen Sohn zur Welt bringt, dann wird er König der Götter sein (Hesiod. Theog. 897). *Wenn* Zeus sich mit Thetis vermählt, dann wird er durch seinen eignen Sohn gestürzt werden. *Wenn* Laios mit Jokaste einen Nachkommen zeugt, wird dieser der Mörder seines Vaters sein. In diesem Fall ist die Entschließung absolut entscheidend, aber sie selbst bleibt frei. Es ginge über das Schicksal hinaus, wenn auch sie erzwungen würde. Davor werden die Götter selbst durch ihr Schicksalswissen bewahrt. Den Menschen aber wollen die Götter vor verhängnisvollen Entscheidungen behüten, indem sie auch ihm die Einsicht in die Notwendigkeit der Verkettung geben. Betritt er dennoch den Weg, der in den Abgrund führen muß, so hat er sich sein Unglück selbst geschaffen, „über die Bestimmung hinaus" (ὑπὲρ μόρον). Das ist der geistreiche Gedanke, den der Dichter im Eingang der Odyssee (1, 32 ff.) auf das Schicksal des Aigisthos anwendet. Die Menschen, sagt der Göttervater dort, geben uns die Schuld an ihrem Unglück, während sie sich doch selbst durch ihre eigene Verkehrtheit „über die Bestimmung hinaus" (ὑπὲρ μόρον) Leiden schaffen; so erging es dem Aigisthos, der sich mit Agamemnons Gattin vermählte und ihn selbst bei seiner Heimkehr erschlug, obwohl er wußte, daß jäher Untergang die Folge sein würde; denn in unserem Auftrag hat Hermes ihn gewarnt und ihm vorausgesagt, Orestes werde seines Vaters Rächer sein. Damit ist ein wichtiges Lebensproblem genau getroffen. In das menschliche Dasein schlagen nicht bloß die Schicksalsblitze ein, die unvermeidlich sind: es gibt auch Katastrophen, die der Betroffene, nach dem Urteil der natürlichen Lebenserfahrung, hätte vermeiden können. Sie sind nicht weniger notwendig und schicksalsmäßig, als die andern, sobald der Mensch die folgenschwangere Tat getan hat. Aber die

Erkenntnis kann ihn davon zurückhalten. Diese Erkenntnis selbst ist, nach der uns wohlbekannten Homerischen Anschauung, ein Werk der Götter: in dem Augenblick, wo ein guter Gedanke ins Bewußtsein des Menschen tritt, begegnet ihm ein Gott, und der gute Gedanke ist das Wort, das der Gott zu ihm spricht. So erscheint Hermes vor Aigisthos und klärt ihn über das Verhängnis auf, das mit seiner Tat verbunden sein wird. Daß er sie dennoch tut, macht seinen Sturz zu einem selbstverschuldeten. In der nachhomerischen Zeit, als das mythische Denken viel von seiner Kraft verloren hatte, sah man keinen Gott mehr vor dem Manne stehen, in dem die Einsicht aufleuchtete. Aber die Gesamtauffassung blieb dieselbe. Der große Solon denkt noch genau so, wie der Dichter jener Aigisthosverse. In einer berühmten Elegie (3, 1 ff., Diehl) spricht er zu den Mitbürgern: „Unsere Stadt wird nach der ‚Bestimmung' (αἶσα) des Zeus niemals zugrunde gehen.... die Bürger *selbst* aber gehen darauf aus, sie mit ihrem Unverstand zu verderben...." Und in einem anderen Stück (8, 1 ff.): „Wenn ihr Böses erfahrt um eurer Verkehrtheit willen, so schiebt die Schuld nicht auf die Götter; denn *ihr selbst* habt sie – die Bedrücker – groß gemacht...." Auch für Solon wird das Verhängnis dadurch zum selbstgeschaffenen, daß die Menschen ein Vorwissen haben (vgl. W. Jäger, Sitz.-Ber. Berl. Akad. 1926, S. 69 ff.). Aber nun ist es nicht mehr ein Gott, der erscheint, um die Erkenntnis zu wecken: er selbst, Solon, ist es, der die Mitbürger mit seiner eigenen Einsicht belehrt (3, 30) und so zu Wissenden macht. So wird die unheimliche Verschlingung von Freiheit und Notwendigkeit dem denkenden Geiste gedeutet. Der Homerische Gedanke ist keine Theodizee, wenigstens nicht in dem Sinn, daß die göttliche Weltregierung gegenüber der natürlichen Erfahrung theoretisch gerechtfertigt werden sollte. Denn eben die Erfahrung des Lebens ist es, die den Menschen zwingt, vom unentrinnbar verhängten Schicksal, dessen Symbol der Tod ist, das Los zu unterscheiden, das er selbst sich mit einer mindestens scheinbaren Freiheit schafft, das aber so unerbittlich wie jenes an die Türe klopft, wenn er einmal selbst am Verhängnis gerührt hat.

4.

Es ist sehr bedeutsam, daß die Götter, die beiseite treten müssen, wenn die Moira einherschreitet, regelmäßig eingreifen, sobald eine von ihr nicht bestimmte Katastrophe, also ein „über sie hinaus" (ὑπὲρ μόρον) gehendes Ereignis, zu befürchten ist.

In der Ilias besteht mehrere Male die Gefahr, daß Troia, dessen Fall vom Schicksal verhängt ist, „über die Bestimmung hinaus", d. h. vorzeitig, erobert wird, und jedesmal tritt eine Gottheit ein, um dies zu verhindern (vgl. Il. 16, 698; 20, 30; 21, 517). Dem Odysseus wäre „über die Bestimmung hinaus" der Untergang bereitet gewesen, wenn nicht Athene sich seiner angenommen hätte (Odyss. 5, 436f.). Wie es also die Art der Moira ist, dem Leben Grenzen zu setzen, so ist es die Natur der Götter, das Leben so lange als möglich zu schirmen. Aber einmal kommt das Ende. Sie können nicht anders als Platz machen, sobald die Moira einziehen will.

Sie haben vor dem Menschen die Kenntnis der Bestimmung voraus. „Zeus weiß es wohl und die andern unsterblichen Götter, welchem von beiden das Todeslos zugeteilt ist", sagt Priamos, ehe der Zweikampf zwischen Paris und Menelaos beginnt (Il. 3, 308). Zeus weiß, daß dem Hektor der Tod nahe ist; und das einzige, was er für ihn zu tun vermag, ist, seinen Glanz vor dem völligen Verlöschen noch einmal hell aufleuchten zu lassen (Ilias 17, 201ff.; 15, 610ff.). Aber im Augenblick der Entscheidung bricht dem großen Gotte das Herz, daß er Hektor, den untadeligen Helden, der es nie an Ehre für seine Gottheit fehlen ließ, dem Tode überantworten soll (Ilias 22, 168ff.). Und er richtet an die Götter die Frage: Wollen wir ihn nicht doch erretten? Da tritt ihm Athene mahnend entgegen: „Welch ein Wort hast du gesprochen! Einen sterblichen Mann, der längst dem Sterbeschicksal verfallen ist, willst du aus der Macht des Todes erlösen? Tu's; aber wir anderen Götter können es nicht gutheißen." Und Zeus beruhigt seine Tochter: er habe nicht in vollem Ernst geredet. Nun nimmt das Schicksal seinen Lauf. Aber es soll im entscheidenden Augenblick ausdrücklich sprechen. Darum ergreift der Himmelsvater die goldene Wage und legt zwei Keren (Todesbringer) darauf, die eine für Achill, die zweite für Hektor. Die Schale mit Hektors ‚Schicksalstag' (αἴσιμον ἦμαρ) sinkt tief hinab in den Hades (209ff.). Dies ist das Zeichen. In demselben Moment weicht Apollon von Hektors Seite, dem er bis dahin Kraft gegeben. Die Szene, die sich im Olymp abgespielt hat, ehe Zeus nach der Wage griff, zeigt uns, daß die Götter den Willen des Schicksals kannten und nicht erst durch die Wägung über ihn unterrichtet werden mußten. Das uralte Bild von der Schicksalswage wird also von Homer nicht mehr im ursprünglichen Sinne verwendet. Es dient nur noch dem sichtbaren Ausdruck der Notwendigkeit, deren Augenblick jetzt gekommen ist. So ist es zu verstehen, daß die ‚Wage des Zeus', auf der noch einmal in der Ilias die Schicksale abgewogen werden (8, 69ff.), ein anderes Mal nur noch eine Redensart ist, um den Willen oder Entschluß des Zeus zu bezeichnen (16, 658). Auf der tragischen Bühne Athens sah man bei der Aufführung von Aischylos' Psychostasie, während Achill und Memnon kämpften, in der Höhe das grandiose Bild des Zeus mit der Wage: in der einen Schale war das ‚Leben' des Achilleus, in der andern das des Memnon, und zu den Seiten die beiden Mütter Thetis und Eos, die für ihre Söhne flehten.

Noch ein anderes Mal sträubt sich Zeus gegen das Schicksal. Als Patroklos und Sarpedon zusammenstießen, da jammerte es ihn (Il 16, 431 ff.), und er sprach zu Hera: „Weh mir, da die Bestimmung mir meinen geliebten Sarpedon durch die Hand des Patroklos fällt! Hin und her bedenkt es mein Herz, ob ich ihn lebend aus der tränenreichen Schlacht entraffen oder den Händen des Patroklos jetzt überantworten soll." Da mahnt ihn Hera mit denselben Worten, wie Athene in der vorhin angeführten Szene. Und Zeus bescheidet sich. Blutige Tropfen läßt er auf die Erde fallen, um seinen lieben Sohn zu ehren, den Patroklos jetzt erschlagen sollte (459ff.).

Die Trauer der Gottheit, wenn der Augenblick der Moira gekommen ist, und noch mehr ihr Widerspruch, der doch sogleich einem resignierten Gutheißen Platz machen muß, sie beweisen klar, daß sich hier zwei verschiedene Reiche fremd gegenüberstehen. Daran kann auch die Vollzieherrolle, die den Göttern im entscheidenden Augenblick zufällt, nichts ändern; denn sie ist, wie wir noch sehen werden, ganz anders gemeint, als man gewöhnlich annimmt. Es bleibt dabei, daß Götter und Schicksal durch Wesensverschiedenheit voneinander getrennt und abgestoßen werden. Was ist denn nun aber diese Moira, gegen die sich auch der mächtigste Gott vergeblich wehrt und bei deren Einherschreiten den göttlichen Helfern nichts übrigbleibt als wegzutreten?

Sie ist für Homer keine Person. Er spricht zwar oft, wie man sich erinnern wird, von ihrer Wirksamkeit wie von der eines persönlichen und handelnden Wesens. Aber alle diese Wendungen, besonders die bildmäßigen von der „gewaltigen", „bannenden", „niederwerfenden" und gar von der „spinnenden" Moira sind formelhaft und weisen viel mehr auf eine in der Vorzeit geprägte als auf eine Homerische Vorstellung. Außerhalb des Bereiches dieser Formeln wird der Moira nie als einer persönlichen Gestalt in irgendeinem lebendigen Zusammenhange gedacht, was doch selbst bei so gleichgültig gewordenen Gottheiten wie Okeanos, Tethys, Nyx und anderen gelegentlich der Fall ist. Sonderbarerweise hat man noch neuerdings behaupten können, die Moira sei aus einer unpersönlichen „Kraft" in Homerischer Zeit allmählich zu einer Persönlichkeit geworden; da sie doch offenkundig ihr uraltes plastisches Leben gerade für Homer verloren hat, wenn sie es auch im volkstümlichen Denken behielt. Damit hängt es auch zusammen, daß Homer (mit einer einzigen Ausnahme, s. o.) keine Mehrzahl von Moiren kennt, während doch das mythische und das volksmäßige Denken bei allen ähnlichen Gestalten, sofern sie persönlich vorgestellt werden, die Vervielfältigung liebt. Neben der Ker, die der Moira doch so nahe steht, begegnet bei Homer eine Vielheit von Keren; von „Spinnerinnen" (Klothes) kann er, in altertümlicher Weise, noch einmal sprechen (Od. 7, 197). Aber die Moira ist nur eine. Es gibt nur eine „Bestimmung". Wenn auch ein jeder seinen eigenen „Tag der Bestimmung" (μόρσιμον ἦμαρ) hat, so kann man doch nicht sagen, daß er seine eigene Moira habe. Sie ist das Gesetz, das über allem Leben steht und jedem sein Los — nämlich Zusammenbruch und Tod — festsetzt und zuteilt.

Sie hat aber — und das ist von der größten Bedeutung — nicht bloß keine Persönlichkeit: man kann sie nicht einmal als eine „Macht" im eigentlichen Sinn des Wortes bezeichnen. Wir haben gesehen, wie gewissenhaft die Götter sie respektieren, selbst wenn ihr Herz dabei blutet. Aber kein einziges Mal ist die Redeweise so, als ob die Götter sich einer höheren Gewalt beugen müßten und für den Fall der Weigerung irgend etwas von ihrer Seite zu befürchten hätten. Auch dann, wenn das Schicksal sich durch ihr Tun vollzieht, weist kein Wort darauf hin, daß sie in höherem Auftrag handeln. Nur eines wird von ihrem Verhältnis zur Moira ausgesagt: daß sie ein Wissen von ihr haben und sich nach diesem Wissen richten müssen.

So hat sich also an die Stelle des uralten und noch lange volkstümlichen Glaubens an persönliche Schicksalsmächte die Idee einer unverbrüchlichen Ordnung und Bestimmung gesetzt, die den lebendigen und persönlichen Göttern als Tatsache gegeben ist und gegenübersteht. Daher ist denn auch die einzige Konsequenz, die von einer möglichen Nichtachtung erwartet wird, die, daß die Ordnung gestört würde. Athene und Hera sagen es in den oben besprochenen Szenen dem Zeus, daß seine Willkür Mißfallen unter den Göttern erregen und dies bedenkliche Beispiel allgemeine Nachahmung finden würde: die große Ordnung wäre verwirrt.

Mit dieser ‚Bestimmung' ist aber durchaus keine fatalistische Bindung des gesamten Geschehens gemeint. Nirgends findet sich eine Spur von dem Glauben, daß alles, was sich ereigne, im voraus festgesetzt sei. Die Bestimmung meint den Tod und, was mit ihm verwandt ist, die großen Katastrophen. Für alles Lebende ist der Tod festgesetzt, und an dieser Satzung scheitert auch die Macht der Götter. Wohl ist es denkbar, daß ein Mensch schon vor dem festgesetzten Tag aus dem Leben scheidet. Dieses „Übermaß" (ὑπὲρ μόρον) kann er selbst verschuldet haben, namentlich durch Beleidigung einer Gottheit, und in diesem Falle sind es die Götter selbst, die es herbeiführen. Sonst aber suchen sie es mit allen Kräften zu verhindern. Sie sind ja das Leben, und darum kämpfen sie gegen den Tod, solange die Stunde seiner Notwendigkeit noch nicht da ist. Dann aber setzt die Ordnung ein, mit der sie nichts mehr zu schaffen haben. Die Begrenzung, das Aufhören, das ist das Gesetz, das dem Leben und den Göttern fremd ist und dem das Leben doch unterliegen und die Gottheit weichen muß. Jenseits dieser Grenze beginnt das lebensferne Reich des Gewesen, dessen eigentümliches Sein wir in einem früheren Kapitel kennengelernt haben.

Das ist die Idee des Schicksals, wie sie sich im Homerischen Geiste gestaltet hat. Sie bedeutet das *Negative* in der Welt des Lebens, die Gottheit dagegen das Positive. So wird die Idee der Gottheit an der des Schicksals, die ihr entgegensteht, erst recht deutlich.

5.

Nun aber fragt man billig, wodurch sich denn das Gesetz der Moira vollzieht, da sie selbst doch keine Machthaberin ist?

Natürlich gibt es darüber bei Homer keine Theorie. Seine Gedanken treten in Gestalten und Bildern vor uns auf. Wenn wir aber dem Sinn dieser Bilder nachgehen, eröffnet sich uns eine Anschauung, über deren Wahrheit und Tiefe wir nur staunen können.

Man hat gesagt, die Götter seien es, die den Willen der Moira „vollziehen". Das würde eine Einigkeit zwischen beiden bedeuten, die dem, was wir erkannt haben, auffällig widerspräche. Aber die Homerischen Aussagen, mit denen man diese Vollzieherrolle der Götter beweisen will, meinen nur die Abwehr solcher Ereignisse, die „über die Bestimmung hinaus" (ὑπὲρ μόρον) gehen würden, also gerade nicht die Vollziehung dessen, was bestimmt ist. Wie sich die Dinge wirklich abspielen, das lassen die Vorgänge beim Tode Hektors deutlicher als andere erkennen (Il. 22, 182ff.).

Zeus hat das Todesschicksal beklagt, dem Hektor jetzt verfallen ist. Ja, er hat die Götter aufgefordert, zu Rate zu gehen, ob sie ihn nicht doch retten wollen. „Oder sollen wir ihn jetzt, so edel er ist, durch den Peliden Achilleus vernichten?" — so hat die Alternative gelautet. Auf die ernste Mahnung der Athene bescheidet er sich augenblicklich, und man könnte nun glauben, daß er selbst die Veranstaltung zur Katastrophe treffen werde. Aber sein Verhalten ist bloß negativ: er läßt Athene gewähren. „Tu, wie dein Wille ist, und zögere nicht!" sagt er zu der Tochter (185), die sich alsbald vom Olymp auf das Schlachtfeld begibt. Und nun spielt sich die bedeutende Szene ab, über die wir uns schon einmal Gedanken gemacht haben. Sobald Zeus mit der goldenen Wage den Willen des Schicksals angezeigt hat, verläßt Apollon den Hektor, und Athene tritt zu Achilleus (213f.). Sie hilft ihm auf eine Weise, die den modernen Beurteilern anstößig erscheint — aber nur deswegen, weil sie den Sinn dieses Geschehens nicht begriffen haben. In der trügerischen Gestalt eines Waffenbruders macht die Göttin dem Hektor Mut, stehenzubleiben und mit Achilleus zu kämpfen. Mit dankbarer Freude geht Hektor darauf ein und glaubt nun, den Kampf mit einem treuen Sekundanten an der Seite zu beginnen. Aber in dem Augenblick, wo er seiner bedarf, ist er spurlos verschwunden. So hat ihn also Athene dem übermächtigen Gegner ausgeliefert, und Hektor versteht sofort, daß es mit ihm zu Ende ist; er will nur noch mit Ehren fallen. Man hätte längst bemerken sollen, wie groß es gedacht ist, daß die Göttin, die hier das Schicksal vertritt, dem Unglücklichen wirklich zu einem ehrenhaften und ruhmvollen Tode verhilft. Statt dessen hat man sich darüber aufgehalten, daß Athene die Unwahrheit spricht und das Vertrauen Hektors täuscht. Aber in dem Hauptpunkte sagt sie doch die einfache Wahrheit: „Der schnellfüßige Achill wird dich auf der Verfolgung überwältigen" (229). Daran konnte kein Zweifel sein, nachdem Apollon von ihm gewichen war, von dem er die Kraft zum Laufe bekommen hatte, wie der Dichter mit Nachdruck betont (202ff.). Aber nicht dies ist jetzt für uns das Wichtige, sondern die Beobachtung, daß Athene hier das Schicksal vertritt. In all ihrem Tun spiegelt sich das Walten des Verhängnisses mit schauerlicher Treue wider. Nachdem Hektor, durch das Blendwerk verführt, den Unglücksweg betreten hat, macht ein erster Erfolg ihn kühn; aber er dient nur zur Anbahnung des großen Fehlschlages, der in den Untergang führt. Sein Erfolg ist nichtig, weil Achilleus die verschossene Lanze durch Athene wiederbekommt, während ihm selbst die seinige verloren ist, und er sich schließlich im Ansturm in eben die Lanze des Gegners stürzt, der er zuerst mit scheinbarem Glück ausgewichen war. So ist Athene die persönliche Gestalt des Unglücks, das ihm verordnet ist. Aber sie ist sein Unglück eben dadurch, daß sie das Glück des Achilleus ist. So wie dem Hektor auf dämonische Weise alles mißlingt und auch das Gewinnen zum Verlieren führt, so hat Achilleus in allem Glück, und auch das Mißlungene wird ihm zum Erfolg.

So hat sich der Dichter deutlich genug ausgesprochen über das Wirken der Götter auf dem Wege des Schicksals. Wäre das Leben Hektors nicht verfallen gewesen, so hätte dieser Zusammenstoß mit dem weit überlegenen Achilleus die Gefahr eines „Hinausgehens über die Bestimmung" (ὑπὲρ μόρον) bedeutet und wäre durch einen Gott verhütet worden. Und wirklich ist ja Apollon bis zu dem Augenblick, wo die Wage des Zeus das Schicksal anzeigt, kraftspendend an Hektors Seite und verhindert, wie der Dichter ausdrücklich hervorhebt, daß sein Gegner ihn erreicht. Dann aber muß er abtreten und der Athene, das heißt dem Glück des Achilleus, das Feld überlassen. Und während Athene das Leben Achills schützt und erhebt, wird sie dem Leben des Hektor zum Verhängnis. Mit tiefem Grauen empfinden wir das Dämonische in den Vorgängen, die zu Hektors Fall führen. Das Göttliche wird für den vom Schicksal Gerufenen dämonisch.

Wenn es im eigentlichen Sinne wahr wäre, daß die Götter das Schicksal vollziehen, so müßte irgendein Gott oder die Gesamtheit der Götter dem Verfallenen das Leben nehmen. So ist es aber nicht. Ein Leben, das verwirkt ist, wird immer durch den Schutzgott des gegenüberstehenden anderen Lebens vernichtet. Wenn nun seine Schicksalsstunde gekommen ist, tritt etwas ein, das unseres Nachdenkens würdig ist. Wir hören: sein Gott, der es bis dahin treulich begleitet hat, schwindet von seiner Seite. Gottheit und Fülle des Lebens sind eins. Wenn also das Göttliche Abschied genommen hat, so ist das Leben zwar noch nicht untergegangen, aber es ist ungenial geworden. Das Negative des Daseins liegt schon mit seinem kalten Schatten auf ihm. Und die unmittelbare Wirkung sind falsche Gedanken und verblendete Entschließungen. Die göttliche Gegenwart erleuchtet den Menschen und bewahrt ihn so vor Fehltritten. Wen das Göttliche verlassen hat, dem wird alles zum Trug, das Göttliche selber wandelt sich ihm ins Dämonische – und er stürzt ins Bodenlose.

Die Verblendung treibt ihn dem gegenüberstehenden Leben, das von der Gottheit bewahrt wird, wehrlos in die Arme.

Diesen Hergang führt uns die Erzählung vom Tod des Patroklos mit erschütternder Deutlichkeit vor Augen (Il. 16). Er sollte untergehen. Da befiel ihn die Verblendung, sich an die vom Schicksal noch geschonte Stadt Troia und damit an ihren Beschirmer Apollon zu wagen. Wir kennen das Wort, das Hektor in dem Augenblick ausruft, wo er mit Schrecken bemerkt, daß er das Opfer einer Täuschung geworden ist: „So haben denn die Götter mich in den Tod gerufen!" (Il. 22, 297.) Denselben bedeutungsvollen Satz spricht der Dichter an der Stelle aus, wo er von der Verblendung des Patroklos erzählt. Er vergaß die ernste Warnung des Freundes und stürzte auf die Stadt los, deren Schutzgott ihn vernichten sollte. „Der Tor! Hätte er nur das Wort des Peliden bewahrt, dann wäre er dem bösen Dämon des schwarzen Todes entronnen. Aber des Zeus Gedanken sind größer als Menschengedanken; Zeus war es, der jetzt ihm sein Herz im Busen entflammte" (686ff.). Und unmittelbar darauf: „Die Götter haben, Patroklos, dich in den Tod gerufen" (693). Sein Schicksal war verwirkt. Bei seinem Auszug hatte Achilleus gebetet, daß Zeus den Freund mit tapferem Mut beseelen möge; wenn es ihm gelungen sei, die Schlacht von den Schiffen abzuwenden, dann möge er ihn unversehrt zurückkehren lassen (241ff.). Aber Zeus hatte nur die erste Bitte gewährt; die Rückkehr aus der Schlacht aber verweigert (252). Als Sterbender sagt Patroklos zu Hektor: „Mich hat die verderbende Moira getötet und Letos Sohn, von den Menschen aber Euphorbos, und du kommst als Dritter, mich zu entwaffnen" (849f.). Schicksal und Apollon fallen hier zusammen. Durch Apollon (und Zeus) vollzieht sich die Bestimmung. „Juble nur, Hektor!" beginnt diese letzte Rede des Patroklos, „denn den Sieg gab dir der Kronide Zeus und Apollon, die mich mit leichter Mühe überwältigt haben; sie selber nahmen mir die Rüstung von den Schultern"

(844ff.). Er endigt mit einer Prophezeiung für Hektor: auch er werde nur noch kurze Zeit leben, denn schon sei an seine Seite getreten „der Tod und die gewaltige Moira" (853). Wie der vom Schicksal geforderte, vom Göttlichen verlassene Hektor dem Leben Achills und seiner Göttin Athene in die Hände fällt, so wird Patroklos dem Apollon, der Troia schützen muß, entgegengeworfen. Und das geschieht auf dem Wege der Verblendung. Achilleus hatte ihn davor gewarnt, auf Troia selbst loszuziehen, damit nicht ein Gott vom Olympos einschreite, denn Apollon sei den Troern Freund (93f.). Aber im Siegesrausche vergaß Patroklos den Freundesrat. Und da trat die Situation ein, deren Charakter uns nicht mehr unbekannt ist. „Jetzt hätten die Griechen Troia erobert unter Patroklos' Händen, wäre nicht Apollon auf die Zinne getreten, ihm Verderben sinnend, den Troern aber zum Beistand" (758ff.). Dreimal versuchte Patroklos, die Mauer zu ersteigen, dreimal stieß Apollon ihn zurück; als er aber zum vierten Male Sturm lief, da donnerte der Gott ihn an: „Weiche, Patroklos! Nicht will es die Bestimmung, daß du Troia zerstören sollst, so wenig als Achilleus, der doch ein viel größerer Held ist als du!" Und nun geht er dem Ende entgegen. Zwar darf er noch einmal triumphieren: Hektors Wagenlenker stürzt, von seinem Wurf getroffen, entseelt zu Boden, und im Kampf um seine Leiche gewinnen die Griechen schließlich die Oberhand. Aber eben dies Glück bringt zum zweitenmal jene herausfordernde Konstellation herbei, die diesmal aber in den Abgrund führt. „Als die Sonne sich neigte, da waren die Achaier ‚über die Bestimmung hinaus' (ὑπὲρ αἶσαν) im Vorteil" (780). Sie bemächtigten sich des Gefallenen und seiner Rüstung. Patroklos warf sich mit rasender Leidenschaft auf die Feinde. Dreimal stürmte er vor, dem Kriegsgotte vergleichbar, mit wildem Geschrei, und dreimal neun Männer erschlug er; „aber als er zum vierten Male anlief, einem Gotte vergleichbar, da schlug, Patroklos, dir die Stunde des Todes: Phoibos begegnete dir im Toben der Schlacht, furchtbar..." (788). Und nun folgt der erschütternde Zusammenbruch, den wir kennen (vgl. S. 254). Phoibos, was ist er hier anderes, als das geschützte und triumphierende Leben der Troer, an dem das verfallene und verlassene Leben des Patroklos zerbricht!

Denselben Weg hat auch der große Achilleus gehen müssen. Die epische Erzählung seines Untergangs ist uns leider nicht erhalten geblieben, aber die Mitteilungen daraus und die Hinweise bei Homer selbst lassen alle Hauptsachen klar erkennen. Ihm war ein früher Tod bestimmt (Il. 1, 352, 416), gleich nach Hektor sollte er fallen (Il. 18, 96; 19, 409). Sein Überwinder war Apollon, mag er ihn selbst oder durch Paris' Hand getötet haben (Il. 21, 277f.; 22, 359). Und zwar sollte er sein Schicksal unter den Mauern Troias, im Begriff die Stadt zu erobern, erfüllen (Il. 21, 277; 22, 360; 23, 80f.; vgl. die Inhaltsangabe der Aithiopis bei Proklos, und Apollod., Epit. 5, 3). „Der große Gott und die gewaltige Moira" sind die Verursacher seines Falles (Il. 19, 410). Man hat gesagt, Apollon trete hier als Todesgott auf. Aber die Dichtung hat es anders gemeint. Wie Patroklos erliegt Achilleus dem Glücke der Stadt, die dem Schicksal noch nicht verfallen ist; wie jener wird er von Troias Beschützer niedergeworfen. Das geschieht in dem Augenblick, wo für Troia etwas zu befürchten ist, das „über die Bestimmung hinausgeht". Schon stürmte Achilleus durch das Tor der Stadt – aber es war nicht Bestimmung, daß sie durch ihn fallen sollte (Il. 16, 709). Da traf ihn der tödliche Pfeil. Und so endete der glanzvolle Lauf des Größten, den nur ein Gott fällen konnte –

„Wie eine Fichte, die der Hieb des Eisens trifft,
Oder eine Zypresse unter des Südwinds Anprall,
Schlug er breit zu Boden und legte das Haupt
In troischen Staub." (Horaz.)

6.

So schließt sich denn doch, trotz des Fehlens jeder Theorie und Dogmatik, eine Weltanschauung klar und sinnvoll zusammen. Eben weil sie nicht theoretisch ist, von keinen Postulaten ihren Ausgang nimmt, sondern immer der Erfahrung folgt und aus dem Dasein selbst herauswächst, stimmt schließlich auch das scheinbar Widersprechende überein. Da gibt es zwar Geheimnisse — und sie sind so groß wie das Dasein selbst —, aber keine Verschleierungen, keine Umwertungskünste und keine Kompromisse.

Da der Glaube, daß das Schicksal — das heißt in erster Linie: das Todesschicksal — und die Götter sich fremd gegenüberstehen, durch kein Dogma festgelegt ist, wird er durchkreuzt von dem anderen, daß alles aus der Hand der Gottheit fließe, also auch die Tragik des menschlichen Lebens. Dieser Gedanke wird nicht bloß durch die Vorstellung von der Unermeßlichkeit der Götter nahegelegt. Selbst in dem Verhältnis zwischen den Göttern und dem Schicksal, so wie wir es kennengelernt haben, liegt ein starker Reiz, ihm zu folgen. Wenn die „Bestimmung" keine Person und keine selbständige Macht ist, wenn die Götter sie nur kennen und ihre Fügungen von ihr abhängig machen, sollte sie dann nicht vielleicht ihre eigene Bestimmung sein? Tatsächlich prägt sich diese Auffassung nicht selten in den Worten Homers aus. Sie ist gewissermaßen der Gegenpol jener Vorstellung, daß sich die Götter nur ungern und mit Schmerzen den Forderungen des Schicksals fügen. Aber man darf nicht übersehen, daß dieses Göttliche, mit dessen Denken und Wollen das Schicksal zusammenfließen kann, nur die große, ins Unendliche gesteigerte Wesenheit ist, die „Zeus" oder „die Götter" heißt. Dem Zeus hat ja der bildende Künstler die Moiren geradezu in die Hand gegeben, und er selbst führt — wenn auch nicht bei Homer — den Beinamen Moirenführer, Moiragetes. Als der,

der alles gibt, erscheint er in dem Bilde von den zwei Pithoi, aus denen er gute und böse Gaben an die Menschen zuteilt (Il. 24, 527); und in der Odyssee wird von ihm gesagt, daß er „bald dem, bald jenem Gutes wie Böses gibt, denn er vermag alles" (4, 236f.). So gedenkt der Dichter im Eingang der Ilias bei den zahllosen Opfern, die der Zorn des Achilleus gefordert hat, nicht der Moira, sondern sieht in alledem den Ratschluß des Zeus (1, 5; vgl. Kypria, Fragm. 1, 7). In der Erzählung vom Untergang des Patroklos wird zwar die Moira ausdrücklich genannt, aber es kann doch so erscheinen, als sei alles von Zeus gewollt und geordnet worden. Daher tritt sein Name neben den der Moira, als ob zwischen beiden kein Unterschied wäre. Lykaon, der dem Achill glücklich entkommen war, aber schließlich doch in seine Hände fällt, ruft klagend aus: „Nun hat mich die verderbliche Moira in deine Hand gegeben; ich muß wohl den Haß des Vaters Zeus auf mich geladen haben, daß er mich dir wiederum auslieferte" (Il. 21, 82f.). Und so spricht auch Hektor, als er dem Tod in die Augen sieht: „Jetzt haben mich die Götter in den Tod gerufen!... Ja, das war wohl schon lange der Wunsch des Zeus und seines ferntreffenden Sohnes, die ehemals mich freundlich beschützten; jetzt aber überfällt mich die Moira" (Il. 22, 297). Dem sterbenden Hektor erwidert Achilleus auf seine Warnung: „Das Todesschicksal wird dann mich treffen, wenn Zeus es fügen will und die andern unsterblichen Götter" (Il. 22, 365). So drückt sich auch Telemachos in seiner Hoffnungslosigkeit, den Vater wiederzusehen, aus: „Ihm haben die Unsterblichen schon den Tod beschlossen und das dunkle Los" (Od. 3, 141f.). Helena sagt, im Schmerz über ihre verhängnisvolle Tat, von sich selbst und von Paris, daß ihnen „Zeus ein böses Geschick gegeben" (Il. 6, 357). Und Odysseus äußert sich in der Unterwelt dem zürnenden Schatten des Aias gegenüber: „Kein anderer ist schuldig, sondern Zeus war dem Heer der Griechen gram, und dir hat er das Todesgeschick (μοῖρα) auferlegt" (Od. 11, 560).

Diese Schicksalsbestimmung der Götter wird nicht selten auch mit dem bildhaften Ausdruck des „Spinnens" bezeichnet (Il. 24, 525; Odyss. 8, 579; 11, 139; 16, 64; 20, 196). So verstehen wir es wohl, daß zuweilen mit den alten Ausdrücken (μοῖρα oder αἶσα), die ja ihren Wortsinn der Zuteilung oder des Anteils nicht verloren haben, geradezu von einer „Bestimmung des Zeus" oder „der Götter" gesprochen wird. Während es gewöhnlich das „Hinausgehen über die Bestimmung (μοῖρα, μόρος)" ist, das die Götter zu verhüten berufen sind, heißt es Il. 17, 321, daß die Griechen in diesem Augenblick „über Zeus' Bestimmung (αἶσα) hinaus" Sieg errungen hätten, wenn nicht Apollon eingetreten wäre. „Da begegnete", erzählt Odysseus (Od. 9, 52), „böse Schickung (αἶσα) von Zeus uns den Unseligen" (von denen so viele erschlagen wurden). Melampus „bannte des Gottes schwere Bestimmung (μοῖρα)", sagt der Dichter Od. 11, 292, um mit den Worten zu schließen: „und des Zeus Ratschluß erfüllte sich". Als Klytaimestra sich dem Aigisthos ergab, da war es die „Bestimmung (μοῖρα) der Götter", die sie zwang, zu unterliegen (Od. 3, 269). Was den Untergang der Freier herbeiführte, war die „Bestimmung (μοῖρα) der Götter und ihr frevelhaftes Tun" (Od. 22, 413).

Aber damit sind wir schon in einen andern Gedankenkreis eingetreten. Bei dem Geheimnis, das über der „Bestimmung" und ihrem Vollzuge — das heißt über dem Bereich, wo sich die Kreise der Götter und des Schicksals schneiden — waltet, ist es begreiflich, daß die Gottheit, je größer sie ist, um so leichter an die Seite der dunklen Notwendigkeit oder geradezu an ihre Stelle gesetzt wird. Wenn Agamemnon von dem Ursprung seiner verderbenbringenden Verblendung spricht, nennt er noch vor der Moira den Zeus (Il. 19, 87. Vgl. Aisch. Eum. 1045 Ζεὺς ὁ πανόπτας οὕτω Μοῖρά τε ξυγκατέβα). Aber mit dem Gedanken an eine „Bestimmung des Zeus" oder „der Götter" wendet sich die Vorstellung vom dunklen Verhängnis zum sinnvollen Plan und Ratschluß. Durch ihren Frevel sind die Freier untergegangen, und diesen Untergang hat die „Bestimmung" der Götter herbeigeführt. So ist es denn nicht mehr bloß Negatives, das auf diese Weise den Menschen „zugeteilt" wird. Achilleus weiß, daß ihm „Ehre geschenkt ist durch Zeus' Bestimmung (αἶσα)" (Ilias 9, 608). Gutes und Beglückendes kommt in der nachhomerischen Redeweise durch der Gottheit oder des Zeus „Bestimmung" (Hymn. Apoll. 433; Cer. 300; Ven. 166; Pind. Olymp. 2, 23), und Solon sagt an einer berühmten Stelle, indem er „Bestimmung" und „Gottheit" gleichsetzt: „Die Bestimmung (μοῖρα) bringt den Sterblichen Böses und Gutes, unentrinnbar sind die Schickungen der unsterblichen Götter" (1, 63). Schon in der Odyssee wird die „Zuteilung" (μοῖρα) in ganz neutralem Sinne mit den Göttern in Verbindung gebracht: „Allem haben die Unsterblichen im sterblichen Leben sein Teil gesetzt" (Odyss. 19, 592).

7.

Die leicht verständlichen Schwankungen in der Verwendung des Bestimmungsbegriffes können den eigentlichen Sinn der Idee nicht verdunkeln. Sie setzt zwei Reiche, die einander fremd sind: ein Reich des Lebens, der Entfaltung, des Ja, und ein Reich des Todes, des Abbruchs, des Nein. Nur das Erste ist gestaltet, tätig, persönlich; das Reich der Negation hat weder Gestalt noch Persönlichkeit; es setzt nur Grenzen und schneidet mit seinem halt! die Entfaltung und das Leben jählings ab. Die Götter haben dazu nichts mehr zu sagen. Sie dienen dem Vollzug der Bestimmung, aber nur so, wie das volle und beschützte Leben dem Untergange des verfallenen und schutzlosen dienen muß. Wenn es auch möglich ist, zu sagen, daß sie Bestimmungen treffen, so gehört doch die „Bestimmung" im spezifischen Sinne des Wortes auf die andere, die negative Seite des Daseins. So wenig geleugnet werden kann, daß zuweilen eine andere Auffassung hervortritt, und daß diese berufen ist, später zu großer Macht zu gelangen, — es bleibt doch vollkommen deutlich, daß der echte Homerische Gedanke das Leben und Blühen nicht unter die Bestimmung setzt, sondern nur das Versagen und den Tod. Dieser Gedanke ist so schwer und tief, daß kein Nachdenkender ihn für den geistreichen Einfall eines Einzelnen halten kann. Er gehört zu den Urgedanken der Menschheit, die zeitlos sind, wann und wo sie auch zum erstenmal gefaßt worden sein mögen.

Das Leben ist Bewegung, und in der Bewegung begegnet ihm die Gottheit als Kraftfülle, Offenbarung und Seligkeit; ja, sie ist selbst dieses Leben. Von ihrer Beschenkung, Beglückung und Erleuchtung unterscheiden sich Bestimmung und Notwendigkeit so, wie vom Ja das Nein, vom Leben der Tod. Es ist dem Menschen nicht Schicksal, daß er dies und das erreiche, schaffe und genieße. Das ist die Beseeltheit des Lebens, das Geheimnis seiner Blüte, die in jedem Augenblick ihrer Entfaltung und Bereicherung natürlich ist und zugleich wunderbar, folgerichtiger Aufbau und zugleich Offenbarung und Dasein der Gottheit. Aber es ist dem Leben Schicksal, daß es dies und jenes *nicht* erreiche, da und dort zu Fall komme und endlich untergehe — das heißt: hinübertreten müsse auf die andere Seite des Seins, die kein Leben mehr kennt, kein Blühen und keine Götter, sondern nur Notwendigkeit und Begrenzung; in jenes dämmerige Reich, wo es statt der Gegenwart nur noch das Gewesen gibt, das aber, wenn auch Wachstum und Götter ihm fehlen, dennoch alles Gestaltete zeitlos aufbewahrt und als großes Gedächtnis ins Leben heraufschickt.

Diesem Gedanken gegenüber muß aller Fatalismus klein und rechthaberisch erscheinen. Er nimmt dem Nein nichts von seiner Strenge, und läßt doch dem Leben sein Wunder. Er ist weder Dogma, noch logisch-konsequente Theorie, sondern — wie alles echt griechische Weltdenken — lebendige Wirklichkeit, die sich selbst bezeugt.

8.

Wenden wir unsern Blick von der griechischen Idee weg zu den Religionen anderer Völker, so bemerken wir, wie nahe es liegt, aus einem solchen Gegenspiel von Licht und Dunkel den schärfsten Dualismus zu machen. Um so verehrungswürdiger wird uns die griechische Idee. In dem klaren und tiefen Homerischen Geist spiegelt sich das Positive des Daseins wie das Negative: jenes mit der ganzen Fülle und Plastik des Gestalteten, dieses aber als Begrenzung und Verdunkelung, und darum nicht mehr als Gestalt und Persönlichkeit. Das Negative fällt als Schatten ins Leben; unter diesem Schatten verdunkeln sich seine Wege und wenden seine Genien, die Götter, sich ins Dämonische. Kein finsterer Herrscher greift gewalttätig ein: das Dasein selbst wird öde und gefährlich. Die guten Mächte selbst, die es sonst behüteten, sind andere geworden. Sie erleuchten nicht mehr, sondern täuschen und verführen; das ist der Weg zum Untergang. So geschieht es, wenn ein Mensch ihrer spottet. Sie, die lebenfördernd sein wollten, werden ihm zum Fluch, sein Geist verwirrt sich, er stürzt in den Abgrund. Mit grauenvollem Hohn zeigt Athene in Sophokles' Aias den geistumnachteten Gewaltigen seinem Gegner Odysseus: er hat sie verspottet und ist selbst ein Spottbild geworden. Nur die Größe des Sterbens adelt ihn wieder. So dunkel wird es aber auch, wenn das Schicksal gesprochen hat.

Wie kalt und bitter auch die Notwendigkeit sein mag, die Größe des Todes bleibt als letztes Vermächtnis des Lebensglanzes und seiner Götter. Für sie tritt auch die Göttin, die zu Gefahr und Unglück geworden war, noch ein; und sie darf der Gestürzte mitnehmen in die stumme Nacht, die keinen Herzschlag und kein Heute mehr kennt.

SCHLUSSBEMERKUNG

Wir sind am Ende und wenden uns noch einmal zurück. Ohne Zweifel ist manches Bedeutende übergangen worden und wartet noch auf den, der es künftig ins rechte Licht rücken wird. Aber nur zu bald ist die Grenze erreicht, wo man erkennen muß, wie Vieles nicht gesagt werden kann. Die griechische Vorstellung vom Göttlichen ist so weit, wie die Welt, und darum auch, wie sie, im letzten Grunde unsagbar. Offen, ohne Dunkelheit und Pathos, bietet sie sich uns an. Das Geheimnisvolle steht nicht in ihrem Vordergrund und verlangt daher keine Glaubensformel und kein Bekenntnis: es ruht still in der Tiefe und läßt jede Betrachtung im Unaussprechlichen endigen. Daraus erkennen wir ein Weltgefühl von beispielloser Kraft und Wesensfülle, das mit der Unbeirrbarkeit der Natur immer die rechten Bilder finden mußte. Dem Wesenhaften kann es nicht an Konsequenz fehlen; und so kommt es, daß wir hier, wo jede Glaubensregel fehlt, dennoch Übereinstimmung und Einheit finden, ja ein System von Ideen entdecken können, das niemals in Begriffe gefaßt worden ist. Aber hinter der Klarheit des Anschauens steht das Rätsel des Seins, und alles Letzte ist undeutbar.

Trotz der bewunderungswürdigsten Offenheit ist das Rätsel hier größer und schwerer als bei irgendeiner anderen Religion. Denn das griechische Denken überwältigt uns durch seine *Einzigartigkeit*. Alle anderen Religionen helfen uns hier nichts, die griechische ist mit keiner von ihnen vergleichbar. Daher wird sie so selten gewürdigt und fast immer mißverstanden, ja nicht einmal bemerkt, weil wir das Heilige bei den anderen zu suchen gelernt haben, denen sie in einsamer Größe gegenübersteht.

So bleibt der Glaube des geistreichsten Volkes unbeachtet und ungerühmt – diese wunderwürdige Glaubenswelt, die dem

Reichtum und der Tiefe des Daseins, nicht seinen Sorgen und Sehnsüchten entstiegen ist, — dies Meteor einer Religion, die nicht bloß den Glanz des Lebendigen leuchtender sehen durfte als je ein Menschenauge, sondern auch darin einzig ist, daß ihr klarer Blick dem ewig unauflösbaren Widerstreit des Lebens offen stand und aus seinem schrecklichsten Dunkel die majestätische Gestalt der Tragödie empfangen hat.

REGISTER

Aisa 345.
Aischylos,
   Eumeniden 22ff.
   Eumen. 89ff.   140f.
       728   346
       735ff.   328.
       1045   366.
   Prom. 515ff.   341.
   Psychostasia 354.
Aphrodite 116ff. 207. 308f. 317. 320f.
   Geburt 117ff.
   A. und Ares 313ff.
Apollon 78ff. 305f. 315. 324.
Ares 60. 313. 318ff.
Artemis 79f. 102ff. 208. 308f.
Athene 55ff. 306f. 319. 325ff. 327ff.
   Geburt 45. 65ff.
Bakchylides 5, 67ff.   188.
Demeter 196f.
Dionysos 197f. 204.
   Geburt 46.
Erdgottheiten 21ff. 169f. 193ff. 203.
Erinyen 22ff. 193f.
Erkenntnis und Wille 229ff.
Euripides,
   Helena 560   279.
   Hippol. 99ff.   308.
   Troerinnen 988.   226.
   Fragm. 577   331.
Gaia 195f.
Gebet 261ff. 288.
Götter,
   Erscheinung 248ff.
   Gestalt und Lebensform 164ff.
   Tiergestalt 36ff. 73f. 169f. 212.
   Menschengestalt 211ff. 303f.
      vgl. 257ff. 266ff. 273ff.
Götter,
   Wesen 206ff. 301ff. 310ff. 317ff.
   Liebesverbindungen 311ff.
   Ehen 311f. 314.
   Götter und Sittlichkeit 310ff.
   Gerechtigkeit 331ff.
   Götter und Menschen 165f. 169.
   Götter als Einheit („die Gottheit") 219ff. 364ff.
   Götterstreitigkeiten 166f.
   Götter der Unterwelt 176ff.
Hades 177f.
Hephaistos 202.
Hera 323f.
Herakles 60f.
Hermes 132ff. 208f. 315.
Herodot 1, 91   341.
Hesiod,
   Aspis 27ff.   313.
   Theog. 218f.   345.
      220   341. 344.
      897   351.
      904ff.   348.
Himmel und Erde 42ff.
Hippolytos 308f. 317.
Homer,
   Ilias 1, 5   365.
      1, 193ff.   61. 234. 274.
      1, 352   363.
      1, 393ff.   321f.
      1, 416   363.
      1, 418   345f.
      1, 505ff.   340.
      1, 539ff.   322.
      1, 587ff.   322.

Homer,
   Ilias 2, 169ff. 62f. 233. 288f.
        2, 446ff. 252.
        3, 162ff. 240.
        3, 182 346. 348.
        3, 308 353.
        4, 160ff. 331.
        4, 440ff. 320.
        4, 517 347.
        5, 1ff. 282ff.
        5, 82f. 347. 348.
        5, 432ff. 256.
        5, 461ff. 257f.
        5, 613 347.
        5, 629 347f.
        5, 889ff. 319f.
        6, 344ff. 240.
        6, 357 365.
        7, 52 349.
        8, 10ff. 322.
        8, 69ff. 354.
        8, 218 241.
        9, 254 237.
        9, 410ff. 332.
        9, 448ff. 240f.
        9, 600 237.
        9, 608 367.
        9, 629ff. 238.
        9, 702 237.
        10, 274ff. 59.
        10, 507ff. 233f.
        11, 544ff. 254.
        12, 116 347.
        13, 43ff. 266f.
        13, 602 347.
        13, 622ff. 331.
        14, 409ff. 275.
        15, 13ff. 322f.
        15, 16ff. 322.
        15, 117 341.
        15, 173ff. 323.
        15, 243ff. 275f.

Homer,
   Ilias 15, 307ff. 292.
        15, 318 273.
        15, 603 238.
        15, 610ff. 353.
        16, 333f. 347.
        16, 384ff. 331.
        16, 431ff. 354f.
        16, 459ff. 354.
        16, 656 247.
        16, 658 354.
        16, 685ff. 242. 361f.
        16, 698ff. 258f. 353.
        16, 709 363.
        16, 787ff. 254.
        16, 849 347.
        16, 853 348.
        17, 1ff. 259f.
        17, 173ff. 247.
        17, 198ff. 333f. 340. 353.
        17, 210 246. 318.
        17, 321 366.
        17, 529 318.
        17, 543ff. 260f.
        18, 96 363.
        18, 239 291.
        18, 310 242.
        18, 516 320.
        19, 85ff. 239.
        19, 87 347. 366.
        19, 408ff. 344. 346. 348. 363.
        20, 30 353.
        20, 78 318.
        20, 79ff. 262f.
        20, 127 345.
        20, 270ff. 244.
        20, 302 350.
        20, 320ff. 255.
        20, 336 350.
        20, 375ff. 276.
        20, 438ff. 255f.

Homer,
- Ilias 20, 476f.   347. 348.
- 21, 82f.   347. 365.
- 21, 277f.   363.
- 21, 284ff.   280f.
- 21, 379   324.
- 21, 385ff.   319.
- 21, 435ff.   34.
- 21, 461ff.   84. 323.
- 21, 479ff.   323f.
- 21, 498ff.   133.
- 21, 517   353.
- 21, 570   245f.
- 21, 595ff.   265f.
- 22, 5   347.
- 22, 168ff.   353.
- 22, 182ff.   358ff.
- 22, 209ff.   354.
- 22, 213   256. 341.
- 22, 214ff.   281f. 326f.
- 22, 297   361. 365.
- 22, 303   347.
- 22, 359f.   363.
- 22, 365   365.
- 23, 80f.   363.
- 24, 30   308.
- 24, 49   343. 349.
- 24, 209   345.
- 24, 260   320.
- 24, 334ff.   148f.
- 24, 463f.   280.
- 24, 509f.   333.
- 24, 525   366.
- 24, 527   365.
- 24, 602ff.   307.
- Odyssee 1, 32ff.   351.
- 1, 103ff.   268ff.
- 1, 320   269.
- 2, 100   347.
- 2, 261ff.   271.
- 3, 208   349.
- 3, 228   340.

Homer,
- Odyssee 3, 236ff.   340.
- 3, 238   347.
- 3, 241f.   365.
- 3, 264ff.   240.
- 3, 269   366.
- 3, 329ff.   268.
- 3, 372   268.
- 4, 207   349.
- 4, 236f.   365.
- 4, 260ff.   240.
- 4, 475ff.   350.
- 4, 712   237.
- 5, 41   349.
- 5, 113   349.
- 5, 206   350.
- 5, 288   349.
- 5, 345   349.
- 5, 427ff.   241.
- 5, 436f.   353.
- 5, 491   267.
- 6, 139   246.
- 6, 321ff.   263f.
- 7, 195ff.   345.
- 7, 197   356.
- 7, 286   267.
- 8, 1ff.   264f.
- 8, 267ff.   313ff.
- 8, 334ff.   133f.
- 8, 344ff.   34.
- 8, 579   366.
- 9, 52   366.
- 9, 532   349.
- 10, 277ff.   150f. 279f.
- 11, 139   366.
- 11, 292   366.
- 11, 487ff.   189f.
- 11, 560   365.
- 13, 221ff.   248ff. 266. 307.
- 15, 1ff.   234ff.
- 16, 64   366.
- 16, 155ff.   277ff.

Homer,
    Odyssee 16, 282   241.
    17, 326   347.
    18, 158 ff.   252 f.
    19, 592   367.
    20, 17   227.
    20, 30 ff.   277.
    20, 196   366.
    22, 205 ff.   58. 272 f.
    22, 239   273.
    22, 347   237.
    22, 413   366.
    23, 242   291 f.
    24, 351   331.
Homer. Hymn.
    Apoll. 433   367.
    Cer. 300   367.
    Ven. 166   367.
Klothes 356.
Kronos 40. 41. 45. 170 f.
Kypria Fr. 1, 7   365.
Leichenverbrennung 180 f.
Magie und magisches Denken 9 ff. 28 f. 47. 134 f.
Das Männliche 327 ff.
Moira 339 ff. 343 f.
    Wage 354.
    ὑπὲρ μοῖραν, μόρον 350 ff.
Monotheismus 304.
Mythos 43 ff. 226 ff. 232.
Nacht 192 f.
Natur und Geist 205. 211. 213. 321. 327 ff.
Neid der Götter 27 f.
Olymp 167. 169.

Ovid,
    Ars amat. 2, 561 ff.   316.
Perseus 48.
Phallos und phallische Bildung 42. 135.
Pindar,
    Olymp. 2, 23   367.
    Isthm. 5, 1 ff.   219 f.
Poseidon 33 ff. 200 ff. 315. 323.
Prometheus 39 f.
Reinheit und Reinigungen 86 ff.
Schicksal 339 ff.
Schuld und Verantwortung 224 ff. 242.
Seele 227.
Sittlichkeit 225 ff.
Solon 1, 63   367.
    3, 1 ff.   352.
    8, 1 ff.   352.
Sophokles,
    Aias 758 ff.   243.
Theia 211.
Themis 195.
Thetis 321 f.
Titanen 39 ff. 170 f.
Die Toten 33. 175 ff.
Tydeus 61 f.
Uranos und Gaia 44 f. 117 f.
Das Weibliche 27. 33. 38. 199. 327 ff.
Wille und Erkenntnis 229 ff.
Wunder 47 ff. 247 ff.
Zeus 41. 63. 203. 219. 322 f. 333 f. 364 ff.
    Z., Athene und Apollon 327 f.
    Wage des Zeus 354.